徽学文库(第二辑)

教育部人文社会科学重点研究基地
安徽大学徽学研究中心基金资助

主　编 ◎ 周晓光
副主编 ◎ 王振忠　胡中生

国家出版基金项目
NATIONAL PUBLICATION FOUNDATION

民间历史文献
与明清徽州社会研究

刘道胜 ◎ 著

图书在版编目(CIP)数据

民间历史文献与明清徽州社会研究/刘道胜著．—合肥：安徽大学出版社，2020.12

（徽学文库/周晓光主编．第二辑）

ISBN 978-7-5664-2175-3

Ⅰ．①民⋯ Ⅱ．①刘⋯ Ⅲ．①文书档案－研究－徽州地区 Ⅳ．①G279.275.42

中国版本图书馆 CIP 数据核字(2020)第 268417 号

国家社科基金重点项目"民间文献与明清徽州乡村治理研究"(18AZS011)之中期成果

民间历史文献与明清徽州社会研究
Mingjian Lishi Wenxian yu Mingqing Huizhou Shehui Yanjiu

刘道胜 著

出版发行：	北京师范大学出版集团 安 徽 大 学 出 版 社 （安徽省合肥市肥西路 3 号 邮编 230039） www.bnupg.com.cn www.ahupress.com.cn
印　　刷：	安徽新华印刷股份有限公司
经　　销：	全国新华书店
开　　本：	170 mm×240 mm
印　　张：	22
字　　数：	317 千字
版　　次：	2020 年 12 月第 1 版
印　　次：	2020 年 12 月第 1 次印刷
定　　价：	66.00 元

ISBN 978-7-5664-2175-3

总　策　划：陈　来　齐宏亮
执行策划编辑：杨小雨　王　慧　李　健　　　装帧设计：李　军　孟献辉
责　任　编　辑：杨小雨　王　慧　李　健　　　美术编辑：李　军
责　任　校　对：李　晴　钱翠翠　　　　　　　责任印制：陈　如　孟献辉

版权所有　侵权必究
反盗版、侵权举报电话：0551—65106311
外埠邮购电话：0551—65107716
本书如有印装质量问题，请与印制管理部联系调换。
印制管理部电话：0551—65106311

总 序

徽学是以徽州历史地理、徽州传统社会、徽州历史文化及其传承创新为研究对象的一门学问。尽管关于徽州自然与人文的记述与探究,历史上由来已久,但作为具有现代学科意义的徽学,则形成于20世纪80年代。已故徽学研究奠基人和开拓者张海鹏先生在《徽学漫议》一文中说:"在20世纪70年代末到80年代中期,随着'科学的春天'的到来,学术园地百花齐放,异彩纷呈。其中,'徽学'也在群芳争妍中绽开了蓓蕾,成为地域文化中的一枝新秀。"①已故著名徽学专家、原中国社会科学院历史研究所周绍泉先生在《徽州文书与徽学》一文中说:"徽学(又称徽州学)是80年代以后才出现的新学科。"②著名徽学研究大家叶显恩先生在胡益民先生编著的《徽州文献综录》一书写的序中说:"徽学在短暂的三十年间,从默默寡闻而勃然兴起,今已蔚然成大国,耸立于学界之林,成为与敦煌学、藏学相比肩的显学。"③回溯30年,正是20世纪80年代。中国社会科学院栾成显先生在《明清徽州宗族文书研究》中同样指出:"20世纪80年代徽学兴起以来,学者们利用谱牒、方志及其他文献资料,乃至进行社会调查,对徽州宗族作了较为深入的研究,成果

---

① 张海鹏:《徽学漫议》,载《光明日报》,2000年3月24日。
② 周绍泉:《徽州文书与徽学》,载《历史研究》,2000年第1期。
③ 叶显恩:《徽州文献综录序》,见胡益明:《徽州文献综录》卷首,合肥:安徽教育出版社,2014年。

显著。"①上述关于徽学形成于20世纪80年代的观点,已是学术界的基本共识。

徽学之所以在20世纪80年代以后勃然兴起,有其天时、地利、人和等多种因素。

从"天时"来看,20世纪80年代是学界处于中华人民共和国成立以来的一个学术研究重要转型期。就史学研究而言,著名史学理论与史学史研究专家、北京师范大学瞿林东先生认为:"中国史学上的第五次反思出现于20世纪八九十年代,其历史背景和学术背景是,20世纪七十年代末,中国的政治形势从'以阶级斗争为纲'转向实行改革开放、以经济建设为中心;在意识形态领域则是以拨乱反正、正本清源、解放思想、实事求是为其时代特征……中国的理论界、学术界从'万马齐喑'的状态一下子活跃起来,几乎每一个学科或学术领域都在思考自身的发展道路。"②中国史学"视野开阔了,研究领域拓展了,中外史学交流日益加强了,新问题、新材料、新成果不断涌现出来"。③ 在此转型期中,文化史、社会史和区域史的研究受到高度重视。徽州因其独特的地理与历史文化秉性,吸引了海内外学者的目光,有关徽州及其历史文化的各类研究成果纷纷问世。由此,徽州成为当时区域史研究的一个重要对象。正是基于学术研究转向的这一背景,徽学因时而生。中国社会科学院卜宪群先生在《新中国七十年的史学发展道路》一文中评述这一时期的史学研究时说:"与历史文献学有密切关系的甲骨学、简帛学、敦煌学、徽学等古文书学研究取得了重要成就。徽学成为国际性学科,敦煌在中国,敦煌学在国外的状况得以根本改变。"④1999年12月,中华人民共和国教育部设立首批15所人文社会科学重点研究基地,安徽大学徽学研究中心入选。它标志着经过20年的发展,徽学学科得到了国家层面的正式认可。

---

① 栾成显:《明清徽州宗族文书研究序》,见刘道胜:《明清徽州宗族文书研究》卷首,合肥:安徽人民出版社,2008年。

② 瞿林东:《史学理论史研究 中国史学上的五次反思》,载《史学史研究》,2015年第1期。

③ 瞿林东:《传播·反思·新的前景——新中国70年史学的三大跨越》,载《中国史研究动态》,2019年第4期。

④ 卜宪群:《新中国七十年的史学发展道路》,载《中国史研究》,2019年第3期。

从"地利"来看,它包含了多个方面的内容:

一是历史上关于徽州自然与人文的探究传统,为徽学形成奠定了基础。从南朝梁萧几《新安山水记》、王笃《新安记》,唐代《歙州图经》,北宋祥符年间《歙州图经》、黄山祥符寺僧行明《黄山图经》,南宋姚源《新安广录》、罗愿《新安志》、刘炳等《新安续志》,到元代朱霁《新安后续志》,明代程敏政《新安文献志》、程瞳《新安学系录》《新安文献补》、何东序等《徽州府志》、方信《新安志补》、蒋俊《祁阊图志》、戴廷明等《新安名族志》、张涛等《歙志》、傅岩《歙纪》,清代高晫《徽州府通志》、赵吉士《徽州府志》、施璜《紫阳书院志》《还古书院志》等,以及各历史时期其他大量有关徽州的府县志、专志、纪述,都是涉及徽州山川风物、疆域沿革、风俗变迁、宗族迁徙、文教兴衰、人物事迹等自然与人文历史的记述与考察。近代以来,学者又开始有意识地关注徽州历史与文化问题,把徽州视为一个既有特殊性、又具普遍性的区域加以关注、研究。其成果为20世纪80年代的徽学成为专门学问奠定了基础。

二是源远流长且内涵丰富的徽州历史文化,为徽学形成提供了研究对象。徽州文化具有丰富的内涵,其内容包括新安理学、徽派朴学、徽州教育、新安医学、徽商、徽州科技、徽派建筑、新安画派、徽派篆刻、徽派版画、徽剧、徽菜、徽派雕刻、徽派盆景、宗族、民俗、方言,以及文房四宝等。其文化秉性既是区域个性的标签,也展现了独特的文化风采。第一,徽州文化是连续不断的文化。宋徽宗宣和三年(1121)"徽州"得名,从此开始了徽州文化的时代。在其后的800年间,徽州文化有过盛衰变迁,但它从未中断过,长期保持了高位水平发展态势且始终具有个性特征。这在其他区域文化中是不多见的。徽州文化的"连续不断",主要表现在两个方面:一方面,宋代以降,各个时期徽州都是传统文化的发达之区,其生生不息的文化传承,构成了徽州文化的连续性;另一方面,徽州文化中的一些主要文化现象,宋代以来一直传承不息,源远流长。比如,徽州传统学术文化从新安理学到徽派朴学延续了600多年而未断层就是一个典型的事例。第二,徽州文化是兼容并包的文化。徽州文化虽有其独立的个性,但在其发展过程中,也吸收了大量的其他区域、其他学派的文化。因此,兼容并包成为徽州文化的重要特色之一。第三,徽州文化是引领潮流的文化。作为引领潮流的文化,徽州文化中的新安理学成为国家意志和国家"主流"意识;而徽州文化中的其他各种文化现象,不仅因其地域特色鲜明而在中国传统文化中独树一帜,而且能突破区域局限,引领各领域的文化潮流。第四,徽州文化是世俗生活的文化。徽州文化中无论是精神层面的文化,还是物质层面的文化和制度层面的文化,都与世俗生活息息相关。第五,徽州文化是体系完备的文化。在中国传统社会后期,随着传统文化的地域化发展,各具特色的区域文化纷纷出现,形成繁星满天的情景。这些区域文化,各擅其长,或以哲学思想影响当时及后世,或因文学流派享誉天下,或藉教育和科举形成特色,或由民风民俗传扬四方,但集各种文化现象于一身者,并不多见。徽州文化则因其具有丰富的内涵,成为别具一格的文化体系,形成鲜明的区域特色。这些文化现象,涉及徽州经济、社会、教育、文学、艺术、工艺、建筑、医学等学科,涉及中国传统文化的各个方面,也全面反映了中国传统社会后期经济、社会、生活及文学艺术等基本内容。无论是物质层面的文化、制度层面的文化,还是精神层面的文化,中国传统文化的特质在徽文化中均有典型体现。因此,徽州文化具有独特的研究价值,也成为徽学之所以形成的"地利"因素之一。

三是丰富的徽州历史文献和大量的文化遗存,尤其是20世纪80年代以来近百万件徽州文书的重新发现,为徽学的形成提供了坚实的资料支撑。徽学是以历史学为基础的综合性学科,史料是支撑学科成立的重要因素。历史上徽州向来以"文献之邦"著称,《新安歙北许氏东支世谱》说,江南诸郡中"以文献称者吾徽为最"。① 清乾隆年间编纂的《四库全书》,收录徽人著作254种(含存目类);而道光《徽州府志·艺文志》则著录徽人著述宋504种、元288种、明1245种、清(道光以前)1295种,总数达3332种,分经、史、子、集四大类,数十门类。胡益民编著的《徽州文献综录》著录的各类徽州典籍文献逾15000种。② 这些历史文献成为徽学研究的重要史料,并且在20世纪80年代以后包括《四库全书》在内的大型丛书陆续影印出版,为研究者提供了便

---

① 《新安歙北许氏东支世谱》卷五《寿昌许公八秩序》。
② 胡益民编著:《徽州文献综录》,合肥:安徽教育出版社,2014年。

利。徽州还是物质和非物质文化遗产保存较为丰富的地区,祠堂、牌坊、古民居、古村落、传统工艺、民间艺术等数量巨大,类型多样,它们既是徽学研究的重要内容,也是支撑徽学学科的资料类型之一。值得特别强调的是,20世纪80年代以来近百万件徽州文书的重新发现,在徽学形成过程中起到了极其重要的作用。甚至有学者认为,徽州文书具有"启发性、连续性、具体性、真实性和典型性的特点",这些特点"吸引了许多研究者全力以赴地研究它,以致出现了一门以徽州文书研究为中心、综合研究社会实态、探寻中国古代社会后期发展变化规律的新学科——徽学"。① 丰富的历史文献、大量的文化遗存和百万件的徽州文书,成为徽学形成的重要"地利"因素。

从"人和"来看,学术界致力于徽学学科的理论与方法研究,推动了徽学的形成。20世纪80年代以来,众多学者开始自觉为构建徽学学科体系而开展了一系列的讨论,涉及的问题包括徽学的名称、徽学的研究对象和研究范围、历史时段等。张立文、刘和惠、张海鹏、周绍泉、赵华富、黄德宽等学者分别撰文,探讨徽学学科建设的相关问题。安徽大学徽学研究中心在2004年还召开了"徽学的内涵与学科建构研讨会",40余位专家围绕徽学的内涵和学科体系建构等问题展开了深入讨论,会议成果被编成论文集《论徽学》,由安徽大学出版社出版。② 2000年,中国社会科学出版社出版的《徽州学概论》,也是一部探讨徽学理论与方法的著述。③ 这些有意识地构建徽学学科的研究,成为20世纪80年代以后徽学形成的重要因素。

天时、地利、人和,三者共同促成了徽学在20世纪80年代后成为一门与藏学、敦煌学齐名的"显学"。在至今近40年的发展历程中,徽学研究取得了丰硕的成果。数千篇散见于报刊的徽学相关领域研究的论文,为我们展示了徽文化的博大精深和研究者的深度思考;数百部徽学专著,为我们解读和剖析了徽文化中诸种文化现象的前因后果,以及这些文化现象在中国历史和中国文化史上的地位与作用;数十种大型徽州文书与民间文献丛刊的影印出

---

① 周绍泉:《徽州文书与徽学》,载《历史研究》,2000年第1期。
② 朱万曙主编:《论徽学》,合肥:安徽大学出版社,2004年。
③ 姚邦藻主编:《徽州学概论》,北京:中国社会科学出版社,2000年。

版,为我们提供了徽学研究的重要珍稀资料。徽学成为一门"显学",正是立足于近40年徽学研究的成果之上。

为推动徽学研究的深入开展,集中展示最新的徽学研究成果,从2014年开始,安徽大学徽学研究中心与安徽大学出版社联手打造了《徽学文库》项目。该项目受到了国家出版基金的立项资助,第一辑共9种于2017年全部推出。《徽学文库(第一辑)》出版后,在学界产生了较大的影响。随后,我们策划了《徽学文库(第二辑)》出版项目,并再次得到国家出版基金的立项资助。《徽学文库(第二辑)》共收录徽学研究原创性著作10部,其中部分著作是省部级以上重点项目的结项成果,前后持续数年打磨而成;部分著作是学界新锐的博士学位论文,在导师指导下积数年之功形成的学术精品。作者分别来自安徽大学、复旦大学、上海财经大学、安徽师范大学、黄山学院和香港浸会大学等高校,均为长期关注徽州、从事中国史和徽学研究的学者。

《徽学文库(第二辑)》呈现了以下特色:

第一,聚焦徽学研究薄弱领域,填补学科发展空白之处。第二辑推出的10部著作,选题大多聚焦于徽学原先研究中相对薄弱的课题。比如,近年来随着徽州文书和民间文献的发现和整理,数量众多的徽州日记得以披露,但学界关于徽州日记的专题研究成果,尚未出现。第二辑中《明清以来徽州日记的整理与研究》一书,是作者20余年来深入村落田野进行调查,收集到大量散落民间的日记后,探幽发微、精心整理而成的著作,既有重要的学术价值,又填补了徽学相关研究领域的空白。徽州长期以来被视为儒学发达之区,有关徽州儒学的研究备受重视,而对徽州宗教的研究则相对薄弱。《徽州佛教历史地理研究》通过对大量徽州文书、佛教史籍、金石文字和考古资料的分析,从不同角度对徽州特定历史与地区的佛教传播、寺院分布、高僧籍贯等进行全面研究,对徽州各地区佛教发展的水平层次及其前后变化进行探讨,揭示了徽州佛教文化与其他文化的关系,以及佛教文化与徽州地理的相互作用。这一研究也是针对现有徽学研究的薄弱之处而进行的探索,具有填补空白的意义。《宋元明清徽州家谱的历史演进》《宋明间徽州社会和祭祀礼仪》等,均为徽学研究中独辟蹊径、创新领域的成果。

第二,重视徽州文书和民间文献等新资料的挖掘、整理与研究,推动徽学研究利用特色资料走向深入。大量徽州文书和民间文献存世,是 20 世纪 80 年代以来徽学得以形成的重要"地利"因素。本辑中的多部著作,非常注重利用徽州文书与民间文献开展研究。如《宋元明清徽州家谱的历史演进》立足于徽州地域社会,以时间为序,对宋元明清徽州家谱进行了细致的考察与分析,揭示其内在特质及发展规律。《明清以来徽州日记的整理与研究》分上、下两编。上编为研究编,收录作者研究明清徽州日记的最新成果,内容涉及徽州乡土社会、徽州商人的活动和徽州名人的事迹等。下编为资料编,收录《曹应星日记》《复堂日记》《习登日记》等 10 部日记,或为稿本,或为抄本,极具学术研究价值。《晚清乡绅家庭的生活实态研究——以胡廷卿账簿为中心的考察》对晚清时期的徽州乡村社会及民众的日常生活图景作了总体性描绘,而其主要资料来源则是胡廷卿账簿前后 19 年的流水记录。通过对胡廷卿一家日常生活状况的研究,结合族谱资料,分析晚清时期徽州社会民众日常生活中的空间、生计及社会关系等问题。注重对徽州文书与民间文献的挖掘、整理与利用,成为本辑多数著作的共同特色。

第三,致力于以微见著,体现徽学作为区域史研究的典范价值和宏观意义。本辑著作从题目来看,多为关于徽学领域中的具体问题或某一现象的研究,但作者往往以小见大,着眼于相关问题的宏观意义,从而凸显徽学研究在解读中国历史、社会和文化发展中的样本价值。如《多元视角下的徽商与区域社会发展变迁研究——以清代民国的婺源为中心》围绕徽商中婺源商人与区域社会之间的互动、融合、发展与变迁这一核心问题展开讨论,希望揭示的是传统社会中商人群体兴起和形成的原因、商业经营网络及其主要经营行业、商人流动迁徙及其组织形态、同乡组织及其慈善事业、乡村的人口流动与商业移民、商业移民与侨寓地的社会变迁、商人和商业与市镇之间的关系等宏观问题。《历史社会地理视野下的徽商及徽州社会——以清民国时期的绩溪县为中心》较为系统地考察了绩溪本土社会的近代化表现,而作者的立意则是剖析近代商人、商业与地方社会变迁之间的内在联系。《晚清乡绅家庭的生活实态研究——以胡廷卿账簿为中心的考察》虽是关于胡廷卿一家日常生活状况的研究，但作者的目的在于阐释晚清时期国家、社会与个人之间的相互关系。《传统职业变迁与明清徽州人口流动研究》从明清徽州的自然与社会因素出发，较为系统地考察了明清徽州传统职业观的转换与建构，而作者的意图还在于解读"四民"间职业变迁、"四民"间人口流动及其对整个明清社会的作用和影响。本辑10部著作是关于徽州区域史研究的精微力著，但其学术价值和研究意义是远远超出徽州的。

第四，跨学科方法的运用，也是本辑著作的显著特色之一。如《民间历史文献与明清徽州社会研究》首先从文献学的角度对徽州档案文书史料进行了系统的考证和研究，再立足历史学、社会学等视角对徽州民间文书所反映的各种社会关系加以阐发，深入解读并阐释徽州民间文书的形式和内涵，从而探索基层社会诸侧面，以及开展徽州区域社会的研究。《徽州佛教历史地理研究》《多元视角下的徽商与区域社会发展变迁研究——以清代民国的婺源为中心》《历史社会地理视野下的徽商及徽州社会——以清民国时期的绩溪县为中心》等作品，则侧重于采用历史学、历史地理学、宗教学、社会学等多学科方法进行综合研究。《徽州文献探微》在研究中采用了文献学、方志学、谱牒学及史学研究的方法。跨学科的研究方法，有助于多角度、多层面探讨相关问题，从而得到更为可靠的结论。

徽学作为一门新兴的学科，只有近40年的历程，未来要发展为成熟的学科，仍需学界同仁作出持之以恒的努力。我们相信，久久为功，必有大成。这次推出《徽学文库（第二辑）》，是我们为发展繁荣徽学贡献的绵薄之力，期待有助于徽学研究水平的提升和徽学学科的建设。

是为序。

周晓光

2020年5月20日于
安徽大学徽学研究中心

前 言

20世纪80年代以来,随着中国社会史研究的复兴,诸如明清时期的华北、关中、江南、华南地区,特别是徽州、浙东、闽南、赣南、两湖等区域的社会史研究蔚成范式,满眼生机,冠名"区域社会""民间社会""地方社会""基层社会""乡土社会"的研究成果纷呈。究其原因,与各区域民间文书与文献不断被发掘和利用的推动密不可分。民间文书与文献作为故纸,从散落民间到不断走向公私收藏,从尘封于僻野"旧宅"到日益走向学者"书斋",从不以为学到进入学者视野并不断被赋予学术研究价值和意义,促使利用其从事学术研究的领域呈现出"日日新、又日新"的格局。诸如"徽学""民间历史文献学""古文书学"等新学科、新领域愈益受到学界的高度关注。无疑,民间文书与文献的发掘与利用,以及由此推动新的研究领域的拓展乃至新学科的产生,构成20世纪我国学术发展之一重要方面。

具体而言,徽州区域迄今遗存有数以百计的方志,数以千计的家谱,数以万计的文书,类型不一的乡邦文献蔚为大观,刊本、写本簿册不可胜数,故被誉为"文献之邦""文书之邦"。值得一提的是,自20世纪50年代以来,徽州文书新资料不断面世,目前已知总数逾百万件,其种类包括交易文契、合同文约、承继分书、产业簿册、私家账簿、宗族册籍、诉讼文案、会簿会书、乡规民约、唱本剧本、善书药方、仪式文书、日用类书、民俗歌谣、村落文书、尺牍书札、乡土杂志以及经由官府下行的政令公文、赋役文书等,类型多样。丰富的徽州文书与文献所奠定的良好的史料环境,所解构的问题意识,为不同追求、不同学科的学者提供了个案咀嚼、专题发微、多元参证、综合考察的巨大空间。

本着对徽州文书和文献探索的兴趣,近年来,笔者围绕"民间历史文献""徽州社会"尝试作了一些探讨,期冀在研究中增强自己对丰富的徽州文书和文献的认识,并借以提升个人从事区域社会研究的能力。本书内容主要涉及这两大方面:一是对徽州文书与文献的专题考察;二是对徽州基层社会相关问题的具体探讨。

一

通过系统梳理各地发掘和整理的中国近世民间文书的概况,可以看出,20世纪以来,我国各地民间文书的发现带有极大的偶然性,发掘民间文书的地域可谓"满天星斗",总体而言,南方发现的文书数量多于北方,尤以安徽、贵州、福建、浙江、广东、台湾等地居多,在类型上以契约文书最为常见。随着20世纪以来各地民间文书新资料的相继面世,民间文书不断得以刊布,已经整理出版的资料集数以百计。然而,相对于民间文书的整理和公布而言,目前学术界利用民间文书进行学术研究尚处于起步阶段,对民间文书价值的认识亦有待深化。

与各地发现的文书相比,徽州文书以其历时长、数量丰、类型多、价值高而备受学界关注,成为20世纪我国发现的民间文书之典型者和代表者。徽州文书价值之一集中体现是其类型丰富而独特,不但有大量珍贵写本簿册,而且有"水程字""认族书""投状""职役执照""男女婚约""金兰契""盟誓誓章""户部与国子监同颁监照"等稀见契约。另外,行用于基层社会的徽州文书,具有浓重的乡土口吻和独特的书写习惯。相较于典籍文献,民间文书的用字、用词具有区域特征,话语习惯和文本表达具有自身的独特性,其中大量存在的稀俗字词所带来的释读障碍,客观上制约了人们对文书新资料的利用和研究,一定程度上影响着人们对此类文献的解读。因此,从用字、用词角度对徽州文书进行实证研究,实属文书新资料利用和研究的基础工作。

传统徽州社会具有强烈的契约意识,事无巨细,人们动辄"央中"为凭,形诸白纸黑字,使得契约发生的领域广泛且深入。民间社会遗存丰富的徽州文书以契约为大宗,民间契约关系具有很强的社会性和民间性。特定的契约关系是以特定区域的社会关系网络为基础的,人们在长期的生产、生活实践过程中,或约定,或俗成,代代相沿而形成"民从私约"之惯俗。从徽州文书中可以看出,除了国家法、宗族法之外,契约关系的维系一定程度上有赖于民间习俗。在明清徽州契约关系中,通过殷实担保、凭中立契、罚银罚钱、鸣锣罚戏、诅咒盟誓等习俗性手段维系契约信用较为常见,这种手段主要借助公众场合、公众舆论以及某种微妙的心理机制来保障契约的实施。

徽州各种类型的典籍文献亦颇为丰富。据统计,《四库全书》及存目著录徽人著作凡254种,以区区六县之地,这个数目是相当惊人的。① 徽州文献之丰富从传统方志"艺文志"的记载中亦可见一斑。如道光《徽州府志·艺文志》收录自唐至清道光年间徽人著作4000种左右;民国《歙县志·艺文志·书目》收录歙人著作计1970种,其中明代及其以前的著作有700余种。甚至有一些村族"立言之士竞起",如《橙阳散志》卷十"书籍"著录歙县江村江氏作者78人,著作150余种,该志乃乾隆年间刊刻,未包含乾隆以后的文献,其卷十一至卷十四还广录江氏艺文;民国《丰南志》收录宋以后吴姓艺文268(篇)部,等等。历史上形成的大量徽人文献在当下国内外重要馆藏单位多有庋藏,凡此种种,实属徽学研究"文献足征"之幸。

就方志而言,迄今有名可考的徽州府志、县志、乡镇志达119种(其中佚志44种,存志75种),若再加上山水、古迹、书院、物产、人物、艺文(文献)、金石等各类专志,徽州地区的志书数量可谓颇丰。在徽州方志中,南宋罗愿主

---

① 胡益民编著:《徽州文献综录》,合肥:安徽教育出版社,2014年。

纂的淳熙《新安志》滥觞于我国方志形态趋于定型的宋代。该志以其史料丰富、体例精严、文辞醇雅而历来被视为方志之佳作，是我国传世的33种宋代志书之一，也是徽州乃至安徽现存最早的和唯一存传的宋代志书，其作为重要研究资料颇受徽学乃至宋史研究者关注。罗愿强调修志"皆有微旨，必使涉于学者纂之"，所纂《新安志》"自得立言之法"。通过对比《新安志》与《宋史》中关于汪伯彦、胡舜陟、罗汝楫诸人记载，可以看出罗氏及其所纂《新安志》在人物志书写上体现出的"微旨"和"立言之法"。实际上，在传统方志编修实践中，人物志的甄选和书写面临"争自濯磨""众之所趋"的局面，因此，方志的"修志之难""以直其志"集中体现于人物志的"甄选精洽""款类合宜"上，集中体现在修纂者是否以"直书"志事为追求。揆诸徽州方志"义行"书写，不难看出，诸如商人借助义行而登入志书，尽管由明至清日益多见，但总体而言，在传统社会商贾"可光竹帛"的空间仍属有限。从某种意义上说，只有财富与身份相结合，方可载入志书。

迄今遗存的徽州谱牒数以千计，其中明代及其以前的徽州家谱尚存数百部之多，不少遗存的徽州谱牒版本珍稀，弥足珍贵。早在明代，诸如程敏政、汪道昆、范涞、金瑶、程一枝、吴子玉等徽州时贤，均关注乡邦文献和家族谱牒的编修。《中国古籍善本数目》著录谱牒凡585种，其中涉及徽州一府六县的族谱即达175种。本书所涉明代万历年间撰修的《程典》，无论就版本和体例，抑或内容而言，可谓徽州族谱文献中的上乘之作。这部族谱的主纂者程一枝学识卓凡，与当时徽州乃至江浙著名时贤交游甚密，他在考订正史、采摭郡邑故实、留意家族文献方面用力勤谨，一生著述颇丰。《程典》的编修颇具特色：一是谱系上"合诸谱而折衷之，以成一家之典"；二是体例上"莫不原本于史学"；三是刻藏上"顺生逆卒""散藏诸族"。程氏毕生专意著述，侧重史学，并取得了很高成就，是明代中后期徽州"立言之士""文章灿然"的典型代表。《程典》的问世，可谓既得其时，亦得其人。对这部修撰于明万历年间的珍稀族谱《程典》作考察，可以从一个侧面窥见徽州家谱文献的特色和价值。

另外,在丰富的徽州文献中,文人笔记和文集亦不胜枚举,如《太函集》《复初集》《素园存稿》《仁峰集》《厚铭日记》等,为研究者提供了详实、可靠的记载,成为当前学术研究之一必备资料,且长期以来备受学者关注。笔者曾与业师周晓光教授合作,整理点校了《寄园寄所寄》,这部笔记系清代徽州赵吉士所纂。赵氏作为载入《清史稿》"循吏传"的历史人物,其广博的学识和严谨的著述态度在笔记中得以反映,经世致用是其编撰该笔记的意旨之一。这部笔记的编纂义例颇为精审周密,取材宏丰,全书记载古今人事1730余条,均注明了所引材料的来源;征引的书籍有490余种,大多为明代及其以前的作品,保存的文献信息极为丰富,这对于稽考清初及其以前的文献,尤其是私人笔记等很有资鉴价值。值得一提的是,赵氏是清初较有影响的诗人,他常常"与良朋篝灯抵掌,非诗无以过日",其笔记中保存了大量的诗歌和诗事。另外,赵氏曾主纂康熙《徽州府志》,熟悉乡邦故实,其笔记所涉徽州社会的记载内容丰富,具有重要价值。

毋庸置疑,徽州文书作为对历史上"失语"群体、"边缘"问题的鲜活记载,应当引起学界的特别关注。亦毋庸讳言,任何类型的资料都有其自身的缺陷,徽州文书亦有其不足,即单纯依赖文书资料,虽可提供具体研究之丰富学术资源,但难免导致学术研究的"单调"。所幸的是,与其他区域研究相比,种类丰富的徽州典籍文献可为学界探索文书资料与其他文献资料互为实证的学术实践提供良好的条件。不少学者在探索徽州文书与典籍文献、官府档案、调查资料互为实证,探索徽州文书与田野调查、口碑资料互为实证,大力倡导既重视文书资料的利用,又注重互补参证和综合运用的研究方法等方面,作出了诸多努力,积累了可供借鉴的有益经验,取得了许多重要成果。诚然,只有在多维视角的学术关怀下,文书资料所反映的"失语"群体和"边缘"问题方能被赋予历史价值。只有在多元参证的学术实践中,文书资料的内在价值方可日益彰显。

二

近年来，笔者在侧重考察徽州宗族社会的基础上，以徽州文书与文献资料为中心，对徽州的民间组织、民间置产、民间生息、民间互助、基层行政等问题颇有关注。

明清时期，我国基层治理以及地方公共事务主要由民间承担，这为宗族、会社等传统民间组织的广泛存在和发展奠定了重要基础。就徽州的情况而言，由明至清，徽州宗族作为枢纽型组织遍布城镇乡村，控制着传统徽州基层社会，但这并不妨碍徽州会社组织的发展。有明以降，随着社会的发展、商品货币关系的刺激，社会秩序趋向多元，社会关系多有变动，社会主体不断分化，单靠宗族血缘关系已难以维系宗族组织的现实基础。正是在这种情势下，地方社会乃至宗族内部通过相互合意结成会社，这是其应对社会变化最实用、最直接的方式之一。在徽州基层社会，宗族、会社之间呈现出"会中有族、族中有会"，二者交互嵌入的格局。在明清徽州地方文献记载中，会社的名称多种多样，诸如春秋会、养山会、越国公会、程忠壮会、关帝会、瘟车会、祀会、祠会、钱会、义会、公济会、保婴会、义冢会、恤孤会、路会、桥会、乡约会、里长会、长寿会、同庚会、宜男会、不缠足会、学会、文会等，数量众多，遍及城乡。会社类型亦不一而足，有信仰祭祀型、慈善公益型、经济互助型、文化教育型、基层治理型等，攸关基层社会和民众日常生活的方方面面。本书对徽州文会、钱会进行了专题考察，对徽州传统合会解决纠纷的机制予以探讨，可以看出，徽州宗族与会社之间并非彼此排斥的关系。宗族与会社之间的有机整合，成为传统区域社会中民间组织多元结构、共生共存之典范，实为徽州传统基层社会之一显著特征。相对于宗族而言，会社组织冲破了宗族血缘关系的局限，展现了更广泛的结构组成和更灵活的运作机制。会社的结合多系因需而立，具有自主性，小则几人、几户立一会，大则乡村联合共襄成会。会社的参入具有自愿性，多由庶民百姓择善而从，自由参会。会社中成员间的关系具有平等性,成员之间贵贱一般,相互制约,平等享受权利,履行自身义务。会社管理灵活多样,一般具有严格规章,荐举司会、轮流管会、会务公开、公众监督等较为成熟的管理机制。会社作为民间性的社会结合,主要依靠契约关系维系,具有对宗族血缘关系、聚居地域的超越和重构特性,为人们适应复杂多样的社会变迁和需求提供了新的途径。会社作为民间组织,在明清徽州基层社会中的地位十分重要,值得关注和加以探讨。

明代中期以后,随着徽商的兴起和发展,徽州社会殷实之家日渐增多,地方宗族组织化不断加强。在地方宗族的倡导和规范下,豪富者纷纷"捐资亢宗""以光竹帛",区域社会置产与互助观念深入人心。由明至清,徽州民间捐输类型多样(主要有依例献纳、倡捐均派、奖劝乐输、捐资立会等),从而因家户合作、宗族统合、融资立会、社会捐输而形成的经济实体和互助基金类型多样,功能性强。为确保互助资产的长效运营,生息经营应运而生。在明清徽州,民间资产借助借贷、合会、典当、融资等实现生息的现象颇为普遍。公祀、会社、乡族机构是管理公共资产和实现生息经营的重要主体。民间资产生息具有浓厚的乡族性、互助性,利率较为合理,生息信用主要依靠礼俗社会关系和契约关系维系。民间资产生息显示了与传统高利贷不同的运行机制,明清徽州民间资产生息现象的普遍发生具有深厚的社会背景。

提到明清时期县以下的基层行政,离不开对里甲、图甲、保甲等重要问题的深入考察。借助徽州丰富的民间历史文献,围绕明清里甲、图甲、保甲的制度规定与实际运作作深入探究,既是必要的,也是可能的。譬如,在遗存的徽州文书与文献中,有关"串名""朋合""朋管""朋贴""朋应""朋充""朋比"等的记载十分多见。徽州基层社会在赋役户籍登记以及基层职役呈报的过程中,存在因循故祖姓名、合众串合名称、虚设众存户籍等现象,从而以虚应之名金报官府的"朋名"做法。这些名称循名责实,乃村族社区利益攸关者的共有名号,并非当时实际人户。赋役户籍和基层职役的朋名、朋充在明代徽州即普遍存在,并长期延续。明清时期,随着里(图)甲制的实施,里(图)甲户籍编制在基层实践大体经历了由实到虚的演化过程,里(图)甲的总户和子户户籍"朋名"现象长期存在,相沿成俗。不仅如此,在明清徽州,诸如图正、乡约、保长、保正、族正等基层职役亦普遍存在朋充,举凡官府票唤相关职役,均存在相应的朋名佥报现象。总体来看,由明至清,"编造户籍""佥报职役"是国家自上而下的强制规范和要求,然而,这种强制规范经历了由国家"实征"趋向民间"虚应"的发展历程。在基层社会普遍存在的朋名立户和朋充应役现象,从某种程度上说,是国家与社会博弈的实际结果,也是明清基层治理在制度、契约方面的集中体现。

明清基层行政所涉及的图甲制及相关户籍问题,也是基层社会清承明制之一重要方面,关涉明清赋役制度史、基层行政、乡治体系等领域的深入研究。通过专题探究,笔者认为,明代中期以后,图甲作为自上而下普遍实施的基层组织,在不断适应基层乡治实际中呈现出地方性和稳定性的一面。图在基层乡治中的稳定性,使得清代保甲编制难以另起炉灶,只能借助既有的图甲体系展开。无论是图甲设置抑或保甲编制,都以图为单位展开。甲作为图甲制、保甲制之下共同的基层组织形式,在推行中兼具"总户—子户"和"甲—牌"的包容性机制,不断适应村族实际,成为基层行政的有效单位和地方乡治的功能社区。在徽州,图甲总户和子户的房派归属性,以及以房派统合共享一甲总户的现象颇为突出。总户之下,存在大量家族性"公祀""公会",总户在实际意义上集田土产业归属、税粮征纳单位、乡族统合实体为一体。

明清基层行政还涉及保甲制度及其实际运作问题。在徽州文书中,保役契约、保甲户牌、十家门牌、保甲册等文书存量较多,其对于我们深入讨论保甲制度推行、保甲组织功能、保甲编制方式等具有重要价值。本书即以遗存的保甲册为中心,考察清末徽州保甲的编制实践和村落社会的诸多实态。笔者认为,清末徽州保甲编制以明清以来具有村落共同体性质的图为基础,一图之设以自然聚落为基础,涵盖特定的村落共同体。在一图之内,区分不同属性的户籍,灵活编制甲、牌,借以控制全体人户。经董、甲长、牌长一般从本图、本甲、本牌人户中择优遴选从事举业、训蒙、贸易等贤能之人充任。在清末徽州乡村社会,宗族聚居星罗棋布,仆姓、寄户等散居不一,他们是当地农林生产的主要承担者,且在保甲设置和管理上受到大族的控制和带管,大族与仆姓、寄户之间的隶属关系在清末依然根深蒂固。清末徽州仍有大量经商者,人口的内迁、外徙持续不断,使得明清以来的经商传统得以延续,且贸易之家捐监盛行,殷实之家捐纳多见,他们通过此途径能够赢得更多参与社会事务的机会。

此外,摅诸清代文书档案以及各种笔记、方志、政书等文献记载,"地保"之称频繁出现,广为使用。地保是清代、民国时期重要的基层管理人员之一,普遍存在于地方社会。笔者对清代地保与乡里制度以及基层社会的管理实态等作了较为全面的梳理。考察结论为,清代地保的普遍出现,与雍乾以降里甲向保甲嬗递所带来的乡里职役变化有关。地保管理的事务十分繁杂,清初的地保继承了明代以来保甲组织的"弭盗"职能;雍乾以后,随着赋役制度的变革和里甲组织的衰退,地保又被赋予催征钱粮、支应官差等民事事务。特别是乾隆以降,地保逐步向全面承值乡里差役演变,并随着清代政府对地方控制的加强,既治其乡,又役于官。总体来看,清代地保的职能大体经历了从弭盗安民到全面承值乡里差役这一演变过程,从乡里职役向官府吏役转化,成为官府的"驻乡代理人"。有清一代,地保的社会地位低下,可谓"贤者不为,为者不贤"。明清时期,在"最重宗法"的徽州,宗族势力的影响根深蒂固,地保乃至胥吏的社会地位及其发挥的功能远不及宗族组织。

综上,对徽州民间组织、民间置产、民间生息、民间互助、基层行政等问题的讨论,有助于我们认识和揭示历史时期徽州乡治结构和基层治理实践。传统徽州基层社会正是在长期的自我运行、自我治理,以及不断适应社会变化的过程中,不断探索和完善自身运作模式的。明清徽州基层乡治,很大程度上是在地方民众生产方式、生活方式、行为模式、风俗习惯、主体意识、利益关系、社会交往等的制约和内在要求下,呈现出结构多元、关系且有流动性等特点。利用民间文书和文献深入研究徽州乡村治理的实际运作,有利于深刻认识传统徽州乡治体系的多样性,有助于揭示徽州社会长期发展和兴盛的现实基础及其内在合理性。

诚然,遗存丰富的民间文书与文献为徽州区域研究提供了丰厚的学术资源,但研究者必须在资料丰富、文献足征的基础上,借鉴成熟而系统的理论和方法,有所创新、有所作为,在地域探讨、专题探究、资料发掘、文本解读、话语构建、问题意识、田野调查等方面作深入探索,这种学术实践殊非易事。本书目前的探索仍属粗浅,"靡不有初,鲜克有终",我将再接再厉,真诚希望各位师友批评指正。

2020 年 10 月于芜湖
刘道胜

目 录

绪论　20世纪以来中国民间文书的发掘与整理 …………………… 1

第一章　习俗、信用与契约 ………………………………………… 33

　第一节　徽州文书稀见类型例举 ………………………………… 33

　　一、水程字 ………………………………………………………… 33

　　二、认族书 ………………………………………………………… 35

　　三、投状 …………………………………………………………… 36

　　四、斥革通告 ……………………………………………………… 38

　　五、乡约执照 ……………………………………………………… 38

　　六、婚书 …………………………………………………………… 40

　　七、盟誓誓章 ……………………………………………………… 41

　　八、监照（户部、国子监同颁） ………………………………… 42

　第二节　徽州文书稀俗用词例释 ………………………………… 43

　　一、秤 ……………………………………………………………… 43

　　二、砠 ……………………………………………………………… 44

　　三、局 ……………………………………………………………… 46

四、从九 … 47
　　五、来脚 … 49
　　六、生放 … 49
　　七、馃 … 50
　　八、洗甲 … 50
　　九、小租 … 51
　　十、比较 … 52
  第三节　民间习俗与契约信用 … 53
　　一、殷实担保 … 53
　　二、凭中立契 … 55
　　三、民间惩罚 … 58
　　四、诅咒与盟誓 … 60

第二章　徽州典籍文献举隅 … 63

  第一节　徽州方志中的人物志书写——兼论罗愿与《新安志》 … 63
　　一、"皆有微旨"：从《新安志》"先达"传说起 … 64
　　二、"众之所趋"：人物志甄选之难 … 67
　　三、身份本位抑或财富本位：方志"义行"的书写 … 72
　　四、罗愿与《新安志》 … 75
  第二节　明代徽州珍稀族谱《程典》考论 … 83
　　一、版本与作者 … 84
　　二、编修特色 … 87
  第三节　《寄园寄所寄》的编修特色及其文献价值 … 95
　　一、赵吉士其人 … 95
　　二、编纂特点 … 97
　　三、文献价值 … 100
　　四、版本流传 … 105

第三章　文会、钱会与明清徽州社会 ············· 107

第一节　明清徽州乡村文会与地方社会——对《鼎元文会同志录》的考察 ············· 107
一、明清徽州文会发展概况 ············· 108
二、鼎元文会的创建及其结构 ············· 113
三、鼎元文会的运作实态 ············· 119
四、乡村文会与地方社会 ············· 123

第二节　清代至民国时期徽州的民间合会——以钱会文书为中心 ············· 125
一、钱会的类型 ············· 126
二、钱会的运作机制 ············· 134
三、传统钱会的利率 ············· 138
四、会规的运用与发展 ············· 142

第三节　徽州传统合会纠纷及其应对 ············· 147
一、清代合会纠纷 ············· 148
二、官府的反应 ············· 152
三、民间的应对 ············· 155

第四章　明清徽州民间捐输与资产生息 ············· 160

第一节　民间捐输 ············· 160
一、志书"义行"中的捐输记载 ············· 161
二、明清徽州民间捐输类型 ············· 163

第二节　民间资产生息 ············· 175
一、生息途径 ············· 176
二、生息经营 ············· 181

第三节　资产生息与经济互助 ············· 190

第五章　图甲户籍与明清徽州社会治理 …… 197

第一节　明清徽州赋役户籍和基层职役的"朋名" …… 197
一、宋元"祖户"的考察 …… 198
二、图甲户籍的朋名 …… 202
三、基层职役的朋名 …… 208
四、朋名、朋充普遍存在的原因 …… 212

第二节　图甲户籍与村落社会——以《王鼎盛户实征册》为例 …… 216
一、所涉《实征册》介绍 …… 217
二、设甲立户 …… 221
三、业户形态 …… 231
四、共有户籍与村族社会 …… 236

第六章　保甲设置与清代徽州基层行政 …… 241

第一节　保甲文书及清代徽州的保甲推行 …… 241
一、清代保甲文书的主要类型 …… 241
二、都保与保甲 …… 248
三、保役承充 …… 252

第二节　晚清徽州保甲编制与村落社会 …… 262
一、所利用保甲册籍介绍 …… 262
二、保甲编制 …… 271
三、《保甲册》反映的人口、家庭及职业信息 …… 280

第三节　清代基层社会的地保 …… 285
一、地保与保甲 …… 287
二、地保普遍出现的背景 …… 292
三、地保的职能 …… 296
四、地保的地位 …… 305

参考文献 …… 310

后　记 …… 327

绪论　20世纪以来中国民间文书的发掘与整理

民间文书是指在地方发现的以反映基层社会为主的文书档案,①如徽州文书、福建明清契约文书、贵州清水江文书、浙东民间文书、江苏清代商业文书、珠江三角洲土地文书、太行山文书,等等。这些文书档案数量庞大,种类繁夥。如众所知,20世纪初以来,随着汉晋简牍、敦煌文书不断面世,自秦汉至唐宋时期的民间文书颇有发现。特别是20世纪50年代以后,不少颇具代表性的地方文书亦相继面世,宋元尤其明清、民国时期的民间文书先后大量被发掘。文书新资料的发现及由此带来的新研究领域的拓展乃至新学科的产生构成了20世纪我国学术发展之一重要方面。20世纪以来,随着不同时期各地民间文书相继问世,民间文书越来越多地引起国内外学界的高度关注,史学及其他学科的学者日趋重视利用民间文书资料从事相关研究,有关民间文书的发掘和整理已取得不少重要的阶段性成果。下文分别对20世纪

---

① 本书所谓民间文书,系指宋代以后或由民间行用并于民间发现的,或庋藏于各类馆藏单位而反映基层社会实态的原始文书档案。台湾学者将民间文书称为"古文书"。日本学者或谓之"私文书"。另外,由于民间文书在类型上以物权、人身、经营等方面的契约为大宗,不少学者或称之为"契约文书"。实际上,民间文书亦不乏合同文约、信仰文书、继承文书、会社文书、赋役文书、诉讼文书、堆积账簿、日用类书、信函尺牍以及经由官府行移民间的告示、税契等。其中,既有格式文书,亦有为保存信息而即时记载的文本,种类多样,故本书统称为民间文书。需要强调的是,与民间文书相对的是官文书(或谓之"官府档案")。历代官文书大多留存于各级官府,然在赋役、诉讼、教化等方面,经由官府行移,能体现官府与民间的关系,虽留存于各级博物馆、档案馆、图书馆,本书亦归入民间文书范畴作一梳理。

以来中国各地遗存的宋代以后民间文书的发掘与整理概况作一梳理。

一、安徽

徽州文书。徽州,古称新都郡、新安郡、歙州,宋宣和三年(1121)改歙州为徽州,下辖绩溪、歙县、休宁、黟县、祁门、婺源六县。宋代以降,尤其明清时期,徽州经济文化高度发达,致使公私交往频繁。徽州民间有在社会活动中因时立约、因事立约的传统,人们事无巨细,往往诉诸白纸黑字。在文书保存上,传统徽州人具有强烈的文书保存意识,尤其是大多数作为重要书证的契约,人们往往视为家珍。值得一提的是,在徽州宗族社会中,公匦制度是民间文书保存的重要手段和特色。[①] 加上徽州"山限壤隔",地理环境具有封闭性,历史上亦鲜有兵戈扰攘。凡此种种,使得徽州历史上不但产生了丰富的民间文书,而且大量文书长期以秘而不宣的状态遗存下来。

徽州文书的面世始于民国时期,当时上海、杭州等地的书商和文人经常到徽州来购买古籍,不少文书开始流出。[②] 历史学家方豪是较早收藏和刊布徽州文书的学者,他于抗战结束后,在南京地摊收集了一批徽州文书,并于20世纪70年代,以"战乱中所得资料简略整理报告"为专题,撰写了十余篇专文,陆续刊载于台湾《食货月刊》(1971—1973)各期中。[③] 20世纪50年代,

---

① 参见拙文:《公匦制度与明清徽州民间文书的保存》,载《图书馆杂志》,2009年第2期。
② 翟屯建:《徽州文书的由来、发现、收藏与整理》,载《上海师范大学学报(哲学社会科学版)》,2006年第1期。
③ 方豪:《明万历年间之各种价格》,载《食货月刊》,复刊第1卷第3期,1971年7月;《明万历年间富家产业抄存》,载《食货月刊》,复刊第1卷第5期,1971年8月;《乾隆五十五年自休宁至北京旅行用账》,载《食货月刊》,复刊第1卷第7期,1971年10月;《光绪元年休宁万安某家入泮贺礼》,载《食货月刊》,复刊第1卷第9期,1971年12月;《康熙时重新祠楼之文献》,载《食货月刊》,复刊第1卷第11期,1972年2月;《乾隆十一年至十八年杂账及嫁妆账》,载《食货月刊》,复刊第2卷第1期,1972年4月;《明代各朝契据四十二件抄存》,载《食货月刊》,复刊第2卷第3期,1972年6月;《光绪元年自休城至金陵乡试账》,载《食货月刊》,复刊第2卷第5期,1972年8月;《乾隆二十六年等赴六合事录》,载《食货月刊》,复刊第2卷第7期,1972年10月;《道光咸丰光绪大婚事记》,载《食货月刊》,复刊第2卷第11期,1973年2月;《乾隆二十二年汪朱氏丧事账》,载《食货月刊》,复刊第3卷第1期,1973年4月。

随着土地改革运动的开展,传统意义上的土地契约等文书结束了其历史使命,并被视为封建糟粕遭到大规模销毁,随即引起了有识之士和各级相关部门的重视。特别是在时任文化部副部长郑振铎先生、中国社会科学院经济研究所副所长严中平先生等人的密切关注下,屯溪市新华书店专门开设了古籍书店,负责收购徽州文书和古旧书籍,并且开始介绍徽州文书的收集情况。① 当年屯溪古籍书店的负责人余庭光先生在宣传和抢救徽州文书方面作了大量卓有成效的工作。② 据余氏介绍,当年"收购的契约总数有10多万件。"③ 另外,原隶属徽州、时属江西省的婺源县也随即开始了民间文书的收集工作。④ 屯溪古籍书店根据收集到的文书编制了目录,寄往全国各地的书店、图书馆、博物馆等单位。当时反应最敏捷、最积极的是北京的中国书店和上海的古籍书店。通过这一渠道,徽州文书先后流传到全国各地。⑤ 此后,安

---

① 1955年,上海古籍书商韩世保赴徽州收购古书,将徽州古籍文书流通和破坏的现状告知时任文化部副部长郑振铎,郑随即建议安徽省委书记曾希圣设立专门部门收集和保存徽州文书和文献。

② 参见余庭光:《徽州发现宋元时代的契约》,载《人民日报》,1957年10月17日;同氏:《歙县发现明代洪武鱼鳞图册》《徽州地区收集到万余件珍奇资料》,载《文物参考资料》,1958年第4期;同氏:《屯溪又发现一批古籍》,载《文物》,1959年第4期。

③ 周绍泉:《徽州文书与徽学》,载《历史研究》,2000年第1期。

④ 参见贺华、金邦杰:《婺源县县委重视、文化馆带头进行文物保护工作》,载《文物参考资料》,1958年第6期;王咨臣:《江西文管会在婺源收集了很多图书资料》,载《文物参考资料》,1959年第11期。

⑤ 据余庭光先生回忆,当年屯溪古籍书店在收购古籍和文书的同时,为便于发售,先后编印了十余期《古籍书目》,寄往全国各地的收藏机构。日前,王国健先生经眼了部分《古籍书目》,并撰写了《徽州文书发现的重要见证》一文。笔者曾赴南京大学历史系资料室、上海图书馆等地查阅资料,发现所藏徽州簿册文书中均粘贴有"标签",标签上印刷着红色格式文字"屯溪市古籍书店"、书名、编号、册数、售价,具体内容据墨迹手填。这些标签,与当年编印的《古籍书目》当密切关联。另,栾成显先生亦称:"历史研究所藏徽州契约文书,主要是在20世纪五六十年代从中国书店购置来的,而中国书店则是从徽州屯溪古籍书店收购上来的。当时北京地区的徽州文书,多数是经中国书店之手转卖到各收藏单位的……除中国社会科学院历史研究所外,五六十年代北京购买徽州文书的主要有中国历史博物馆、北京图书馆(即现在的中国国家图书馆)、北京大学、北京师范大学及中国社会科学院经济研究所等几家。"参见栾成显的《徽学兴起亲历记》一文,该文承蒙作者惠示,感谢。

徽省博物馆、安徽省图书馆、安徽省档案馆和安徽省社会科学院历史研究所、安徽师范大学图书馆等单位相继从徽州购买、收集了一大批珍贵的徽州文书和地方文献。20世纪50年代以来徽州文书的大规模发现和收藏一直延续到"文化大革命"之前。20世纪80年代以后,随着徽学的兴起,徽州文书再次被大规模发掘,早期面世的徽州文书主要庋藏情况如下表所示。①

国内公私较早收藏徽州文书情况一览

	收藏单位	数量(件)	备注
馆藏	中国第一历史档案馆	约1500	—
	中国国家博物馆	约10000	—
	中国国家图书馆	簿册数百种②	散件不详
	中国社会科学院历史研究所	14137	参见《徽州文书类目》③
	中国社会科学院经济研究所	约2500	所藏侧重于经济史方面的文书
	北京大学图书馆	约500	
	北京师范大学历史系	/	不详
	天津图书馆④	数百	—
	上海图书馆	/	不详
	南京大学历史系资料室	4453	以簿册为主
	南京市博物馆	/	该馆藏文书约3000件,徽州文书应占有相当比例
	南京图书馆	约100	—
	安徽省博物馆	约4000	

---

① 表中馆藏不详以"/"标示。表格数据,除笔者调查外,还参考严桂夫主编:《徽州历史档案总目提要》,合肥:黄山书社,1996年;王振忠:《新发现的徽州文书与徽学研究的新进展》,载《探索与争鸣》,2004年第12期;王国键:《徽州文书发现的来龙去脉》,载《中国档案》,2005年第7期;翟屯建:《徽州文书的由来、发现、收藏与整理》,载《上海师范大学学报(哲学社会科学版)》,2006年第1期;卞利:《徽州文书的由来及其收藏整理情况》,载《寻根》,2008年第6期。

② 如中国国家图书馆善本阅览室即藏有徽州郑氏、程氏、洪氏、吴氏、黄氏、叶氏、汪氏等抄契簿。参见吴丽平:《明清契约文书的搜集和整理综述》,载《青岛大学师范学院学报》,2011年第3期。

③ 中国社会科学院历史研究所收藏编纂:《徽州文书类目》,合肥:黄山书店,2000年。

④ 关于天津图书馆所藏,参见刘尚恒、李国庆:《天津馆藏珍本徽学文献叙录》,见《首届国际徽学学术讨论会文集》,合肥:黄山书社,1996年。

续表

收藏单位		数量(件)	备注
馆藏	安徽省图书馆	约 3000	—
	安徽省各级档案馆	90000 余	参见《徽州历史档案总目提要》①
	安徽大学徽学研究中心	约 11000	—
	安徽师范大学图书馆及皖南历史文化研究中心	约 15000	—
	黄山博物馆	约 30000	—
	黄山学院图书馆	约 60000	—
	歙县博物馆	约 300	—
	祁门县博物馆	约 10000	—
	中国税文化博物馆	约 10000	黄山市地税局主办
私人收藏	王振忠	一万数千	其中珍稀稿本、抄本计 3000 余件
	刘伯山	约 50000	—
	翟屯建②	10000	—
	田涛	/	田氏所藏民间文书计 5000 余件,其中徽州民间文书占有相当比例

上表所示的文书遗存数量在 30 万件以上,这仅是目前所知已发现的徽州文书较为明确的收藏概况。实际上,徽州文书在国内外不少馆藏机构和科研院所多有存藏。如国家文物局③、南开大学、山东省图书馆④、浙江省博物

---

① 值得一提的是,安徽省档案馆藏有明清徽州文书 6151 件。休宁县档案馆藏有徽州文书 4158 件,其中 1146 件系清代顺治四年(1647)至民国时期的全县鱼鳞图册。参见严桂夫主编:《徽州历史档案总目提要》,合肥:黄山书社,1996 年。

② 参见翟屯建:《徽州文书的由来、发现、收藏与整理》,载《上海师范大学学报(哲学社会科学版)》,2006 年第 1 期。

③ 据杨国桢先生调查,20 世纪 50 年代屯溪市搜集的徽州民间文书在国家文物局、天津博物馆、吉林师范大学图书馆等单位均有收藏。参见杨国桢:《明清土地契约文书研究》,北京:中国人民大学出版社,2009 年,第 108 页。

④ 冯剑辉:《山东图书馆藏徽州文书述评》,载《黄山学院学报》,2009 年第 2 期。

馆和图书馆、重庆图书馆以及日本东洋文库、日本东京大学东洋文化研究所①、美国哈佛大学哈佛燕京图书馆②。另外，在英国大英图书馆东方收藏部以及法国和中国香港、台湾地区也收藏有徽州文书③。近年来，中山大学、上海交通大学、中国人民大学、南昌大学、安徽师范大学、安徽大学等高校仍在大力搜集徽州文书。④ 此外，国内外私人收藏徽州文书者亦不乏其人，⑤且大量徽州民间文书或深藏在有关单位，或散存于民间，这些不明数量的公私之藏以及有待发掘的遗存情况虽难以统计，然据笔者粗略估算，至少有数十万件。因此，目前徽州文书遗存数量在100万件以上是可信的，并且随着文书不断被发掘以及整理公布，有关徽州文书遗存数量还将不断被刷新。遗存的徽州文书从宋代至民国各个时期均有发现，尤以清代、民国时期居多。⑥ 根据安徽省博物馆、中国社会科学院历史研究所分别编的《明清徽州社会经济资料丛编》的第一集、第二集和《徽州千年契约文书》(40卷)、《中国历代契约会编考释》(上、下)、《徽州文书》(40卷)等资料集统计，时间较早的宋元明文

---

① ［日］寺田浩明：《日本对清代土地契约文书的整理与研究》（系作者于1989年在中国法律史学会年会上的发言论文）；［日］岸本美绪：《东京大学东洋文化研究所契约文书研究会的30年》，载《史学月刊》，2005年第12期。
② 陈智超：《明代徽州方氏亲友手札七百通考释》，合肥：安徽大学出版社，2001年。
③ 王国键：《徽州文书发现的来龙去脉》，载《中国档案》，2005年第7期。
④ 笔者曾多次赴徽州调查发现，近几年，黄山市、歙县、休宁县等地的一些收藏者，从徽州搜集到民间文书数万件乃至十余万件不等，并不断卖给高校等收藏单位。文中涉及的这几所高校近几年从徽州搜集的徽州文书达数十万件，此种搜集仍在进行中。
⑤ 据笔者了解，在黄山市及下辖各县，私人收藏徽州文书万件以上者不乏其人。
⑥ 依据收藏情况不同，对于迄今发现的徽州文书的上限，说法不一，主要有：a. 南唐保大三年（945）谕祭文抄件，参见严桂夫、王国键：《徽州文书档案》，合肥：安徽人民出版社，2004年，第41页；b. 北宋庆历八年（1048），参见章望南：《祁门博物馆徽州文书征集及整理概要》，见《徽州文化研究》，第2辑，合肥：安徽人民出版社，2004年，第410页；c. 南宋嘉泰元年（1201），参见王国键：《徽州文书档案的特点和价值》，载《档案学通讯》，2001年第1期；d. 南宋嘉定八年（1215），参见张传玺主编：《中国历代契约会编考释·导言》，北京：北京大学出版社，1995年。笔者认为，将徽州文书的上限界定为南宋比较合理，理由有三：其一，大量徽州文书的产生与南宋以后徽州的社会转型和发展繁荣密切相关；其二，宋宣和三年（1121），作为一府辖六县的徽州，其称谓和行政区划相对固定；其三，迄今发现的早期徽州文书以南宋居多。

书超过1万件,与其他区域相比,遗存的徽州宋元明文书的绝对数量非常可观,历时长,且类型涉及基层社会诸多方面,举凡交易文契、合同文约、承继分书、产业簿册、私家账簿、官府册籍、政令公文、诉讼文案、会簿会书、乡规民约、日用类书、民俗歌谣、村落文书、尺牍书札等不一而足。因此,无论就数量还是价值而言,徽州文书当之无愧成为20世纪我国发现的民间文书之典型代表。

徽州文书的整理出版开始于20世纪80年代。经过学界同仁30余年的努力,已出版的徽州民间文书资料集越来越多,相关资料集有:

1. 安徽省博物馆编:《明清徽州社会经济资料丛编》第一集,中国社会科学出版社1988年版。主要辑录安徽省博物馆(888件)、黄山博物馆(原徽州博物馆,62件)所藏徽州契约文书,其中有明代文书390件、清代文书560件,共计950件。

2. 中国社会科学院历史研究所、徽州文契整理组编:《明清徽州社会经济资料丛编》第二辑,中国社会科学出版社1990年版。主要辑录中国社会科学院历史研究所所藏徽州契约文书697件,其中宋元文书12件、明代文书685件。

3. 王钰欣、周绍泉主编:《徽州千年契约文书》(宋元明编20卷,清·民国编20卷,计40卷),花山文艺出版社1991年版(影印本)。据中国社会科学院历史研究所所藏徽州民间文书编撰,其价值高,数量大。另外,中国社会科学院历史研究所将该所资料室所藏的14137件徽州文书进行了系统的分类编目,形成《徽州文书类目》,由黄山书社于2000年出版。

4. 周绍泉、赵亚光:《〈窦山公家议〉校注》,黄山书社1993年版。

5. 张传玺主编:《中国历代契约会编考释》(上、下),北京大学出版社1995年版。该资料集经修订,于2014年由北京大学出版社重新出版,题名《中国历代契约粹编》(上、中、下册),收录有宋至清的徽州民间文书。

6. 章有义编著:《明清及近代农业史论集》,中国农业出版社1997年版。该著作辑录了48件分家阄书以及4种置产簿。

7. 中国第一历史档案馆、辽宁省档案馆编:《中国明朝档案总汇》(全101

册),广西师范大学出版社 2001 年版。主要收录明代档案,其中第 1 册辑录的文书档案多系徽州文书。

8. 田涛等主编:《田藏契约文书粹编》,中华书局 2001 年版。该书据田涛个人收藏的契约文书编辑,收录徽州民间文书数百件。

9. 陈智超:《明代徽州方氏亲友手札七百通考释》(全 3 册),安徽大学出版社 2001 年版。据美国哈佛大学哈佛燕京图书馆所藏徽州民间文书编撰,该书第三册为方氏亲友手札原件影印资料集。

10. 鲍传江等主编:《故纸堆》(10 卷),北京图书馆出版社 2003 年版。该书收录了部分清代至民国时期的徽州民间文书。

11. 刘伯山主编:《徽州文书》(截至 2018 年已经出版第一至七辑,每辑 10 卷本),广西师范大学出版社影印出版。

12. [日]臼井佐知子编著:《徽州歙县程氏文书·解说》,东京外国语大学大学院地域文化研究科 21 世纪 COE"史资料ハブ地域文化研究据点"本部 2006 年(影印本)。该书由臼井佐知子据其在黄山市文物商店所购文书编辑而成。

13. 詹鸣铎著,王振忠、朱红整理校注:《我之小史》,安徽教育出版社 2008 年版。

14. 周向华编:《安徽师范大学馆藏徽州民间文书》,安徽人民出版社 2009 年版。

15. 东洋文库明代史研究室编:《中国土地契约文书集(金—清)》,财团法人东洋文库 1975 年刊行(辑录本)。该书收录了一定数量的徽州民间文书。

16. 黄山学院编:《中国徽州文书(民国编)》(全 10 卷),清华大学出版社 2010 年版。辑选徽州文书 5886 件(其中簿册 170 册,散件 5716 份)。2016 年,在第 1 辑的基础之上,由合肥工业大学出版社出版了第 2 辑 10 卷本。

17. 李琳琦主编:《安徽师范大学馆藏千年徽州契约文书集萃》(全 10 册),安徽师范大学出版社 2014 年版。

18. 黄志繁、邵鸿、彭志军编:《清至民国婺源县村落契约文书辑录》(全

18 册),商务印书馆 2014 年版。

19. 王振忠主编:《徽州民间珍稀文献集成》(全 30 册),复旦大学出版社 2018 年版。该资料集遴选了近 150 种徽州珍稀簿册文书,多系稿本、抄本,所涉内容宏丰,弥足珍贵。

20. 封越健主编:《中国社会科学院经济研究所藏徽州文书类编·散件文书》(全 4 册),社会科学文献出版社 2017 年版。

21. 俞江主编:《徽州合同文书汇编》(全 11 册),广西师范大学出版社 2017 年版。

22. 封越健主编:《中国社会科学院经济研究所藏徽州文书类编·置产簿》(全 15 册),社会科学文献出版社 2019 年版。

从目前的整理出版情况来看,已出版的数万件徽州文书,相对于已发现的现存文书数量而言仍属有限,有关徽州文书的整理公布工作可谓任重而道远。

除徽州文书外,安徽其他地区的民间文书亦颇有遗存。据笔者对安徽师范大学馆藏文书的统计,该馆所藏的安徽文书有 1300 件左右,大多系徽州文书,此外尚有泾县、旌德、芜湖、南陵、宁国等地文书,其中泾县文书有 380 余件。

二、贵州

吉昌文书。吉昌系黔中安顺市西秀区大西桥镇的一个村落。明代政府在西南边陲设置卫所,卫所下辖屯堡,吉昌乃当时之一典型的屯堡。2008 年,贵州民族学院孙兆霞教授在吉昌进行田野调查时,陆续发现一批吉昌文书(共 452 份),上起清雍正十一年(1733),下迄 1961 年,涵盖了 200 多年的历史,种类涉及土地买卖、分关、继承、租借等。这批契约文书对于深入推进明代以来西南边陲的屯田制度演变、社会经济实态等方面的研究具有重要意义。① 经整理,最终形成《吉昌契约文书汇编》,2010 年由社会科学文献出版社影印出版。

清水江文书。贵州黔东南以锦屏、黎平、天柱、三穗、剑河为中心的清水江流域系侗族、苗族、汉族杂居地区,该流域在历史上系我国南方重要的木材供应地之一。明清至民国时期,在当地林木生产经营过程中形成的大量契约文书被称作"清水江文书"②,据不完全统计,遗存总量为 30 万~50 万件。清水江文书的最早发现地为锦屏县。③ 20 世纪 60 年代初,贵州省民族研究所的杨有赓到锦屏侗乡苗寨进行田野调查,首次发现汉文山林契约。然而,在当时该文书除杨有赓等少数学者外,并未引起政府及学界的足够关注。20 世纪 90 年代,杨有赓与日本学者唐立、武内房司等人深入锦屏苗寨调查,收集了数千份文书并予以整理,于 2003 年出版,④之后引起了国内学术界与相关部门的高度重视。2002 年,由英国牛津大学和中国清华大学、北京师范大学、中山大学、厦门大学以及北京三联书店的历史学、人类学、文化学、民俗学、文献学专家学者组成的中英联合田野作业考察组到锦屏进行民间契约与传统村落专题考察,极大地促进了清水江文书的发掘。目前,黔东南的锦屏、天柱、三穗、黎平、剑河等县已征集文书 41000 余件,其中有锦屏文书 25000 余件,⑤据估计,该区域遗存文书数量在 10 余万件。在迄今发现的清水江文书中,最早的属清康熙时期,主要内容涉及山林交易、土地买卖、合伙经营、佃山造林、山林护养、环境保护、分家析产、家庭收支、纠纷诉讼、乡规民俗、官府执照、官给告示等。目前只有部分文书面世,大部分尚遗存于民间,有待发

---

① 关于吉昌文书的价值,参见孙兆霞、张建:《地方社会与国家历史的长时段型塑——〈吉昌契约文书汇编〉价值初识》,载《西南民族大学学报(人文社会科学版)》,2010 年第 5 期。
② 杨国桢:《〈明清土地契约文书研究〉第三版序》,载《中国史研究动态》,2020 年第 1 期。
③ 因为最先在锦屏县发现,且于该县搜集的文书数量最多,所以学者称之为"锦屏文书"。
④ 唐立、杨有赓、武内房司等主编:《贵州苗族林业契约文书汇编(1736—1950 年)》(全 3 卷),东京外国语大学,2003 年。据贵州省锦屏县苗族遗存的清代文书编辑。
⑤ 载《中国文化报》,2009 年 5 月 12 日。

掘。清水江文书是明清民间契约文书的又一重要遗存,不少是以归户形式而集中保存下来的。由于清水江文书系少数民族文书,又反映了林业经济关系,特色鲜明,对经济史、法制史、社会史、历史人类学以及少数民族史等研究均具重要价值。①

目前,已经出版的相关资料集主要有:

1.唐立、杨有庚、武内房司等主编:《贵州苗族林业契约文书汇编(1736—1950)》(全3卷),东京外国语大学2004年版。该书根据贵州省锦屏县苗族遗存清代文书编辑而成的。

2.罗洪洋:《贵州锦屏林契精选》,见谢晖、陈金钊主编:《民间法》(第3卷),山东人民出版社2004年版。②

3.锦屏县档案馆编印:《锦屏契约选辑》(3辑共166册)。③

4.张应强、王宗勋主编:《清水江文书》(第1辑13册,第2辑10册,第3辑10册),桂林:广西师范大学出版社,2007年版、2009年版、2011年版(影印本)。据贵州省锦屏县苗族遗存清代文书编辑。

5.陈金全、杜万华主编:《贵州文斗寨苗族契约法律文书汇编——姜元泽家藏契约文书》,人民出版社2008年版(影印本)。该书是根据贵州省锦屏县苗族遗存清代文书编辑而成的。

6.高聪、谭洪沛主编:《贵州清水江流域明清土司契约文书(九南篇)》,民族出版社2013年版。

7.张新民主编:《天柱文书·第一辑》(22册),江苏人民出版社2014年版。

---

① 王宗勋:《从锦屏契约文书看清代清水江中下游地区的族群关系》,载《原生态民族文化学刊》,2009年第1期;徐晓光、龙泽江:《贵州"锦屏文书"的整理与研究》,载《原生态民族文化学刊》,2009年第1期。

② 辑录康熙年间(1662—1722)林契3件,卖地卖木林契18件,卖木不卖地林契10件,佃种林契21件,卖栽手林契13件,外批研究31件,卖地林契7件,分合同10件,当借抵换林契8件,其他类12件,共计133件。

③ 载《中国文化报》,2009年5月12日。

8. 贵州省档案局等:《贵州清水江文书》,自 2017 年由贵州人民出版社陆续分辑出版。

三、浙江

浙江省的民间文书尤其是契约文书在浙江省博物馆、中国第一历史档案馆、宁波市档案馆、江山市档案馆、绍兴县档案馆等馆藏单位多有遗存。① 近年来,浙江民间文书又不断被发现。② 值得一提的是,浙江省的黄岩诉讼档案、石仓文书、宁波契约文书、龙泉档案等颇受学界关注。

黄岩诉讼档案。2000 年 7 月,一场强台风向浙江省台州市袭来,该市黄岩区的一些老旧房屋被毁。在一处坍塌的老房墙壁中,人们意外地发现了一批清代同治、光绪年间的文书档案。这批诉讼案卷涉及正副状纸、批单、抄单、证据、审结、甘结等较为完备的司法文书,计 110 余件,现大部分已被中国

---

① a. 浙江省博物馆即收藏有明清时期的契约文书(1973 年,厦门大学杨国桢教授曾到该馆抄录文书,并撰写了《清代浙江田契佃约一瞥》,参见杨国桢:《明清土地契约文书研究》,北京:中国人民大学出版社,2009 年;又参见王兴福:《从一批契约文书看太平天国前浙江土地问题》,载《浙江学刊》,1992 年第 5 期)。b. 中国第一历史档案馆藏清代档案内阁刑科题本录存不少浙江契约文书(参见中国第一历史档案馆、中国社会科学院历史研究所编著:《清代地租剥削形态》,北京:中华书局,1982 年)。c. 宁波市档案馆收藏清代乾隆至光绪时期契约文书近千件(参见王万盈:《产权交易下的清代浙东契约文书述论》,载《西北师大学报(社会科学版)》,2008 年第 3 期;王万盈辑校:《清代宁波契约文书辑校》,天津:天津古籍出版社,2008 年)。d. 浙江省江山市档案馆藏有一批清代文书,以长台镇朱姓家族文书最具特色(姜志书、徐青:《一组清代家族契约档案被挖掘整理》,载《中国档案》,2004 年第 7 期)。e. 据浙江绍兴档案馆所藏文书档案编辑的"绍兴县馆藏历史档案精品丛书"分为"清代档案集萃""商会档案集锦""教育档案集录""金融档案汇集""契约档案选集",北京:中华书局,2004—2008 年。f. 绍兴县馆藏历史档案精品丛书编纂委员会编:《绍兴县馆藏契约档案选集》,北京:中华书局,2007 年。

② a. 浙江省宁波市北仑区春晓镇民丰村周姓村民将周家祠堂装有宗谱(60 册)和地契(百余份)的 3 个木箱捐赠给北仑博物馆,这批材料涉及明代嘉靖至民国时期周氏家族之记载(载《宁波日报》,2009 年 11 月 4 日)。b. 据 2009 年 12 月 2 日《宁波日报》记者杨绪忠报导:浙江省余姚市何先生多年来收藏有浙东地区自清顺治至民国年间的土地买卖契约 370 张(载《宁波日报》,2009 年 12 月 2 日)。c. 张介人先生长期从古玩市场搜集浙东文书 400 余件,并整理出版的《清代浙东契约文书辑选》(杭州:浙江大学出版社,2010 年)。

第一历史档案馆收藏,被学界称为"黄岩诉讼档案"。其后,田涛教授等人又多次到该地进行了实地调查,进一步搜集了黄岩地区的大量文书及相关资料,采访了黄岩诉讼档案中部分当事人的后人,编撰出《黄岩诉讼档案及调查报告》,该书已于 2005 年出版。①

石仓文书。2007 年 5 月,上海交通大学历史系曹树基教授到浙江省松阳县大东坝镇石仓村参观古民居,在村民阙龙兴家中意外发现了一批契约文书。后经深入调查发现,石仓村重视祖传古老契约的存传,契约文书在石仓村农家老屋里多有保存,一般不轻易示人。经协商,确定了这批契约的收集整理原则,即建立专门工作室,只向村民借阅采集,扫描完毕则归还原主。对于部分愿意出让者的文书,也不许带到村外,而是保存在工作室里,为将来在村里建立博物馆或展示馆作准备。目前,已收集到自明代隆庆年间至民国时期各种契约文书 8000 余件,类型以土地契约为主,并涉及分家书、收租簿、账本、科仪书、杂字书、医案、商业文书等各种文书,其内容涉及诸多领域。2008 年,曹树基以这批文书的研究为中心,申报了上海市哲学社会科学规划重大课题《浙南山区土地契约的搜集、整理与研究(以松阳县石仓村为中心)》,已获得立项。目前,《石仓契约》(1—5 辑,每辑 8 册)由浙江大学出版社分别于 2011 年、2012 年、2014 年、2015 年、2018 年出版。

龙泉档案。2007 年,浙江大学教授包伟民等人在调研地方文书期间,在龙泉市档案馆意外发现了一批晚清民国时期地方法院遗存的诉讼档案。这批档案记载时间上自咸丰八年(1858),至 1949 年,计 17333 件卷宗,88 万余页。内容涉及当事人或讼师的诉状、辩诉状的原件、抄本或副状,知县、承审员或法院推事的历次判词,调解笔录,言词辩论记录,庭审口供,传票,保状,结状,领状以及各级法院、检察院、监狱等司法机构之间的来往公函等;另外,尚有作为证据的契约、分家书、婚书、系谱简图、法警的调查记录、田产山林的

---

① 田涛、王宏治、许传玺主编:《黄岩诉讼档案及调查报告》(上、下卷),北京:法律出版社,2005 年。该书是根据中国第一历史档案馆藏《黄岩诉讼档案》及实地调查搜集文书编撰而成的。

查勘图,等等。这批档案的发现对于研究地方经济形态、社会结构、地方政治以及其他基层社会实态具有重要意义。该资料一经发现,随即引起了国内外学界的高度关注。嗣后,"龙泉档案"被列入新闻出版总署(现国家新闻出版署)"十二五"国家重点出版规划,由中华书局与浙江大学、龙泉市档案馆合作,展开充分地整理和研究,并已陆续出版。①

四、福建

1939年,傅衣凌先生在福建省永安县黄历乡的一间老屋中无意间发现一箱数百件的民间契约文书,福建文书面世。② 20世纪50年代以后,福建学者更加重视民间文书的搜集和整理,如福建师范大学历史系从该省大部分地区搜集到明清以来的经济契约文书约4750件。③ 厦门大学历史系从20世纪50年代以来不断大力发掘各种民间文书,搜集到3000余件。20世纪90年代以后,厦门大学历史研究所将福建省各级图书馆、文化馆、博物馆、档案馆乃至公安局、土地管理局、财政局、工商业联合会组织、地方志修纂办公室、政协文史办公室等政府下属机构作为调查民间文书的重点,又搜集到福建各地民间文书2341件。④ 此外,福建还发掘出集中反映地域或家族的民间文书:厦门契约文书⑤;泉州黄宗汉家族文书⑥;泉州黄贻梓家族置业契约⑦;林尔嘉

---

① 包伟民:《晚清民国:从"大老爷"到"大法官"——"龙泉档案"见证中国基层司法百年》,载《中华读书报》,2011年12月7日。2012年以来已由中华书局出版《龙泉司法档案选编》第1—5辑,共计96册。
② 陈春声:《历史·田野丛书总序——〈走向历史现场〉》,见郑振满:《乡族与国家:多元视野中的闽台传统社会》,北京:生活·读书·新知三联书店,2009年。
③ 周玉英:《从文契看明清福建农村经济的商品化趋势和资本主义萌芽》,载《中国社会经济史研究》,1999年第4期。
④ 卢增荣:《福建民间契约文书的最新搜集和论说》,博士学位论文,厦门大学,2000年。
⑤ 参见陈娟英、张仲淳编著:《厦门典藏契约文书》,福州:福建美术出版社,2006年。
⑥ 参见陈支平:《从契约文书看清代泉州黄宗汉家族的工商业兴衰》,载《中国经济史研究》,2001年第3期。
⑦ 杨国桢:《明清土地契约文书研究·参考文献》,北京:中国人民大学出版社,2009年。

家族及民间文书。① 近年来,一些高校和博物馆合作,又收集到闽东等地文书 10 万多件。从刊布情况来看,已知的福建文书最早是明代建文年间的,然明代文书数量较少,大多数系清代、民国文书;类型主要以契约和官府下发的各种票牌为主,亦有议约合同、分家阄书、账簿银票以及诉讼信仰等方面的文书。福建文书在反映明清土地买卖找贴、一田二主、工商业发展、家族社会、民间信仰等方面颇具地域特色,且不少文书或集中于某一地域,或凸显于某一家庭,更彰显其研究价值。②

20 世纪 80 年代以后,福建民间文书在《中国社会经济史研究》期刊上不断得以刊布,主要有:

1. 杨国桢辑:《清代闽北土地文书选编》(一)(二)(三),载《中国社会经济史研究》1982 年第 1—3 期(辑录本)。据厦门大学所藏福建契约文书编辑。

2. 陈盛明辑:《晚清泉州"观口黄"置业契约选》,载《中国社会经济史研究》1985 年第 3 期。

3. 傅衣凌、陈支平:《明清福建社会经济史料杂抄》,载《中国社会经济史研究》1986—1988 年。其中有不少契约文书。

4. 杨国桢编:《闽南契约文书综录》,载《中国社会经济史研究》,1999 年增刊(辑录本)。收录文书 900 件。据厦门大学所藏福建契约文书编辑。

先后出版的文书资料集有:

1. 福建师范大学历史系编:《明清福建经济契约文书选辑》,人民出版社 1997 年版(辑录本)。该书是根据福建师范大学历史系藏明清福建契约文书

---

① 收藏于厦门鼓浪屿林尔嘉故居,已整理出版。参见陈支平主编:《台湾文献汇刊》第 7 辑,厦门、北京:厦门大学出版社、九州出版社,2005 年。按:林尔嘉先生系日据时期台湾爱国人士,因不愿与日本人妥协,曾内迁福建厦门鼓浪屿定居,该文书资料集中反映了林氏家族以及闽台关系方面的情况。

② 参见唐文基等编:《明清福建经济契约文书选辑》,北京:人民出版社,1997 年;卢增荣:《福建民间契约文书的最新搜集和论说》,博士学位论文,厦门大学,2000 年;陈支平:《努力开拓民间文书研究的新局面》,载《史学月刊》,2005 年第 12 期;陈支平主编:《福建民间文书·前言》,桂林:广西师范大学出版社,2007 年;栾成显:《明清地方文书档案遗存述略》,见《第一届中日学者中国古代史论坛文集》,北京:中国社会科学出版社,2010 年。

编辑而成的。全书分为九个部分：田地典卖文书（418件）、土地典卖找价文书（268件）、山林典卖文书（107件）、园林典卖文书（192件）、租佃文书（204件）、寄佃文书（38件）、借贷文书（241件）、房屋厝地典卖文书（178件）、其他经济文书（149件），总计1795件。

2. 王连茂、叶恩典整理：《泉州、台湾张士箱家族文件汇编》，福建人民出版社1999年版。

3. 陈娟英、张仲淳编著：《厦门典藏契约文书》，福建美术出版社2006年版（影印本）。该书是根据厦门市博物馆及社会人士收藏契约文书编辑而成的。

4. 陈支平主编：《福建民间文书》（全6册），广西师范大学出版社，2007年版（影印本）。该书是根据厦门大学所藏福建地区民间文书编辑而成的。

5. 周正庆、郑勇主编《闽东家族文书》（共10册），广西师范大学出版社2018年版。

6. 张先清等编著：《太姥民间文书》，厦门大学出版社2018年版。

7. 徐雁宇编：《闽北文书》（共3册），广西师范大学出版社2019年版。

8. 刘西和、曹树基等主编：《福建客家珍稀文书》（20卷），见《客家珍稀文书丛刊》（第一辑），广东人民出版社2019年版。

五、台湾

台湾学者多称民间文书为"古文书"，其搜集可追溯到日据时期（1895—1945）的"土地调查"和"旧惯调查"。这一时期，"临时台湾土地调查局"和"临时台湾旧惯调查会"发掘的大量台湾民间文书于《台湾私法》《台湾土地惯行一斑》《台湾总督府档案》等档案汇编中多有收录。① 台湾光复以来，诸如杨

---

① 如临时台湾旧惯调查会编：《台湾私法》，台北：南天书局，1995年，其中《附录参考书》收录契约文书1700多件。整个日据时期，搜集到民间文书4000余件（参见许雪姬等：《王世庆先生访问纪录》，台北"中央研究院"近代史研究所，2003年）。

云萍、王世庆、张光直等学者仍重视发掘民间文书,并取得了重要成果。① 20世纪50年代以后,台湾学者在民间文书整理方面成果颇为突出。如20世纪50年代开始编印的《台湾文献丛刊》中,民间文书得以大规模出版。20世纪90年代以后,台湾不少市县地方政府和文化单位或借助期刊发布,或整理结集出版,文书公布更加频繁。② 甚至连台中县的外埔乡公所和梧栖镇公所亦委托学者整理出版其区域性文书专辑。据笔者不完全统计,有关台湾民间文书的出版物有60余种。③ 具体如下:

1. 临时台湾旧惯调查会编:《契字及书简文类集》,1916年版。1973年汲古书院再版,改名为《清代契约文书·书简文类集》。④

2. [日]平山勋编著:《台湾社会经济史全集》,台北台湾经济史学会1933年版。该集共19册,其中第2册系"噶玛兰地区契约文书";第6册、第7册系"台北地方契约文书"。

---

① 杨云萍收集的民间文书,参见张炎宪、曾品沧汇编:《杨云萍藏台湾古文书》,台北:国史馆,2003年。20世纪70年代,王世庆在美国亚洲学会的支持下,以台湾西部为主,共搜集到民间文书五六千件,并结集影印了《台湾公私藏古文书汇编》(又称《台湾公私藏古文书复印件》,全10辑,每辑12册,共120册),该文书集只影印了5套,分别收藏于台湾"中央研究院"傅斯年图书馆、美国斯坦福大学胡佛研究所东亚图书馆、美国哈佛大学哈佛燕京图书馆、美国国会图书馆、日本东洋文库。20世纪80年代,张光直筹划了"台湾史田野研究计划",收集到民间文书3000余件,收藏于"中央研究院"台湾史研究所古文书室,并结集出版,见张炎宪、王世庆等主编:《台湾平埔族文献资料选集——竹堑社》,台北"中央研究院"台湾史田野研究室,1993年。

② 据学者统计,仅2001—2009年,台湾出版的民间文书集便有40余种,参见涂丰恩:《混乱中的秩序:台湾契约文书的搜集与分类》,见"台湾大学数位人文研究中心"网站。

③ 以下关于台湾文书档案的出版信息,参见陈秋坤、洪丽完:《契约文书与社会生活》,"中央研究院"台湾史研究所筹备处,2001年;王世庆的《台湾民间古文书之搜集整理研究》,王世庆:《台湾史料论文集》(上册),台北:稻香出版社,2004年;叶钧培:《金门清代古文书研究——以契约文书为主》之"参考文献"部分,见龙腾网中华文化门户网站台,2009年;李季桦:《台湾契约文书的研究动向》,见《前近代中国的法与社会——成果与课题》,东京:东洋文库,2009年;涂丰恩:《混乱中的秩序:台湾契约文书的搜集与分类》;栾成显:《明清地方文书档案遗存述略》,见《中日学者中国古代史论坛文集》,北京:中国社会科学出版社,2010年等。

④ [日]寺田浩明:《日本对清代土地契约文书的整理与研究》,系作者1989年在中国法律史学会年会上的发言论文。

3.［日］村上直次郎编:《新港文书》,台北帝国大学理农学部1933年版。台北捷幼出版社于1995年重版。

4.台湾银行经济研究室编:《台湾文献丛刊》(共309种),众文图书股份有限公司1959—1972年版。其中,《台湾私法债权编》(丛刊第79种)、《台湾私法商事编》(丛刊第91种)、《台湾私法人事编》(丛刊第117种)、《台湾私法物权编》(丛刊第150种)、《清代台湾大租调查书》(丛刊第152种)等各编中均载有大量文书档案。

5.张伟仁、王世庆等主编:《台湾公私藏古文书汇编》(又称《台湾公私藏古文书复印件》,全10辑,共120册),环球书社1977—1983年影印版。

6.［日］三田裕次藏、张炎宪编:《台湾古文书集》,台北南天书局1988年版。

7.张炎宪、王世庆、李季桦主编:《台湾平埔族文献资料选集——竹堑社》,台北"中央研究院"台湾史田野研究室1993年版。

8.邱水金等主编:《宜兰古文书》,宜兰县政府、宜兰县文化中心出版(第1辑1994年;第2辑1995年;第3—4辑系"五结张氏家藏"1996年;第5辑1998年)。陈金奇主编:《宜兰古文书》(第6辑),宜兰县史馆2004年版。

9.洪丽完编撰:《台中县立文化中心藏台湾古文书专辑》(上、下),台中县立文化中心1996年版(影印本)。

10.萧富隆等编:《南投县永济义渡古文契书选》,南投县立文化中心1996年版。

11.黄美英主编:《凯达格兰族古文书汇编》,台北县立文化中心1996年版。

12.陈秋坤编:《台湾古契书(1717—1906)》,台北立虹出版社1997年版。

13.黄富三、张秀蓉等主编:《台湾史档案文书目录》,台湾大学1997年版。

14.台湾省文献委员会:《日据时期台湾拓殖株式会社文书(中译本)》(第1辑),台湾省文献委员会1997年版。该书是根据南投"国史馆"台湾文献馆馆藏而编辑出版的。

15. 吴学明：《头前溪中上游开垦史暨史料汇编》，新竹市立文化中心1998年版。

16. 张炎宪主编：《竹堑古文书》，新竹市立文化中心1998年版。

17. 岸里大社文书出版编辑委员会编：《台湾大学藏岸里大社文书》（全5册），台湾大学1998年版。系台湾中部平铺族岸里社头目潘家留存之文书契约。

18. 台湾省文献委员会编印：《草屯地区古文书专辑》，台湾省文献委员会1999年版。

19. 曾振名、童元昭主编：《噶玛兰、西拉雅古文书》，台湾大学人类学系1999年版。

20. 谢继昌主编：《凯达格兰古文书》，台湾大学人类学系1999年版。

21. 胡家瑜主编：《道卡斯新港社古文书》，台湾大学人类学系1999年版。

22. 潘是辉编：《云林古文书汇编》（第1辑）、《嘉义古文书汇编》（第1辑），云林梅湖文化工作室1999年版。

23. 刘泽民编著：《大肚社古文书》，台湾省文献委员会2000年影印版。

24. 董伦岳编：《梧栖古文书史料专辑》，台中县梧栖镇公所2000年版。

25. 台湾省文献委员会采集组编：《台湾省文献委员会北部地区古文书专辑》（全2集），台湾省文献委员会2000年版。

26. 郑水萍编：《后劲记事：后劲陈三正家藏古文书编》，高雄市文化中心2000年版。

27. 洪丽完编：《外埔乡藏古文书专辑》，台中县外埔乡公所2001年版。

28. 刘泽民、陈文添、颜义芳编译：《台湾总督府档案平埔族关系文献选辑》，台湾省文献委员会2001年版。该文书系从《台湾总督府公文类纂》中辑录。

29. 曾品沧编：《笨港古文书选辑》，"国史馆"2001年版。

30. 刘泽民编：《平埔百社古文书》，"国史馆"台湾文献馆2002年版。

31. 简史朗、曾品沧编:《水沙连埔社古文书选辑》,"国史馆"2002年版(影印本)。

32. 潘英海、陈水木编:《道卡斯后垅社群古文书辑》《道卡斯蓬山社群古文书辑》,苗栗县文化局2002年版。

33. 林金悔编:《靖海侯施琅督垦文献辑》,台南县政府文化局2002年版。

34. 洪丽完编:《台湾社会生活文书专辑》,"中央研究院"台湾史研究所筹备处2002年版。

35. 刘泽民编:《关西坪林范家古文书集》,"国史馆"台湾文献馆2003年版。

36. 叶钧培等编著:《金门古文书》(全2辑),金门县立文化中心2003年、2004年版。

37. 刘泽民编著:《大甲东西社古文书》,"国史馆"台湾文献馆2003年版(影印本)。

38. 曾光正编:《左营历史照片及古文书》,高雄市政府文献会2003年版。

39. 张炎宪、曾品沧编:《杨云萍藏台湾古文书》,"国史馆"2003年版。

40. 潘英海编:《中央研究院民族学研究所藏道卡斯古契文书图文册》,"中央研究院"民族研究所2004年版。

41. 刘泽民编:《台湾总督府档案平埔族关系文献选辑续编》(上、下),"国史馆"台湾文献馆2004年版。

42. 陈秋坤、蔡维承编著:《大岗山地区古契约文书汇编》,高雄县政府文献会2006年版。

43. 唐荣源编:《古凤山县文书专辑》,高雄市政府文献会2004年版。

44. 许文堂编:《大基隆古文书选辑》,基隆文化中心2004年版。

45. 王春凤编著:《流金岁月话蓬山:通苑古文书老照片专辑》,苗栗县蓬山文教协会2004年版。

46. 林明美总编:《北路淡水:十三行博物馆馆藏古文书(一)》,台北县立十三行博物馆2005年影印版。

47. 简史朗编:《水沙连眉社古文书研究专辑》,南投县文化局 2005 年版。

48. 陈荣文编著:《浦边周宅古文书》,金门县政府 2005 年版。

49. 彦尚文、李建兴等编:《嘉义市古文书选辑》,嘉义市政府 2005 年版。

50. 郑华生口述,郑炯辉整理:《新竹郑利源号典藏古文书》,"国史馆"台湾文献馆 2005 年版。

51. 台湾史料集成编辑委员会编:《台湾总督府档案抄录契约文书》(第 1 辑、第 2 辑,全 26 册),行政院文化建设委员会、远流出版事业股份有限公司 2005—2006 年版(辑录本)。

52. 林玉茹、刘序枫编:《鹿港郊商许志湖家与大陆的贸易文书(1895—1897)》,"中央研究院"台湾史研究所 2006 年版。

53. 陈纬一、刘泽民编:《力力社古文书契抄选辑:屏东崁顶力社村陈家古文书》,"国史馆"台湾文献馆 2006 年版。

54. 高贤治编著:《大台北古契字集》(全 4 集),台北市文献委员会 2002 年、2007 年影印版。该书前三集从台北市文献委员会的收藏以及《清代大租调查书》《台湾私法》中重新辑录台北文书 1589 件。

55. 张素玢:《苗栗鲤鱼潭巴宰族史暨古文书汇编》,苗栗县文化局 2007 年版。

56. 林修澈编:《日阿拐家藏古文书》,苗栗县文化局 2007 年版。

57. 杨惠仙编:《神冈—筱云吕玉庆堂典藏古文书集》,"国史馆"台湾文献馆 2007 年版。

58. 冯明珠、李天鸣编:《台中东势詹家清水黄家古文书集》,台北故宫博物院 2008 年版。

59. 林正慧、曾品沧主编:《李景旸藏台湾古文书》,"国史馆"2008 年版。

60. 洪丽完:《台湾中部平埔族群古文书研究与导读》,台中县立文化中心 2009 年版。

61. 林玉茹编:《台南县平铺族古文书集》,台南县文化局 2009 年版。

据相关学者统计,目前台湾搜集到的民间文书数量在 30000 件以上。①而在文书刊布方面,台湾地区值得借鉴。以上所举的相关资料集即达 61 种,可见,相当多被发掘的台湾民间文书已经公布于世,台湾地区甚至还建有专门性的资料库,实行数字化典藏,开通古文书阅览的网络平台,为文书资料的利用提供了极大便利。

六、广东

广东省遗存的民间文书在广东省博物馆以及广州市、中山市、江门市新会区、东莞市、深圳市宝安区、南海市等地方博物馆、档案馆颇有庋藏。另外,香港大学冯平山图书馆、孔安道纪念图书馆亦藏有广东契约文书。② 美国斯坦福大学胡佛研究所东亚图书馆藏有广东顺德、香山等地的土地契约。③ 香港许舒博士个人收藏了大量广东土地、商业、家族等类型的文书。许氏所藏

---

① 关于迄今发现台湾民间文书数量,或谓有 30000 余件,参见上引涂丰恩:《混乱中的秩序:台湾契约文书的搜集与分类》;或云有 35000 余件,参见李文良:《土地行政与契约文书——台湾总督府档案抄存契约文书解题》,台北:"中研院"台湾史研究所,2004 年,第 225 页。

② 如谭棣华、冼剑民编:《广东土地契约文书(含海南)》广州:暨南大学出版社,2000 年,该书是根据广东各地馆藏单位所藏 500 件文书辑录而成的。又,中山市档案局、中国第一历史档案馆编:《香山明清档案辑录》,上海:上海古籍出版社,2006 年,该书是根据中山市档案局所藏明清文书档案编辑而成的。罗志欢、李龙潜编:《清代广东土地契约文书汇编》,济南:齐鲁书社,2014 年。值得一提的是,广东革命历史博物馆于 20 世纪 60 年代收集了一批清代乾隆至民国时期的广府侨乡文书,类型涉及买卖、继承、借贷、告示等,参见石坚平:《广东革命历史博物馆藏广府侨乡契约文书研究》,载《岭南文史》,2009 年第 4 期。按:"广府"指明清广州府及其统辖的州县,系广东三大侨乡之一。

③ 美国斯坦福大学胡佛研究所于 20 世纪 50 年代前后,通过香港搜集到数箱广东珠江三角洲文书,参见杨国桢:《明清土地契约文书研究·序言》,北京:中国人民大学出版社,2009 年。

文书经一些学者整理后,先后出版了多种相关资料集。① 近年来,广东民间文书不断被发现,如粤东梅县文书等。②

七、中国其他地区

(一)北京

北京各档案馆、图书馆、博物馆以及大专院校图书馆藏有大量清代京城房契。③ 近年来,北京大觉寺文书开始面世。大觉寺坐落在北京市海淀区西北阳台山麓,始建于辽代,距今已有近千年的历史。该寺藏有清代至民国时期的契约文书数百件,涉及买卖契、租佃契、典当契、借贷契、施舍赠予交换契、伙资合同、诉讼文书、寺院制度、账簿名册等类型。④ 另外,在日本东洋文化研究所所藏文书中有800余件北京文书,涉及田土卖契、典契、承佃契、房屋卖契等。值得一提的是,北京文书中有关于清代北京水的买卖的文书,是清代北京围绕生活供水的经营("水钩担")而形成的契约文书,经营权以胡同

---

① 科大卫等编:《许舒博士所辑广东宗族契据汇录》(上下),东京:东京大学东洋文化研究所附属东洋学文献中心,1987—1988年;蔡志祥编:《许舒博士所藏商业及土地契约文书:乾泰隆文书(一)潮汕地区土地契约文书》(辑录本),东京:东京大学文化研究所,1995年;刘志伟编:《张声和家族文书》(辑录本),香港:华南研究出版社,1999年;蔡志祥编:《乾泰隆商业文书》(辑录本),香港:华南研究出版社,2003年;马木池编:《北海贞泰号:商业往来文书》(辑录本),香港:华南研究出版社,2003年;马木池编:《北海贞泰号:1893—1935年结簿》(辑录本),香港:华南研究出版社,2003年。

② 房学嘉先生在粤东梅县进行民俗考察时,发现2000余件清代民间文书,诸如数百件李氏家族文书,具有很高的史料价值。参见房学嘉:《关于女性在传统社会中地位的思考——以梅县客家妇女为例》,载《妇女研究论丛》,2004年第4期;同氏:《从李氏家族文书看妇女在传统社会中的地位——以粤东梅县客家妇女为重点分析》,载《中南民族大学学报(人文社会科学版)》,2005年第6期。

③ 参见刘宗一主编:《北京房地产契证图集》,北京:中国奥林匹克出版社,1996年;张小林:《清代北京城区房契研究》,北京:中国社会科学出版社,2000年。张著首次整理利用北京房契1500余件,"开辟了清代社会经济史和法制史研究的一个新领域,这也是迄今为止的第一部有关城市房产买卖等问题的区域性研究专著"(张传玺语)。

④ 参见孙荣芬、张蕴芬:《大觉寺馆藏契约文书述略》,载《北京文博》,2002年第2期;秦进才:《大觉寺所藏清代契约文书史料价值浅谈》,载《中国农史》,2006年第2期。

为单位而划定特定区域,每日从井户把水打到车上再分送给顾客的"担水人"多为山东人。①

(二)天津

天津迄今遗存较多的民间文书是清代和民国的房地契,主要保存于今天津市档案馆,数量有 20000 余件。② 其中,有关清代和民国以会馆为主体而产生的房地契资料颇为丰富。③ 目前出版的相关资料集有:

1. 天津市档案馆、天津社会科学院历史研究所等编:《天津商会档案汇编》(共 5 辑),天津人民出版社 1989—1998 年版。丛书具体分为第一辑(1903—1911)、第二辑(1912—1928)、第三辑(1928—1937)、第四辑(1937—1945)、第五辑(1945—1950)。该书是根据天津市档案馆藏文书档案编辑而成的。

2. 刘海岩主编:《清代以来天津土地契证档案选编》,天津古籍出版社 2006 年版。该书是根据天津市档案馆藏土地契约文书编辑而成的。

3. 宋美云主编:《天津商民房地契约与调判案例选编(1686—1949)》,天津古籍出版社 2006 年版。该书是根据天津市档案馆藏文书档案编辑而成的。

4. 天津市档案馆编:《券证遗珍——天津市档案馆藏清代商务文书图录》,中国人民大学出版社 2007 年版。共收录天津市档案馆所藏 1861—1911 年间的 600 余幅图片。这些图片分别以商标、邮务、通行证及合约票据等不同类别、形式,展示了西方列强采用各种手段对天津进行侵略和掠夺的历史,对清末天津社会的经济发展形态,以及天津早期工商、邮政、商贸流通业发展的繁荣景象也作了具体的展现。

---

① 关于北京文书,参见[日]岸本美绪:《东京大学东洋文化研究所契约文书研究会的 30 年》,载《史学月刊》,2005 年第 12 期。关于北京水买卖的文书,参见熊远报:《清代至民国时期的北京的卖水业和"水道路"》,见《清代徽州地域社会史研究》,东京:汲古书院,2003 年。

② 刘海岩:《清代以来天津土地契证档案选编·导言》,天津:天津古籍出版社,2006 年。

③ 宋美云:《近代天津会馆房地契约与诉讼习惯研究》,载《史学月刊》,2007 年第 7 期。

(三)上海

上海道契。上海道契是指近代以来,在上海的租界中,由中国地方政府签发给外国人租地经商和居住的地契,因由"道台"签发,故称"道契"。① 自 1847 年 12 月 31 日上海给外国人签发第一号出租地契开始至于民国,迄今上海市档案馆遗存上海道契有 30000 余号,这些道契已陆续整理刊布。② 上海道契作为研究近代上海租界史、房地产史、土地关系史、城市史、经济史、社会史、法制史等的重要文档资料,长期以来受到学界高度关注。20 世纪 30 年代,列强侵华加剧,中华民族处于危亡之际,中外学术界或着眼于收回租界,或强调"永远租佃",围绕道契这一租界重要契证的性质有过激烈论证。③ 20 世纪八九十年代以来,学术界日趋重视利用上海道契从事城市史、社会经济史等方面的研究,并取得不少重要成果。④

盛宣怀档案。盛宣怀(1844—1916)系中国近代著名的政治家和企业家。盛氏一生十分注重各种文档资料搜集与保存,目前,仅庋藏于上海图书馆的"盛宣怀档案"即有 178000 余件。该档案被誉为一座有关近代史研究的资料

---

① 上海通社编:《上海研究资料》,上海:上海书店,1984 年。按:该著中收录的"道契研究"一文,较早系统地考察了道契的由来、程序以及道契签发、变更、废止等制度。
② 蔡育天主编:《上海道契》(全 30 卷),上海:上海古籍出版社,2005 年。该书是根据上海市档案馆馆藏文书档案编辑而成的。
③ 参见徐公肃、丘瑾璋:《上海公共租界制度》,上海:上海人民出版社,1980 年;蒯世勋:《上海公共租界史稿》,上海:上海人民出版社,1980 年;夏晋麟:《上海租界问题》,上海:上海书店,1932 年。
④ 参见沈祖炜:《房地产业和近代城市建设》,见张仲礼主编:《近代上海城市研究》,上海:上海人民出版社,1990 年;陈正书:《道契与道契档案之考察》,载《近代史研究》,1997 年第 3 期;马学强:《从传统到近代:江南城镇土地产权制度研究》第三章,上海:上海社会科学院出版社,2002 年;马学强:《近代上海道契与明清江南土地契约文书之比较》,载《史林》,2002 年第 1 期;夏杨:《上海道契:法制变迁的另一种表现》,北京:北京大学出版社,2007 年;马学强:《近代上海法租界与法册道契》,载《社会科学》,2008 年第 12 期。

宝库。①

另外,上海市档案馆保存了大量清代尤其晚清以来的档案资料,如房地契。② 在私人收藏者中,关注相关资料收集的亦不乏其人。③

(四)江苏

据杨国桢先生的相关研究,江苏民间文书在日本东京大学东洋文化研究所、日本国立国会图书馆、日本(仙台市)东北大学附属图书馆、美国哈佛大学燕京图书馆善本室均有收藏。④ 其中,东洋文化研究所所藏中国民间文书数量在 3000 件左右,大多系江苏民间文书。⑤ 据《东洋文化研究所所藏中国土地文书目录·解说》(上、下)载,其涉及的江苏民间文书有:武进朱氏文书(208 件)、苏州周氏文书(176 件)、苏州金氏文书(171 件)、通州周氏文书(341 件)、常熟胡氏文书(493 件)、苏州文书(53 件)、宝应王氏文书(222 件)、金匮陈氏文书(66 件)、苏州潘·贝氏文书(138 条),共计 1868 件。

(五)江西

据相关学者估计,现今仍存世的江西契约文书资料至少在 10000 件以上,主要分布在江西省博物馆以及一些地、县级文物管理单位。其中,江西省博物馆早在 20 世纪五六十年代即征集契约文书 1957 件,并初步进行了分类

---

① a. 陈旭麓、顾廷龙、汪熙主编:《盛宣怀档案资料选辑》(8 种,题名分别为"辛亥革命前后""湖北开采煤铁总局荆门煤铁""甲午中日战争""汉冶萍公司""中国通商银行""上海机器织布局""义和团运动""轮船招商局"),上海:上海人民出版社,1979—2002 年。b. 上海图书馆编:《上海图书馆藏盛宣怀档案萃编》(2 册),上海:上海古籍出版社,2008 年。

② 上海市档案馆编:《清代上海房地契档案汇编》,上海:上海古籍出版社,1999 年。张姚俊:《清代上海房地契档案补编》(上、下),载《档案与史学》,2003 年第 5、6 期。

③ 傅为群撰:《老上海的当铺与当票》,上海:上海古籍出版社,2006 年。

④ 按:杨国桢先生曾调查研究日本东洋文化研究所、日本国立国会图书馆、(仙台市)东北大学附属图书馆所藏的江苏契约文书,并据此对清代江苏民间"找贴"乡例作了深入研究,撰写了《清代江苏的经账与断杜》。见杨国桢:《明清土地契约文书研究》第五章,北京:中国人民大学出版社,2009 年。另外,苏州档案馆藏有近代商会档案,参见华中师范大学历史研究所、苏州档案馆编:《苏州商会档案丛编》(4 辑 6 册),武汉:华中师范大学出版社,1991—2009 年。

⑤ 参见[日]岸本美绪:《东京大学东洋文化研究所契约文书研究会的 30 年》,载《史学月刊》,2005 年第 12 期;[日]浜下武志等编:《东洋文化研究所所藏中国土地文书目录·解说》(上、下),东京大学东洋文化研究所附属东洋学文献中心,1983 年、1986 年。

整理。其中,时间最早的文书是雍正元年(1723)广昌县黄氏卖水田契,最晚的一件是1962年贵溪县白田公社毕家书立的宗族械斗合约书,文书产生的时间跨度近二百四十年。① 据有关学者考察,庋藏于民间的江西民间文书尚有待发掘。② 近年来,南昌大学搜集到婺源文书1万~2万件。

(六)河北

1983年,朱文通先生到沧州农村进行社会调查,先后搜集到一批清代民国时期的契约文书,经整理后陆续予以刊布。③ 在此基础上,朱氏发表了系列专题研究论文。④ 张玉对其祖上遗存下来的自崇祯年间至中华人民共和国成立之初共计123份文书作了整理与研究。⑤ 近年来,河北省民间文书尚有发掘。⑥ 这些民间文书主要以清代中期至民国时期的地契为主。另外,据调查,中国国家图书馆、河北省档案馆及所辖各地档案局都藏有不少民国时期的河北契约文书。⑦

---

① 许智范、刘禄山:《"历史碎片"啄探》,载《南方文物》,2006年第1期。吴晓亮、徐政芸编:《云南省博物馆馆藏契约文书整理与汇编》(六卷8册),北京:人民出版社,2013年。

② 据卞利先生回忆,20世纪80年代末,他在江西省安远县发现一批清代契约文书,约有八大捆,数十斤重。另外,安远县博物馆和方志办收藏有当地民间文书。参见卞利:《清代江西安远县土地买卖契约文书的发现与研究》,载《农业考古》,2005年第1期。

③ 朱文通:《沧州土地文书辑存》(1—5),载《中国社会经济史研究》,1987年第4期以及1988年第1—4期。

④ 参见朱文通:《清代直隶"契尾"略析》,载《中国史研究》,1987年第1期;同氏:《有清以来沧州地契文书的几点研究》,载《河北学刊》,1989年第1期。

⑤ 参见张玉:《束鹿县张氏家族契约文书述略》,载《文物春秋》,2005年第1期;同氏:《从束鹿县张氏家族契约文书看清代直隶农村的银钱流通》,载《中国农史》,2005年第1期;同氏:《试论清代、民国时期冀中农村土地买卖中的契约精神——以束鹿县张氏家族土地买卖契约为例》,载《河北法学》,2006年第8期。

⑥ 参见张中:《献县发现180年前地契》,载《河北日报》,2003年8月7日;张玉、李秀荣:《饶阳县韩村李氏地契辑录及考释》,载《文物春秋》,2007年第2期。

⑦ 据调查,中国国家图书馆藏有民国时期的河北土地契约。河北省档案馆所藏"民国河北省政府建设厅"(全宗号618);"察哈尔省民国档案汇集"(全宗号672);"民国河北省一至十八专署兼保安司令部全宗汇集"(全宗号650);"民国河北省政府民政厅"(全宗号615)以及石家庄档案馆所藏"石家庄档案馆房地产总目"主要系民国时期河北省的民间契约文书。参见赵志云:《民国河北契纸研究——以土地契约为中心》,硕士学位论文,河北师范大学,2009年。

近年来,太行山文书不断被发现,目前发现总量约20万件,类型涉及个体文书、宗族文书、村落文书、民间教育文书、日用类文书、工商企业文书等,并陆续整理出版。①

(七)山西

张正明、陶富海在山西省襄汾县丁村一所明清民宅中发现一批较为完整的土地和房屋文书。② 随着晋商研究的开展,一些山西商业文书亦被辑录出版。③ 近来,山西民间契约经过学者整理,集结成相关资料集出版。④

(八)陕西

民间文书在陕西各级馆藏单位亦有存藏。⑤ 近年来,陕西各地民间文书的发掘屡见报端。如据2007年11月20日《三秦都市报》报道,陕西省澄城县尧头镇南关村一村民在整修家中年久失修的地洞时,发现了100多份发黄的契约文书。文书的种类多样,包括地契、水契、买卖合同、村保村规等,时间跨度也很大,从清康熙直到民国时期,有200多年。澄城县地处陕西渭南,发现文书的人家是个大家族,在清代出过举人和秀才,到现在有十几辈人了。

(九)内蒙古

1999年7月,包头市文物管理处征集到一批契约文书,共计33张,大多保存完好。文书种类包括地契、分居字据、辞退财俸身力文约、赁房文约、辞退身力文约,皆用汉字书写。文书的时间从清道光二十五年(1846)起至成纪

---

① 参见赵彦昌、樊旭:《近五年来太行山文书研究述评》,载《邯郸学院学报》,2018年第2期。目前出版的资料集有:康香阁主编:《太行山文书精萃》,北京:文物出版社,2017年;鲁书月、顾海燕主编:《学术名村"十里店"文书——王氏家族文书》,桂林:广西师范大学出版社,2018年。

② 张正明、陶福海:《清代丁村土地文书选编》,载《中国社会经济史研究》,1989年第4期。

③ a. 中国人民银行山西省分行、山西财经学院《山西票号史料》编写组、黄鉴晖编:《山西票号史料》(上、下部),运城:山西经济出版社,1992年,2002年增订本,该书辑录了档案馆、博物馆所藏以及散见于民间的山西票号文书档案资料。b. 山西省政协《晋商史料全览》编辑委员会编:《晋商史料全览》地方卷,全11卷,太原:山西人民出版社,2006—2007年,各卷之中辑有大量明清晋商文书档案。

④ 郝平编:《清代山西民间契约文书选编》(13册),北京:商务印书馆,2019年。

⑤ 王本元、王素芬编:《陕西省清至民国文契史料》,西安:三秦出版社,1991年。

七三九年(1945)止。①

(十)甘肃

在甘肃临夏回族自治州档案馆馆藏档案中,文书档案是其主体,涉及科技、诉讼、契文、票证以及个人和家族档案等。其中清代及其以前的档案达704卷(件),种类较多。这些档案中除官文书外,有民间契文档案158卷,计630件,多为买卖、典当、租赁土地、磨房、宅院和银钱借贷、承嗣、纳妾、休妻、产权继承等契约文书,另外还有诉讼、教育、土地、家族等民国时期的民间档案。② 甘肃临夏档案已经开始辑录出版。③

此外,湖北、广西、山东、云南、四川等地亦有民间文书遗存。④

八、中国民间文书在日本的遗存与研究

日本学界关于中国民间文书的搜集、整理及研究的展开,与近代日本在东亚的殖民扩张密切相关。诸如1895—1945年,日本殖民台湾期间,大规模

---

① 参见王晓玲、张景峰:《包头新近发现清末民国契约文书初探》,载《内蒙古文物考古》,2000年第1期;内蒙古自治区档案馆编:《清末内蒙古垦务档案汇编》(绥远、察哈尔部分),呼和浩特:内蒙古人民出版社,1999年。

② 据"甘肃档案信息网"。

③ 参见马忠明:《宁定契约辑》,临夏回族自治州档案馆,1990年(内部印行);甘肃省临夏回族自治州档案馆编:《清河州契文汇编》,兰州:甘肃人民出版社,1993年,该书是根据甘肃临夏州档案馆藏清代文书档案编辑而成的。

④ 关于湖北民间文书,参见张建民等编:《湖北天门熊氏契约文书》,武汉:湖北人民出版社,2014年。关于广西壮族自治区档案馆藏有的土地契约,参见杨国桢:《明清土地契约文书研究·参考文献》,北京:中国人民大学出版社,2009年;广西壮族自治区编辑组编:《广西少数民族地区碑文、契约资料集》,南宁:广西民族出版社,1987年,辑录广西土地契约百余件。近年来,有学者发现山东省禹城市张家庄张氏家族有关清代嘉庆以来的契约文书,共计9份,参见张兰普:《1837—1957年的一组土地、房产、租税契据》,载《历史档案》,2001年第4期。关于云南民间文书,参见吴晓亮、徐政芸编:《云南省博物馆馆藏契约文书整理与汇编》(全8册),北京:人民出版社,2013年;赵敏、王伟主编:《大理民间契约文书辑录》,昆明:云南大学出版社,2018年;吴晓亮、贾志伟主编:《腾冲契约文书资料整理与汇编》,北京:人民出版社,2019年。关于四川民间文书,参见龙泉驿区档案馆编:《成都龙泉驿百年契约文书》,成都:巴蜀书社,2012年。等等。

实施"土地调查"和"旧惯调查",搜集了大量契约文书,汇编于《台湾私法》《台湾土地惯行一斑》《台湾总督府档案》等文献中。又,近代日本为推进侵略战争而强调亚洲文化的综合研究,在中国大力从事以东北(满洲)、华北为中心的"中国农村惯行调查"和民间文书搜集。第二次世界大战后,日本搜集的中国民间文书主要收藏于东洋文化研究所等馆藏机构。其中,仅东洋文化研究所的皮藏数量即有 3000 件左右,系清代康熙以后的中国民间文书,以江苏民间文书居多。① 此外,日本国立国会图书馆、九州岛大学、京都大学、(仙台市)东北大学等亦有收藏。日本学界整理出版了多种中国民间文书资料集。②

在日本学界,较早关注中国民间文书研究的学者有玉井是博、清水金二郎、天野元之助、戒能通孝、矶田进、林惠海、仁井田升、天海谦三郎、堀敏一、

---

① 东洋文化研究所 1941 年成立,综合了法律、文学、经济等人文社会科学之学者,强调历史研究与现代社会研究相结合,附属于东京大学人文、社会科学研究所,该研究所亦系侵略战争期间为加强亚洲研究之产物。该所所藏中国民间文书的来源主要有:学者捐赠(如仁井田升、平中苓次所捐);古书店购买;东亚研究所移交(东亚研究所是 1938 年由日本政府设立的关于东亚的调查机构,存续至 1945 年日本战败,其间,该所在中国搜集的调查及文书等资料藏于东京大学经济学部,1980 年移交东洋文化研究所收藏)。

② 主要包括:东洋文库明代史研究室编:《中国土地契约文书集(金—清)》,东京:财团法人东洋文库,1975 年刊行,据各种文献所录契约文书编辑。[日]滨下武志等编:《东洋文化研究所所藏中国土地文书目录·解说》(上、下),东京:东京大学东洋文化研究所附属东洋文献中心,1983 年、1986 年刊行,据东京大学东洋文化研究所藏中国清代契约文书编辑而成。杨有庚、[日]武内房司等主编:《贵州苗族林业契约文书汇编(1736—1950)》(全 3 卷),东京:东京大学出版会,2003 年,据贵州省锦屏县苗族遗存清代文书编辑而成。[日]白井佐知子编著:《徽州歙县程氏文书·解说》,京都:东京外国语大学大学院地域文化研究科 21 世纪 COE"史资料ハブ地域文化研究据点"本部,2006 年,据编者在黄山市文物商店所购徽州文书编辑而成。

山本达郎等。①

1975年,日本东洋文化研究所成立"契约文书研究会",主要对东洋文化研究所所藏中国契约文书进行整理和研究。②最初主持该研究会的是佐伯有一教授,先后从事文书整理研究的学者有池田温(唐代敦煌文书的专家,长期从事契约文书的研究)、岸本美绪、臼井佐知子、寺田浩明、久保亨、上田信、高见泽磨、林正子等,整理结果以资料集的形式公开出版。③ 20世纪90年代,该研究会以岸本美绪、臼井佐知子为代表,中岛乐章、熊远报等人继续从事民间文书的整理与研究。④

以上系笔者依据相关资料,对我国遗存的宋代以后民间文书发掘与整理情况所作的不完全统计。实际上,关于中外公私收藏的中国民间文书,或束之高阁,秘而未宣,或尚未公开,情况不明。据学者估计,目前"中外学术机关入藏的明清契约文书的总和,保守地估计,也当在1000万件以上"。⑤ 从上文

---

① 〔日〕清水金二郎:《契的研究:关于满支土地惯例规范》,大雅堂,1945年;〔日〕天野元之助:《支那农业经济论》(上、下),改造社,1940—1942年;〔日〕戒能通孝:《支那土地法惯例序说》,见《法律社会学的诸问题》,日本评论社,1943年;〔日〕矾田进:《北支的租种:其特点和其法律》,载《法学协会杂志》,1942—1943年;〔日〕林惠海:《中支江南农村社会制度的研究》,有斐阁,1953年;〔日〕天海谦三郎:《中国土地文书研究》,劲草书房,1966年;〔日〕今堀诚二:《中国近代史研究序说》,劲草书房,1968年。值得一提的是,日本著名法制史研究学者仁井田升(1904—1966),长期从事中国民间文献与文书研究,尤其关注中国契约、家族及行会等民间团体、日用类书等民间资料的搜集和研究,著有《中国法制史研究:土地法·买卖法》,东京:东京大学出版会,1960年,补订版1981年;《中国法制史研究:奴隶农奴法·家族村落法》,东京:东京大学出版会,1960年,补订版1981年;另有《唐令拾遗》(1933年)、《唐宋法律文书研究》(1937年)等论著。

② 日本东京大学东洋文化研究所"契约文书研究会"从1975年持续到2005年,或名"17世纪以降东亚公私文书综合研究班"。参见〔日〕岸本美绪:《东京大学东洋文化研究所契约文书研究会的30年》,载《史学月刊》,2005年第12期。

③ 整理的文书资料集有:东洋文库明代史研究室编:《中国土地契约文书集(金—清)》,东京:东洋文库,1975年;〔日〕浜下武志等编:《东洋文化研究所所藏中国土地文书目录·解说》(上、下),东京:东京大学东洋文化研究所附属东洋学文献中心,1983年、1986年。

④ 〔日〕中岛乐章:《明代乡村纷争与秩序——以徽州文书为中心》,郭万平、高飞译,南京:江苏人民出版社,2010年;熊远报:《清代徽州地域社会史研究》,东京:汲古书院,2003年。

⑤ 杨国桢:《明清土地契约文书研究·序言》,北京:中国人民大学出版社,2009年。

梳理情况看,20世纪我国不少地区民间文书的发现带有极大的偶然性,发掘民间文书的地域可谓"满天星斗",总体而言,南方在发现数量上多于北方,以安徽、福建、台湾、贵州、浙江、广东等地居多,类型上尤以契约文书为常见。从时间上看,宋明时期的民间文书颇有发现,但以清代民国时期的民间文书居多。随着20世纪以来各地民间文书新资料的相继面世,各地民间文书不断得以刊布。一些学者还遴选各地文书,形成跨区域的文书资料集。① 毋庸置疑,20世纪以来,国内外学界在利用和研究民间文书方面取得了不少重要成果,然而,相对于民间文书的整理和公布而言,学术界利用民间文书进行学术研究尚处于起步阶段,对民间文书价值的认识亦有待深化。

---

① 主要包括:张传玺主编:《中国历代契约会编考释》(上、下册),北京:北京大学出版社,1995年,辑录北京大学图书馆、中国国家图书馆、天津市图书馆和博物馆、广西壮族自治区博物馆、安徽省博物馆、中国历史博物馆、中国社会科学院民族研究所等所藏契约文书1402件,所辑除了敦煌文书外,主要系宋代以后的契约文书;田涛、[美]宋格文、郑秦主编:《田藏契约文书粹编》,北京:中华书局,2001年,辑录田涛个人收藏契约文书950件;郑焕明编:《古今土地证集藏》,沈阳:辽宁画报出版社,2002年;鲍传江、郭又陵主编:《故纸堆》(全10册),北京:北京图书馆出版社,2003年;王支援、尚幼荣等:《故纸拾遗》(第1、2辑),西安:三秦出版社,2006年、2007年,主要系陕西、山西、云南、东北、甘肃等地各种民间文书;张德义、郝毅生主编:《中国历代土地契证》,保定:河北大学出版社,2009年;首都博物馆编:《首都博物馆藏清代契约文书》(全8册),北京:国家图书馆出版社,2015年,收录馆藏北京及周边地区契约为主体,兼有山东、山西等地契约,凡2000余件。

第一章 习俗、信用与契约

第一节 徽州文书稀见类型例举

一、水程字

"水程字",又称"水程",属于传统民间买卖之前订立的契约,如下例:

[文书1]水程。具水程人赵凤池,情因执不便,愿将祖遗宾阳门内坐南朝北,朝街园内住房三间,左齐刘宅,右齐陈姓仓屋,后抵刘园。四至坐落明白,书立浼字恳证,代为觅售。约价大钱悉从公议,立此水程为据。

  立水程赵凤池(十)
  道光七年三月吉日具①

[文书2]水程。立水程人刘家驹,情因手头不足,愿将祖遗宾阳门内坐南朝北住房一所,进门巷一条,前一路三间两厦,第二路三间,共屋八间。前齐官街,后抵陈姓晒场,左齐陈宅墙屋,右后半截

---

① 安徽师范大学图书馆藏。

齐陈姓仓墙,前半截齐赵宅围墙。四至坐落明白,书立浼字恳证,代为觅售。其价公平酌议,并无异说,此据。

  立水程刘家驹(十)
  道光七年三月吉日具①

　　[文书3]水程。立水程人王瑞卿仝男王秩然。今有自置土库楼房、铺面共计五重,基地一所,坐落循礼坊坊总正街。前至官街,后抵河水,左至井,宅墙其后重半墙系井脚上墙系王砌,右至本宅墙中间一重系熊宅借脚砌,四至明白。先尽亲族,原业无力承买。今凭经纪亲中公议时值绝价纹九银八百五十两正。其搭贺表礼在内。今招到买主朱名下为业。立此水程,俟成交吉日,另立正契。其铺面、房楼、铺台、门扇、鼓皮、格扇、窗棂、板壁、楼梯俱全(下略)。②

　　从所举几份水程文书看,"水程字"系正式交易之前,卖主选择合适的中证人,与中证人之间签订的预卖契约。因此,"水程字"具有"央中""浼中"的性质,通过请托中证而代觅买主。并且,这种"水程字"对预卖产业的范围、价格以及亲邻权均会作详细说明。一旦买主确定,卖方、买方以及中证会在"三面议定"的情况下订立正式契约,即"俟成交吉日,另立正契"。而根据民国时期的调查,一般不动产买卖契约在成立之先,由卖主开列出卖业主、坐落四至、亩数、钱粮、时值价额等项目,谓之"水程字"③。可见,签订"水程字"是民间田地、房屋等不动产交易的习惯做法。迄今为止,类似的"水程字"在各种民间文书中鲜有遗存,弥足珍贵。

---

① 安徽师范大学图书馆藏。
② 《清康熙中期旅汉口谢氏徽商文书》,见刘伯山主编:《徽州文书》第3辑第1册,桂林:广西师范大学出版社,2009年,第3页。
③ 前南京国民政府司法行政部编,胡旭晟、夏新华、李交发点校:《民事习惯调查报告录·安徽全省习惯》,北京:中国政法大学出版社,2000年,第525页。

二、认族书

明清徽州社会系典型的宗族社会。与其他地区相比,在徽州,宗法关系无处不在,宗族观念根深蒂固。宗族作为枢纽型组织遍布城镇乡村,深深地控制着传统徽州基层社会。那么,面临人口的流动,对于外迁者要求重返本土本族的主张,徽州宗族是如何处理的,从以下所举"认族书"中可见一斑。

> [文书]立认族书人王子长,缘身二十六祖有材公系赵玄公之孙,由绩邑鹤川前班迁居严州。后因派衍台州。身以务农为业,寄居浙属横畈溪,年今五十余岁。闻该地与徽相隔不远,于民国十年返徽忍(认)祖。身感族中诸先生建造祠宇,未曾诣严捐资,而又念诸先生德厚功高,情愿助大洋二百元作为历来丁口银,以资修理祠宇之费。唯念有材公迄身已历有十二世之远,异乡故土年久归来。承蒙族中诸长暨各房人等认可,不以身为异类,感激无尽,为此,立认族书永远为证。
>
> 　民国十年六月　　日立认族书人:王子长
> 　　　　　　亲房:王灶发、以正、以福、以林
> 　　　　　　亲笔初九①

可见,由绩溪迁出并散居严州、台州等地的"有材公"支下,系绩溪鹤川王氏一支系。到民国十年(1922),"已历有十二世之远",王子长要求"返徽认族"。显然,认族需要获得"族中诸长暨各房人等认可",尚须捐助"大洋二百元作为历来丁口银,以资修理祠宇之费"。一般说来,一旦族人外迁,在"尊祖、敬宗、收族"的原则下,其身份的认同主要体现于系谱和观念上。至于寄籍他乡的外迁者如何回流本土,以及宗族在肯认和接纳上是如何应对的,有关此类问题的记载实不多见。

---

① 鲍传江、郭又陵主编:《故纸堆》丙册,北京:北京图书馆出版社,2003年,第128页。

三、投状

"投状",或称"具投""具状""具投状",多与基层纠纷调处有关,如下例:

[文书1]具投状人<u>程兆荣</u>、<u>大庆</u>。投为恃豪强占、理论凶拒,亟叩转呈,究强究占、还基保业、扶懦安良事。

计开:被:<u>程合林</u>系恃豪强占人;<u>程名远</u>系主唆把持人。

证:身家承祖遗基地一块,土名汪山坞,系民字六十三号,计地八步,计税四厘。业票户管炳据,历守无异。今被豪恶程合林兄弟将承祖基地强占竖造。比因户管业票系身叔程观奇向带在宝应,今春方行赶回,执据鸣公向理。讵伊拂众,置若罔闻。伏乞秉公呈究。

文会先生尊前实行。

嘉庆十二年五月　日具①

[文书2]具投人<u>胡有金</u>,投为蓦中背据,纵火入室,祸患难防,迫鸣追究,保屋安居事。伏乞族长老大人呈行。

被:势恶<u>胡有庭</u>。

证:余词后补。

光绪三十年七月　日具②

[文书3]具状人<u>胡启春</u>,投为朋奸赚据,架害图讹,迫叩公论,惩刁安良事。伏乞贵族长老大人呈行。

被:痞棍<u>胡观社</u>、<u>朋通</u>、<u>胡启元</u>、<u>胡春和</u>。

证:惨身自幼失怙,兼病耳聋,向习锡工,安分守己。<u>社</u>亦自小出贸数年,一归与身如马牛之风,顺逆各别,素无沾染。祸因<u>胡积淦</u>

---

① 俞江:《论清代"细事"类案件的投鸣与乡里调处——以新出徽州投状文书为线索》,载《法学》,2013年第6期。

② 安徽师范大学皖南历史文化研究中心藏。

昔曾邀钱会一股，念三年第二会系身摇收，次年此会虽散，身仍每会加二卸出，及至会满未欠分文。而<u>社</u>之会本首会欠否，与身无涉。讵<u>社</u>今恃五品功牌之势，欺压身系乡愚，敢朋<u>启元</u>将身典契赚去，不独陷身价业两空，且敢搭架图诈，诚为蔑法已极。为此，乞呈惩刁，以安良懦，感德之至。

　　光绪三十三年十一月　　日具①

　　[文书4]具投状人<u>胡高寿</u>，投为烟棍图谋，诬良为贼，懦弱难生，迫呈公鉴，中明待毙事。贵族长老先生施行。

　　证：缘烟棍<u>胡大德</u>素无赖，每欲恃势欺压良懦。伊地内种有苞芦，据云是月二十二日为樵者窃去十数颗。身且不知，况<u>大德</u>与身家素有挟嫌之心，诬身所窃。身素安分守己，惯为伊欺已非一次。伊反敢鸣保投词，声言要将身地内之苞芦赔偿。谓贼凭赃证无可逃，不谓任伊所指即信为真，则将来势恶丛生，而良懦者置身无地。为此，不得不迫呈公鉴，以分泾渭，而安良懦，伏乞。

　　民国二年阴历九月　　日具投②

　　可见，民间遇到难以解决的纠纷，当事人往往通过递呈投状，请求宗族长老、绅董、文会、约正、图正、保长等调处纠纷。从现存徽州文书看，投状文书多集中于清代、民国时期，体现了清代、民国时期乡里纠纷调处的实际运作形式。投状文书的行文格式如下：一是"状头"，涉及投状人，并以"投为某某事"概括状由；二是投递对象，如族长、文会等；三是被投人；四是证词，详实叙述纠纷缘由和经过。有学者研究认为，投状文书反映出清代的乡里调处与明代有很大不同。里老人断决制崩解后，清代鼓励乡族调处，"官批民调"强化了

---

①　安徽师范大学皖南历史文化研究中心藏。
②　安徽师范大学皖南历史文化研究中心藏。

乡族调处的重要性,调处主体也呈多元化。①

四、斥革通告

前文有述,宗族深深控制着传统徽州基层社会。对于族内关系,宗族具有仲裁权乃至处置族人权,"斥革"是宗族处置"不肖族众"之一重要手段。如下例:

[文书]

通　告

为斥革支丁事,查本族支丁恩荣、步熊,前因得贿卖族,纠众哄祠,当经全族集议,开列条件从宽办理。该支丁自愿遵照条件具书悔过,一面并函请省、县示禁在案。现查步熊尚能安守本分,姑从免。议唯恩荣仍复怙恶不悛,结党横行,实属难再姑容,应将恩荣即树荣照规立即斥革,以儆效尤。除呈县备案外,特此通告。

民国十年八月大阜潘敦本祠白②

可见,"斥革"是针对"怙恶不悛""难再姑容"的不法族众实施的革除族籍的严厉惩处,并通告全族,"呈县备案"。在聚族而居的徽州,族众一旦受到失去族籍的"斥革",则生不能入祠,死不得入祀,意味着对其生存权利、人生价值和社会地位的巨大否定。此类斥革文书虽有遗存,然并不多见。

五、乡约执照

由明至清,"乡约"以"力行乡约,崇务教化"为主要职能③。那么,在官方与民间社会之间,乡约是如何产生和运行的呢?见下例:

[文书1]印照。特授休宁县正堂加三级郑,为实行乡约,给照

---

① 俞江:《论清代"细事"类案件的投鸣与乡里调处——以新出徽州投状文书为线索》,载《法学》,2013年第6期。

② 鲍传江、郭又陵主编:《故纸堆》丙册,北京:北京图书馆出版社,2003年,第125页。

③ (清)金声:《金太史集》卷六《贺定斋集序》,见(清)姚莹、顾沅、潘锡恩编:《乾坤正气集》第126册,清道光二十八年(1848)刻本。

委任，以别责成事。照得乡约原为宣扬圣谕、化导愚氓而设。今据二十五都五图约保程士英等公举民人程子任堪冲（充）该图约副，具认前来。据此，合给印照，以杜假冒。为此，照给二十五都五图约副程子任领执。每于朔望集同士民往于该图约所，恭宣《上谕十六条》并律例疏解，化导愚顽，务须家喻户晓。如遇有雀细，该约务须劝释，毋致兴讼。如果劝谕有方，定行给匾奖励。倘敢借端滋事，亦必严查究革。凛遵毋违，须至照者。给

右照给约副程子任，准此

乾隆十二年九月二十六日　礼

县　行　约照①

[文书2]执照。特授安徽徽州府歙县正堂加十级纪录十次劳，为给札承充，以副宣讲，以广教化事。照得治民之道，首以教化为先，恭承圣天子颁行圣谕广训。并摘所犯律条通行州县，在于乡里民中择其素行醇谨、通晓文义之人，举为乡约。给与（予）顶带，每逢朔望齐集士民阐扬宣讲，使民共晓，咸敦孝悌，革薄从忠，久奉遵行在案。今据二十九都一图族长监生张永堂等举报者民张嘉烈为人堪充乡约。前来除准饬充外，合给执照。为此，照给该约遵照条例，每逢朔望齐集士民恭宣圣谕，尚详开导。务使一乡民人入耳会心，兴仁兴让，以臻一道同风之盛，本县深有厚望焉。

须至执照者。

右照给乡约张嘉烈　准此

道光二年六月初九日礼科②

---

① 安徽师范大学图书馆藏。按：本印照系休宁县颁发的下行文书，印照文字系于印制黑框的契纸上用墨迹书写。文中"给""二十六""行"系官府用红笔手批，钤有县印。

② 鲍传江、郭又陵主编：《故纸堆》丙册，北京：北京图书馆出版社，2003年，第19页。按：执照系印制格式文书，文中加下划线文字或为墨笔手填，或系官府红笔手批。下同。

上引文书系县颁执照,属于下行文书,具体反映了清代基层乡约的实际运作,乡约(约副)人选由地方荐举"年高有德,品行端方,通晓文义"者上呈,经由官方"给札承充""给与(予)顶带"。乡约(约副)的职责主要是"以副宣讲,以广教化",且"劝谕有方,定行给匾奖励"。这两份执照具体而微地展示了清代徽州乡约(约副)的身份及其与官府、宗族之间的关系,就其所涉基层行政内容而言,值得关注。

六、婚书

传统婚书本是一种男女约定婚姻的凭证,然在徽州文书中,与庄仆买卖、义男投赘有关的拟制婚书颇为多见,纯粹意义上的男女婚约文书却遗存稀少,兹择录一例如下:

[文书]立婚书人程庆余。今身亲生第二女名凤姣,年十九岁,七月十七日子时生。自托媒说合,许配江名下义男进顺为室,三面议定财礼银二十两正。其银当日收足,其女随即过门婚配。此系两相情愿,并无异说。今恐无凭,立此婚书百子千孙存照。

乾隆十一年十月　日立婚书:程庆余

凭媒:黄友华、刘满贵、程天元、程季阳、

程汉文、江廷益、方万章

依口代书:项岱青、项新柏①

上引"婚书"是在家长的主导下,并以家长为主体而订立的。并且,传统婚姻关系的缔结离不开"托媒说合",凭媒立契。从内容上看,具有人身性契约的婚书,与物权性契约的格式颇为类似,较为鲜活地反映了传统民间婚姻关系之实态。婚书与物权性契约不同的是,照证不动产的契约具有世代存传的必要,而婚书所约定的婚姻关系一旦及身而止,其效力和保存价值也就随即丧失,致使民间婚书鲜有遗存。

---

① 鲍传江、郭又陵主编:《故纸堆》丙册,北京:北京图书馆出版社,2003年,第10~11页。

七、盟誓誓章

契约关系广泛而深入地存在于传统徽州社会之中,而维系契约关系、支撑"民从私约"的信用因素是多方面的。其中,诉诸盟誓是保障契约实施的手段之一,参见下例:

> [文书]立誓章族长世德等,合族公议创造仪门,四围墙垣封固永成规模体统。伏念支下有志者,务当同心竭力,秉公执正,而祖灵必佑,丝毫莫爽也!今尤恐支下贤愚不等,心有公私邪正。在任事者必致盟神立誓,自供以戒,切期无私,共襄美全。乃思木本水源,以尽追远报本之意也。如有支下不肖,生端诽谤,唆使坏乱,罔与任事者横循是非,合众则必齐集公举,以作不孝论攻之。如有费用,为首者均派,毋得推委。若退缩者依此誓章,天诛地灭!
>
> 一管账经手银两出入徇情克剥怀私者天诛地灭。
> 一经手用银钱,余出平色,侵渔入己者天诛地灭。
> 一出门买料等物,通同作弊,私得偏手,虚开花账者,男盗女娼。
> 一买物不节俭,以众事为可亏,恣意滥费者天诛地灭。
> 一同事间有直言者,因而背地造谤,虚驾是非者天诛地灭,男盗女娼。
> 一管工人徇情怀私利己者天诛地灭。
> 一匠作求索工用并索酒食私造器用者天诛地灭。
> 一督工买料管总等项与祖宗尽力,不得取索工食,违者天诛地灭。
> 一私借祠物,不通众议致忘索取者天诛地灭。
>
> 以上条款在任事者十人务当同心立志,始终如一,歃血盟神。如有不肖生端异议,不遵规例,挟弱欺侮,通众齐集公举,毋得推委。不出者天诛地灭,秉事者尽心竭力,神明鉴察,各宜慎之。
>
> 康熙三十八年孟秋月谷旦日立①

---

① 《休宁首村朱氏文书》,清抄本,安徽大学徽学研究中心藏。

上引文书属于盟誓色彩浓厚的契约。实际上,在中国传统基层社会中,盟誓作为一种传统文化长期存在。直到明清,基于人们在信仰和禁忌上的某种共同心理,借助祖先和神灵的无形力量来制约违约行为的做法依然流行,这使得盟誓屡屡可见于民间契约中。然而,在徽州契约文书中,人们常常只是象征性地将盟誓写入契约文本,与上引文书类似的专门性盟誓誓章较为稀见,特色鲜明。

八、监照(户部、国子监同颁)

"监照",执照之一类型,是清代由户部、国子监颁发给捐纳职者的证明性质的文书。

[文书1]户部准发给执照事。山东巡抚周奏:山东河患极重,历年民不聊生,非别省被偏灾可比。拟请将山东五成赈捐、收捐、翎枝、衔封、贡监预颁空白执照一折。光绪二十八年九月十五日奉朱批:着照所请该衙门知道,钦此。嗣据该抚奏请,后照川省赈捐成规,照减一成,以四成实银上兑。经本部议准,于光绪二十九年二月二十五日奉□□原议,钦此。钦遵各在案。今据俊秀朱荣庆,系安徽歙县人,捐年三十六岁,身中、面白、无须,交正项银四十三两二钱,准报捐监生。每例银百两交饭银一两五钱,照费银三钱,于光绪　年　月　日交山东劝捐工赈沪局照数收讫,给予亲填,部邑并填明,照报截下送部查封以留核实,须至执照者。

曾祖长德、祖福寿、父灶理

右照给朱荣庆收执

光绪二十九年七月二十一日

部行①

---

① 该文书由黄山市朱英寿藏,承蒙惠示,笔者表示感谢。按:中缝有"服字第一千六百十六号"字样。原文书因缺损或字迹模糊而无法辨识的文字以"□"代替,下同。

[文书2]国子监为给发执照事。准户部咨称,山东巡抚周奏,山东河患极重,历年民不聊生,非别省被偏灾可比,拟请将山东五成赈捐、收捐、贡监豫(预)颁空白执照一折。光绪二十八年九月十五日奉朱批:着照所请该衙门知道,钦此。钦遵各在案。今据朱荣庆,系安徽徽州府歙县人,年三十六岁,身中、面白、无须,于光绪　年　月　日由俊秀在山东劝捐工赈沪局捐纳监生,应交解本监饭银照费银,按每张交饭银一两五钱,照费银二钱,□应给予监照以杜假冒、顶替等弊。须至照者。

曾祖长德、祖福寿、父灶理

右照给朱荣庆收执

光绪二十九年七月二十一日给

监行第八次发①

上引两份文书分别系"部行""监行"监照,即由户部和国子监分别颁发给歙县朱荣庆的执照和监照,从中可以看出清代户部赈捐和国子监下发监照的具体情形。

第二节　徽州文书稀俗用词例释

同其他区域的民间文书一样,行用于基层社会的徽州文书,具有浓重的乡土口吻和独特的书写习惯,属于民间性、经验性、地方性知识文本。文书用字上的异体、俗写、假借、别字、衍字比比皆是,用词上的俚语、俗词所在多有。相较于典籍文献,民间文书的用字、用词具有区域特征,文本表达和话语习惯具有独特性。下文择取数例,并作考释,以窥一斑。

一、秤

[文书]立卖契人洪金富同侄春生,有承祖民水田一备,坐落本

---

① 该文书由黄山市朱英寿藏,承蒙惠示,笔者表示感谢。

都九保八百六十一号,计丈则二百零三步七分五厘,与石公相共,本身田公实得乙(一)百零乙(一)步八分七厘五毫,计递年实监租三秤有零。①

权衡轻重的"秤",在徽州文书中颇为常见。关于秤,清人俞正燮云:"今黟(县)称租则以二十斤为一秤。"又云:"今黟(县)之砠、秤二十斤。"②刘和惠认为,徽州租量以秤、砠计,每秤、砠一般为老秤(16两秤)20斤,但高的有25斤、28斤,低的有16斤③。然揆诸徽州地方文书与文献,徽州各地秤的类型及其轻重差异很大。如《窦山公家议》涉及秤的种类有"窦山公秤""报慈庵秤""大秤""官秤""公秤"等之谓④。且秤与斤之间的换算关系亦不等。如根据乾隆年间祁门县康氏文书,其中所载乾隆四十四年(1779)"桂祖公祠租数税粮开派"涉及4宗田产⑤,笔者累计其总租数为15秤20斤8两,而原载总租数为16秤8斤半,二者对比可见,1秤为12斤,1斤为16两。再如《鼎元文会同志录》⑥,其中涉及"鸿溪王氏"25宗捐输租数,原载捐租总计334秤6斤15两,而笔者对25宗捐输租数作统计,凡333秤45斤31两,对比二者之间的进位关系,换算出1秤为10斤,1斤为16两。因此,徽州文书中秤与斤的换算关系,尚须视具体地域、具体情况而论。

二、砠

[文书1]今来缺物用度,自情愿将前项二号田亩,出卖与十二

---

① 《崇祯二年洪金富等卖水田白契》,见王钰欣、周绍泉主编:《徽州千年契约文书(宋元明编)》卷4,石家庄:花山文艺出版社,1991年,第283页。
② (清)俞正燮撰,于石、马君骅、诸伟奇校点:《俞正燮全集》第2册《癸巳存稿》卷十《石斗升》;卷十《宋秤》,合肥:黄山书社,2005年,第411~412页。
③ 刘和惠、汪庆元:《徽州土地关系》,合肥:安徽人民出版社,2005年,第69页。
④ 周绍泉、赵亚光:《〈窦山公家议〉校注》,合肥:黄山书社,1993年。
⑤ 《康义祠置产簿》,乾隆间抄本1册,南京大学历史系资料室藏。
⑥ 清道光二十三年(1843)刻本1册,上海图书馆藏。

都汪汝加名下,面议价籼谷五十七砠,每砠计重二十六斤。①

［文书2］九都三图七甲立卖契人陈应文,今因缺少钱粮,自情愿凭中将承祖芥字一百六十三号,土名牛系公,计田税六分五厘二毫,计籼租五砠半,每砠重二十五斤,佃人陈七老弟;又将芥字二百三十一号,土名社屋干,计中则田税七分四厘,计籼租六砠零十六斤,每砠重二十四斤,佃人金明;又将芥字一千三百号,土名堰上,计田税三分零五毫,计籼租二砠半,每砠重二十四斤,佃人胡社保;又将姜字四千二百四十八号,土名大塘,计田税二分,计籼租二砠,每砠重二十五斤。②

"砠"与"秤"均系衡量器具和重量单位之称。关于砠,清人刘献廷云:"予在武昌,见盐店招牌书曰:'重砠白盐',余不知且为何物,思之久而不得也。问之宗夏,宗夏曰:'砠,秤锤也,音租。'盐每包重八斤四两,制权两之而衡其轻重曰砠,如其数者为重砠也。"③又,清人魏源云:"及商盐到岸也,有各衙投文之费,有委员盐包较砠之费,有查河烙印编号之费。"④可见,砠的本意是秤锤,进而引申为衡量轻重器具之意。关于徽州砠的轻重,清人俞正燮曾云:"今黟(县)之砠、秤二十斤。"⑤然而,在徽州文书中,砠与斤的比例亦差异很大。以上所举文书1、文书2中,即明确标注"每砠计重二十六斤""每砠重二十五斤""每砠重二十四斤"。可见,在徽州文书中,砠与斤的换算关系,亦须

---

① 《休宁县汪义清卖田赤契》,见安徽省博物馆编:《明清徽州社会经济资料丛编》第一集,北京:中国社会科学出版社,1988年,第29页。
② 《休宁县陈应文卖田赤契》,见安徽省博物馆编:《明清徽州社会经济资料丛编》第一集,北京:中国社会科学出版社,1988年,第82页。
③ (清)刘献廷撰,汪北平、夏志和点校:《广阳杂记》卷四,北京:中华书局,2007年,第196页。
④ (清)魏源:《筹鹾篇》,见(清)盛康编:《皇朝经世文续编》卷五一《户政二十三·盐课二》,清光绪二十三年(1897)思补楼本。
⑤ (清)俞正燮撰,于石、马君骅、诸伟奇校点:《俞正燮全集》第2册《癸巳存稿》卷十《宋秤》,合肥:黄山书社,2005年,第412页。

视具体记载、具体情况而论。

三、局

[文书]会内立司事公事他出,舆马之费与到局议事供给,俱在会内开销。①

"局"系民间组织所设的具体管理机构。"设局"管理,在明清徽州地方文书与文献中颇为习见②。通常有因编修方志、编印谱牒而设立的所谓志局、谱局。如,明弘治年间为编纂《徽州府志》,即"设局于紫阳观,以远市嚣"③;又如,清嘉庆年间,龚自珍主持《徽州府志》编修,亲撰《与徽州府志局纂修诸子书》④;再如,清同治年间,祁门县武溪陈氏"择吉开局",以编印族谱⑤,等等。另外,见于徽州地方文书和文献中的集善局、公济局、育婴局、体仁局、救生局、医局、粮局等亦不一而足,均系管理民间捐输的慈善组织机构。设局还体现在一乡、一村、一族事务的组织和管理上,即所谓的"乡局""村局""族局""公局"等。如清代祁门县南乡设有乡局以管理一乡事务,乾隆四十四年(1779),该乡局为复修儒学而倡导乐输,当地的康淑武祀因捐资而经由"南乡公局"颁发收票⑥;又如,在清代休宁县首村朱氏的控诉呈稿中,署有"二十九都月潭局董朱益园和息词"⑦,这里的"局"即月潭村族事务的管理机构,"局董"即管理者之称谓。更为灵活的设局还体现在日常契约关系中,在明清徽州社会,人们为了有效履行合同约定,往往设立临时性的局。如,乾隆二十八

---

① 《鼎元文会同志录》,道光二十三年(1843)刻本1册,上海图书馆藏。
② 王振忠先生认为,徽州地方文献和文书中涉及的"局"有两种涵义:一是与风水有关,即体现人地关系的形势;一是组织机构。本书所涉各种类型的"局"的涵义属于后者。
③ (明)彭泽修,汪舜民纂:《徽州府志·汪舜民序》,据弘治十五年(1502)刻本影印。见《天一阁藏明代方志选刊(21)》,上海:上海古籍书店,1981—1982年。
④ (清)龚自珍著,夏田蓝编:《龚定庵全集类编》卷七《奏议书疏类》,北京:中国书店出版社,1991年,第201页。
⑤ 《祁门武溪陈氏宗谱》卷首《胡永迎序》,同治十二年(1873)重修本。
⑥ 《康义祠置产簿》,乾隆间抄本1册,南京大学历史学资料室藏。
⑦ 《休宁首村朱氏文书》,清抄本,安徽大学徽学研究中心藏。

年(1763),徽州王、盛、吴等众姓成立管理山场的"山局",规定"对神拈阄,所有山局工食费用,每亩内除二分。或有出备银钱物货,付局公用者,照价得山,众等无得异说。立局之后,务必齐心协力",其中的王氏为了管理本族份额的山场,又"订立合同议约,设局于本族祠内"①。又如,咸丰六年(1856),徽州王氏因诉讼需要而统合族人订立赴讼合文,要求"族人俱要入局,不得退缩"②。可见,设局管理实属徽州民间自我管理之一重要机制,既存在功能性强、组织化程度高、长效运行的机构性局,也存在为履行契约事务、保障契约实施而设的临时性局。从管理和运行机制上看,"局"与"会"在很大程度上有共通之处,然亦颇具差异。会属于公众组织,局实际上是承担组织运行和管理的事务性机构。局里一般设置具体经管事务者多人,称为"司事"。司事人选通过定期荐举产生,"必公举读书老成者任之,荐出稳重之人入局",任期结束"自行卸任",并要做好会务交接。大量记载可见,实际掌握局的往往是地方士绅集团,有关局的创设、规则制订、局务监督、重大事务的决策和处理等,均由士绅集团操控。

四、从九

[文书1]一户从九郑邦兴　现年七十三岁　系　省　州(县)人　以　为业　男四丁　女三口　伙计　人　奴仆男(女)　人　雇工　人③

[文书2]程国华,原名清湖,字次江,(黟县)桂林人……捐职从九品,经理祀会,任劳任怨。④

---

① 《王、盛、吴众姓立合山议约》,上海图书馆藏。
② 张海鹏、王廷元主编:《明清徽商资料选编》,合肥:黄山书社,1985年,第32页。
③ 《光绪祁门保甲册》1册,安徽师范大学图书馆藏。
④ (清)谢永泰等修,程鸿诏等纂:《黟县三志》卷七《人物志·尚义传》,据同治十一年(1871)刻本影印,见《中国地方志集成·安徽府县志辑(57)》,南京:江苏古籍出版社,1998年,第124页。

［文书 3］詹培，职从九，(婺源)浙源人，率族立会，以施棺木，善行多于人有济。①

［文书 4］查有堂，(婺源)凤山人，从九衔，兴同义会，资给同乡旅榇及旅游难归者。②

由上引材料中的"从九""捐职从九品""职从九""从九衔"等可见，"从九"即"从九品"之简称，是可以通过捐纳而获得的一种职衔和身份。据《皇朝文献通考》载：

(乾隆)四十九年，吏部疏言：从九品款项繁多，以吏目为最优。捐纳从九品人员，不得选用吏目，独供事议叙从九品得以兼用，未为平允。请更定照捐纳从九品之例，不得选用"从"。③

再看下例：

然常例报捐之人未必尽系俊民。至于捐职，文自从九以至道、府，武自千把以至参、游，少者仅数十金，多者一二千金。朝珠蟒服，遽同真官。炫耀闾同，人不见德。④

可见，在清代，"从九品"之秩不入官品之流，大多授以吏目。其与"监生"相同的是，民间举凡殷实之家，均可通过捐纳获取，二者名目杂滥。而据光绪《香山县志》载："何毅武，字纯修，小榄人，由监生捐从九品。"⑤从"由监生捐从九品"看，"从九"的捐纳费用当高于"监生"。

---

① (清)彭家桂修，张图南等纂：乾隆《婺源县志》卷二六《人物一一·质行五》，清乾隆五十二年(1787)刻本。
② (清)吴鹗等修，汪正元纂：《婺源县志》卷三四《人物一〇·义行七》，清光绪九年(1883)刻本。
③ (清)张廷玉等撰：《皇朝文献通考》卷五四《选举考·吏道》，乾隆十二年(1747)敕撰，见《景印文渊阁四库全书》第 633 册，台北：台湾商务印书馆，1982—1986 年，第 358 页。
④ (清)包世臣：《小倦游阁集》卷九《正集九》，清小倦游阁钞本。
⑤ (清)田明曜修，陈澧纂：《香山县志》卷一五《列传》，据清光绪刻本影印，见《中国地方集成·广东府县志辑(32)》，上海：上海书店，2003 年，第 304 页。

五、来脚

[文书]其有上手来脚与别产相连,缴付不便,日后要用刷出存照。①

"来脚"系传统土地买卖中相对于现卖所立新契而言的原卖契约,又称"来脚契""上手(首)契""老契""原契"。众所周知,契约是传统社会土地买卖之法律凭证。一块土地随着时间的推移常常经历多次权益转移,从而形成原卖与现卖之多份契约。来脚契与现卖契约均可照证相对应的地权,并且具有法律效力。因此,传统土地买卖契约中需要交代来脚契的缴付情况,并且成为契约之一格式化内容。从大量文书记载看,对来脚契的处理主要有以下几种情形:(1)随即缴付;(2)因某种原因而来不及缴付者,或在契约中加以说明,或"抄与付照";(3)不能缴付者注明"日后赍出,不再行用"或交代"某某收贮"等。

六、生放

[文书1](山木)拼卖归立性清公祀子孙永远生放。②

[文书2]各出钱谷,编立首人,经管生放,以为祭祀之用。③

"生放"是民间借贷中放债取息的俗称。南宋洪迈曾云:"今人出本钱以规利入,俗语谓之放债,又名生放。"洪氏还指出,"生放"一语早在汉代就已经出现④。"生放"一语在明清徽州文书中屡屡可见,这种民俗性的借贷,主要体现为乡族熟人社会中的友情告贷,债权与债务主体往往有某种社会关系,在自愿互助的基础上,以彼此信任为信用,利率亦由当事人依据惯例相互约

---

① 《天启元年祁门郑阿汪等卖山赤契》,见王钰欣、周绍泉主编:《徽州千年契约文书(宋元明编)》卷4,石家庄:花山文艺出版社,1991年,第26页。
② 刘伯山主编:《徽州文书》第1辑第10册,桂林:广西师范大学出版社,2005年,第234页。
③ 刘伯山主编:《徽州文书》第1辑第10册,桂林:广西师范大学出版社,2005年,第455页。
④ (宋)洪迈撰:《容斋五笔》卷六《俗语放钱》,见《景印文渊阁四库全书》第851册,台北:台湾商务印书馆,1982—1986年,第836页。

定。因此,"生放"系原始形态的民间借贷之俗称。

七、粿

[文书]其接年自正月初一日侵(清)晨,先备胡盘、酒礼、香纸接请土地安奉;次备米粽、酒肴劳仆,每人酒二盅、粽一双,荤肴二块;备粿合酒接待亲族。①

"粿"(或写作"粿""裹"),是由谷物做成的各种饼状食品。《陶甓公牍》云:"三月清明插柳以避邪,陈粿以祭墓,祭毕颁胙粿。是时,农夫皆浸种下早秧,谷雨前后采茶,立夏日造夏粿,新妇母氏备馈送,浴佛日造乌饭相馈。"②可见,粿是徽州岁时节令乃至日常生活中常见且深受当地人喜爱的食品。

徽州粿的外皮原料若以面粉制作,称"面粿",以玉米等杂粮粉制作称"包罗粿",以糯米粉制作则称"糯米粿",其中以面粿最为普遍。明清以来,随着徽州人外出经商谋生,徽州粿流转到各地,深受喜爱。③

八、洗甲

[文书]其嘉庆十五年以前粮银兵米,尽行洗甲完楚,合并声明上呈等情到县,据呈前情一卯全完,急公奉上,深足嘉尚,除准立案外,合给印照。④

"洗甲"系明清基层钱粮催征中,勒令按甲为单位完成钱粮缴纳。据《清代徽州府饬令禁革粮差催征陋规十二条》记载:

---

① 《明天顺七年休宁县黄氏析产华字阄书》,见田涛等主编:《田藏契约文书粹编》第3册,北京:中华书局,2001年,第604页。
② (清)刘汝骥:《陶甓公牍》卷一二《法制科·祁门风俗之习惯·岁时》,据宣统三年(1911)刻本影印,见《官箴书集成》第10册,合肥:黄山书社,1997年,第604页。
③ 朱茉莉:《谈徽州裹》,载《申报》,1928年11月16日。
④ 《清嘉庆十五年(1810)十二月休宁县给十三都一图四甲汪兴九门等户务宜遵照成规完纳钱粮印照》,见封越健主编:《中国社会科学院经济研究所藏徽州文书类编·散件文书》第4册,北京:社会科学文献出版社,2017年,第129页。

一禁革"洗甲"陋规。据该县附贡生汪开培等禀称,休邑有本户钱粮已完,而同甲同姓异户之钱粮勒令代纳;或有本户钱粮已纳,而同甲不同姓户之钱粮亦勒扫完。又有不同甲不同户之钱粮,查系母党岳戚,亦令外孙、婿家代完。名曰"洗甲"。本府查钱粮应按户征收,何得苛勒不同户并不同姓不同甲者扫完,实出情理之外,粮差索费,此条最毒。嗣后永禁"洗甲"名目规费,毋得复犯,违者提究。①

"洗甲"即以一甲为单位,一甲人户在钱粮缴纳上彼此督责,相互牵连,借以强制催纳钱粮。洗甲的出现与明清基层催征有关。明代后期,徽州基层赋役征收形成图差"追比"和图甲自催相互配合的新格局。入清以降,基于自封投柜和滚单催征的赋役征收实践,甲催、图差二者相互配合成为徽州基层钱粮催征的常态做法。这种洗甲催征形式日益成为清代基层赋役运作之一弊端。

九、小租

[文书]再批:契内除价艮(银)五钱与郑家名下,原当小租系种田人交纳,其田听自原人取赎。②

田底权的拥有者,是土地的合法所有者,可以坐收地租(俗称"大租"),并向官府纳税。田面权的拥有者,可以自己经营耕作,亦可将土地租与他人耕种而收取地租(俗称"小租")。据刘和惠先生考察,承租者必须从总获量中分出一部分作为大租,有两种情况:一种是田面权的拥有者向佃户收取全租,然后由其缴纳大租;一种是由佃户直接分别缴纳大租、小租。③

土地租佃以及小租作为民间土地经营事项,与宋代以降"一田二主"的出现密切相关,明清时期土地租佃有大租与小租之别颇为常见,田面权和小租

---

① 《清代徽州府饬令禁革粮差催征陋规十二条》,见倪清华主编:《中国徽州文化博物馆藏文物集》徽州文书卷,杭州:西泠印社出版社,2013年,第68页。
② 《崇祯十五年丘文祖等卖田白契》,见王钰欣、周绍泉主编:《徽州千年契约文书(宋元明编)》卷4,石家庄:花山文艺出版社,1991年,第476页。
③ 刘和惠:《清代徽州田面权考察——兼论田面权的性质》,载《安徽史学》,1984年第5期。

买卖现象日趋多见。据明代徽州祁门县乡绅谢朝元描述：

> 救佃人虚纳租外小租,延及子孙困苦,不得脱免……禁止佃人虚纳租外小租,反致正租无还,遗累伊子伊孙,不得脱免。民间田土承祖父苦积置买,供朝廷税粮条编,佃人承去耕种,焉能盗卖盗买,岂各乡地户专贩小民私债,利外滚利,无可抵还,只得平白起议,计令将供税田亩立契还伊私债,陡起小租民色,强征租外之租,忍食不税之田。稻麦将熟,先自坐田收割,田主住远,谁能与之争夺。缘以正租,每银一两买租一秤,仍要供税,小租每银一两,买租四秤,并无税累。致使私债滚利之辈,专贩小租,视为奇货。致使农种贫苦之夫,小租日多,正租无还。致使买田供税之家,正课有亏,钱粮难完。民间病苦莫此为甚。

十、比较

［文书1］但比较值月等事照股轮管。自议之后,各宜遵守。后满之日以后十年经收本甲投柜,照股拈阄轮管,比较各行支费,照股均办。①

［文书2］每月比较钱粮,四股照数完纳轮流各比一次,如有恃奸故拖不兑者,亲自应比,不得累及已完之人比较。②

［文书3］所有勾摄、不测飞差并催征比较各项杂差等费,俱系应役者承当,不涉二三房支下之事。③

---

① 王钰欣、周绍泉主编：《徽州千年契约文书(宋元明编)》卷4,石家庄：花山文艺出版社,1991年,第350页。
② 《明万历四十年闰十一月祁门县方备兴等立钱粮合同》,见封越健主编：《中国社会科学院经济研究所藏徽州文书类编·散件文书》第4册,北京：社会科学文献出版社,2017年,第264~265页。
③ 《顺治十三年徽州某县二十五都五图八甲吴士大等立里役合同》,安徽师范大学图书馆藏。

"比较",即按限催纳钱粮,其出现与明代中期以来推行追比(比限)的赋役催征改革有关。在徽州文书中,诸如"按限""照限""比限""卯比""补比""比较""应比""赴比""追比""带比""拘比"之类的说法十分常见。

综上,历史时期,大多数徽州文书的主要功能是传递信息、保存记录、合俗实用,作为信息性、经验性文本,其内容多为基层民众在长期的生产、生活实践中的即时性记载。文书书写者亦多系村野僻壤稍通文墨的地方民众。他们或因时誊录,勉成其事;或假人之手,依口代书;或拟之于格式,如法炮制。其朴素自然的表达,自由生动,比之于文化精英的优美辞章和精英叙事,鲜活地呈现了被隐没的"卖浆土语",且更为真实地反映出民众生活和社会实际。

通过以上徽州文书稀俗用词例释可以看出,民间文书的话语具有特定的地域性,符合一定的惯俗,文本表达呈现其自身独特性,与典籍文献颇有不同。这在一定程度上制约了人们对民间文书的释读和利用。因此,对徽州民间文书中的用字、用词、用语予以系统梳理,在此基础上"循名责实",作深入考释和实证研究,既是释读民间文书辞学工具之基础,又是进一步利用和研究民间文书新资料的内在学术要求。

第三节　民间习俗与契约信用

民间契约的行用由来已久,传承有自。"官有律令,民从私约"的传统源远流长,且广泛存在于基层社会。那么,在中国传统社会,一般民众在日常生产生活或社会关系中长期且普遍存在的契约关系的保障机制是什么呢?支撑"民从私约"实施效力、维系民间契约信用的因素有哪些?毋庸置疑,国家法律和官方强制是维系契约关系的根本,但民间习俗亦有效地制约了违约行为的发生。

一、殷实担保

传统徽州社会是典型的宗族社会。尤其在明清以后,以血缘关系为纽带,徽州基层社会的宗族组织化趋势日益突显,表现在因家户合作、宗族统合、融资立会、社会捐输而形成的互助基金和经济实体广泛存在,置产与互助观念深入人心。众多徽州文书显示,传统徽州宗族资产的经营、管理和分配,往往通过订立契约来运作,类型多样的宗族经济关系主要体现为契约关系。为了确保宗族的经济利益,人们习惯性的做法是,或寻求族中"殷实之人担保",或择选"殷实之家""贤能子弟"运营族产,这都是提高宗族经济性契约信用的重要手段。相关契约的具体记载如表1-1所示。

表1-1 徽州宗族产业契约的信用保障例举

序号	时间	宗族	记载摘要	资料来源
1	明弘治年间	徽州某氏	(赈济资金)命子弟能者营什一,岁收其息,置义田	弘治《徽州府志》卷九《隐逸》
2	明万历年间	徽州胡氏	(清明会银)择族中善经营者领取,每年按固定利率完纳本利	刘秋根著《明清高利贷资本》
3	明万历年间	休宁程氏	(祀产)须以本房殷实之人互保书券	万历《程典·祭祀志》
4	明万历年间	休宁程氏	(积贮之产)俾族长与族之富者掌之	万历《程典·宗法志》
5	明天启年间	休宁程氏	(清明会银)当众面兑交三房显卿领取生息	《天启元年休宁程氏立清明挂桕簿》
6	明代	徽州吴氏	本祠祭祀银两,上例与各分殷实有产之家领出运利,以荣祖祠	《中国明朝档案总汇》第1册
7	清康熙年间	休宁陈氏	将万安布店租金所余,择贤生息	章有义编著《明清及近代农业史论集》
8	清代	休宁汪氏	(文秩公清明会资)议付殷实者领去,二分钱生息	章有义编著《明清及近代农业史论集》
9	清乾隆二十三年(1758)	徽州吴氏	(捐输银两)托之支下善营运者,一分二厘行息,逐年照房轮转,以成规则	《忠孝城南吴氏宗谱》卷三《公立城南支祖清明标祀会序》
10	清道光年间	徽州某氏	(继善会会资)付托殷实之家暂行生息	《道光至咸丰继善会簿》

类似表1-1中的记载在徽州文书中所在多见。以上所引资料中所谓"子弟能者""善经营者""殷实之人""有产之家""殷实之家"等,主要指善于经商、

具有一定经济实力的富裕阶层人士(家族)。毋庸讳言,在明清徽州,一方面,富商大贾、殷实之家通过捐输建立各种基金,以承担乡族社会的公益互助之责;另一方面,他们对徽州社会互助基金进行的有效经营,对于确保宗族各种"公祀""公会"等经济契约的信用亦发挥了重要作用。

二、凭中立契

在徽州契约文书中,有关中证者的称谓不一,如"中人""见人""中见人""同见人""遇见人""凭中""居间"等。"央中""浼中"是订立传统契约不可或缺的重要环节,"凭中立契"是契约实施的必要前提。在契约文本中,中证者作为维系契约关系的第三方主体,须签字画押。不仅如此,中证者还须参与契约所约定的民事事务的全过程,包括预后纠纷的证信和调处。

在传统社会中,参与民事活动的事主的身份关系不是主要建立在近代平等关系基础之上,而是大多以血缘、地缘、亲缘、业缘等具体关系为主要表现形式。因此,在传统民事契约的订立过程中,双方当事人会因经济势力、身份等级、个体与组织等主体性差异而产生彼此间地位不平等的情况。如何使事主双方在权利与义务相对平等、局部平衡的制约下订立契约关系,中证者的媒介和平衡作用就凸现出来了,并且逐渐成为支撑中国传统民间契约关系秩序的重要力量。中人在契约关系中具有什么功能呢?

首先,签约之先"凭中说合",即卖主在寻求合适的买主时,借助中人,说合买卖。在传统契约关系中,因事产交易信息的不对称,于正式契约签订前,卖主即请托中人寻觅买主,中人的选择被称作"央中""浼中""请中"等。如:

[文书1]立请中字人邓金茂。今因家下无从,备(背)负债难偿,母子商议甘愿将分受老房子房屋基地地土一股,出售先尽亲房,无人承买。今请邓玉台、邓金堂二人为中,觅寻买主。其价照依时值,不得高抬时价。如卖后有押当抵借不清,养膳不明,概由卖主承当,理落清楚,不与买主、中证相涉。后欲有凭,立请中字为据。

光绪十二年五月初二日立请中字人:邓金茂亲笔

在证：邓金练、邹培兴、邓玉韶、欧万顺①

以上契约系事产出卖人邓金茂书立，请托"邓玉台、邓玉堂二人为中"。这种"请中字"系契约独特类型之一。在迄今遗存的徽州文书中，亦可见类似的"央中""浼中""请中"契约。此类契约被称为"水程""水程字"。

其次是"凭中立契"，即中人在对出卖地权的勘查、确认、议价、立契、交割等方面发挥协调、证信作用，以"三面议立"之不可或缺的重要介入者参与契约签订的全过程，并在契约中作署押，承担相应的连带责任。

再次，在监督契约实施以及对于当事人双方可能产生的争执与冲突方面，中人可发挥"凭中验契""托中查处"等调解作用。如：

[文书2]立认契侄郑启先。先年父丧，身在幼稚，兄启魁、启亮等因经理家务，将承祖父产业立契出卖与叔名下。今身托中验契，原系身等同卖是实，悉凭照契管业，以后并无异言。今恐无凭，立此为照。

万历十九年又三月二十四日　立认契：侄启先

中见：叔大孚、应坤②

[文书3]二十二都陈武祯。原祖手将上七保土名（下略）山已卖与金　名下讫，内除坟茔在山。今陈砍坟边松杉木有侵金山、金登等。托中理论，自情愿凭中处明。自今以后陈武祯毋得侵占金山、金登等，亦无得侵欺陈坟茔。自定之后，各宜遵守。如违甘罚白银十五两公用，仍依此文为准。恐后无凭，立此合同为照。

天启七年十二月初六日立约人：陈武祯

中见人：王惟恭等（五人）③

---

① 《云南永善文书》，复旦大学当代中国社会生活资料中心藏。

② 王钰欣、周绍泉主编：《徽州千年契约文书（宋元明编）》卷3，石家庄：花山文艺出版社，1991年，第244页。

③ 王钰欣、周绍泉主编：《徽州千年契约文书（宋元明编）》卷4，石家庄：花山文艺出版社，1991年，第236页。

在丰富的徽州契约中,可见大量民事纠纷借助"托中验契""托中理论""凭中处明"等予以调处而得以解决,兹不赘举。甚至有人因地权纠纷讦告至县,县主亦"委中以情劝谕"。① 传统民间田土、户婚等民事活动发生于乡土社会既有的"关系"网络之中。因此,民间契约关系的维系,离不开乡土社会关系网络中类似中人参与的"公众场合""公众舆论"以及"人情""面子"等的影响。梁治平曾认为,民间交易等活动靠人情来维系,"面子"观念在其中可以最大限度地发挥效力。成功的交易一半靠中人的说辞和技巧,一半则基于其"面子"。中人"面子"越大,交易成功的可能性也越大,契约的稳定性也越强。② 在明清徽州,这种情况亦普遍存在。如明代歙县岩镇商人汪通保经商于上海,"负贤豪声……中外有构,居间立解"③;歙县江人龙"以孝友正直闻里中,事无巨细,视公一言而定"④。又如,"黟俗尚贸易,凡无资者,多贷本于大户家,以为事蓄计,每族党子弟告贷于大户,大户必取重先生一言而后与之。子弟卑亦不敢负先生,致没大户资本"⑤。再如,黟县江村增生江光裕"嗜古,熟史学,制行不苟,威仪严毅,见者肃然敬畏。经理文会多年,增谷加试资,人皆服之"⑥;黟县李村李元榜"邑庠生,设塾授徒,寒畯子弟不计修脯,邻里忿争,力为排解,或一日数起"⑦。此外,从明清徽州民间契约文书来看,中人身份并不以地位、等级、地望为拘,而是在特定乡土社会人际关系网络中,因买卖事主的实际利益需要而定,其择中总体呈现出鲜明的"差序格局"。

值得一提的是,有中证参与合同的签立并作署押是格式合同的基本要

---

① 张传玺主编:《中国历代契约会编考释》,北京:北京大学出版社,1995年,第1019页。
② 梁治平:《清代习惯法:社会与国家》,北京:中国政法大学出版社,1996年,第161~162页。
③ (明)张涛修、谢陛纂:《歙志》十七《传卷七·良民》,万历三十七年(1609)刊本。
④ (清)江登云、江绍莲等纂修:《橙阳散志》卷四《义行》,据清乾隆四十年(1775)刻本影印,见《中国地方志集成·乡镇志专辑(27)》,南京:江苏古籍出版社,1992年,第624页。
⑤ 傅衣凌:《明清时代商人及商业资本》,北京:人民出版社,1956年,第75页。
⑥ (清)谢永泰等修、程鸿诏等纂:《黟县三志》,据清同治十年(1871)刻本影印,见《中国地方志集成·安徽府县志辑(57)》,南京:江苏古籍出版社,1998年,第124页。
⑦ (清)吴克俊、许复修、程寿保、舒斯笏纂:《黟县四志》卷七《人物志·尚义》,见《中国地方志集成·安徽府县志辑(58)》,南京:江苏古籍出版社,1998年,第94页。

求。但就明清徽州民间合同契约而言,有相当数量的合同契约中未见中证署押者,其与土地买卖等单契略有不同。这是因为土地买卖等单契的授受方均多为单个事主,且信用落差较大,托中浼保十分必要,而很多合同契约约定的范围本身就构成了一个利益攸关、彼此制衡的群体性关系网络,即使没有中证存在,在各方的制约下,单个违约行为一般很难发生。当然,在徽州民间合同契约中,诸如买卖合同等因涉及的事主范围有限而托中以为凭证者亦占有重要位置。总之,在民间流动不居的关系网络中,中证者参与和证信是契约关系成立的必要前提,是支撑契约关系之一要点。

三、民间惩罚

首先是经济惩罚。在传统契约文书中,对于违约责任的承当,屡屡可见"罚谷""罚银""罚钱"等格式化的表达。如,"有此等情由,罚米五十石公用";①又如,"有叛约违议等情,众罚白银十两公济,仍依此约为定"②,"自议之后,各不许悔,如悔者甘罚白银五两公用,仍依此文为准"③,等等。具体从徽州文书来看,经济惩罚的约定不仅多见于物权、人身、经营等复杂多样的私约中,而且在合同契约中普遍存在。一旦"叛约""违约""悔约",普遍采用这种简单易行的惩罚方式,惩罚数额越大,则违约成本越高,所罚的钱粮白银多为"公用""众用"。在乡土社会中,基于自愿原则而约定的契约主体各自享受的权利和利益相对平等;与此同时,各契约主体在彼此约束、相互制衡的机制之下,一定程度上保障了"民从私约"和"违约受罚"的自觉践行。

其次是罚戏,即通过鸣锣晓谕众人,罚戏以示惩戒。揆诸徽州文书,罚戏主要体现于合同契约中。如在乾隆四十六年(1781)祁门三四都汪、凌、黄、胡等姓所立合同中,即有"自今以后一无敢犯,如有犯,出公议罚戏一台,仍依此

---

① 王钰欣、周绍泉主编:《徽州千年契约文书(宋元明编)》卷1,石家庄:花山文艺出版社,1991年,第62页。
② 《王、盛、吴众姓立合山议约》,上海图书馆藏。
③ 王钰欣、周绍泉主编:《徽州千年契约文书(清·民国编)》卷1,石家庄:花山文艺出版社,1991年,第5页。

文为准"之规定。① 在徽州,特别是具有村规民法性质的禁约合同,大多由有身份、地位的人(如族长、房长、斯文等)针对一定范围的群体而制定,约定的内容涉及森林的养护、治安的维护、族群的管理、公务的实施等重要事务,并往往于立约之初通过演戏布之于众。如:

[文书1]凌务本堂、康协和堂。原共有金竹税洲,为申饬文约请示演戏,严禁蓄养树木,庇荫水口,保守无异。近因无耻之徒屡被偷窃,锄种无休。是以二姓合议公禁。水口命脉攸关,本应该指名告理,免伤亲族之谊。违犯自愿封禁鸣锣,扯旗示众。自后家外人等毋许入洲窃取税洲地,毋许锄种。如违罚戏一台,树木入众。如有梗顽不遵,指名赴县赍文控理,断不宽恕。二祠倘有外侮,费用均出。各宜凛遵,毋贻后悔,凛之慎之。

乾隆四十八年六月　日二姓公白②

[文书2]立严禁约人王学富、仕兴等。窃闻朝廷有法律,乡党有禁条。吾古槐公裔孙丁有四十,艰苦者居其大半。考其由大都终日孤注,不习正业故也。吾等目击心伤,爰是集众演戏全部,写立禁约以警后患。所有条规逐一开后。秩下子姓再有复蹈前辙,照旧赌博者,一经知觉,罚银四两入众外,仍处责十板,罚酒四席,演戏全部。其不服责罚者,众内开匦,支出银两,送官惩治,断不宽贷。秩下人等不得受贿买放,并有欺善畏恶知情不举者,亦与犯禁人同罚。自立禁约之后,各宜遵守无违,互相劝诫。诚如是也,家风自此振兴,人心自兹改革,则今日禁约之举,谓非方来之一机耶。爰立禁约五纸,各收一纸为照。

大清嘉庆十一年三月十六日　立严禁约古槐公秩下人王学富

---

① 王钰欣、周绍泉主编:《徽州千年契约文书(清·民国编)》卷11,石家庄:花山文艺出版社,1991年,第378页。

② 《祁门康氏文书》,安徽大学徽学研究中心藏。

等(押)①

这种演戏示禁成为传统徽州的重要习俗。而对于违约者而言,罚戏是一种颇为严厉的民间惩罚形式,受罚者要承受高昂的违约成本——既要承担不菲的全部演戏费用,还须鸣锣示众,违约的结果是付出经济、名声乃至社会信用受损的巨大代价。这种习俗性的民间惩罚措施,也是借助公众场合、公众力量达到防微杜渐、以儆效尤的效果,对于维系乡土社会良好的契约信用以及良性互动的契约关系发挥着重要作用。

四、诅咒与盟誓

顾炎武曾云:"国乱无政,小民有情而不得申,有冤而不见理,于是不得不诉之于神,而诅盟之事起矣。"②可见,诅咒盟誓其源甚久。关于盟誓,《礼记·曲礼》载:"约信曰誓,莅牲曰盟",即"盟"主要体现为歃血取信之仪式,"誓"则侧重以言语为约,二者均有"示信"之义。众所周知,先秦时期,盟誓颇为盛行,《尚书》《左传》《国语》等典籍保存了不少先秦时期的盟誓之辞。实际上,在中国传统基层社会中,诅咒和盟誓作为一种传统文化长期存在。明清时期,诅咒和盟誓屡屡可见于民间文书之中,成为制约违约行为发生的重要手段之一。如,顺治四年(1647)实行全国清丈,徽州某县十一都负责上五保土地清丈的公正吴杰孙、公副李源义、弓手吴庆昌、图手李有荣、书手孙珂吉、算手张庆六人议立合同,规定:"清丈之时,先一日齐至永禧寺盟神歃血",且此后每月"朔望盟神歃血,以杜徇私作弊"③。又如,乾隆二年(1737),徽州汪维臻、汪天龙叔侄之间因田土之争评告至县,其族长、族众不忍坐视,出面调处,叔侄于"县城隍庙对神一一理楚",化解了纠纷,后县主亦以"准依众议"了

---

① 田涛:《徽州民间私约研究及徽州民间习惯调查》,北京:法律出版社,2014年,第236~237页。
② (清)顾炎武撰,黄汝成集释:《日知录集释》,上海:上海古籍出版社,2006年,第108页。
③ 《顺治四年十月立清丈合同》,安徽师范大学图书馆藏。

结此案。① 在徽州文书中,诅咒和盟誓常常一起写入合同契约文本之中,如下例:

[文书1]桃源洪儒、洪莹、洪谏、洪应阳、洪天宁、洪立、洪时孙、洪嘉凤人等族众,承祖□立禁约(下略)。今族众歃血为盟,每房各议二人同心协力,恢复祖业庇荫树木,后人不敢效尤。自盟誓之后,遵文者祖宗互(护)佑,百事昌盛。违文者、徇私者,必遭天谴,子孙不得昌大。今恐无凭,立此誓词为照。

隆庆五年六月十九日盟人:洪一孙(等)②

[文书2]立兴祠合同文约大观公秩下启愣等……祖前立誓,如有用私苟且,侵蚀本利者,身后子孙不得昌盛,永灭绝嗣……久后本利洪大,产业丰厚,祖灵有感比应,一十四人之后裔自有显达富贵绵远,永远和乐。

乾隆二十一年三月二十八日立齐心兴祠合同文约:大观公秩下③

[文书3]具誓状分山首事盛。为恳神鉴殛事(下略)。谚云:阳间一文钱,阴间一行簿。因是身等佥议,鸣神矢誓。或清单虽传,自祖父内有瞒垄徇私者,冥冥之中,神明早已鉴察,大则斩绝其嗣,小则男盗女娼。如无等情,改祸成祥,克昌厥后,此誓。

乾隆二十八年分山首事:盛尚昱(等)④

以上所举诅咒和盟誓事例,多见于合同契约中。这种诅咒和盟誓,主要基于人们信仰和禁忌上的某种共同心理,试图借助祖先和神灵的力量制约违

---

① 《乾隆二年汪维臻等立合同》,黄山学院图书馆藏。
② 张传玺主编:《中国历代契约会编考释》,北京:北京大学出版社,1995年,第1080页。
③ 《康义祠置产簿》,乾隆间抄本1册,南京大学历史系资料室藏。
④ 《王、盛、吴众姓立合山议约》,上海图书馆藏。

约行为。

总之，传统徽州社会具有强烈的契约意识，人们动辄央中为凭，形诸白纸黑字，使得契约发生的领域广泛且深入民间社会。民间契约关系具有很强的社会性和民间性。特定的契约关系是以特定区域的社会关系网络为基础的，人们在长期的生产、生活实践过程中，或约定，或俗成，代代相沿而形成"民从私约"之惯俗。从徽州文书中可以看出，维系契约关系的力量除了国家法、宗族法等成文法之外，一定程度上有赖于民间习俗的支撑。即通过殷实担保、凭中立契、罚银罚钱、鸣锣罚戏、呈公理处乃至诅咒盟誓等习俗性手段，借助公众场合、公众舆论以及某种微妙的心理机制保障契约的实施。由此，在契约关系之下，承担欠债还钱、违约受罚等义务，已然成为一种历久弥深的习俗和观念。正如黄仁宇先生所云：遵守契约的义务"却最有效地体现于农村中的租佃及抵押上。这些契约所涉范围虽小，其不可违背已经成为社会习惯"①。

---

① ［美］黄仁宇：《万历十五年》，北京：生活·读书·新知三联书店，1997年，第156页。

第二章　徽州典籍文献举隅

第一节　徽州方志中的人物志书写
——兼论罗愿与《新安志》

在"家国同构"的中国传统社会,"邑之有志,犹家之有乘,国之有史也"。[1] 国史、方志、家谱乃自上而下、相互联系密切的典籍文献。当前,方志和家谱遗存颇为丰富,并日益成为相关学者从事学术研究的案头必备资料,如何深入认识方志、家谱,是更好地利用和研究此类文献值得关注的问题。

在丰富的徽州历史文献中,方志是其重要组成部分。徽州方志的编修可溯源至南朝梁新安太守萧几所撰《新安山水记》和王笃所撰《新安记》(今均佚)。自南朝至民国,徽州方志的发展经历了从地记、图经到方志的形态演变过程,其修志传统有一千五百余年之久。徽州方志的发展与全国各个时期方志的发展形态大体同步,迄今有名可考的徽州府志、县志、乡镇志有119种(其中佚志44种、存志75种),若再加上山水、古迹、书院、物产、人物、艺文

---

[1] (清)吴甸华修,程汝翼、俞正燮纂:《黟县志》卷一六《艺文志原·国朝顺治乙未县志序(窦士范撰)》,据道光五年(1825)刻本影印,见《中国地方志集成·安徽府县志辑(56)》,南京:江苏古籍出版社,1998年,第566页。

(文献)、金石等各类专志，徽州地区的志书数量可谓颇丰。①

大体说来，宋代以后，我国传统的方志编修从注重舆地记载向侧重人文社会记载转变，方志形态日趋定型。特别是到了明清，随着方志中的人物记载日趋增多，有关方志编纂，其"(书法)之严，尤当严于人物"。② 传统方志的人物书写与国史颇具差异，一般认为，"史关黜陟"故兼书善恶，而方志作为典型的地方文献，具有记载赅备和存史风教之功能，在撰写上则侧重于"隐恶扬善"；甚至认为"志备记载，若稍甄别，便为侵夺史权"③，也就是说，方志是有关特定区域的综合性记载，在人物记载上"书美不书恶"，无需援引史法予以褒贬。实际上，从遗存的徽州方志看，一部上乘的志书，即使以"隐恶扬善"为编修原则，其人物志的书写亦大多"自得立言之法"。④

一、"皆有微旨"：从《新安志》"先达"传说起

南宋罗愿所纂的淳熙《新安志》滥觞于我国方志形态趋于定型的宋代，该志主修人赵不悔亦称赞罗氏修志"叙事简括不繁，又自得立言之法"。⑤ 通读《新安志》，罗愿的"皆有微旨""立言之法"之一突出表现，是揭橥方志"隐恶扬善"之章法。以下略作例举。

《新安志》记载徽州"先达"凡17人，其中涉及南宋"汪丞相""胡侍制""先君尚书"等人传记。⑥ "汪丞相"即南宋汪伯彦，字廷俊，祁门人，高宗即位后"逾年在相位"。"胡侍制"即南宋胡舜陟，字汝明，绩溪人，曾任监察御史、侍御史等职。"先君尚书"系罗愿之父罗汝楫，字彦济，歙县人，政和二年(1112)

---

① 参见拙作：《徽州方志研究》，合肥：黄山书社，2010年，第83～191页。
② (清)丁廷楗修，赵吉士纂：《徽州府志》卷首《凡例》，据清康熙三十八年(1699)刊本影印，见《中国方志丛书·华中地方》第二三七号，台北：成文出版社有限公司，1975年，第60页。
③ (清)丁廷楗修，赵吉士纂：《徽州府志》卷首《凡例》，据清康熙三十八年(1699)刊本影印，见《中国方志丛书·华中地方》第二三七号，台北：成文出版社有限公司，1975年，第59页。
④ (宋)赵不悔修，罗愿纂：《新安志》卷七《先达》，光绪十四年(1888)刻本。
⑤ (宋)赵不悔修，罗愿纂：《新安志》卷首《赵不悔序》，光绪十四年(1888)刻本。
⑥ (宋)赵不悔修，罗愿纂：《新安志》卷七《先达》，光绪十四年(1888)刻本。

进士,官至吏部尚书,封新安开国侯,南宋初年和同乡胡舜陟为同殿之臣。此三人在《宋史》中均有传记。① 在"善恶兼书"的《宋史》中,有关汪伯彦、胡舜陟、罗汝楫的记载均颇有微词。

关于汪伯彦,其人其事被写入《宋史》"奸臣"传,与秦桧处于同一类传。据载:汪伯彦在宋金对峙时期,主张对金兵南下不作战守之计,阻止宗泽、李刚抗金。因护卫康王赵构有功遂受其信任,在高宗即位后擢知枢密院事,不久拜右仆射,与奸臣黄潜善同居相位,"专权自恣"。而在《新安志》"汪丞相"传中,罗愿不但将其写入"先达"传,还有意"举轻而略重",使得"奸臣"汪伯彦在《新安志》的记载中成了"事上接下以诚""严不及私",致仕后"还家上冢,会族姻父老为笑乐"的乡贤。② 钱大昕在《跋新安志》中即指出:"汪廷俊(伯彦),世所指为奸人也,罗端良(愿)入之先达传,初无微词,后儒亦不以病罗氏……汪尚有善可称,史则其恶益著,故文稍异尔。"钱氏认为,即使像汪伯彦这种被世人指为奸人的人物,也有可称善的地方,所以,志书不必尽书其恶。③

关于胡舜陟,据《宋史》载,胡氏能直言抗金,为政亦有"惠爱",然而,也有"言者论其尝事伪廷"之嫌,即与秦桧过从甚密;后在广西经略任上,被举劾"受金盗马,非讪朝政";最终,秦桧授意大理寺治其罪,胡氏死于狱中。④ 仔细品读《宋史》中关于胡舜陟的记载,直书其"受金盗马,非讪朝政"较为详实,而"尝事伪廷"的行迹语焉不详。然据南宋刘克庄《后村诗话》载,秦桧当国,胡舜陟为谄媚秦桧,要求县令高登(字彦先)为桧父立祠,遭到高氏拒绝,遂弹

---

① (元)脱脱等撰:《宋史》卷四百七十三《列传二百三十二·奸臣三·汪伯彦》、卷三百七十八《列传一百三十七·胡舜陟》、卷三百八十《列传一百三十九·罗汝楫(子愿附)》,北京:中华书局,1977年,第13745~13746页、第11668~11670页、第11723~11724页。
② (宋)赵不悔修,罗愿纂:《新安志》卷七《先达·汪丞相》,光绪十四年(1888)刻本。
③ (清)钱大昕:《潜研堂文集》卷二九《跋新安志》,嘉庆十一年(1806)刻本。
④ (元)脱脱等撰:《宋史》卷三百七十八《列传一百三十七·胡舜陟》,北京:中华书局,1977年,第11668~11670页。

劾高登,致高氏被"兴狱逮捕"①。嗣后胡舜陟"别以他事忤桧下狱死,登乃得免",徒留"欲附于桧而反见挤耳"的笑谈。② 在罗愿撰写的《胡侍制舜陟传》以及《新安志》"胡侍制传"中,侧重其有耿直之节,未见"受金盗马""尝事伪廷"之记载。③ 以致明代弘治年间程敏政曾云:"《新安志》于王黼之害王俣,秦桧之杀舜陟,皆略而不书,非杏庭、虚谷一白之,则其迹泯矣。然则是书精博虽未易及,至其义类取舍之间,疑有大可议者。"④

关于罗愿之父罗汝楫,《宋史》称其有"附丽秦桧,斥逐忠良"之嫌⑤,即罗汝楫曾助秦桧谋杀岳飞,犯天下之公怒。然罗愿在《新安志》中,基于"为亲者讳",对此却隐而不书。实际上,罗愿对其父这一行迹是知晓的,他在鄂州任上曾"以父故不敢入岳飞庙"。⑥

综上,早在南宋,罗愿《新安志》即揭橥方志"隐恶扬善"之法,将汪伯彦、胡舜陟、罗汝楫列入"先达"传,"为乡人隐""为亲者讳",笔者认为并非曲笔,亦无可厚非。实际上,传统方志这种"隐恶扬善"的原则,到明代进一步形成定例。嘉靖《徽州府志》即将罗愿之父罗汝楫传记从志书中开出,此后徽州各志均不为之作传。清代钱大昕力倡志书"隐恶扬善",认为罗愿的做法"初无微辞,后儒亦不以病罗氏",并指出,"盖郡县之志,与国史不同,国史美恶兼书,志则有褒无贬,所以存忠厚也。公论所在,固不可变白为黑,而桑梓之敬自不能已"。⑦ 可见,"志则有褒无贬""桑梓之敬自不能已"是传统方志不同

---

① (宋)刘克庄撰,王秀梅点校:《后村诗话》(后集)卷一,北京:中华书局,1983年,第55页。
② 《四库全书总目提要》卷六八《史部·新安志提要》,北京:中华书局,1965年。
③ (明)程敏政纂辑:《新安文献志》卷七八《胡侍制舜陟传》,合肥:黄山书社,2004年,第1893~1898页。
④ (明)程敏政纂辑:《新安文献志》卷七八《胡侍制舜陟传·按语》,合肥:黄山书社,2004年,第1893~1898页。按:"杏庭"即洪焱祖之字,元代歙县人,纂有《新安后续志》;"虚谷"系方回之字,元代诗人,歙县人。
⑤ (元)脱脱等撰:《宋史》卷三八〇《列传一百三十九·罗汝楫(子愿附)》,北京:中华书局,1977年,第11727页。
⑥ (元)脱脱等撰:《宋史》卷三八〇《列传一百三十九·罗汝楫(子愿附)》,北京:中华书局,1977年,第11724页。
⑦ (清)钱大昕:《潜研堂文集》卷二九《跋新安志》,嘉庆十一年(1806)刻本。

于国史的"立言之法"。因此,所谓"志书乃史"是以"彰善隐恶"为前提的。基于对传统方志这一"立言之法"的认识,我们在利用和研究方志的过程中,对人物志的记载不能不多元参稽予以考实。

二、"众之所趋":人物志甄选之难

历史时期,特别是明清至民国时期,徽州经济活跃,人文郁盛。所谓"儒林硕辅,潜修亮节之士,功在旂常,名在竹帛者,项背相望,争自濯磨"。① 在方志编修中,对于人物志的书写,不能不"更故开先""因事设例",以赅人事。② 因此,方志编修之难,难在人物志"甄选精洽",难在人物志"款类合宜",所谓"志莫重于人物,毋亦当其人之难,而传其人之难也,毋亦任怨之难,而割爱之难也"。③ 笔者认为,人物志"甄选精洽""款类合宜"是衡量一部方志"直书"与否的重要方面。因此,一部上乘志书的编修,对主修、主纂和编修人员提出了严格要求。以下以嘉庆《黟县志》的编修为例作一考述。

嘉庆《黟县志》,吴甸华修,程汝翼、俞正燮纂。该志修纂之时,所见旧志已不完整,新修县志实有独创之功,被称为黟县"一志"。后来的道光"二志"、同治"三志"、民国"四志",均是在该志体例基础之上增补损益而成的。主修人吴甸华乃进士出身,主纂人俞正燮乃著名学者,他们躬亲其事,使得该志成为黟县历史上一部标志性的志书,也是徽州方志中的佳作。

然笔者发现一份与嘉庆《黟县志》编修有关的"具禀"(即联名上诉),具体内容如下:

> 具禀监生潘元宽、潘崇德,生员潘崇仁、潘崇照,禀为现今改刊,再叩准易,款类合宜,以成信志事。窃思志以征实,错误宜改。今奉

---

① (清)吴鹗等修,汪正元纂:《婺源县志》卷首《旧志序·明天启壬戌序(何如宠撰)》,光绪九年(1883)刻本。
② (明)余士奇修,谢存仁纂:《祁门县志·序(余士奇撰)》,万历二十八年(1600)刻本。
③ (民国)石国柱、楼文钊修,许承尧纂:《歙县志》卷一六《杂记志源·戴东明序》,据民国二十六年(1937)铅印本影印,见《中国方志丛书·华中地方》第二四六号,台北:成文出版社有限公司,1975年,第2811页。

府示催修，无非欲以信传后耳。生父州同知潘文杲，孝顺友爱，造桥修路，有蒙采访举人卢文鸿、副贡生王秉铎等采录义行，禀呈在案。种种指实，分纂应在孝友，乃刊列仅载于艺术。且鸿等呈内又采生祖"故监生潘启华，字尔芳，幼精岐黄，存心济世，义方训子"等事。查志仅载"善岐黄术"四字，删除"故监生字某"，未免简略，阅者不无私议。幸蒙宪谕修续邑乘，因见前志更正改刊者甚多。生父义行不得不鸣伏，查嘉靖与康熙年间府志，及各邑乘乐善好施、克敦孝友者，俱载入孝友、尚义门类。即别有奇能，亦皆略轻而从重，而生父独举轻而略重。为子孙者抱恨流涕。今乘修续改刊，生禀更易，不入孝友，应入尚义，以便详修府志焉，敢逞私！况方技一款，原为书画、医卜、星历一技之能者而设。圣恩广被，有善必录，似不可以孝友混入艺术，因一技而没其孝友者。门类不符，恐难传信。且生父殁已四十余年，孝友声称，在在可查。生为人子，岂能喊嘿。为此粘抄吴志，禀呈再叩宪天大父台洞鉴原情。现今改刊县志，赏恩志局准移更易。且据刻字者云：改刊无难。诚俾生父实行不致埋没。不但生家子孙世世感戴，而门类合符信今传后，将来读邑乘者，咸颂班马于无既矣。吁□上禀县主正堂大老爷台下施行。

  道光五年七月　日具禀：监生潘元宽、监生潘崇德、生员潘崇仁、生员潘崇照①

这份具禀为黟县一都潘村潘氏后人所呈，因嘉庆《黟县志》载其父祖"潘启华、潘文杲"的传记存在"款类不符"而联名向县主递交禀词。

揆诸嘉庆《黟县志》，"潘启华、潘文杲"被载入"人物·艺术"，具体传记记载如下：

  潘文杲，字旦初，一都潘村人，幼能孝顺友爱。父启华，善岐黄术。文杲克承家学，尤精幼科，应手辄效，四方求医者踵接于门。所

---

① 原件系歙县档案馆藏。

得之资捐江柏陇义冢,又倡造古溪桥,并立桥会,仍为修费。①

从县志记载看,"潘启华"精于儿科,其子"潘文杲"承父业,家道殷实,热心公益。在嘉庆《黟县志》预修前,负责采访潘氏的系"举人卢文鸿、副贡生王秉铎"等。从禀词看,采访者对于"潘启华、潘文杲"父子的传记已撰有初稿,以备志局采用,如涉及"潘启华"的记载当为"故监生潘启华,字尔芳,幼精岐黄,存心济世,义方训子",并且采访者建议将潘氏父子传记列入志书"义行"。然而,志局在编纂过程中一再调整,"分纂应在孝友,乃刊列仅载于艺术",在县志编修过程中将潘氏父祖的记载一再降格。不仅如此,潘启华在方志中的记载仅留下"善岐黄术"四字,删除"故监生""字尔芳""存心济世,义方训子"字样。

实际上,被称为黟县"一志"的嘉庆《黟县志》,其编修十分精严审慎,具有"独创之功"。主要表现在:第一,遴选耆贤,成立志局,"择邑中品学兼优之士数人分司其事"②。第二,广征博采,网罗无间,搜集"自二十四史,《江南通志》,淳熙《新安志》,弘治、嘉靖、康熙三府志,程篁墩(敏政)《新安文献志》以及一切山经、地志、诗集、文集有关黟邑者,皆酌取焉"③,主修吴甸华称该志的修纂能做到"邑中坊额所载,金石所镌,及山巘绝壑,摩崖之书,网罗无间"④。第三,采访人事,以阐幽潜,该志《凡例》云:"有人微事信,实可嘉尚者,亦甄录之,以阐幽潜,其呈请新增者,必族邻具结,由学勘复,始为创草"⑤。可见,该志的编修做了大量前期预修工作。

---

① (清)吴甸华修,程汝翼、俞正燮纂:《黟县志》卷七《人物志·艺术》,见《中国地方志集成·安徽府县志辑(56)》,南京:江苏古籍出版社,1998年,第245页。
② (清)吴甸华修,程汝翼、俞正燮纂:《黟县志》卷首《凡例》,见《中国地方志集成·安徽府县志辑(56)》,南京:江苏古籍出版社,1998年,第4页。
③ (清)吴甸华修,程汝翼、俞正燮纂:《黟县志》卷首《吴甸华序》,见《中国地方志集成·安徽府县志辑(56)》,南京:江苏古籍出版社,1998年,第1页。
④ (清)吴甸华修,程汝翼、俞正燮纂:《黟县志》卷首《吴甸华序》,见《中国地方志集成·安徽府县志辑(56)》,南京:江苏古籍出版社,1998年,第1页。
⑤ (清)吴甸华修,程汝翼、俞正燮纂:《黟县志》卷首《凡例》,见《中国地方志集成·安徽府县志辑(56)》,南京:江苏古籍出版社,1998年,第5页。

值得一提的是,嘉庆《黟县志》的编修十分重视调查采访。据该志"卷首·儒学派出采访绅士"名录载,黟县凡12个都,总计派去各都调查采访的绅士多达114人。我们往往对于志书中"范乡闾而光竹帛"的人物传记①是通过什么途径甄选入志的难以详知,但从嘉庆《黟县志》的编修实践中大体可窥一斑。该志对于新入志书者,须经族邻举证、绅士采访、分纂归类,最终"再三覆核,庶几无滥无遗,不致贻讥荒略……又征阖邑绅耆至明伦堂公同检阅,始为付刊,冀其名实相副,可征信焉"。② 毋庸置疑,类似于潘氏父祖以医学传家,兼以乐善好施者,能载入嘉庆《黟县志》本属不易。潘氏父子入志当经历了"采访采录义行""分纂应在孝友""刊列仅载于艺术"的严格甄选过程。

显然,潘氏后人对于父祖被载入"为者不贤"的"方技""艺术"颇为不满。从"再叩准易""禀呈在案"之类的话语看,嘉庆志成书后,潘氏子孙始终耿耿于怀,一再禀告官府,希冀父祖传记"款类合宜"。这份具禀当属其中一份禀词,所署时间为道光五年(1825),恰逢道光《黟县续志》编修告成,即将在嘉庆《黟县志》原版基础上增入道光《黟县续志》,将二志予以合刊付梓之际。潘氏后人趁机再次联名禀告县主,寄希望于"现今改刊县志,赏恩志局准移更易",即将父祖传记从"艺术"更改为"孝友"或"尚义",使得"款类合宜,以成信志"。然而,考诸道光《黟县续志》,同治"三志",禀呈中所涉潘启华、潘文杲的记载并未更易。

潘氏入志仅因"款类不符"而引发其后人耿耿于怀,不断"禀称在案""再叩准易",可见传统志书的编纂实属不易。正因为方志编修之难,难在人物志"甄选精洽",难在人物志"款类合宜",在修志过程中,难免出现"忿者乃匿名

---

① (明)彭泽修,汪舜民纂:《徽州府志》卷一一《词翰一·新安续志总序(李以申撰)》,见《天一阁藏明代方志选刊(22)》,上海:上海古籍书店,1981—1982年。
② (清)吴甸华修,程汝翼、俞正燮纂:《黟县志》卷首《凡例》,见《中国地方志集成·安徽府县志辑(56)》,南京:江苏古籍出版社,1998年,第5页。

以飞语相激"的情况,①甚至家谱编修中亦存在"始以贿赂,继之啁喝"之情形。② 不少志书的主修、主纂为排除干扰,往往在修志之先即慷慨陈词。如弘治《徽州府志》在编纂时设局于紫阳观"以远市嚣",主纂汪舜民强调修志者"识不远者昧于取舍为之苟且,见不定者沮于谤议为之迁就"③;嘉靖《徽州府志》主纂汪尚宁认为修志者须力拒"恂恂乡居必有所托,以直其志"④;康熙《徽州府志》主纂赵吉士认为人物志"品流不齐,是非殊等,而姻娅世故之相持,其气势足以相压,其纷华足以相移",因此,主纂人员"不难于学、于才、于识,而难于勇"⑤;万历《祁门县志》主纂谢存仁与同修者合议"毋市恩,毋修郤,毋凭胸臆,毋徇耳目,毋首鼠两端"⑥;廖腾煃在主纂康熙《休宁县志》时也强调修志须"不畏豪强而疑阻,含仇怨之隙,绝请托之私"⑦;康熙《绩溪县志》以"无实德者即显荣弗载,不徇情面,不畏细言"为编修原则⑧;同治《祁门县志》主修周溶也要求"职其事者必破除一切,允协大公,毋狃乎己见,毋徇乎人情"⑨。凡此种种,一方面体现出地方豪富乡贤对于能否"一登于册,斯垂不朽,(而)众之所趋"⑩,另一方面可见方志的"修志之难""以直其志"集中体现

---

① (明)彭泽修,汪舜民纂:《徽州府志·汪舜民序》,见《天一阁藏明代方志选刊(22)》,上海:上海古籍书店,1981—1982年。

② (清)黄宗羲:《淮安戴氏家谱序》,参见黄宗羲:《南雷文定三集》,上海:时中书局,1910年。

③ (明)彭泽修,汪舜民纂:《徽州府志·序(汪舜民撰)》,见《天一阁藏明代方志选刊(22)》,上海:上海古籍书店,1981—1982年。

④ (明)何东序修,汪尚宁纂:《徽州府志》卷首《序(汪尚宁撰)》,据嘉靖四十五年(1565)刻本影印,见《北京图书馆古籍珍本丛刊(29)》,北京:书目文献出版社,1998年,第1页。

⑤ (清)廖腾煃修,汪晋征等纂:《休宁县志·序(赵吉士撰)》,据康熙三十二年(1693)刊本影印,见《中国方志丛书·华中地方》第九〇号,台北:成文出版社有限公司,1970年,第40—41页。

⑥ (明)余士奇修,谢存仁纂:《祁门县志·序(余士奇撰)》,万历二十八年(1600)刻本。

⑦ (清)廖腾煃修,汪晋征等纂:《休宁县志·序(廖腾煃撰)》,据康熙三十二年(1693)刊本影印,见《中国方志丛书·华中地方》第九〇号,台北:成文出版社有限公司,1970年,第18页。

⑧ (清)苏霍祚修,曹有光等纂:《绩溪县志·后序(周士暹撰)》,康熙七年(1668)刻本。

⑨ (清)周溶修,汪韵珊纂:《祁门县志·序(周溶撰)》,据同治十二年(1873)刊本影印,见《中国地方志集成·安徽府县志辑(55)》,南京:江苏古籍出版社,1998年,第7页。

⑩ (明)彭泽修,汪舜民纂:《徽州府志·序(汪舜民撰)》,见《天一阁藏明代方志选刊(22)》,上海:上海古籍书店,1981—1982年。

于人物志的"甄选精洽""款类合宜"上,集中体现在修纂者是否以"直书"志事为追求。

三、身份本位抑或财富本位:方志"义行"的书写

宋代以降,传统方志关于捐输者的记载,往往"因事设例",或专立"尚义""乡善"之例以赅其事,或于"人物"一纲下辟"义行"等目类载其人。① 那么,方志"义行"是按照什么标准来选择人物入志的呢? 以下举三例以观其概。

事例一即乾隆年间,"上巡幸江南,见安徽各属城垣有坍塌之处,谕令修葺,安徽共计三十四城,祁在檄修之内"。在此背景下,乾隆二十八年(1763),祁门县发动"合邑里户、绅士、商贾人等"捐修城垣,由此编撰而成《祁门修改城垣簿》。② 据记载,本次捐输登载簿册的"里户"以图甲为单位,每甲均以总户形式登录户名,借以登记捐输银两数额,募集资金凡一万三千余两。对于如此大规模的地方捐输,在道光祁门县方志中,相关记载仅有两例。具体如下:

> 汪有修,字叔永,居大坦,布政司理问衔,乾隆二十七年修城乐输多金,全力经营,合邑德之。③

> 汪宗泗,字天叙,伦坑监生,乡邑大事辄以身任。乾隆壬午诏安徽修城,知县吴嘉善举为总理,殚心竭力,年余告成,己亥倡改黉宫,拓围墙造龙门,建亭于先锋,是年乡试获售者三人,又建报慈亭于伦坑口,四时施茶以饮行者。④

---

① 考诸徽州志书,涉及捐输记载的主要体例有"义民、士习、民行、乡善、孝义、孝友、孝行、质行、忠义、尚义、义行"等目。
② 《祁门修改城垣簿》,乾隆三十六年(1781)刻本。
③ (清)王让等纂修:《祁门县志》卷三〇《人物志·义行》,据道光七年(1827)刊本影印,见《中国方志丛书·华中地方》第六三九号,台北:成文出版社有限公司,1985年,第1096页。
④ (清)王让等纂修:《祁门县志》卷三〇《人物志·义行》,据道光七年(1827)刊本影印,见《中国方志丛书·华中地方》第六三九号,台北:成文出版社有限公司,1985年,第1097页。

上引方志中的汪有修在城垣修建中被推举为司事，且"好义捐资，独任经营，合邑颂之"。① 汪宗泗系总理修建城垣的司事之一，且"乡邑大事辄以身任"。而诸如"戴起源典六百两、众米号共七百两"等商号捐输，其人其事亦未见载于志书。

事例二即嘉庆年间，龚自珍之父龚丽正（号闇斋）来守徽州，于嘉庆甲戌年（1814）议修郡志，延汪龙等重加编辑。时龚自珍（号定庵）与妻段美贞（段茂堂孙女）由杭州随父侍行徽州，并参与徽州府志修纂，"凡甄综人物，搜集掌故之事，皆命定庵主之"②。龚自珍针对"徽之大姓，则固甲天下，粲然散着，靡有专纪，是故削竹而为之表"③，即力主在府志中专设"氏族志"，并撰有《与徽州府志局纂修诸子书》《徽州府志氏族表序》，提出了《氏族志》的撰写义例：

> 载大宗，次子以下不载。夫宗法立而人道备矣，次子之子孙，官至三品则书，不以宗废，贵贵也。其有立言明道，名满天下则书，不以宗废，贤贤也。自今兹嘉庆之世，推而上之，得三十世以上者，为甲族。得三十世者为乙族，得二十世者为丙族。义何所尚，尚于恭旧。遂著录洪氏、吴氏、程氏、金氏、鲍氏、方氏、汪氏、戴氏、曹氏、江氏、孙氏、毕氏、胡氏、朱氏、巴氏，凡十有五族，其余群姓氏附见焉。④

从龚氏义例看，嘉庆年间始修的《徽州府志》应专设"氏族志"，并主要记载所列的十五个姓氏。实际上，这部志书的撰修历时十七年，凡四任知府，于道光七年（1827）成编付梓。今查道光《徽州府志》，并未有"氏族志"记载。显然，龚自珍重新厘定徽州大姓的做法，当遭到徽州地方耆贤的普遍反对，其编

---

① 《祁门修改城垣簿》卷首《修改城垣始末》。
② （近）许承尧撰，李明回等校点，诸伟奇审定：《歙事闲谭》卷八《嘉庆间修府志事》，合肥：黄山书社，2001年，第254页。
③ （清）龚自珍著，夏田蓝编：《龚定庵全集类编》卷三《序跋类下·徽州府志氏族表序》，北京：中国书店出版社，1991年，第47页。
④ （清）龚自珍著，夏田蓝编：《龚定庵全集类编》卷三《序跋类下·徽州府志氏族表序》，北京：中国书店出版社，1991年，第47页。

修主张未能实现。清末许承尧曾云：

> 吾徽最重宗法,定庵言大姓甲于全国,固非夸也。唯所标举十五族,不知何据,若以吾许姓计之,自迁徽祖儒公至承尧,得四十四世,谱系井然可征。是十五族外,犹有遗漏矣,唯其表竟不传,亦深可惜也。①

可见,龚自珍一度主持《徽州府志》编修,鉴于"徽州大姓,固甲天下"而力倡"氏族志"之例,然而这部府志最终成书,却对于徽州宗族"靡有专纪",不难推断,这与徽州地方绅贤的阻挠密不可分。正如学者所言,传统方志书写的背后,往往潜含着地方社会权力关系的互动和博弈。②

事例三主要依据的是上海图书馆所藏《鼎元文会同志录》的记载,该文会因动员和奖劝地方科考而设置,文会原始会产源于自愿捐输,并拥有独立户头,设立专门管理机构,捐输人户所在的 14 个村落共涉 8 个姓氏,八姓捐产入会以田租为大宗,签订契约凡 78 份,共计租数 1064 秤有余③。《鼎元文会同志录》中所涉捐产最多者为洪承业,共捐田租 103 秤 4 斤(折合田亩为 10 亩左右),然笔者仔细检视徽州府及祁门县相关志书,其人其事于方志文献中并未见载。

通过上举事例可以从一个侧面看出,方志"义行"等人物具有"范乡间而光竹帛"的风教功能,人物志的分类颇为审慎。如上所述,早在宋代,《新安志》主纂罗愿即强调方志编修"皆有微旨""必使涉于学者纂之"。从嘉庆《黟县志》的编修实践来看,为预修志书,注重采访。嘉庆《黟县志》还对人物志编

---

① (近)许承尧撰,李明回等校点,诸伟奇审定:《歙事闲谭》卷八《龚定庵〈徽州府志氏族表序〉·按语》,合肥:黄山书社,2001 年,第 255 页。

② 谢宏维:《文本与权力:清至民国时期江西万载地方志分析》,载《史学月刊》,2008 年第 9 期。

③ 按:据《乾隆元年起至三十年止王鼎盛户各位便查清册》中所载"田一百二十亩六分六厘,计租一千四百零七秤"等类似依据可以推算,每亩计田租约在 10 秤到 11 秤之间。由此可见,鼎元文会醵集田租 1064 秤有余,计田亩应在百亩左右。参见《乾隆元年起至三十年止王鼎盛户各位便查清册》,写本 1 册,安徽师范大学图书馆藏。

修提出了严格要求：

> 皆屡经考订，务臻确核。又有人微事信，实可嘉尚者，亦甄录之，以阐幽潜。其呈请新增者，必族邻具结，由学勘复，始为创草。又征阖邑绅耆至明伦堂公同检阅，始为付刊，冀其名实相副，可征信焉。①

正因为方志编修由"涉于学者纂之""阖邑绅耆公同检阅"，难免重身份而轻行实。上述祁门县修建城垣的捐输动员事例中，汪有修、汪宗泗之所以能载入方志，与其说因其"义行"，不如说与他们以"布政司理问衔""监生"的身份参与其事，在地方社会赢得地位和声望密切相关。因此，尽管方志等地方文献中对于商贾殷实乐输公益者往往"因事设例"，辟设诸如"士习""孝义""质行""义行""尚义""乡善"等类目予以记载，尽管徽州商贾殷实等借助义行登入志书由明至清日益多见，但总体而言，在传统社会商贾"可光竹帛"的空间仍属有限。从某种意义上说，只有财富与身份相结合，方可载入志书。

四、罗愿与《新安志》

在徽州方志中，南宋罗愿主纂的淳熙《新安志》是我国传世的33种宋代志书之一，也是徽州乃至安徽现存最早的和唯一存传的宋代志书，其作为重要研究资料亦颇受徽学乃至宋史研究者关注。

宋代以降，我国方志发展由侧重舆地记载向地理、历史记载并重过渡，方志形态趋于定型。淳熙《新安志》即滥觞于我国方志形态趋于定型的宋代，该志以其史料丰富、体例精严、文辞醇雅而历来被视为方志之佳作。在罗愿主纂《新安志》之前，徽州方志形态主要体现为地记和图经，二者属于纯地理性著述，人文社会方面的记载失之阙略。淳熙《新安志》的记载内容由重视地理而转向人文社会，在徽州方志发展史上具有首创意义，可以说这是徽州区域

---

① （清）吴甸华修，程汝翼、俞正燮纂：《黟县志》卷首《凡例》，见《中国地方志集成·安徽府县志辑(56)》，南京：江苏古籍出版社，1998年，第5页。

真正意义上的第一部地方志书。

(一)编纂背景

《新安志》的主纂人罗愿(1136—1184),字端良,号存斋,歙县呈坎人。①其父罗汝楫,字彦济,政和二年(1112)进士,官至吏部尚书,卒封新安开国侯。绍兴二十五年(1155),罗以父荫补承务郎,又任饶州景德镇税监。乾道二年(1166),罗愿登进士,仕履赣州通判、南剑州知州,终卒于鄂州知州任,故有"罗鄂州"之称。

首先,罗愿所处的南宋,是一个金人入侵中原、国家积弱不振的时代。在当时的南宋臣僚中,有主张降敌苟安者,有力主驱敌卫国者,罗愿便是后者中的一员。他一生的政治主张和实践都是为国为民的。一方面,他多次直言力谏,主张对北方强敌"不可玩其燕安而忘备,正宜有常,立事益广文武之用"②,希望朝廷"有司出入之际,申严扈从,奏其尤不肃者,谨游豫之防,省毬马之会"③。另一方面,他强调:"夫国与民相恃而后立,民安则国不可摇,民富则国不可屈。"④罗愿这种安民富民的主张和民为邦本的思想是其一生政治主张和实践的立足点。他在赣州任时,"以政清讼简、化美风俗为务,赣人赖之,颂声翕然",以致"使者刻闻于朝,谓在清要之选"。而立之年的他显露出躬亲为民的才干。后来,又"差知南剑州",以"陛辞第一札,主民富,而言不为浮文,切中积弊"深得"孝庙(孝宗)大赏,异曰:'卿磊落,议论可采'","寻出知鄂州","劝学劭农甚力"。淳熙十一年(1184)七月,以"值旱,立日中,精祷

---

① 关于罗愿卒年之说有二:一是宋元之际歙人方回在其《跋〈尔雅翼〉》中云:"淳熙己巳(1185)卒……盖年四十余。"《四库全书总目》卷一五九《别集类十二》中的《鄂州小集》持此说。一是元曹泾《鄂州太守存斋罗公传》云:"报政才期,而公不延矣。淳熙十一年甲辰(1184)七月十三日也。公生于绍兴丙辰(1136)之三月,得年四十九。"《新安续志》谓:"值旱,立日中,精祷致疾,志,公之犹子任臣、毅臣所共订也。"弘治《徽州府志》卷七《罗愿传》持此说。二者相权,当以曹说为是,故本书从之。
② (宋)罗愿撰:《罗鄂州小集》卷五《第二札子》,清康熙五十二年(1713)刻本。
③ (宋)罗愿撰:《罗鄂州小集》卷五《第二札子》,清康熙五十二年(1713)刻本。
④ (宋)罗愿撰:《罗鄂州小集》卷五《上执政书》,清康熙五十二年(1713)刻本。

致疾"而卒,"鄂人绘像于灵竹寺孟宗泣竹处"。① 罗愿一生经历了近三十年的官宦生涯,其主纂的《新安志》正是成于国难当头,一些学者"直接参加纂修地方志书,希望用以激发乡邦人士爱乡土和爱国家的热情"的社会历史条件之下。② 这从罗愿阐述其纂修乡邦志书的意旨中可以看出:

> 夫所为记山川道里者非以示广远也,务知险易不忘戒也;其录丁口顷亩者非以览富厚也,务察息耗勿徭夺也;其书赋贡物产非以给嗜欲也,务裁阔狭同民利也。至于州土沿革、吏治得失,风俗之微恶与其人才之众寡,是皆有微旨。③

可见,《新安志》的编纂宗旨及内容与罗愿丰富的政治主张和识见是密不可分的。

其次,从徽州区域的沿革和发展看,秦汉时期,其先后隶属鄣郡、丹阳郡,东汉建安十三年(208),孙权遣贺齐"讨丹阳黟、歙"山越,④旋即从丹阳郡析置新都郡,晋太康元年(280)改新都郡为新安郡,隋开皇初(589)改置歙州,该区域区划又先后存在"新都""新安""歙州"等称谓,至北宋宣和三年(1121)易名徽州后,其称谓和行政区划遂相对固定。历史上,徽州从"瓯脱"武劲之域,到"邹鲁"文雅之地,当与唐宋以降我国政治、经济、文化中心逐渐南移密切相关。唐宋时期,包括徽州在内的江南地区发展迅速,有所谓"当今赋出天下,江南居十九"之说。⑤ 北宋仁宗曾视歙州为"民事繁剧,守臣尤当审择"的十八州之一,并下诏"委中书选清干臣僚"充任十八州长官。⑥ 然大体看来,唐

---

① (明)彭泽修,汪舜民纂:《徽州府志》卷七《文苑·罗愿传》,见《天一阁藏明代方志选刊(22)》,上海:上海古籍书店,1981—1982年。
② 黄苇:《论宋元地方志书》,载《历史研究》,1983年第3期。
③ (宋)赵不悔修,罗愿纂:《新安志》卷首《罗愿序》,光绪十四年(1888)刻本。
④ (晋)陈寿撰,(南朝)裴松之注:《三国志》卷六〇《贺全吕周钟离传》,北京:中华书局,1959年,第1378~1379页。
⑤ (宋)赵不悔修,罗愿纂:《新安志》卷九《牧守》,光绪十四年(1888)刻本。
⑥ (宋)赵不悔修,罗愿纂:《新安志》卷九《牧守》,光绪十四年(1888)刻本。

宋时期,"中原衣冠避地保于此"①,随着人口的大规模迁入,徽州得到不断开发,迅速发展。随着政治中心的南移,南宋成为该区域经济、文化高度发达的重要转型时期,具体见下列记载:

> 新安据浙江上游,山水奇秀称于天下,唐人号为"水云深处"。前代以去京邑差远,地狭瘠而俗质素,语地望者不以为优。然物产之多,流布四方,或曰"富州"。韩吏部送陆歙州文曰:"歙大州也。"自建炎南渡,驻跸吴京,视三百里诸侯之邦,被声名文物之盛,遂推"三辅"重地……独念是邦,比岁以来,生聚日蕃,事物日新,人杰地灵,相望辈出,照映当世。②

可见,南宋以前,徽州虽有"富州"之誉,与其"物产之多,流布四方"有关,仍有"号为'水云深处'……以去京邑差远,地狭瘠而俗质素,语地望者不以为优"之嫌。然而,宋南渡以后,"宋受天命,然后七闽二浙与江之西东,冠带诗书,翕然大肆,人才之盛,遂甲于天下"。③地处江南的徽州亦"自建炎南渡,驻跸吴京,视三百里诸侯之邦,被声名文物之盛,遂推'三辅'重地"。这反映出随着宋代我国政治、经济、文化中心逐渐南移,新安的发展与当时南方经济、社会和文化的兴盛相得益彰。南宋以后,徽州为程朱桑梓之邦,甲第蝉联,人文鹊起。自此以降,新安"文公朱夫子阙里,教化渐被,有邹鲁之遗风"的显著地位逐渐确立。④《新安志》正是成书于徽州行政区划趋于稳定、人文气息郁盛的宋代,从这个意义上说,考察罗愿其人其时纂修乡邦郡志的行为,对于认识徽州社会的转型以及区域文化共同体的最终形成亦具有重要价值。

(二)编纂特点

大体说来,我国传统方志编纂质量的高低与主纂人的个人才学和识见密

---

① (宋)赵不悔修,罗愿纂:《新安志》卷一《州郡·风俗》,光绪十四年(1888)刻本。
② (明)彭泽修,汪舜民纂:《徽州府志》卷一一《词翰一·新安续志总序(李以申撰)》,见《天一阁藏明代方志选刊(22)》,上海:上海古籍书店,1981—1982年。
③ (宋)洪迈著:《容斋四笔》引嘉祐中吴某所撰《余干县学记》,文渊阁四库全书影印。
④ (清)周溶修,汪韵珊纂:《祁门县志》卷首《至顺癸酉志原序(汪元相撰)》,见《中国地方志集成·安徽府县志辑(55)》,南京:江苏古籍出版社,1998年,第59页。

切相关，《新安志》的编修就是典型的例证。《新安志》的主纂人罗愿不但具备了因政取材、修志资治的主观条件和热情，而且其个人才识是使该志的价值历久弥彰的重要因素。罗愿"幼凝重寡言，颖悟强记。甫七岁，能为《青草赋》，以寿其父。少长，落笔万言。既冠，乃数月精思，不妄下一语"。①《宋史》称其"博学好古，法秦汉为词章，高雅精炼"。② 南宋"朱文公视（罗愿）为畏友，其《淳安县社坛记》文公自谓不如，谓公有经纬"。③ 方回认为"南渡后，文章有先秦西汉风，唯罗鄂州一人"。④ 文公朱熹为南宋初人，方回乃南宋末人，二人的评价大体可以印证南宋一代学者对罗氏的一贯推崇。至清代，王士禛认为："宋罗鄂州愿古文，南渡后第一，（为）朱文公所推重。其《尔雅翼》后序通篇用韵，尤属奇创。宋文宪公序《鄂州小集》因效其体，亦韩文公志樊绍述之意，然奇崛出鄂州下矣。"⑤罗愿的才学正是《新安志》成为引据赅备、体例精严、文辞醇雅的佳作之得力保证。《新安志》自问世以来，不仅屡屡被公私目录学著作所著录，且一直受到有识之士的赞誉。如，方回谓："《新安志》行于世，与马班等"⑥；明代朱同称："自宋之南渡，郡人罗愿博考遗书，网罗众说，辑成一书，巨细兼赅，纲目备举，其问学之博、探索之勤，固有非浅浅者所能企及"⑦；清代方志学大师章学诚云："范氏（成大）之《吴郡志》，罗氏

---

① （明）彭泽修，汪舜民纂：《徽州府志》卷七《文苑·罗愿传》，见《天一阁藏明代方志选刊（22）》，上海：上海古籍书店，1981—1982年。
② （元）脱脱等撰：《宋史》卷三百八十《列传卷一百三十九·罗汝楫（子愿附）》，北京：中华书局，1977年，第11724页。
③ （元）曹泾：《鄂州太守存斋先生罗公传》，参见罗愿：《鄂州小集》卷首，见王云五主编：《丛书集成初编》，上海：商务印书馆，1935年。
④ （明）彭泽修，汪舜民纂：《徽州府志》卷一一《词翰一·跋罗鄂州〈尔雅翼〉》，见《天一阁藏方志选刊（22）》，上海：上海古籍书店，1981—1982年。
⑤ （近）许承尧撰，李明回等校点，诸伟奇审订：《歙事闲谭》卷一一《王渔洋推重罗鄂州》，合肥：黄山书社，2001年，第380页。
⑥ （明）彭泽修，汪舜民纂：《徽州府志》卷一一《词翰一·跋罗鄂州〈尔雅翼〉》，见《天一阁藏方志选刊（22）》，上海：上海古籍书店，1981—1982年。
⑦ （清）丁廷楗修，赵吉士纂：《徽州府志》卷一八《修志源流·（明）新安府志·朱同序》，见《中国方志丛书·华中地方》第二三七号，台北：成文出版社有限公司，1975年，第2462页。

(愿)之《新安志》,其尤善也。"①无论从《新安志》的成书年代看,还是就其编纂章法、首创之功而言,这些评价都是颇为中肯的。通读全书,这部志书有两个突出特点:

第一,博观约取,因事设例。方志的取材是方志编纂的关键环节,直接影响着志书的质量。我国编修方志的历史传统悠久,地方志数量众多,总体看来,方志大多都是由官府设局,地方长官主修,地方文人乡绅襄助而成,在取材上流于粗略或因袭成书的不在少数。而《新安志》几乎是由罗愿独立完成的,且在取材上的广摭博采十分突出,这从以下记载中可见一斑:

> 特抄取计薄,益之以里魁亭父之所隐实者,编以为册,余五六十年矣。私窃悼之,间因阅前史及国典并杂家稗,有及此者,稍稍附著。后得《祥符图经》于民间,则纲目初设。益访故老求遗事,思辑为一书。然未果就,会邦君赵侯闻之,勉使卒业。约敕诸曹遇咨辄报,且谕属县纲罗金石之文,使得辅成其说而书出矣。②

从上述记载中可以看出,罗愿为了修纂郡志,曾经历一个相当长的广泛搜集材料的预修过程,其所征引的材料不但包括"计簿""前史""国典""杂稗""图经""金石"等文献资料,也涉及"里亭隐实""故老遗事""诸曹辄报"等口述口碑资料。罗愿在修志取材上真正做到了尽其所需、穷其所无,以丰富乡邦人文社会的记载。正是有了取材广博的资料基础,《新安志》才得以"论正得失,皆有据依"。③ 据笔者考证,《新安志》重视援引各种典籍对很多内容进行的考注,仅引用(祥符)《歙州图经》即达 28 条,以此对一些徽州古迹地名等加以核实,附于相关内容之下。又如,该志卷十"杂录"引各种典籍 50 余种,以征引徽州故实等。

另外,就体例而言,在方志编修理论较为成熟的清代,一般会根据对方志

---

① (清)章学诚著,叶英校注:《文史通议校注》卷八《外篇三·为张吉甫司马撰大名县志序》,北京:中华书局,1985 年,第 881 页。
② (宋)赵不悔修,罗愿纂:《新安志》卷首《罗愿序》,光绪十四年(1888)刻本。
③ (宋)赵不悔修,罗愿纂:《新安志》卷首《罗愿序》,光绪十四年(1888)刻本。

性质所持的看法,将方志的编纂分成不同派别,历史学派和地理学派是其中两个主要流派。历史学派主张方志乃地方全史,应该重视人文社会的记载,要求在修志实践中援引传统历史编纂法,并强调编修志书在材料上须博观约取、在内容上要广博全面、在体例上应严密精当,甚至对修志人员也提出了严格要求。这种方志历史化的理论早在南宋罗愿纂修的《新安志》中已开风气。仅以《新安志》体例而言,全书分为卷一州郡;卷二物产;卷三歙县;卷四休宁、祁门;卷五婺源、绩溪、黟县;卷六、卷七先达;卷八进士题名、义民、仙释;卷九牧守;卷十杂录。自卷六以下类目均设有小序,叙其原委,体例十分精当。与此后的弘治、康熙、道光《徽州府志》相比,《新安志》不但具"一方全史"之规模,而且在材料取舍上博观约取、因事设例,在叙事方式上"叙述简括""简而又要"。① 罗愿在取材和体例上的修志实践,在宋代我国方志形态转型时期的影响不可低估,尤其在编纂实践上对后来徽州区域方志的发展有导其先路的作用。元代洪焱祖在编纂《新安后续志》时,即强调以《新安志》为楷模,将"耻于趋办目前,不肯苟同流俗"作为编纂宗旨。② 明初洪武年间,朱同在主纂《新安府志》时,亦明确强调体例上采取"大纲祖述罗愿"。③

第二,详于名物,考证精洽。《新安志》不但体例严谨,记载内容由地理向人文方面侧重,而且具有详于物产的独创性特点。实际上,《新安志》详于物产记载与罗愿的个人学识是分不开的。据四库馆臣称:"物产一门,乃愿专门之学。"④ 的确如此,罗愿所撰《尔雅翼》便是一部考证名物之作。该书详释草木、鸟兽、虫鱼等,有"考据精确,而体例谨严"之誉。⑤ 罗愿重视物产、精谙名

---

① (清)永瑢等撰:《四库全书总目》卷六八《史部·地理类一》,北京:中华书局,1965年,第598页。
② (明)彭泽修,汪舜民纂:弘治《徽州府志》卷一一《词翰一·新安后续志序(清焱祖撰)》,见《天一阁藏明代方志选刊(22)》,上海:上海古籍书店,1981—1982年。
③ (清)丁廷楗修,赵吉士纂:《徽州府志》卷一八《修志源流·(明)新安府志·朱同序》,见《中国方志丛书·华中地方》第二三七号,台北:成文出版社有限公司,1975年,第2462页。
④ (清)永瑢等撰:《四库全书总目》卷六八《史部·地理类一》,北京:中华书局,1965年,第598页。
⑤ (清)永瑢等撰:《四库全书总目》卷四〇《经部·小学类一》,北京:中华书局,1965年,第342页。

物在《新安志》的内容中即有充分体现,他从"生人之道,致物以为养"的高度重视物产记载。该志物产类分九目,除记载物产的名称外,还对其品性、用途以及来历等作介绍,如"谷粟"条记载:"占禾本出于占城国,其种宜旱,大中祥符五年(1012),诏遣使福建取三万斛,并出种法而布之江淮浙之间,亦曰旱稻";"蔬茹"条记载:"蒜之大者曰胡蒜,自西域来也","颇稜唐世自外国来者也,颇稜以所出之国为名","预药盖尝以为贡,唐世讳预,至本朝治平间复讳其上字,今谓之山药","木耳者,古燕豆之芝也。石耳生大山之崖,山羊所不能缘也";"货贿"条涉及木、茶、纸、漆、砚、蜂蜜等特产,如"漆则诸邑皆有之,山民夜刺漆,插竹笐其中,凌晓涓涓取之,用匕首刮筒中,磔磔有声,其勤至矣。岁旱则益少,天时雨汁则又不佳",等等。南宋郑樵曾云:"学者操穷理尽性之说,以虚无为宗,实学置而不问。"①郑樵所谓的"实学"包括物产、名物等专门性学问。一般认为,郑樵的《通志·昆虫草木略》是名物之学的典范,而与郑樵几乎同时代的罗愿所作《尔雅翼》及其《新安志》中的物产记载即可与郑氏之作媲美。在罗愿的影响下,后来很多徽州方志视物产为其记载之要目。永乐《祁阊志》鉴于物产乃"养民之物,而为政之急务",亦详细记载之。弘治《徽州府志》基本沿袭《新安志》物产的类目,仅在种类和记载内容上作了补充,该志"货物"一目记载了明代徽州作为贡品的特产,增加了金、银、铅、铁、棉花、苎麻、松板、桐油等品类,其中,棉花在明代推广后成为贡赋的重要物品得以反映。这种记载物产的方法一直承沿而下,有利于总结历代人们的生产生活经验,积累知识以遗后人。

(三)《新安志》的流传

随着《新安志》的问世,宋元明初,徽州府志被频频修撰,仅以"新安"命名的徽州府志有名可考的便有《新安广录》《新安续志》《(新安)广录续编》《新安后续志》《新安府志》等。② 这种情况在当时全国是不多见的,从而使该地区

---

① (宋)郑樵:《通志》卷七五《昆虫草木略·序》,杭州:浙江古籍出版社,2007年。
② (清)丁廷楗修,赵吉士纂:《徽州府志》卷一八《修志源流》,见《中国方志丛书·华中地方》第二三七号,台北:成文出版社有限公司,1975年,第2459~2461页。

成为宋元时期我国"修志起源较早而且次数较多的一种典型"。① 但随着明代弘治《徽州府志》的纂修,诸志尽佚,究其原因,与"继起之作,蹥事增华"是有一定关系的。相比较而言,《新安志》能够存传至今,与该志自身的质量、成就和地位有关。尤其于清代,在诸如朱彝尊、王士祯、汪洪度、汪洋度、黄以祚、李宗煝等学者和刊刻家的关注下,《新安志》得以不断刊布。然而,这种刊布主要是翻刻,历史上对《新安志》作系统整理者,当属明代嘉靖年间徽州方信所撰《新安志补》,该志旨在补正罗愿《新安志》以及弘治《徽州府志》之遗误,考订精审。

纵观《新安志》纂修和流传的历史过程,可以看出,一部佳作虽成于一时,然经过历代学者的关注、续修、刊刻和整理,其价值不断得以彰显,生命力不断得以延续。从这个意义上说,在新的历史时期对《新安志》重新进行整理和研究既是必要的,也是颇具时代意义的一项学术活动。如萧建新、杨国宜两位教授校著的《〈新安志〉整理与研究》已经面世,可资利用。② 全书由点校、资料和研究三部分组成。在点校方面,作者做了细致而坚实的基础性工作,参考了现存各种《新安志》版本,参阅了正史、方志、文集、笔记等大量相关资料,比勘异同,标点断句,针对一些存在的重要问题写出了数百条勘记。在资料方面,作者以"金针度人"为原则,系统地搜集了与志书有关的序、跋、提要、凡例以及评论、著录、传记、研究目录等。尤其在对《新安志》的研究上,作者深入探讨了志源、编纂、续修、版本、价值等基本问题。全书在文献整理上走出了一般意义上对古籍文献的考辨、标点、校勘模式,而是提升到整理与研究相结合的层面,在一定程度上实现了研究范式的转换,值得关注与借鉴。

第二节 明代徽州珍稀族谱《程典》考论

中国古代谱牒的撰修源远流长。降及有宋,随着宗法伦理的庶民化、地

---

① 王成组:《中国地理学史》,北京:商务印书馆,1988年,第63页。
② (宋)罗愿撰,萧建新、杨国宜校著:《〈新安志〉整理与研究》,合肥:黄山书社,2008年。

方宗族组织的发展,民间族谱编修逐渐兴起,到了明清,私修族谱日趋普遍。宋元明清时期,徽州民间族谱之修尤为兴盛,迄今遗存各种族谱有 2000 余部。① 在丰富的徽州族谱中,明代万历年间撰修的《程典》无论就其版本和体例,抑或其涉及的族群和内容而言,可谓徽州族谱文献中的上乘之作。② 迄今为止,这部族谱因馆藏珍稀而鲜有论及,尚未引起相关学者的关注。以下以《程典》为中心,对其作一考察分析。

一、版本与作者

《程典》,万历木刻本,共 6 册,计 32 卷,55 万余字,系明代万历年间徽州休宁县程一枝所修程氏统宗谱,今仅存残本于中国国家图书馆和安徽省图书馆。③

程一枝(1532—1582),初名彬,字仲木,又字巢父,号太宇,别号天鄣,休宁县泰塘人,郡诸生。④ 平生甘贫适志,博读《丘》《坟》以下诸书,一意著述,有《青藜阁草》《史铨》《汉铨》《鄣大事记》《休宁县志补》《程典》等数十百卷行于世。⑤

---

① 卞利:《明清时期徽州族谱的纂修及刊刻等相关问题研究》,见安徽大学徽学研究中心编:《徽学》第 5 卷,合肥:安徽大学出版社,2008 年。
② 参见中国古籍善本书目编辑委员会:《中国古籍善本书目》卷九《史部·传记类二·宗谱》,上海:上海古籍出版社,1991 年。
③ 该谱于明万历九年(1581)始纂,次年成书。谱成,主纂程一枝因"殚精疾作,未几即世",直至万历二十七年(1599)方在其弟程一极和长孙程斯文等主持下鸠工竣梓。据笔者调查,由程氏宗族分别庋藏的《程典》今仅存三部,分别藏于安徽省图书馆和中国国家图书馆。安徽省图书馆所藏《程典》两部,一部残缺较多,现存仅三册,系"公平房泾收,谱号为第 24 号";另一部相对完整,全书仅缺卷三和卷四,系"文昌派高宁公房收,谱号为第 79 号"。中国国家图书馆所藏本亦有残缺,庋藏房派和谱号不详。本书征引《程典》均系安徽省图书馆藏本,下同。
④ (明)程一枝修纂:《程典》卷二《本宗系牒第二下·泰塘》,万历二十七年(1599)刊本。
⑤ 万历《休宁县志》卷六《人物志·文苑》。按:据刘凤(子威)云,程一枝"潜心述作,欲著书数十种,已竟者传之,好事者人有之,未竟者方以次勒成,假期之数年可以遂所志矣",可见,程氏著述宏富。参见(明)刘凤撰:《刘子威集》卷四三《程巢父祠堂记》,见《四库全书存目丛书·集部》第 120 册,济南:齐鲁书社,1997 年。然揆诸《程典》,其所撰尚有《诸谱通证》《佘麓山祠录》《世忠流风》《休阳史》等著。

程一枝治学勤谨,心无旁骛,"与阁中鸡鸣俱兴以为常","家之田益减,不一开问"①,一生无意博取功名,"蕴其才无所表",②然其从学交游者多系当时徽州乃至江浙地区著名时贤。尝从学于歙县汪道昆、休宁吴子玉,自谓:"不佞所师者二人,汪司马伯玉,吴季子瑞谷。"③时人长州刘凤(子威)亦称:"程子盖学于汪司马。"④且与徽州时贤诸如许国、方弘静、詹东图、方信、邵正魁、郑鲁文、程子虚、程巨源等交相砥砺,交游甚密。⑤ 程氏好游学,尝"著述既竣,乃挟而走吴中,问业刘观察子威、王廷尉元美、徐方伯子与"诸人。⑥ 实际上,程氏著述中亦多见吴中人士诸如刘凤(子威)、王世贞(元美)等人所赐书序和诗文。论其著述,成就主要体现在以下三个方面:

第一,考订正史。程氏曾在总结前人《史记》《汉书》注疏的基础上,阐幽抉微,"亦欲以究古今,成一家之言"。⑦ 万历七年(1579)成《史铨》,"专释《史记》字句,校考诸本,颇有发明"。⑧ 清人杭世骏《史记考证》颇多引证。万历八年(1580)著《汉铨》。⑨ 清人王先谦《汉书补正》多有采录。

第二,采摭郡邑故实。程氏积极从事乡邦志书的修纂。万历二年(1574)

---

① (明)吴子玉撰:《大鄣山人集》卷四六《程巢父墓志铭》,据吉林省图书馆藏明万历十六年(1588)黄正蒙刻本影印,见《四库全书存目丛书·集部》第141册,济南:齐鲁书社,1997年,第770页。

② (明)程一枝修纂:《程典》卷末《冯梦祯序》,万历二十七年(1599)刊本。

③ (明)程一枝修纂:《程典》卷首《自序》,万历二十七年(1599)刊本。

④ (明)刘凤撰:《刘子威集》卷三七《休阳史序后》,据北京图书馆藏明万历刻本影印,见《四库全书存目丛书·集部》第120册,济南:齐鲁书社,1997年,第363页。

⑤ 据程氏自云:其"兄事者三人","所友者七人",均为徽州本籍人。参见(明)程一枝修纂:《程典》卷首《自序》,万历二十七年(1599)刊本。

⑥ (明)程一枝修纂:《程典》卷首《自序》,万历二十七年(1599)刊本。

⑦ (明)程一枝修纂:《程典》卷首《自序》,万历二十七年(1599)刊本。

⑧ (清)嵇璜、曹仁虎等奉敕撰:《钦定续文献通考》卷一六一《经籍考》,见《景印文渊阁四库全书》第630册,台北:台湾商务印书馆,1982年,第193页。按:该著五卷,杜大绶为其作序,原书今佚,黄虞稷《千顷堂书目》卷五著录。另,今尚存刘凤、吴子玉二序,参见(明)刘凤撰:《刘子威集》卷三七,见《四库全书存目丛书·集部》第120册;(明)吴子玉撰:《大鄣山人集》卷七,见《四库全书存目丛书·集部》第141册。

⑨ 许国为其作序,原书今佚。

增补《海阳志》,程巨源为其作序。① 万历六年(1578)撰《休阳史》,刘凤、吴子玉为其作序。②《休阳史》实乃以史笔修邑志,故以"史"命名。刘凤谓其"记之休阳,文殆数万,取裁《春秋》,首事建安作邑,而时运迁革,佚兴佚废,是非得失,无不灿然列者"。③ 吴子玉序亦称"程生好古甚力,罗网散失,为十四篇,具载事之。"④ 可见,《休阳史》概取《春秋》编年之例,网罗休宁史事,凡十四篇,数万言,实为一部休宁地方史。程氏所纂《程典》中的"大事表"多涉休宁社会记载,当与取材于《休阳史》有关。万历八年(1580)又著《鄣大事记》,刘凤(子威)、王世贞、郭子章为其序,《明史·艺文志》著录。⑤ 据吴子玉称,该著系"采鄣遗事……是郡邑之谱也",吴氏且谓《程典》中的"志""取《鄣大事记》之事"。⑥ 笔者参稽《程典》中"志目"所载,可以看出,《鄣大事记》亦多涉徽州府之故实。

第三,留意家族文献编纂。在纂修《程典》之前,程一枝便积极从事家族文献的整理与考证。隆庆二年(1568)撰《诸谱通证》,即考证本族宋明诸谱,"著《谱证》一卷"。⑦ 隆庆五年(1571)纂《佘麓山祠录》,歙县方信为其作序。隆庆六年(1572)编《世忠流风》,亦系方信作序。

综上,程氏著述侧重于史。刘凤曾誉之"太史氏复出""良史才乎",⑧ 可

---

① 今佚。按:海阳,休宁县古称,该志在道光《徽州府志·艺文志·史部·地理类》中著录为《休宁县志补》。
② 今佚。按:休阳,休宁县古称。
③ (明)刘凤撰:《刘子威集》卷三七《休阳史序后》,见《四库全书存目丛书·集部》第120册,济南:齐鲁书社,1997年,第363页。
④ (明)吴子玉撰:《大鄣山人集》卷八《休阳史序》,见《四库全书存目丛书·集部》第141册,济南:齐鲁书社,1997年,第357页。
⑤ 鄣,徽州古称,秦汉隶属古鄣郡,境陲有大鄣山,故名。《鄣大事记》,今佚,《明史·艺文志·史部·地理类》以及道光《徽州府志·艺文志·史部·地理类》著录。
⑥ (明)吴子玉撰:《大鄣山人集》卷九《程典序》,见《四库全书存目丛书·集部》第141册,济南:齐鲁书社,1997年,第366~367页。
⑦ (明)程一枝修纂:《程典》卷末《程一极后序》,万历二十七年(1599)刊本。
⑧ (明)刘凤撰:《刘子威集》卷三七《休阳史序后》,见《四库全书存目丛书·集部》第120册,济南:齐鲁书社,1997年,第363页。

见,其精擅史学,尤着力于徽州谱志等地方文献的撰修。

万历九年(1581)正月,程一枝延请吴子玉、程巨源"相与订旧章,定新例",①开始倡修并主纂《程典》,成书于万历十年(1582)。早在西周,程氏远祖"为周日正,始有土社,作《程典》,令追述之",本次所修程氏族谱故袭其名亦曰《程典》。②就在"《典》成授梓"之际,程氏"以殚精疾作,未几即世"。③嗣后,程氏长子梦鲤"志在亟行父书,欲遂布扬",④然未竟而卒。最终,在程氏之弟程一极与长孙程斯文的共同努力之下,《程典》于万历二十六年(1598)鸠工付梓,次年梓竣。⑤因程氏生前读书之阁名曰"青藜",死后便葬于"青藜"附近的佘山之麓,其子又于青藜阁之地建祠祭之,并刻藏其著述。吴子玉为其撰《墓志铭》,刘凤为之撰《祠记》。⑥

二、编修特色

(一)谱系上"合诸谱而折衷(中)之,以成一家之典"

据程氏诸谱之载,程氏远祖最早可溯源至西周。西周宣王时,大司马休父因有功而被封程伯国,后裔遂以国为氏。历秦汉而下,至西晋末永嘉之乱,程元谭辅佐琅琊王司马睿定鼎江南,曾任新安太守,卒后晋元帝赐其子孙田宅于新安,元谭遂成为新安(徽州古称)程氏始迁祖。嗣后子孙繁衍,迁徙频

---

① (明)吴子玉撰:《大鄣山人集》卷九《程典序》,见《四库全书存目丛书·集部》第141册。另,见(明)程一枝修纂:《程典》卷首《程涓序》,万历二十七年(1599)刊本。
② (明)程一枝修纂:《程典》卷首《刘子威序》,万历二十七年(1599)刊本。另,题名春秋晋人程本所著《子华子》亦云:"昔吾之宗君为周日正……是以吾之宗君始有蒲璧以朝作《程典》,令其显庸,书在故府。"见《景印文渊阁四库全书·子部·杂家类》第848册,台北:台湾商务印书馆,1982—1986年,第178页。
③ (明)程一枝修纂:《程典》卷末《程一极后序》,万历二十七年(1599)刊本。
④ (明)程一枝修纂:《程典》卷末《程一极后序》,万历二十七年(1599)刊本。
⑤ (明)程一枝修纂:《程典》卷末《程一极后序》,万历二十七年(1599)刊本。按:《中国古籍善本书目》等著录为万历二十六年(1598)刊本,揆诸此序,当系万历二十七年(1599)刊本。
⑥ (明)吴子玉撰:《大鄣山人集》卷四六《程巢父墓志铭》,见《四库全书存目丛书·集部》第141册,济南:齐鲁书社,1997年,第769~771页;(明)刘凤撰:《刘子威集》卷四三《程巢父祠堂记》,见《四库全书存目丛书·集部》第120册,济南:齐鲁书社,1997年,第439~440页。

繁,范围涉及徽州一府六县乃至散居徽州以外地区。① 明清时期,程氏俨然成为徽州之名族大姓。所谓新安"号多旧族,汪、程两姓尤为著"②,"视鄣之生齿程居十五"③。

揆诸新安程氏修谱源流,最早者系唐末程淘"漫辑世次之序"而撰修的《程氏世录》。④ 宋代以后至明代《程典》编修之前,程氏诸族或纂修统宗,或编撰支乘,好事者代不乏人,明代徽州康功曾云:"谱学之传旧矣,视海内则新安为最盛,视新安则程氏为最著。"这一时期,新安程氏所修谱牒种类颇丰,⑤仅程一枝于《程典·自序》中胪列宋明之间宗人所修族谱,即有二十余种。⑥然而,撰修程氏族谱,尤其是谱系叙述显得尤为不易,所谓"谱一家之事在新安则难,犹难于程,以其胄远而枝繁也,胄远而承系之难,枝繁而联类之难"。⑦ 因此,在宋明新安程氏诸谱中,可为诸谱资鉴者主要有三部:南宋程祁修《程氏世谱》,今佚;⑧明程孟修《新安程氏诸谱会通》,今存景泰二年(1451)刊本;⑨明程敏政修《新安程氏统宗世谱》20卷,《谱辨》1卷,今存成化十八年(1474)刊本。所列均为统宗谱。宋明时期,新安程氏诸族所修族谱对

---

① 关于唐宋以来程氏谱系的构建,参见黄国信、温春来:《新安程氏统宗谱重构祖先谱系现象考》,载《史学月刊》,2006年第7期;林济:《程敏政"冒祖附族"说考辨》,载《安徽史学》,2007年第2期;章毅:《宋明时代徽州的程灵洗崇拜》,载《安徽史学》,2009年第4期。

② (明)程敏政撰:《篁墩文集》卷三八《书衮山汪氏族谱后》,见《景印文渊阁四库全书·集部·别集类》第1252册,台北:台湾商务印书馆,1982—1986年,第674页。

③ (明)吴子玉撰:《大鄣山人集》卷九《程典序》,见《四库全书存目丛书·集部》第141册,济南:齐鲁书社,1997年,第367页。

④ (明)程敏政纂辑:《新安文献志》卷九六上《程都使濤世录》,见《景印文渊阁四库全书·集部·别集类》第1376册,台北:台湾商务印书馆,1982—1986年,第616页。程淘,字南金,唐末起乡兵拒黄巢,保全州里,累官至国子监祭酒兼侍御史、上柱国。

⑤ (明)程一枝修纂:《程典》卷末《康功后序》,万历二十七年(1599)刊本。另据明景泰间程孟所修《新安程氏诸谱会通》载,仅宋代程氏所修族谱即不下20种,见(明)程孟编修:《新安程氏诸谱会通》卷首《程氏谱序》,明景泰二年(1451)刻本。

⑥ (明)程一枝修纂:《程典》卷首《程一枝自序》,万历二十七年(1599)刊本。

⑦ (明)程一枝修纂:《程典》卷末《冯梦祯后序》,万历二十七年(1599)刊本。

⑧ 程祁,字忠彦,南宋浮梁人,官至都官员外郎。曾侍父程节抵歙,始修《程氏世谱》。

⑨ 程孟,字文实,明代歙县槐塘人。

这三部统宗谱多有取法,对此,程一枝曾云:

> 有宋都官忠彦,捃摭载籍,网罗放失旧闻,整齐世次,以为之谱。上溯开国,下迄五季。本支百世,灿然可述,诸程言谱者多宗之。由宋而元,若黟南山森、祁门善和复、婺源龙坡舜俞、龙山仲文及古城道懋,会里象贤和陪郭和卿,各往往述都官之旧以成书,不可胜记。
>
> 明兴,槐塘文实会通谱,本都官而推广之,又记太守忠壮事实,名曰《世忠录》,家牒兹多于是矣。学士克勤则以都官为未信,纠合诸程,勒成统宗。其世系率托之陈留谱,不相与同,盖有意乎矫正之也。又搜纂先宗以来金石遗文,名曰《贻范集》。由是都官之谱遂暗而学士之谱独章。诸程以谱名字者靡然乡风,于汉口则志坚,于率口则师鲁,于山斗则汝顺,于婺源高安则子文,绩溪仁里则佐时,无不本之学士矣。①

从上引材料可以看出:第一,宋元时期程氏族谱的纂修多取材效法南宋程祁(字忠彦)之《程氏世谱》。第二,明代景泰年间,程孟(字文实)修《新安程氏诸谱会通》,又"本都官而推广之","家牒兹多于是矣",即程孟是明代前期继承程祁《程氏世谱》的集大成者。对此,程孟在《新安程氏诸谱会通》中亦云:"今所编总谱凡十四卷,前八卷标以程氏世谱。盖依祁公所立之名也。"②可见,南宋程祁的《程氏世谱》一直影响到明代前期程氏族谱之修。第三,明成化年间,徽州名宦程敏政"以都官为未信",考辨并纂成《新安程氏统宗世谱》,形成"都官之谱遂暗而学士之谱独章"的格局。总而言之,在私修谱牒兴盛的明代,新安程氏纂修族谱尤为频繁,或取法南宋程祁《程氏世谱》,或一宗明代程敏政《新安程氏统宗世谱》,取法和论争主要体现在远祖谱系的构建方面。程一枝的《程典》正是在此背景下纂修成书的。

---

① (明)程一枝修纂:《程典》卷首《程一枝自序》,万历二十七年(1599)刊本。
② (明)程孟编修:《新安程氏诸谱会通》卷首《程氏谱例·编谱凡例》,明景泰二年(1451)刻本。

那么,《程典》又是如何叙述谱系的呢? 众所周知,宋代以降,"别子为宗""五世而迁"的小宗谱法日益成为民间族谱谱系叙述的主流,即以特定的始迁祖为中心,别立为一宗,宗系按照"欧苏谱例",每图仅谱五世,五世以后另起。《程典》中关于谱系的记载亦大体如此。然而,程一枝在修撰《程典》之前,曾考证诸谱,并著有《诸谱通证》,①从而在会通诸谱的基础上,为考镜谱系、辨章源流做了大量预修工作。在纂修《程典》的过程中,程氏注重"信以传信,疑以传疑"之宗旨,而将谱系区分为"先宗""本宗""同宗""别宗"。

先宗者何? 先我泰塘而宗,宗篁墩也。从都官世谱也。系自太守公始,始新安也,系以五世,宗五世也。宗五世,五世之宗也。

本宗者何? 本我泰塘之宗也,从泰塘本谱也,系自军谋公始,始泰塘也。军谋公为先宗世三十四,为本家世一者何,一泰塘也。

曷为同宗? 同我泰塘之宗,宗临溪也。从率会谱也。临溪迁自篁墩,异其地不异其世者何? 自新安以来,宗以百世,宗不迁,世亦不迁也。

宗曷为别? 由我泰塘而别,从黄村支谱也。别为宗,不别为世,何彼属之我也,名别而实不别也。②

可见,《程典》在谱系叙述上体现为以始迁祖为标志,别为诸宗,即以新安始迁祖"程元谭"为标志,撰"先宗"谱系;以泰塘始迁祖"军谋公"为标志,撰"本宗"谱系;为同迁异地的共祖房支撰"同宗"谱系;为迁出泰塘的房支撰"别宗"谱系。各谱系的具体叙述又遵循"系以五世"之原则。程一枝在撰修诸宗时,参稽新安程氏各种族谱达 24 种之多,③最终"合诸谱而折衷(中)之,以成一家之典"。

(二)体例上"莫不原本于史学"

宋代以降,民间族谱修纂普遍遵循"欧苏谱例",内容上亦侧重烦琐谱系

---

① (明)程一枝修纂:《程典》卷末《程一极后序》,万历二十七年(1599)刊本。
② (明)程一枝修纂:《程典》卷首《叙例》,万历二十七年(1599)刊本。
③ 参见(明)程一枝修纂:《程典》卷首《书目征引》,万历二十七年(1599)刊本。

之记载。而程一枝精于史学,他在厘定《程典》体例方面颇具史识,即在参稽《世本》《史记》《汉书》体例的基础之上,援史例入谱,分系牒、表、世家、列传、图、志、录等,章法得体,结构严整。这使得《程典》超越一般家谱记载狃于谱系,患漫不经之囿,既世系精严,又援史例以赅人事,俨然一部家史实录。具体说来:

第一,谱系之例精当。《程典》的谱系叙述主要采取"系牒"之例,如上所述,"系牒"之下,又有"先宗""本宗""同宗""别宗"之分。需要特别强调的是,《程典》"系牒"一目关于诸宗世袭的叙述"要而不烦"。为了弥补"系牒"的阙略,程一枝借鉴正史,另立"表"。关于"表",程一枝云:

  诸谱率不表,独表之者何?谱盖家之史也。表者,明也,下言之上也。表其事而著明之,旁行斜上,并效之国表也。先宗本宗,经以年,纬以世,诸宗经以世,纬以地。外戚经以氏,纬以属。以年者详,以地者略,以氏者外,示不相袭也。①

《程典》中的"表"分为"先宗年表""本宗年表""诸宗世表""外戚属表"四类。其中,关于"宗以地分"的诸宗,则根据其自"篁墩"另徙各地的始迁祖为中心,叙述世袭,并按照"先休宁,别县以次"之序标注地籍。而对于迁出徽州以外者"不表列郡诸宗"。《程典》这种对于诸宗"详近略远",且"尽书宗世,不尽书世人,一世一书"的表列世袭之法,相比于不少谱牒滥书世系、宗支患漫而言,精严赅备,真正体现了程一枝"谱盖家之史,并效之国表"的深刻史识。②

第二,重视郡邑记载。在编修族谱之前,程一枝曾私纂《海阳志补》《休阳史》《鄣大事记》等,谙悉徽州故实。在撰修《程典》的过程中,又本着"郡邑事亦吾姓之事"之意旨,撷采乡邦文献中的郡邑大事载入《程典》。《程典》重视郡邑记载体现在:(1)于"本宗年表"中,编年记载徽州大事,上起唐高祖武德

---

① (明)程一枝修纂:《程典》卷首《叙例》,万历二十七年(1599)刊本。
② (明)程一枝修纂:《程典》卷首《叙例》,万历二十七年(1599)刊本。

四年(621)"汪华"之事,下迄明万历十年(1582)(休宁)"县籍户口",以明代的记载尤为详实;(2)设"外戚属表"等记载异姓姻戚,"以示广宗";(3)为了"成其史于谱"而设立"志"目,分姓氏、地理、宗法、风俗、户籍、田赋、食货、祭祀、杂志等九志,其记载亦超越程氏范畴而多涉徽州地方社会记载。

第三,慎择人物传记。《程典》中的"列传"分"先宗列传""本宗列传""同宗列传""别宗列传""外宗列传""赘婿列传",择选人物入传的标准为"宦业则传,文学则传,材武则传,孝友则传,行义则传,有劳勋于族则传,方技则传,贞烈则传"①。且专辟"外宗列传""赘婿列传",这与传统族谱普遍排斥异姓入谱的做法相较,特色鲜明。据笔者统计,《程典》"列传"涉及东晋至明万历共163人,其中程氏有传记者40人,仅占列传人物数量的四分之一。②从某种意义上说,《程典》具有明显的地方史书写之倾向,这使得它在明代徽州族谱中更具典型意义。

第四,征引文献丰富。首先,《程典》纂修所依据的资料颇为丰富,共征引书目116种,其中,历代遗留的谱牒41种,有关家族事迹的各种记录13种,郡邑方志24种,其他经史子集文献数十种。③丰富的文献为《程典》的记载"事必有征,实录有据"奠定了重要基础。揆诸所征书目,不少今佚文献至少于明代万历年间尚存,并被《程典》所采用。如唐程淘的《程氏世录》、南宋程祁的《程氏世谱》、元程垲的《上程家谱》、元程常的《程氏会谱》以及《歙州图经》、南宋李以申的《新安续志》、元洪炎祖的《新安后续志》、明朱同的《徽州府志》和《海宁志》、明程瞳的《休宁后志》,此外,尚有程一枝本人所纂的《海阳志补》《休阳史》《鄣大事记》,等等。其次,《程典》中的"录"相当于史志中的"艺文志","录"分"谱录""集录""附录"。"谱录"收集各种谱序、谱辨、谱考、谱证等。"集录"收集各种文集之序。"附录"收集各种艺文,即"本宗所论著录,异

---

① (明)程一枝修纂:《程典》卷首《叙例》,万历二十七年(1599)刊本。
② (明)程一枝修纂:《程典》卷首,万历二十七年(1599)刊本。
③ (明)程一枝修纂:《程典》卷首,万历二十七年(1599)刊本。

姓所赠贻录，俱附也"①。诸录涉及谱序、集序、会序、传记序、诗文、竹枝词等，其中不乏汪道昆、王世贞、刘凤、郭子章等时贤之作。

另外，程一枝在《程典》具体子目前均加入"一枝曰"，以抒陈己识，寓论其中，与《史记》"太史公曰"、《汉书》"赞曰"有异曲同工之妙。总之，《程典》借鉴国史之例编纂家乘，特色鲜明，成就极高。时人吴子玉云：

> 取《世本》而为系牒之目，取史诸表而为年表、世表之目，取《郢大记》之事而为志，诸为世家、为列传、为图、为录，莫不原本于史学。

(三) 刻藏上"顺生逆卒""散藏诸族"

今存万历刊本《程典》的版口书有"黄锦"等刻工姓名，可见，该谱乃当时徽州著名的黄氏刻工等人所刻。据该谱卷末"领谱字号"云：凡"九百四十二版，计字五十五万有奇"。刻工刊刻如此卷帙浩繁的族谱本属不易，但还对该谱世系采用了"顺生逆卒"的独特刻法。这种刻法主要体现在家谱的世系表中，对在世的族人按照从上到下的顺序刊刻姓名及事迹，对于本族过世者的姓名、字号、生辰、卒葬、嫁娶等则倒置刊刻，在现存家谱中实属罕见，其难度之高，可以从一个侧面反映明代中后期徽州刻工不凡的刻技以及该区域刻书业的发达。

万历二十七年（1599），《程典》梓行告竣，所刻家谱"散藏诸族"者共83部，以房为单位发放以供收藏，涉及休宁县及其他区域的房支计27派；房派之下再依据规模大小领谱，大者如"公平房"领谱多达33部，小者仅1部。另外，该谱卷末"领谱字号"又云："援欧苏谱例贻赠者，不在编号之列"，可见本次所刻《程典》尚有另一种侧重世袭、内容不同的馈赠版本，然笔者迄今尚未发现。

总之，明代万历年间程一枝撰修的《程典》无论就版本和体例，抑或涉及的族群和内容而言，可谓徽州族谱文献中的典范之作。进一步揆诸现存的明代徽州地方文献，可以看出，明代嘉靖、万历年间，徽州典籍文献撰述，乃至民

---

① （明）程一枝修纂：《程典》卷首《叙例》，万历二十七年（1599）刊本。

间文书的产生因时兴盛,庋藏至今者颇为丰富,这一时期实为徽州地方文献产生之一典型和鼎盛时期。具体体现在:其一,经济活跃,社会富庶,宗族发展,由此产生并遗存的这一时期的民间文书在明代徽州文书中占据重要地位;其二,文化郁盛,人文鹊起,地方文贤之士大多热衷于著述,并积极投身于方志、家谱、笔记、文集等的撰修。这一时期的地方典籍文献亦颇为丰富,并且有很高的成就。明人李维桢曾云:"新安人故善贾,至于今冠带衣履天下,而因以贾名。名美者莫如立言于时,立言之士竞起矣。"①时贤休宁吴子玉亦谓:"嘉隆以来,文章灿然。"②

正是在"人文郁盛"的明代嘉靖、万历时期,宗族组织化不断加强,徽州出现"盛世修谱"的热潮。地方文贤或赓续,或踵事,或草创,好事者蜂起。正如时人刘凤(子威)所云:"夫在今能重其宗,莫鄢人,然而鄢之能以姓达于四方者,以多君子,且借典策以传。"③明代中后期,《新安名族志》的成书当系这一时期徽州谱事兴盛的产物和集中体现。

然而,一部谱牒佳作的出现,既要适逢其时,又要"得其人"。程一枝毕生专意著述,侧重史学,取得了很高成就,正是明代中后期徽州"立言之士""文章灿然"的典型代表。他的才识在当时徽州地方文人学士中产生了很大影响。其挚友吴子玉曾誉称他:"郡之文艳益雄者,巢父为有力也……巢父于所辈中,极其推与,人以是称巢父长者。"④从这个意义上说,《程典》问世,可谓既逢其时,亦"得其人"。笔者对这部修纂于万历年间的珍稀族谱《程典》作考察,不仅限于个案研究价值,还期待相关学者对其作进一步利用和深入研究。

---

① (明)李维桢撰:《大泌山房集》卷一三《苏堂集序》,据北京师范大学图书馆藏明万历三十九年(1611)刻本(卷八十、卷八十一、卷九十一至九十三配钞本)影印,见《四库全书存目丛书·集部》第150册,济南:齐鲁书社,1997年,第579页。
② (明)吴子玉撰:《大鄣山人集》卷八《休阳史序》,见《四库全书存目丛书·集部》第141册,济南:齐鲁书社,1997年,第357页。
③ (明)程一枝修纂:《程典》卷首《刘子威序》,万历二十七年(1599)刊本。
④ (明)吴子玉撰:《大鄣山人集》卷四六《程巢父墓志铭》,见《四库全书存目丛书·集部》第141册,济南:齐鲁书社,1997年,第769页。

第三节 《寄园寄所寄》的编修特色及其文献价值

在丰富的徽州文献中,文人笔记和文集亦不胜枚举,如《太函集》《复初集》《素园存稿》《仁峰集》《厚铭日记》等,为研究者提供了详实而可靠的记载,成为当前学术研究之一必备资料。其中,清初赵吉士辑纂的《寄园寄所寄》颇具文献价值。①

一、赵吉士其人

《寄园寄所寄》,清初赵吉士纂。赵吉士系清初徽州名宦,字天羽,又字恒夫,号渐岸,又号寄园,休宁人,②生于明末天启、崇祯之交,卒于康熙四十五年(1706)。③ 赵吉士出身官宦世家,据《国朝耆献类征初编》载:"仕为光禄寺丞,讳廷贤者君曾祖考也。赠昭武将军,讳完璧者祖考也。封文林郎,晋阶奉

---

① (清)赵吉士辑撰:《寄园寄所寄》,康熙三十五年(1696)刊本。
② 据道光《休宁县志》载:赵吉士系休宁旧市人。(清)何应松修,方崇鼎纂:《休宁县志》卷一三《人物志·宦业》,据清道光三年(1823)年刻本影印,见《中国地方志集成·安徽府县志辑(52)》,南京:江苏古籍出版社,1998年,第303页。
③ 朱彝尊云:"君年七十有九,终于京师,卒之岁,康熙四十五年(1706)二月朏也"。参见(清)钱仪吉纂录:《碑传集》(影印本)卷九五《康熙朝守令中之中·朝议大夫户科给事中降补国子监学正赵君吉士墓志铭》,见周骏富辑:《清代传记丛刊·综录类(3)》第111册,台北:明文书局,1985年,第313页。另,《国朝先正事略》与《国朝耆献类征初编》均载:"(康熙)四十五年(1706)卒于官,年八十",分别参见(清)李元度纂:《清朝先正事略(二)》(影印本)卷四九《循良·赵天羽给谏事略》,见周骏富辑:《清代传记丛刊·综录类(8)》第193册,第615页;(清)李桓辑:《国朝耆献类征初编(二十四)》(影印本)卷一三三《谏臣一·赵吉士》,见周骏富辑:《清代传记丛刊·综录类(7)》第150册,第213页。

直大夫,赠朝议大夫,讳时腴者考也。"①赵吉士自幼寄籍杭州,稍长入杭州府学②,顺治八年(1651)举人,康熙七年(1668)谒选山西交城县知县。交城北阻深山,延亘数郡之地,自明季群盗盘踞其中,祸患难除。赵吉士莅任,旋即修葺城防,选练乡勇,严格保甲,以卓凡的才略终平交城山寇,并因此得以升迁,累官至户科给事中。后"台班有与君忤者,劾君父子各占籍以仕,吏议落职,久之,补国子监学正",卒于官。③《清史稿》入其传于"循吏"中。

赵吉士"性嗜古",好著述。据朱彝尊称,赵氏所著有"《续表忠记》《寄园寄所寄》《录音韵正伪》《徽州府志》《交城县志》,诗稿尤多,俱镂版行世"④。又,《四库全书存目丛书》著录其著作四种:《林卧遥集》(三卷)、《万青阁全集》(自订,八卷)、《续表忠记》(八卷)、《寄园寄所寄》(十二卷)。⑤ 其中,《寄园寄所寄》(以下简称《所寄》)是赵氏广摭博采、经年积累的一部笔记。因赵吉士曾"仕隐京师宣武门之西,偏(匾)颜其园曰'寄',其随手编辑则曰'寄所寄'也"。⑥

---

① (清)李桓辑:《国朝耆献类征初编(二十四)》(影印本)卷一三三《谏臣一·赵吉士》,见周骏富辑:《清代传记丛刊·综录类(7)》第150册,台北:明文书局,1985年,第195页。

② (清)钱仪吉纂录:《碑传集》(影印本)卷九五《康熙朝守令中之中·朝议大夫户科给事中降补国子监学正赵君吉士墓志铭》,见周骏富辑:《清代传记丛刊·综录类(3)》第111册,台北:明文书局,1985年,第309页。另,《寄园寄所寄》中作者自云:"余髫年读书(西湖)灵隐五大夫树下。"见(清)赵吉士辑撰:《寄园寄所寄》卷三《倚仗寄·名胜》,康熙三十五年(1696)刊本。

③ (清)钱仪吉纂录:《碑传集》(影印本)卷九五《康熙朝守令中之中·朝议大夫户科给事中降补国子监学正赵君吉士墓志铭》,见周骏富辑:《清代传记丛刊·综录类(3)》第111册,台北:明文书局,1985年,第310~313页。

④ (清)钱仪吉纂录:《碑传集》(影印本)卷九五《康熙朝守令中之中·朝议大夫户科给事中降补国子监学正赵君吉士墓志铭》,见周骏富辑:《清代传记丛刊·综录类(3)》第111册,台北:明文书局,1985年,第313页。

⑤ 分别参见(清)永瑢等撰:《四库全书总目》卷一八二《集部·别集类·存目九》、卷六三《史部·传记类·存目五》、卷一三三《子部·杂家类·存目十》,北京:中华书局,1965年,第1644页、第566页、第1131页。

⑥ (清)汪灏:《读〈寄园寄所寄〉志略》,见(清)赵吉士辑撰:《寄园寄所寄》卷首,康熙三十五年(1696)刊本。

二、编纂特点

(一)钩玄提要、义旨鲜明

《所寄》的编撰义例颇为精审周密,全书分十二门,各门以"寄"名之,每"寄"一卷。"曰囊底寄,皆智数事也;曰镜中寄,皆忠孝节义事也;曰倚仗寄,叙山川名胜也;曰撚须寄,诗话也;曰灭烛寄,谈神怪也;曰焚麈寄,格言也;曰獭祭寄,杂录故实也;曰豕渡寄,考订谬误也;曰裂眦寄,记明末寇乱及殉寇诸人也;曰驱睡寄,遗事之可为谈助者也;曰泛叶寄,皆徽州佚闻也;曰插菊寄,皆谐谑事也"①。内容涉及"智数""忠孝节义""山川名胜""诗话""神怪""格言""杂录""考谬""明末寇乱""遗事""徽州佚闻""谐谑"等。每门下再析子目,凡五十九目,纲目前均有小序发端,以叙明编撰意旨,全书四十四万余字。显然,赵吉士对《所寄》的编撰结构和章法进行了一番精心设计。该书的体例与有些笔记的所见即书、绪次驳杂相比,是一大显著优点。从该书的取材上看,作者广摭博采、搜遗阐隐,无不以切于世用为宗旨,知识性和资料性非常强。如卷七"獭祭寄"中的"书籍",作者通过旁征博引,对古今典籍作综合考察;该卷的"类聚数考",考录古今各种人物类称209条,上起"燧人四佐",下至"明末四公子",宋代的"伊洛渊源""洛下耆旧会"、元代的"新安三贤"、明代的"靖难诸贤"等皆在其中。正如赵氏的受业弟子汪灏所云:"兹《寄所寄》一编,虽采掇类殊,于人心世教必拳拳焉。"②应该说,经世致用是赵吉士编撰该笔记的意旨之一。

另外,赵氏身历明末清初的社会变故,后在康熙朝为宦三十余年,他的政治倾向随着时代变迁而发生的变化在他的著述中也得以体现。赵氏曾著有《续表忠记》,这是一部记载明末忠义之士的传记著作,于乾隆年间被销毁(今

---

① (清)永瑢等撰:《四库全书总目》卷一三三《子部·杂家类·存目十》,北京:中华书局,1965年,第1131页。
② (清)汪灏:《读〈寄园寄所寄〉志略》,见(清)赵吉士辑撰:《寄园寄所寄》卷首,康熙三十五年(1696)刊本。

仅存抄本于安徽省图书馆)。相形而言,赵氏《所寄》一书"所载古事十之二三,明季事十之七八"①,作者在内容上有意作了一番处理。如卷二"镜中寄"中的"忠""义""正气"等类目的记载均只有寥寥数条,篇幅较其他类目也简短得多。作者在文献征引上大多根据自己的编撰意旨,随类采辑。因此,《所寄》既体现了时代的特点,也集中反映了赵氏个人的思想倾向。

(二)取材宏丰、事必有征

徽州素有"东南邹鲁""文献之邦"之誉。明代弘治年间,徽州名宦程敏政(字篁墩)编撰了皇皇巨帙《新安文献志》。及至清初,赵吉士鉴于乡邦"贤大夫士具远览之深识,抱作述之长材,济济辈出,代不乏人"②,尝欲续之,以上继篁墩遗规,事虽未竟,但赵氏一生勤勉于学,常常是"漏下四则索灯检陈帙"③,故留下了丰富的著述。取材宏丰、事必有征是赵吉士著述的显著特点,这从他主纂的康熙《徽州府志》中可见一斑。该志是清代徽州承上启下的一部重要府志。赵氏在主纂这部志书时曾强调:"事远而难稽不若时近而有征,拾断编残碣于灭没之余,不若及身阅历",并表露了他能够"断然自信而不必沾沾避其为难"的两个因素:"一且余齿加长矣,百三十年之事,余所目击者殆居其半,先朝故老窃尝交臂而事之,而又侧闻先祖父之绪论,与旧时父老之所流闻,则虽时处久远,事多湮没,余不敏,以为庶几得其大略焉";一是他"结发受书即乐闻先民逸事,厥后四十余载,搜揽旧文,访拾家乘,往往溢于篋笥,甲子夏五,奉命充会典馆纂修,得观国家典籍之富"④。可见,赵吉士一生不懈的积累和丰富的经历为其宏丰的著述奠定了重要的基础。赵吉士不但长

---

① (清)永瑢等撰:《四库全书总目》卷一三三《子部·杂家类·存目十》,北京:中华书局,1965年,第1131页。

② (清)丁廷楗修,赵吉士纂:《徽州府志》卷首《赵序》,据康熙三十八年(1699)刊本影印,见《中国方志丛书·华中地方》第二三七号,台北:成文出版社有限责任公司,1970年,第21页。

③ (清)汪灏:《读〈寄园寄所寄〉志略》,见(清)赵吉士辑撰:《寄园寄所寄》卷首,康熙三十五年(1696)刊本。

④ (清)赵吉士辑撰:《寄园寄所寄》卷首《赵吉士序》,康熙三十五年(1696)刊本。

于著述,而且精于著述,他在主纂康熙《徽州府志》时曾主张:"所传事迹尤必务为精严,求其可信","若乃众目之所未经见,众耳之所未尽闻,则概从缺遗之例,不敢以私意轻为采入焉"①。他认为方志编修的关键在于人物志,由于人物"品流不齐,是非殊等,而姻娅世故之相持,其气势足以相压,其纷华足以相移",因此,他颇有见地地提出:主纂人员"不难于学、于才、于识,而难于勇"②。

赵吉士广博的学识和阅历、严谨的著述态度于《所寄》中也有充分表现。《所寄》共记载古今人事1730余条,均注明了所引材料的来源。对于有些内容,作者还搜集众家之说以示存疑,如卷九"裂眦寄"对李自成之死的记载即是如此,这是《明史》成书之前较早质疑李自成去向的记载。该书的取材主要有三大类:一是作者亲身阅历之事。如平定交山寇乱、一些有关徽州的故实以及作者的游历见闻等,均在文中以自注的形式记载,共计97条。二是援引各种艺文,如游记、牌照、奏疏等。如卷三"倚仗寄"引用各种游记106篇,对天下重要的山川名胜等作考察。又如,明末马士英檄调黔兵赴南京御敌,沿途扰害,至徽州无恶不作,遭各处乡勇围击,赵吉士自"髫龄"即目击此事,此后"不能平者数十载,欲叙之无所核"③,可见这是徽州历史上所遭受的较大兵燹之一。后赵氏从汪灏手中得《不匮手录》之《黔兵事》二册,摘录其中重要的奏疏、牌照、檄文、书札等,在卷十一"泛叶寄"中对"黔兵始末"作了详细记载。三是搜罗各种典籍,随类辑录,这是《所寄》最主要的材料来源和编撰环节。据笔者统计,全书引用各种典籍490余种,多涉前人笔记、文集、诗话、杂史以及图经、方志等。这一切,诚如赵士麟对该书的评价:"言必有据,事必有征,章章缕缕,极备极奇,诚大观也。"④

---

① (清)赵吉士辑撰:《寄园寄所寄》卷首《赵吉士序》,康熙三十五年(1696)刊本。
② (清)廖腾煃修,汪晋征等纂:《休宁县志》卷首《赵序》,据康熙三十二年(1693)刊本影印,见《中国方志丛书·华中地方》第九〇号,台北:成文出版社有限责任公司,1970年,第40页。
③ (清)赵吉士辑撰:《寄园寄所寄》卷一一《黔兵始末·小序》,康熙三十五年(1696)刊本。
④ (清)赵吉士辑撰:《寄园寄所寄》卷首《赵士麟序》,康熙三十五年(1696)刊本。

三、文献价值

首先,该书保存了大量文献信息。据笔者梳理,《所寄》具体征引的典籍如下:①

《哀黍离编》《爱日斋聚抄》《稗史》《稗史汇编》《碧园新草》《保孤记》《不可不可录》《笔谈》《碧里杂存》《不治十病》《辨学遗编》《豹斑集》《北梦琐言》《抱璞简》《本草注》《辨讹编》《博物志》《笔谈》《博学汇编》《宾退录》《报应录》《崇祯杂录》《崇祯长编》《臣鉴录》《初续表忠记》《朝野纪略》《曹能始集》《春气录》《澄心集》《澄心小录》《槎菴小乘》《陈士庆传》《陈太史善记》《菜根谭》《存心录》《初政录》《朝野异闻》《崇祯遗录》《褚氏遗书》《朝野佥载》《采兰杂志》《测微录》《存余堂诗话》《从容录》《春雨杂识》《崇祯遗闻》《词统》《楮记室》《惩恶百条》《萃野纂闻》《翠谷私笔》《春渚纪闻》《迪吉录》《丛编》《初日录》《帝京景物略》《邸报》《东朝纪》《独异志》《豆棚谈》《对谱》《对林》《东斋纪事》《杜诗注》《登科录》《滇考》《棣园夜话》《耳谈》《二酉日录》《二酉余谈》《风俗通》《方解》《霏雪录》《亘史》《贡父诗话》《孤树哀谈》《庚巳编》《古处集》《归有园麈谈》《古隐方》《公余日录》《古今原始》《感应类从志》《广异记》《格物论》《顾渚山记》《感应经》《稿简赘笔》《孤儿吁天录》《古处斋集》《国老谈苑》《国宪家猷》《汇书》《汇书初编》《汇书二编》《后渠杂识》《海盐县图经》《怀秋集》《海阳纪略》《闲雁斋笔谈》《含烟阁诗话》《弘雅堂外集》《鸿书》《呵冻漫笔》《湖州府志》《湖海搜奇》《宦游纪闻》《虎苑》《韩山子》《觚不觚录》《皇朝盛事》《鹤汀新语》《海盐县志》《海槎余录》《鹤林雨露》《汉隽格物》《皇明泳化类编》《侯鲭录》《花小名》《后耳目志》《徽州府志》《葫芦编》《郡志》《纪事本末》《菊泉集》《居家金镜》《金华志》《金玉诗话》《焦氏

---

① 按:著录的典籍按音序排列,缺失字体以"□"代替。

笔乘》《静斋谈》《居官十宜》《金石残编》《剪胜野闻》《近代纪闻》《见闻录》《剪烛丛编》《晋州志》《棘闱记》《驹阴冗记》《景东府志胜》《剧谈》《疿留编》《纪闻》《集异》《鸡林小录》《鸡窗剩言》《见闻随笔》《剪寇录》《孑遗录》《居东集》《九朝野记》《解颐赘语》《客中闲集》《解脱集》《开卷一咀》《快雪堂漫录》《客座新闻》《客座赘语》《犿园》《孔氏杂说》《空同子》《客退纪谈》《寇志》《快心传》《快心集》《刘巡抚传》《列朝诗集》《郦亭新语》《类纂》《临汉诗话》《麓堂诗话》《丛编》《录雅编》《垄上记》《垄起杂事》《陋轩外集》《柳潭诗话》《庐山通志》《庐中集》《龙兴祠记》《录异记》《两京求旧录》《林居漫录》《览□微言》《两朝识小录》《抡元小录》《丽草亭集》《流寇始末》《论语释》《岭表异物志》《老学庵续笔记》《谰言长语》《录雪亭杂言》《柳轩丛语》《类书纂要》《笠翁一家言》《隶园杂说》《留青日札》《牧斋集》《梅窗小史》《明季遗闻》《漫叟诗话》《莫氏八林》《马氏日抄》《墨谈》《名医类案》《木斋新编》《明朝状元谱》《名苑诗归》《明纪事》《明季近闻》《南濠诗话》《鸟衣佳话》《南中杂说》《能改斋漫录》《南州异物志》《衷谈》《平湖县志》《鹏升集》《平遥县志》《樗乡集》《瓶花斋集》《喷饭集》《彭比部集》《培元录》《谱系杂说》《篷窗续录》《篷窗夜话》《篷轩别记》《平江记事》《启祯野乘》《遣愁集》《钱阁学传》《清远县志》《秋山偶笔》《七克》《奇报记》《篷轩别记》《秋水集》《铅书集》《潜溪文集》《迨狗编》《求志编》《七修类纂》《铅椠》《青岩丛录》《群书备考》《群碎录》《穷幽记》《群谈采余》《穷神秘苑》《祁门志》《铅书》《清异录》《秋山碎锦》《切庵偶笔》《日知录》《蓉汦集》《三垣笔记》《沈文学传》《盛东阳传》《菽园杂记》《珊瑚纲》《苏谭》《陕西通志》《说储》《史补》《书肆说铃》《诗话丛谈》《升庵外集》《珊瑚钩诗话》《石林诗话》《诗牌谱》《说海》《说统》《诗选》《涉异志》《四木堂座右编》《绥史》《续夷坚志》《绥寇纪略》《随月录》《巳谑编》《拾遗录》《书墁录》《十二筒》《漱石闲谈》《说郛》《水南翰记》《莘野纂闻》《识小编》《绥史未刻编》《桑门王二传》《三异人

书》《神童集》《升庵辞品》《书旨述》《十三州记》《山家清事》《蜀都杂抄》《事始》《神异记》《说佛》《三余赘笔》《识遗》《宋祁笔记》《蜀难叙略》《释常谈》《绥寇剩本》《书传正误》《鼠璞》《歙县志》《歙志》《山栖志》《诗谈》《世说补编》《嵩阳杂识》《通记》《通记补遗》《通志》《唐伯虎纪事》《唐荆川文集》《泰安州志》《天中记》《蜩笑偶言》《铁桥志》《同话录》《太原阁泳识》《同语录》《坦斋通编》《涂原疏抄》《太白剑》《听雨纪谈》《唐诗类苑》《遁斋闲览》《投荒杂录》《庭闻述略》《物理小识》《王文禄集》《文献通考》《文峰格言》《万青阁偶谈》《晚唐诗气记》《文撮》《万玉山房杂记》《吴次尾集》《宛委余编》《五色线》《物原》《婺源志》《王氏谈录》《芜史》《卫志》《魏叔子文集》《文苑四史》《王弇州传删本》《啸虹笔记》《畜德录》《畜德后编》《续知寇子》《笑林》《笑史》《徐文长集》《续耳谈》《新淦县志》《悬笥琐探》《续人镜阳秋》《雪涛诗评》《西墅杂记》《玄散诗话》《先曾祖日记》《西樵野记》《宿海手抄》《续巳编》《西皋外集》《西京杂记》《西湖便览》《心相摘要》《雪涛谈丛》《续文献通考》《续笔乘》《啸虹史赘》《雪庐焚余稿》《续明道杂志》《续白眉故事》《学斋呫哔》《袖中锦》《蜞笺谷瓦笔》《续金石录》《谢氏诗源》《相马经》《玄池子说林》《续五色线》《续说郛》《雄县志》《续释常谈》《续史订疑》《休宁县志》《小窗异记》《续昨非录》《县榻篇》《湧幢小品》《泳化续编》《忆记》《玉堂丛语》《尧山堂外纪》《逸史》《仰山脞录》《野乘》《幽草轩集》《御制文集》《余干志》《夷白斋诗话》《应庵随录》《夷坚志》《寓圃杂记》《玉茗堂诗集》《岩楼幽事》《玉笑零音》《泳化类编》《野记》《野编》《舆图广注》《郁离子》《韵林》《酉阳杂俎》《异物汇编》《玉堂闲话》《野语》《余冬序录》《豫章漫抄》《演繁露》《云谷卧余》《雅堂集跋语》《异录》《岳半主人偶编》《怡曝堂集》《原始秘书》《云麓漫抄》《异林》《营雪丛说》《袁小修集》《邑乘》《疑耀》《贞胜编》《座右编》《昨非庵集》《遵闻录》《只编》《志怪录》《樽俎余功》《祝枝山语怪》《志异》《中吴纪闻》《昨非录》《杂纂补》《麈

余》《在田录》《中州野录》《壮悔堂集》《治鸡亭闲笔》《征梦录》《炙谷子录》《竹窗小品》《枕谭》《卓吾疑耀》《郑耕老劝学》《枝山前闻》《竹窗遗录》《舟居闲话》《张献忠乱蜀始末》《忠义录》《侦侠志》《志忠传》《杂纂》《政余笔录》《枝山前闻》《诛巢新编》《知寇子》《朱子世家》《酌中志略》《涿州志》《枝山野记》《张天民文集》《正气纪》《□谷杂录》《□对汇书》《□书》等。

　　从所采书籍看,采录最多的几种书籍依次为《尧山堂外纪》《列朝诗集》《涌幢小品》《耳谈》《啸虹笔记》《客中闲集》《稗史》《玉堂丛语》《座右编》《物理小识》《苏谭》《臣鉴录》《升庵外集》《讱庵偶笔》《遣愁集》《珊瑚纲》《说储》《云谷卧余》。

通过以上所引典籍,我们可以看到三方面的信息。

首先,《所寄》所征引的各种书籍有490余种,大多为明代及之前的作品。从各卷的采书数量上看,卷五、卷六、卷七均为百种以上,其余各卷大多在五六十种。从所采书籍的种类看,引用私人笔记最多,此外,采用文集44种、志书26种、诗话25种。这些书籍中既有流传至今者,如蒋之翘的《尧山堂外纪》、钱谦益的《列朝诗集》、朱国祯的《涌幢小品》、焦竑的《玉堂丛语》、方以智的《物理小识》、陆容的《菽园杂记》、顾起元的《客座赘语》、陶宗仪的《说郛》、陶九成的《续说郛》、刘基的《郁离子》、杨慎的《升庵外集》、廖腾煃的《海阳纪略》等,也有今不传者,如《麓堂诗话》《柳潭诗话》等。由此可见,《所寄》征引的书籍可谓洋洋大观,其保存文献信息十分丰富,这对于后人辑考清初及其以前的文献,尤其是私人笔记等很有资鉴价值。

其次,《所寄》留存的诗歌方面的资料也十分丰富。赵吉士是清初较有影响的诗人,他常常"与良朋篝灯抵掌,非诗无以过日"[①]。有趣的是,"康熙戊辰(1688),(赵)吉士由户科给事中罢职闲居,侨住宣武门西之'寄园'。适金坛于汉翔贻诗四首,吉士依韵酬答,后凡遇他题皆叠此韵,积成千首,命曰《叠

[①] (清)赵吉士辑撰:《寄园寄所寄》卷首《凡例》,康熙三十五年(1696)刊本。

韵千律》,分为上下两卷。寻又续得五百首,编为一卷,命曰《千叠波余》",后合刻以为《林卧遥集》三卷,四库馆臣曾称誉:"和韵为诗,本不能曲折如此,又叠至千五百首,此虽香山东坡亦断无能工之理矣。"①《所寄》即保存了大量的诗歌和诗事。值得一提的是,该书卷四"捻须寄"分诗原、诗话、乩诗三目,专门记载清初及之前的诗歌和骚坛趣事,该卷采书 60 余种,其中与诗话相关的作品有《存余堂诗话》《杜诗注》《贡父诗话》《含烟阁诗话》《金玉诗话》《列朝诗集》《临汉诗话》《麓堂诗话》《玄散诗话》《谢氏诗源》《夷白斋诗话》《晚唐诗》《唐诗类苑》《雪涛诗评》《珊瑚钩诗话》《柳谭诗话》《漫叟诗话》《名苑诗归》《南濠诗话》《诗话丛谈》《石林诗话》《诗牌谱》《诗选》《诗谈》《玉茗堂诗话》等,尤以采用清初钱谦益所编的《列朝诗集》居多。后人曾根据该卷单独辑出《寄园诗话》一卷行世。可以说,《所寄》具有较高的文学研究价值。

再次,《所寄》的内容记载多涉明代故实,且巨细兼赅、庄谐杂出。因此,其对于研究明代历史具有重要的价值。如该书卷九"裂眦寄·流寇琐闻"列有月表,详细考察自崇祯元年(1628)至顺治二年(1654)的寇乱情况,对李自成和张献忠等起义军的活动情况按时间线索加以记载,采用《绥史未刻编》一书对"漳泉海寇""广东山寇""河北三叛""徐砀萧之贼""河南诸寨"等明季众反叛者作记载等。

值得一提的是,《所寄》卷十一"泛叶寄"分"新安理学""故老杂记""黔兵始末"三个部分,这是赵吉士对其桑梓之邦徽州的专门记载。在"新安理学"一目中,作者对朱熹、程大昌、吴儆、汪莘、程若庸、胡方平、胡炳文、陈栎、倪士毅、汪克宽、赵汸、潘荣、朱升、郑玉等新安理学家作了介绍,并通过夹叙夹议的形式对徽州的风俗特点以及"徽人""朝奉"等作了论述。"故老杂记"是徽州一些遗闻佚事的记载,内容涉及徽州人文社会的诸多方面。这些内容不但为当前学者研究徽学提供了资料,同时,作者广摭群书,运用朴素的观点对徽州历史文化作考察,也可以启发后人对徽学的研究。另外,这部笔记是赵吉

---

① (清)永瑢等撰:《四库全书总目》卷一八二《集部·别集类·存目九》,北京:中华书局,1965 年,第 1644 页。

士"自少及壮,凡见闻新异辄笔之于册"的产物①,因此,它也可以粗略地反映赵氏生平概况,因此,该书对于研究徽州重要历史人物赵吉士本身而言,也具有重要价值。

当然,这部笔记也有其不足。首先,作者极力宣扬应谶、因果报应等迷信思想,正如作者所云:"凡属生平所历,偶有触者,辄附于末,以见世间事原有两相符合处。"②如在卷九"裂眦寄·流寇琐闻"中,作者根据传闻,将明末民间流行的游戏中常有的"马吊"等语与明朝的灭亡联系起来;又如,卷五"灭烛寄"是关于鬼怪的专门记载等。③ 其次,书中对明末农民起义憎恶分明,视明末农民起义军为"寇",而对于在明末殉亡的文官、武将、诸生、忠妇、州邑长官等,作者根据梅村氏《绥寇剩本》以"殉寇诸贤"的专门类目作记载。另外,该书所征引的文献均不注作者姓名,令人难于考索很多文献的来龙去脉,这也是一大缺憾。

四、版本流传

《所寄》一书今天流传有康熙刊本。关于康熙刊本的具体成书年代,该书卷首汪光被《叙》所撰时间为康熙三十四年(1695)。卷首赵士麟《叙》亦称:"(康熙)乙亥之秋(1695),吾游家弟恒夫寄园……(恒夫)乃出所辑《寄园寄所寄》示予,请序阅之。"从二《叙》撰写时间看,康熙三十四年(1694)之前《所寄》书稿已成。又,据《所寄·凡例》中赵吉士云:"嗣因竹垞太史采十余条入《日下旧闻》,知不能久藏笥箧,遂尔付梓。""凡例"末署"(康熙)丙子夏五",可初步判断该书康熙刊本当刻于康熙三十五年(1696)前后,且经由作者自订而刊刻。又,从康熙刊本各卷前的校订署名看,该书付梓时曾得到赵氏后人及其受业门生的精心校勘,如清初著名考据学家阎若璩,以词臣出任徽州知府并邀赵吉士纂修《徽州府志》的丁廷楗等。因此,今存康熙刊本当乃该书最早而

---

① (清)赵吉士辑撰:《寄园寄所寄》卷首《凡例》,康熙三十五年(1696)刊本。
② (清)赵吉士辑撰:《寄园寄所寄》卷首《凡例》,康熙三十五年(1696)刊本。
③ (清)赵吉士辑撰:《寄园寄所寄》卷五《灭烛寄》,康熙三十五年(1696)刊本。

且最好的版本。① 康熙以后,《所寄》一书屡经刊刻,仅上海图书馆藏有"文德堂刻本""姑苏文秀堂刻本""清宣统三年文盛书局石印本"等。当前,由黄山书社出版的点校本,以康熙本为底本,并参之"文德堂刻本""姑苏文秀堂刻本""清宣统三年文盛书局石印本"等版本整理点校而成,可资学者利用。

---

① 《四库全书存目丛书》(齐鲁书社)以及《续修四库全书》(上海古籍出版社)收录的均乃《所寄》的康熙版本。

第三章 文会、钱会与明清徽州社会

第一节 明清徽州乡村文会与地方社会
——对《鼎元文会同志录》的考察

文会或称"文社",其源甚古。隋唐以前,文会多系文人聚会,"君子以文会友"①之谓。隋唐以降,随着科举制度日趋盛行,士子聚在一起,揣摩八股风气,互相会课、会文,从而结成文社或文会,实乃士子应付科举之社会团体。② 至明清,各地文会进一步发展兴盛,而在徽州,文会组织更是广泛存在,极为繁盛。既往研究多侧重对徽州文会在兴办教育、襄助科举、宗族管理、民间调处等方面的考察。③ 总体来看,明清徽州文会的实际运作情况、文会与地方社会的内在关系,尚待深入研究。上海图书馆所藏《鼎元文会同志录》④详实记载了道光时期祁门县西部二十二都鼎元文会的兴立过程、会务

---

① 刘宝楠:《论语正义》卷一五《颜渊第一二》,见《诸子集成》,第1册,长沙:岳麓书社,1996年,第336页。
② 陈宝良:《中国的社与会》,杭州:浙江人民出版社,1996年,第269页。
③ 参见葛庆华:《徽州文会初探》,载《江淮论坛》,1997年第4期;施兴和、李琳琦:《明清徽州的书屋、文会及其教育功能》,载《华东师范大学学报》,2000年第4期;熊远报:《清代徽州地域社会史研究——境界・集団・ネットワークと社会秩序》,东京:汲古书院,2003年,第117~121页。
④ 不著撰人,封面及书口印有"鼎元文会同志录"字样,道光二十三年(1843)刻本1册,上海图书馆藏。

管理以及文会职能等方面的情况。据笔者所知,系统反映具体文会情况的簿册文书并不多见,反映以一都为范围而设置的文会的簿册文书更是鲜有遗存。该册籍为我们提供了一个考察清代乡村文会独特形态的珍贵样本。以下以《鼎元文会同志录》为中心,并参稽徽州地方文献,对明清徽州乡村文会发展概况进行考察,分析清代乡村文会的运作实态,在此基础上,尝试剖析明清文会与地方社会之关系。

一、明清徽州文会发展概况

关于明清徽州文会,早在明代万历《歙志》中即有如下典型记载:

> 士则郡城有"斗山会",自郡而西岩镇有"南山会",其余巨族间亦有之。其置会有地,进会有礼,立会有条,司会有人,交会有际。大都进德修业,由来尚矣,迄今百十余年。人文郁起,为海内之望,郁郁乎盛哉![1]

这段论述集中体现了明代徽州歙县文会发展之概况。由记载可知,明代前期,歙县城镇乡村文会的发展即十分可观,至万历年间已有盛名。在明代,歙县各地文会不但组织化程度高,而且引导进德修业、励学敦教之风。而由明至清,有关文会的记载在徽州地方文献中颇为多见,如表3-1所示。

表3-1 明清徽州府所属六县文会设置事例

序号	记载摘要	资料来源
1	(歙县呈坎)溧川文会实兵马指挥虎石公倡之,督其事则存诚公也	《(歙县呈坎)〈溧川文会录〉·原序》
2	聚星文社肇自万历癸未,则程中宪、江大中丞二公共创之,以兴起斯文者也	《橙阳散志》卷一一《艺文志下·聚星会馆告成序》
3	金源,(明休宁)中市人,多义举,输助宗祠,兴文会	道光《徽州府志》卷一二《人物志·孝友》

---

[1] (明)张涛修,谢陛纂:《歙志》卷五《考·风土》,万历三十七年(1609)刻本。

续表

序号	记载摘要	资料来源
4	杨泗祥(明休宁人),创紫阳六邑文会,好义不倦	道光《徽州府志》卷一二之四《人物志·孝友》
5	道存文会,在五都大和坑,明季建,清乾隆间附生叶之堪等重修,为五都士子会文之所	民国《歙县志》卷二《营建志·学校》
6	王邦栋,(明婺源)慈坑人,捐资葺造巽发文社,子弟乐育之,一时文学丕振	光绪《婺源县志》卷三六《人物一一·质行一》
7	程子谦,(清康熙休宁)率口人,捐资置文萃会,以给族之应举者	道光《徽州府志》卷一二之五《人物志·义行》
8	曹藩,(清康熙休宁)清源人,捐资创文会,造就多人	道光《徽州府志》卷一二之五《人物志·义行》
9	胡元龄,(清康熙绩溪)上川人,倡建文会于崇山,凡有文誉者招集	嘉庆《绩溪县志》卷一〇《人物志·尚义》
10	胡鸣珙,(清康熙绩溪)龙川人,隆文会	嘉庆《绩溪县志》卷一〇《人物志·尚义》
11	章象澜,(清康熙绩溪)西关人,复兴文会	嘉庆《绩溪县志》卷一〇《人物志·乡善》
12	潘元旷,(清康熙婺源)桃溪人,念族昔多先达,不忍文中替,创起元文会,振兴后学,自是人文蔚起	光绪《婺源县志》卷三二《人物一〇·义行三》
13	阜山文会,在大阜,乾隆间潘宗硕倡族同建	民国《歙县志》卷二《营建志·学校》
14	郑华邦,居(祁门)奇岭,乾隆时邑增生。在族兴立塾学,嘉惠寒儒。子建周,与同乡绅士等劝兴闾阳文约,自小试以至宾兴,皆助之,成就后进众	同治《祁门县志》卷三〇《人物志·义行》
15	胡治,(清乾隆绩溪)市东人,倡立文会,贫者给以考费,捐修学宫及建造钟楼,一无吝惜	嘉庆《绩溪县志》卷一〇《人物志·尚义》
16	曹梦麟,(清乾隆绩溪)旺川人。倡建支立聚星文会,复割田助之	嘉庆《绩溪县志》卷一〇《人物志·尚义》
17	(德璨公)爱立石为界,捐其田入雷冈文会,族人有积行好学且贫者,资以膏火	《(黟县)宏村汪氏家谱》卷二五《事实·德璨公捐雷冈文会田租纪略》
18	王廷鉴,(清乾隆婺源)城北人,乾隆四年(1739),遂建双杉文会,输租五百余。每会文给奖生童,院试、乡会试及选举赴任,量远近馈赆	道光《徽州府志》卷一二之四《人物志·孝友》
19	王廷亨,(清乾隆婺源)漳溪人,兴文会,备膏火,培族中子弟读书	道光《徽州府志》卷一二《人物志·孝友》

续表

序号	记载摘要	资料来源
20	(抡元文会)各房远祖有名爵者输银三钱,资助入学者,祭文昌及先达	《(婺源)萧江复七公房支谱》卷六《杂纪》
21	(沙溪)文会辅仁堂草创未就,(凌晋)首倡捐资之,以底于成。至今亭馆园林,幽雅堪适,君实与有力也	《沙溪集略》卷四《文行》
22	黄树楠,(清嘉庆休宁)古林人,创立培元会,置义学	道光《徽州府志》卷一二之四《人物志·孝友》
23	汪国柱,(清嘉庆休宁人),徙居城南。修本族文会馆	道光《徽州府志》卷一二之五《人物志·义行》
24	俞仁,(清嘉庆婺源)西谷人,贡生,本村炳蔚、志成二文社,购田数十亩,资给程费	光绪《婺源县志》卷三四《人物一〇·义行七》
25	胡德墉,(清道光婺源)城东人,贡生,置圭田,倡文社,宗族咸利赖之	光绪《婺源县志》卷三四《人物一〇·义行七》
26	董勋铭,(清道光婺源)游山人,营商,留心风教,建书塾,兴文社,置膏资,后进均沾其泽	光绪《婺源县志》卷三五《人物一〇·义行八》
27	吴兴祖,(清道光婺源人),立文会,贴程仪,惠及寒俊	光绪《婺源县志》卷四〇《人物一一·质行八》
28	吴元吉,(清道光黟县)横冈人,监生,捐置横冈文会	同治《黟县三志》卷七《人物志·尚义》
29	史世椿,(清道光黟县)九都金钗人,商皖起家,勤俭好义,兴文会	同治《黟县三志》卷七《人物志·尚义》
30	陈国昌,(清末祁门人),居二十一都里桃源,监生,兴文会	同治《祁门县志》卷三〇《人物志·义行》
31	张文健,同治间,建定山文会	民国《歙县志》卷九《人物志·义行》

徽州文献中还有很多关于创立文会的记载,因篇幅所限,兹不赘列。如表3-1所示,明清时期徽州不但"城市乡镇各立文会"[①],且"乡村多有斯文之

---

① (清)江登云、江绍莲等纂修:《橙阳散志》卷一一《艺文下·重修聚星会馆序》,据乾隆四十年(1775)刻本影印,见《中国地方志集成·乡镇志专辑(27)》,上海:上海书店,1992年,第686页。

会"①,兴立文会蔚然成风。究其原因:一是唐宋以降,随着我国地方行政管理制度的变化,县逐渐成为联系国家与社会最底层级的行政设置。在县以下,不但基层乡里的管理演变为民间职役,地方公共事务亦逐渐由民间承担。② 因而,在明清时期,特别是明代中期实施赋役制度与财政体制改革以来,我国基层社会自治化趋向更加明显,致使基层治理、公众事务等,往往由特定的民间组织(家族、会社等)予以运作。③ 作为以奖助地方教育、科考为主要功能的民间组织,明清徽州文会正是在此背景下得以普遍发展的。二是由明至清,伴随徽商的兴起和发展,徽州经济活跃,社会富庶,殷实之家日渐增多,民间乐善好施蔚然成风,为"富贵则醵钱立会"奠定了良好的经济基础。由表3-1所引"捐置文会"之例可见一斑。三是在徽州文会中,宗族文会广泛存在,这与明代中期以后徽州宗族组织化不断加强密切相关。在地方宗族的倡导和规范下,大量乡彦贤达躬亲其事,热衷于兴创和经管会社,殷实商贾襄助其成,竞相"捐资亢宗"之能事,促使徽州社会各种宗族性的"公祀""公会"广泛建立,置产与互助观念深入人心。

明清徽州文会的类型不一而足,按其所涉范围划分主要有:

(一)家族型文会

家族型文会,多以聚居村族的房派为基础设立而成,属于文会的最基本

---

① (清)吴克俊、许复修,程寿保、舒斯笏纂:《黟县四志》卷三《风俗·黟俗小纪》,据民国十二年(1923)黟县黎照堂刻本影印,见《中国地方志集成·安徽府县志辑(58)》,南京:江苏古籍出版社,1998年,第27页。

② 参见瞿同祖:《清代地方政府》,北京:法律出版社,2003年,第5页;[英]莫里斯·弗里德曼(Maurice Freedman):《中国东南的宗族组织》,刘晓春译,王铭铭校,上海:上海人民出版社,2000年,第82页;[美]黄宗智:《中国的"公共领域"与"市民社会"——国家与社会间的第三领域》,见邓正来主编:《国家与市民社会》,上海:上海人民出版社,2006年,第406页。

③ 郑振满认为,明代中叶赋役与财政体制的改革,促成了基层社会的自治化,参见郑振满:《乡族与国家:多元视野中的闽台传统社会》,北京:生活·读书·新知三联书店,2009年,第8页;方志远认为,明代立国百年之后,国家动员在民众中的号召力以及国家对社会的控制力开始下降。此后明代对社会赈济等事务,更多是走政府倡导、民间救助的道路,参见方志远:《"冠带荣身"与明代国家动员——以正统至天顺年间赈灾助饷为中心》,载《中国社会科学》,2013年第12期。

形态。如表 3-1 所示的歙县橙阳村江氏的聚星文会、歙县呈坎村罗氏的滦川文会、婺源县萧江氏的抡元文会、歙县大阜村潘氏的阜山文会、黟县宏村汪氏的雷冈文会,等等。一族之内特定的房派亦设立专门的文会组织,如清代乾隆年间祁门县三四都凌氏各房所设的"各分文会"①,等等。

(二)村际文会

村际文会是由特定区域村落联合而设立的社区型文会组织。如清代婺源县庠生程万里"集邻村捐资建文社"②;婺源县张高达"经理合村文社"③;黟县庠生李元榜经营管理的"十二村公立文会"④;绩溪县南关的余、许、方、汪设有"四姓文会……以给生童膏火、灯田、会课、花红奖赏"⑤,等等。

(三)通都文会

"都"本是宋元以来县域之下为加强乡村土地管理而设置的区划,并为明清所继承。从徽州情况看,明清时期,不但一县之下所设都的数量大致稳定⑥,且一都的地域范围相对固定,多以方圆数十里为限,如黟县五都"周环约二十里许"⑦、祁门县二十二都"地周二十余里"⑧。一都之下,涵盖一定数量的自然性村落。在明清徽州,以都为范围而成立的文会并不少见,文献记载中一般称之为"通都文会"或"合都文会"。如歙县五都于明末至清代设有

---

① 《嘉庆二十二年祁门凌氏立合同文约誊契簿》,见周绍泉、王钰欣主编:《徽州千年契约文书(清·民国编)》卷11,石家庄:花山文艺出版社,1991年,第 214 页。

② (清)吴鹗等修,汪正元纂:《婺源县志》卷三四《人物一〇·义行七》,光绪九年(1883)刻本。

③ (清)黄应昀修,董桂科纂:《婺源县志》卷二〇之二《人物九·孝友三》,道光六年(1826)刻本。

④ (清)吴克俊、许复修,程寿保、舒斯笏纂:《黟县四志》卷七《人物志·尚义》,据民国十二年(1923)黟县黎照堂刻本影印,见《中国地方志集成·安徽府县志辑(58)》,南京:江苏古籍出版社,1998年,第 94 页。

⑤ (清)许文源等纂修:《(绩溪)南关惇叙堂宗谱》卷一〇《杂说》,光绪十五年(1889)刊本。

⑥ 以徽州为例,其所辖六县分别拥有都的数量为:婺源 40 个,歙县 37 个,休宁 33 个,绩溪 15 个,祁门 22 个,黟县 12 个。

⑦ (清)谢永泰等修,程鸿诏等纂:《黟县三志》卷一五《艺文志·政事类·聚奎文会序(杨如绪撰)》,据同治十年(1871)刻本影印,见《中国地方志集成·安徽府县志辑(57)》,南京:江苏古籍出版社,1998年,第 512 页。

⑧ 《鼎元文会同志录·文会记》。

"道存文会,为五都士子会文之所"①。又如,清代"黟邑各都之设有文会"②,其中,黟县五都文会名曰"聚奎文会",系康熙年间"二三同志倡议捐资","五都文士,毅然行之"的合都文会;黟县六都的通都文会又分为"里六都文会"和"外六都文会",③等等。

值得一提的是,明清时期,县下之都并非正式的基层行政机构,因此,通都文会或合都文会往往是具有一都之内村落共同体自治性质的组织形式,以都为限设置文会,实为范围更广、功能更强的独特文会形态。那么,通都文会或合都文会是如何形成的?又是怎样管理和运行的?具有哪些功能?《鼎元文会同志录》即为我们提供了一个考察此类文会的难得样本。

二、鼎元文会的创建及其结构

《鼎元文会同志录》内容涉及"文会记""凡例""公议规则""各村乐输人名租数""捐输契约""颁领序号"等。"文会记"系道光年间歙县胡正仁所撰④,从中大体可以看出该文会的创设缘起和具体时间。道光二十年(1840),莅任祁门县令的方殿谟示谕县内城乡,⑤要求"每甲必出一人应童子试",以振兴

---

① (民国)石国柱、楼文钊修,许承尧纂:《歙县志》卷二《营建志·学校》,据民国二十六年(1937)铅印本影印,见《中国方志丛书·华中地方》第二四六号,台北:成文出版社有限公司,1975年,第223页。

② (清)谢永泰等修,程鸿诏等纂:《黟县三志》卷一五《艺文志·政事类·聚奎文会序(李登龙撰)》,据同治十年(1871)刻本影印,见《中国地方志集成·安徽府县志辑(57)》,南京:江苏古籍出版社,1998年,第511页。

③ (清)谢永泰等修,程鸿诏等纂:《黟县三志》卷一一《政事志·附禁·前县承给通都文会请禁偷窃煤山畜养柴薪示》,据同治十年(1871)刻本影印,见《中国地方志集成·安徽府县志辑(57)》,南京:江苏古籍出版社,1998年,第422页。

④ 按:"胡正仁(歙西人),字让堂,道光癸巳进士,由编修授饶州府知府,频年水患,抚恤勤劳,倡修芝阳书院,培植士林,以疾归卒。"参见(民国)石国柱、楼文钊修,许承尧纂:《歙县志》卷六《人物志·宦绩》,见《中国方志丛书·华中地方》第二四六号,台北:成文出版社有限公司,1975年,第999页。

⑤ 按:"方殿谟,浙江人,进士,道光二十年(1840)署,二十一年(1841)去。"参见(清)周溶修,汪韵珊纂:《祁门县志》卷二〇《职官表》,据清同治十二年(1873)刻本影印,见《中国地方志集成·安徽府县志辑(55)》,南京:江苏古籍出版社,1998年,第202页。

科考。而二十二都僻处祁门县西部，当地居民"勤田畴、务山植""勤樵采"①，"因山多田少，地瘠民贫，以故习举子业者甚少"②。以此为契机，是年，该地人士积极响应县令谕示，在合都绅耆的主导下，随即创建文会，名曰"鼎元"，并设立公所，制定章程，倡导都内各村乐输田产入会。创设之初，明确文会"为读书者设""为培养本都人材而设"，以振兴都内科考。据《鼎元文会同志录·凡例》载：

> 文会之兴，借诸君子乐输田租而成，允宜勒石标名以垂诸远。乃因会馆未建，石无所安，爰议汇集规则、田亩、契据，刊书分发，以为同志之人执照。

可见，兴会原本之一重要举措是动员和奖劝人们"勒石标名以垂诸远"。因"会馆未建，石无所安"，权宜之间，而以刊刻会簿"汇集规则、田亩、契据"，以供乐输"同志之人执照"。揆诸会簿"捐输契约"所署时间，各村捐产入会集中于道光二十二年（1842）。由《鼎元文会同志录》中的"文会记"以及"凡例"所署时间"癸卯春"（1843）可以确定，该会簿梓行于道光二十三年（1843）。考诸"颁领序号"记载，举凡捐输之家，无论所捐众寡，均可获颁会簿1部，共颁会簿96部，另有"公存4部"，总计颁发会簿百部之多。每部会簿均以《千字文》编号，"颁领序号"详细记载了所颁字号以及颁领人户的名称。③ 本节所涉《鼎元文会同志录》即系"结字号，洪万榜祀领"。

综上，鼎元文会经历了县颁谕示、绅耆合议、村族捐输这一自上而下的创

---

① （清）周溶修，汪韵珊纂：《祁门县志》卷五《舆地志·风俗》，据清同治十二年（1873）刻本影印，见《中国地方志集成·安徽府县志辑（55）》，南京：江苏古籍出版社，1998年，第59页。

② 《鼎元文会同志录·文会记》。

③ 根据《鼎元文会同志录》所载，举凡捐产入会者均获颁会簿1部，以为执照。《鼎元文会同志录》中的"颁领序号"涉及"公存四部"以外的96部会簿所颁字号和名氏。其中，自"天"字号至"官"字号共计78部，与《鼎元文会同志录》中所载78份输田契所涉捐产者一致。另有"人"字号至"唐"字号凡18部，《鼎元文会同志录》中未见相关捐产输契。笔者认为，这18部会簿所涉捐产者，当与78份立契产业存在"众存""共业"关系有关。关于"众存"产业研究，参见拙作：《众存产业与明清徽州宗族社会》，载《安徽史学》，2010年第4期。

设过程,属于县域之下以都为范围的文会组织。在官府倡导和地方动员之下,各村族对于捐输表现出较大的热情,仅一年之内,文会醵产即初具规模。捐输主体中的大多数属于"公会""公祀",而在"公会""公祀"之下,则是大量所属的个体家户,因此,文会惠及面广,所涉都内人户相当广泛。

据同治《祁门县志》记载,祁门县二十二都由 19 个基础性村落构成,[①]对比《鼎元文会同志录》,捐产参会人户所涉村落凡 14 个,具体名称为:鸿村(溪)、查源、李源、许村、南门、新田、新田西村、上汪、下汪、叶源、长滩、赵家村、周家山、李村。[②] 此外,在同治《祁门县志》所载二十二都的 19 个村落中,另有金村口、金村、詹家坞、汪村、车源、新安洲、良禾口未见于《鼎元文会同志录》,其原因正如《鼎元文会同志录·凡例》所言:

> 斯会初兴,原欲都人士同方合志共成一大都会,讵人各有志,难悉从同……合者自合,不必强为合,同者自同,不必强从同也。则谓之合都也,可谓之合都内之同志也,亦无不可。

显然,该文会是基于自愿原则而创设的,凡各村族乐输田产的"同志之人"即可入会,并于《鼎元文会同志录》中登载捐输事宜"以为执照"。举凡乐输入会者,须签订捐产入会的输田契,且载入《鼎元文会同志录》,所捐产业均为鼎元文会田产。兹择录其中一份输田契如下:

> 立输田契人南门洪承业。今为二十二都兴立鼎元文会,培养人材。身将二保土名张公坦田十四丘,共大小租一百八十一秤二斤十四两,本位得大小租二十五秤四斤,内取十五秤四斤……前田十号,

---

① (清)周溶修,汪韵珊纂:《祁门县志》卷三《舆地志·疆域·都图》,据清同治十二年(1873)刻本影印,见《中国地方志集成·安徽府县志辑(55)》,南京:江苏古籍出版社,1998年,第 50 页。

② 按:对比同治《祁门县志》与《鼎元文会同志录》中的村名,存在同村而名称稍异者。如鸿溪(鸿村)、许村(又称许村三门,"三门"系指聚居王氏三个门派)、新田西村(西村)、上湾(上汪)、下湾(下汪)、赵家(赵家村)。另外,方志中记载的村落与《鼎元文会同志录》所涉村落名称和数量稍有出入。

计大小租一百零三秤四斤,尽数立契输入鼎元文会为业,非敢好名干誉,亦聊以成就后学之一助云耳。今欲有凭,立此输契永远存照。

内批:该田税粮,照依原收在二图五甲洪显邦户的名万松位下,推入鼎元文会名下供解,此照。

道光二十二年二月初三日立输田契人洪承业押亲笔①

以上系首捐者洪承业所立输田契,所有输田契的捐产数额均以租数多少论。作为首捐者,洪氏共捐田产凡10宗,捐租总计103秤4斤,属于家户捐献田产最多者。②《鼎元文会同志录》所载类似输田契共78份,这些契约与目前遗存的徽州文书中的捐输契格式类似,均详细标示所捐田产的坐落、土名、丘数、租谷数、税粮过割等内容。上引输田契中加批有"该田税粮……推入鼎元文会名下供解"的字样,这在《鼎元文会同志录》的输田契中多处可见,反映了文会在接受所捐田产的同时,还设立专门户头,并及时履行税粮的"推收""过割"。正如《鼎元文会同志录·公议规则》所云:

钱粮分寄三约,俱立鼎元文会的名。递年上限以四月初十日为限,下限以十月初十日为限。会内司事务要如限经手解纳。日后会

---

① 《鼎元文会同志录·捐输契约》。

② 关于秤,徽州各地秤的类型和称谓不一,如《窦山公家议》中即有"窦山公秤""报慈庵秤""大秤""官秤""公秤"之谓,且秤、砠与斤之间的比例关系不等,差异很大。参见周绍泉、赵亚光:《〈窦山公家议〉校注》,合肥:黄山书社,1993年。俞正燮云:"今黟(县)称租则以二十斤为一秤";又云:"今黟(县)之砠、秤二十斤。"参见(清)俞正燮撰,于石、马君骅、诸伟奇校点:《俞正燮全集》第2册《癸巳存稿》卷十《石斗升》;卷十《宋秤》,合肥:黄山书社,2005年,第411~412页。刘和惠认为,徽州租量以秤、砠计,每秤、砠一般为老秤(16两秤)20斤,但高的有25斤、28斤,低的有16斤。参见刘和惠、汪庆元:《徽州土地关系》,合肥:安徽人民出版社,2005年,第69页。笔者根据乾隆《(祁门县)康义祠置产簿》(南京大学历史系资料室藏)所载"桂祖公祠租数税粮开派",其中"乾隆四十四年(1779)清立册底"中涉及4宗田产,笔者累计其总租数为15秤20斤8两,而原载总计为16秤8斤半,二者对比可见,1秤为12斤,1斤为16两,再依据《鼎元文会同志录》记载"鸿溪王氏"25宗捐输租数统计,凡333秤45斤31两,而《鼎元文会同志录》中原载"鸿溪王氏"捐租总数为337秤6斤15两,对比二者之间的进位关系,换算出1秤为10斤,1斤为16两。总之,"秤"轻重标准在徽州差异很大,尚须视具体地域、具体情况而论。

内增买产业,宜即收税分扒过位,免致漏税。

显然,文会的原始会产源于自愿捐输,并且拥有独立户头,设立专门的管理机构,其实体性强。揆诸《鼎元文会同志录》,捐输人户所在的14个村落共涉8个姓氏,具体如表3-2所示。

表3-2 各村、各姓捐产入会、立契约情况

村名	姓氏	捐输总租数	所立契约份数
新田、南门	洪承业	103秤4斤	1份
新田、南门	洪氏	103秤8斤	7份
叶源	王氏	21秤8斤2两	2份
鸿溪	王氏	337秤6斤15两	25份
许村三门	王氏	113秤9斤	9份
查源	王氏	88秤	9份
李源	陈氏	80秤	7份
上湾	汪氏	55秤5斤	4份
下湾	汪氏	54秤2两	3份
长滩	赵氏	50秤	5份
赵家村	赵氏	29秤7斤7两	3份
李村	李氏	11秤5斤	1份
新田西村	方氏	5秤	1份
周家山	周氏	10秤	1份
合计		1064秤3斤10两	78份

由表3-2可见14个村落与八姓人户之间的聚居关系,如洪氏主要聚居在新田、南门;王氏主要聚居在叶源、鸿溪、许村、查源等地。八姓人户捐产入会,签订契约凡78份,共计租数1064秤有余。[①] 其中,王氏捐产最多,共涉输田契45份,共捐租数561秤4斤1两;其次为洪氏,共涉输田契8份,共捐租

---

① 按:依据《乾隆元年起至三十年止王鼎盛户各位便查清册》中所载"田一百二十八亩六分六厘,计租一千四百零七秤"等类似数据,可以推算每亩计田租在10秤至11秤之间。由此可见,鼎元文会醵集田租1064秤有余,计田亩应在百亩左右。参见《乾隆元年起至三十年止王鼎盛户各位便查清册》,清抄本,安徽师范大学图书馆藏。

数207秤2斤。王氏、洪氏所捐租数约占总租数的72%，二姓在二十二都无疑属于人户多、实力强者，构成了当地文会的主体性村族。

由统计《鼎元文会同志录》记载的78份输田契可见，捐产主体主要有个人、会社和公祀，如表3-3所示。

表3-3 个人、会社、公祀捐产情况统计

捐产主体	所涉契约份数	捐输总租数	捐产占总量比例
个人	17份	254秤9斤	24%
会社	9份	173秤1斤13两	16.3%
公祀	52份	636秤2斤13两	59.7%

如表3-3所示，鼎元文会初建时，个人捐产仅占总量的24%，会产大多来自"公会""公祀"之捐献。值得一提的是，各村各姓既有的一些家族型文会，如王淡园文会、王兆文会、王文义会、王仕忠文会、洪显池文会、洪国恩文会等，它们作为捐产主体而加入范围更大的鼎元文会。兹举一例如下：

> 立输田契人高塘鸿溪王兆文会秩下经手人仕煜等。缘因合都兴立鼎元文会，为培养人材计。自情愿将五保黄坑沙丘，大租三秤，计田一号，尽数输入鼎元文会管业，立此输田契，永远存照。
>
> 道光二十二年岁在壬寅季夏月初七日立输契王兆文会秩下经手人仕煜

这是一份王兆文会捐产入会契约，类似的文会捐产契计9份。如上所述，在聚族而居的徽州，以房派为基础而设立的家族型文会，作为文会的最基本形态，实属多见，在僻处祁门县西部山区的二十二都也是如此。然而，相对于以"振兴科考"为宗旨的合都文会而言，家族型文会主要承担一村一姓童蒙教育等，满足一些基本需求，其功能相对有限，当系家族型文会乐输参会的主要原因。

至于"公祀"的捐产契约，如下例：

> 立输田契人高塘鸿溪王德风祀嘉泽等。缘二十二都合立鼎元文会，为培养人材计。公议将本都九保土名榉树坞口，大租九秤四

斤十四两;又七保松树坞口,小租交谷一秤。尽数输入鼎元文会为业,爱立输契,永远存照。

大清道光二十二年岁在壬寅季夏月十九日立输田契人鸿溪王德风祀经手人嘉泽

在《鼎元文会同志录》的78份输田契中,以"公祀"为主体者凡52份。大量资料可见,在聚族而居的传统徽州,祭神祀祖是宗族乃至地方社会统合并组织化的重要前提和基础。家户、房派之间,普遍存在层属有别、类型多样的祭祀性共同产业,在徽州地方文书与文献中,屡屡可见"某某秩下""支祀""公祀""祀会""堂业"等,姑且将其统称为"公祀"。此类"公祀"在明清徽州基层社会大量存在,举凡聚居村族所在多有,构成明清徽州社会经济之重要组成部分,实乃民间更为微观的实体性合作关系之体现。大量家族性"公会""公祀"嵌入合都文会,在鼎元文会的结构中颇为突出。

三、鼎元文会的运作实态

《鼎元文会同志录·公议规则》的内容涉及入会者的权利与义务、会产会务管理以及奖助科考等的具体规定和运作实态,主要体现在以下几个方面:

(一)以一都为限,自愿捐产,平等入会

"公议规则"明确"文会为培养本都人材而设,都外人士不得入会",捐产入会者仅限于都内八姓村族,严格禁止"八姓捐租之家日后将原输之租,借称与都外之宗族相共,希图入会"。一都之内,又本着自愿捐输和捐资回报之原则,将捐产者视为"有分之家","有分之家"的读书人均可享受会内科考互助之权利,"无分者不得入会,有分者亦不得私邀亲友入会"。捐产者可以是村族既有的"文会""公祀",也可以是具体人户,无论村族强弱、主体高下,均被视为"同志之人",一律平等,依据契约享受相关权益。入会主体之间展现得更多的是平等合作、互助互利。这种平等性,在"颁领序号"的记载中亦可见一斑,即作为奖劝,凡捐输之家,无论捐产众寡,不但可登录会簿,而且可获颁会簿一部"以为执照"。如首捐者洪承业捐产最多,有一百余秤,获"天"字号

会簿一册,而赵应松捐产仅二秤,亦获"潜"字号会簿一册。文会形成后,为了不断光大文会实体、确保长效运行,一方面,以惠及本都本土人户为原则,对于"已输之家嗣后子孙有分居境外,仍系本都户籍应试报捐者,应行入会。若已改立他处户籍,不得入会";另一方面,资产的筹募持续开放,即"会成之后,或多捐田租以充会产,或乐输银钱以建会馆,筹划多方"。需要强调的是,为保障原始入会者的权益,对于"已捐租者,后日听其将己祀己租酌量加输",而对于"有力之家,屡经劝谕而不肯输设,后日再行捐输者,非每人捐良田五亩以上不为功"。

(二)设立会局,制定规则,严格管理

"会局"即经营会产和管理会务的组织机构。实际上,设局管理,在明清徽州地方文献中颇为常见。① 如涉及一乡、一村、一族事务的组织和管理上,往往设置所谓的"乡局""村局""族局""公局"等。例如,清代祁门县南乡设有乡局以管理一乡事务,乾隆四十四年(1779),该乡局为复修儒学而倡导乐输,当地康淑武祀因捐资而经由"南乡公局"颁发收票②;又如,在清代休宁县首村朱氏所立的控诉呈稿中,署有"二十九都月潭局董朱益园和息词"③,这里的"局"即月潭村族事务的管理机构,"局董"即管理者之称谓。更为灵活的设局亦体现于日常合约关系中。在明清徽州,为有效履行合同约定,人们往往设立临时性的局。如乾隆二十八年(1763),徽州王、盛、吴等众姓成立了管理山场的"山局",规定"对神拈阄,所有山局工食费用,每亩内除二分。或有出备银钱物货,付局公用者,照价得山,众等无得异说。立局之后,务必齐心协力"。其中的王氏为管理本族份额的山场,又"订立合同议约,设局于本族祠内"④。咸丰六年(1856),徽州王氏因诉讼需要而统合族人订立赴讼合文,要

---

① 王振忠先生认为,徽州地方文献中涉及的"局"有两种含义:一是与风水有关,即体现人地关系的形势;一是组织机构。参见王振忠:《明清以来徽州村落社会史研究》,上海:上海人民出版社,2011年,第3页。本书所涉各种类型的"局"的含义属于后者。
② 《康义祠置产簿》,乾隆间抄本1册,南京大学历史系资料室藏。
③ 《休宁首村朱氏文书》,清抄本,安徽大学徽学研究中心藏。
④ 《王、盛、吴众姓立合山议约》,清抄本,上海图书馆藏。

求"族人俱要入局,不得退缩"①。可见,设局管理实属徽州民间自我管理之一重要机制,既存在功能性强、组织化程度高、长效运行的机构性局,也存在为履行契约事务、保障契约实施而设立的临时性局。从管理和运行机制上看,局与会在很大程度上有共通之处,亦颇具差异。从《鼎元文会同志录》的内容来看,会属于公众组织,局实乃承担组织运行和管理的事务性机构,类似于明清徽州普遍存在的公匣机构。②

鼎元文会作为通都的公众组织,其会产经营、会务管理等职能由专门设置的会局负责。实际掌握会局的往往是一都之内各村族的士绅集团,他们掌控会局的创设、会则的制定、会务的监督、重大事务的决策和处理等。会局设置管理者多人,称之为"司事",具体经管招佃收租、缴纳赋税、出粜租谷、生放会资等会产收支管理事务。因"会内司事之人,公事之兴废系焉,责承最重",鼎元文会制定了约束司事的严格措施,见载于《鼎元文会同志录·公议规则》。司事人选通过定期荐举产生,"必公举读书老成者任之,荐出稳重之人入局"。司事任期结束,"自行卸任",并要做好会务接管。司事的收入并不丰厚,每年"给食用谷二石,辛力谷二石"。可见,在会规会约的规范下,司事的职任带有一定的义务性。对于他们来说,膺任乡族要务的荣誉感与责任感,以及建立在公众荐举基础上的信任和声望,是司事者甘任其职的重要原因。毋庸讳言,设立会局为文会的组织化和长效运行提供了较为成熟的保障机制。

(三)考课有法,膏火有资,奖励有制

在《鼎元文会同志录·公议规则》中有如下记载:

> 生童会课无分者不得入会,有分者亦不得私邀亲友入会。酌议递年暂行春秋两课。考古者先期一日入会,但现在应试生童除有故之人,务要到课。倘无故规避,接次三课不到者,定行扣院试程仪一

---

① 张海鹏、王廷元主编:《明清徽商资料选编》,合肥:黄山书社,1985年,第32页。
② 参见拙作:《明清徽州宗族的"公匣"制度》,载《中国农史》,2008年第1期。

次,后再到课不得补给前考程仪。

生童观风每人给盘费钱二百四十文。文童应院试者,每人给程仪钱一千文。文生岁试,每人给程仪钱一千文。文生科试与贡监录科者,每人给程仪钱一千四百文。生童院试考古者,每人给费用钱六百文。以上生童程仪俱到郡城高发,经手发程仪者,议贴钱五百文以为换钱搬钱资用。乡试者每人给程仪钱四千文。会试与朝考者,每人给程仪钱十千文。文会初起,费用不敷,所议津贴俟丙午科乡试、丁未岁院试始可举行。

会课生童列上取第一名者给赏资钱二百文。取超等第一名者给赏资二百文。县考正案列十名前者每人给钱四百文,榜首给谷一石。府考正案列十名前者每人给谷一石,榜首加倍。文生岁科考取超等十名前者,每人给谷一石。以上俱以本科一次为率。文童入泮给花红钱三千二百文。取佾生与文生扒入紫阳肄业者,每人给膏火钱一千六百文。补增者给钱二千文。补廪者给钱四千文。出贡者给花红钱五千文。取拔贡、副贡者,给花红钱十千文。乡进士给花红钱二十千文。赐进士给花红钱四十千文。至有解元、会元与钦点者,候议赏贺。①

可见,鼎元文会的会产支出以奖助科考为主。至于生童乃至童蒙教育,不在文会功能之内,当由地方家族型文会、村际文会、义塾等承担。显然,一都文会具有衔接村族文会和义塾,通过奖助读书者以应科考,而实现"培养本都人材"之功能。为此,鼎元文会对生童等的"会课""观风""考课"以及"入泮"官学、应试予以奖助,这与县令方殿谟示谕"每甲必出一人应童子试"的要求相契合。不仅如此,文会的奖助范围远超官方要求之上,还对"会试与朝考者"予以津贴和奖励。

---

① 按:程仪,即路费、盘缠之称。花红钱,又称花红,其意有二:一是针对生童会课成绩优异者或中科举者的金钱奖励;二是给予赴科举者(如参加乡试的生员、参加会试的举人)的金钱资助,往往与路费同时发放。

四、乡村文会与地方社会

由明至清,我国基层社会治理以及地方公共事务主要由民间承担,基层社会的自治化趋向日益明显,此乃宗族、会社等传统民间组织广泛存在和发展之重要背景。通过《鼎元文会同志录》可见,清代道光时期,对于县以下基层社会的教育和科考事务,官方的作为仅限于倡导和动员。在官府的要求下,经过地方社会再动员,鼎元文会因时而立。实际上,类似鼎元文会的"公会""公祀"实体在明清徽州普遍存在,类型多样,大量公共资产的筹募有赖于民间捐输。而在经济活跃、社会富庶的明清徽州,民间捐输之一重要途径是商贾之人、殷实之家之乐输。与此相印证,在徽州地方文献中,往往"因事设例",开设诸如"士习""孝义""质行""义行""尚义""乡善"等类目,对乐输公益者不遗余力地予以旌表,此类记载于方志、家谱中屡见不鲜。毋庸置疑,即使是方志、家谱,对于义民的书写亦多依例择选,而旌表其荦荦大者,这与传统文献撰述的历史选择性和叙事精英化密切相关。而祁门县二十二都僻处该县西部,不仅"地瘠民贫""习举子业者甚少",经济文化相对落后,而且面临人口大量外移的困境,但其在应对教育科举这一重大事务上,并未表现出因"力不从心"而产生的冷漠,情况反而是"县颁示谕"后,地方绅耆积极合议,村族捐输亦表现出极大的热情。然笔者仔细检视相关志书,即使是《鼎元文会同志录》中所涉捐产较多者,其人其事于方志等文献中并未见载。地方文献展现的是,立会多由富贵者出钱,富庶村族、商贾之家常常是一掷千金;而鼎元文会的募捐与此颇为不同,其会产均属家计民生之田产,且更多地体现出倡捐集资、自愿互利之特征。《鼎元文会同志录》呈现了地方公共事务"民为自谋"的实态,也提供了一个"失语"于方志、家谱记载的民间经济组织之具体样态。

正如鼎元文会的创兴离不开"都之绅耆"的积极倡导一般,明清徽州地方社会动员与基层组织化,很大程度上有赖于地方士绅的努力。以光绪《婺源县志》为例,该志记载的倡兴文会的事例颇多,倡兴文会者的身份涉及"国学生""郡庠生""邑庠生""太学生""邑诸生""贡生""监生""职监""职员""五品衔""内阁中书衔""府知事衔""州同知衔""县同知衔""文林郎""登仕郎"等①。类似的事例亦见载于徽州其他府县志书,兹不赘列。从一个侧面可以看出,在教育发达的明清徽州,受挫于科考而未入仕途者,致仕官宦而退居乡里者,大量沉积于基层社会,导致士绅群体遍布城乡。"斯文之会"成为"党庠之人"施展才能、彰显社会身份、实现自我价值之一合适选择和出路,实乃地方文人之一重要的社会圈子。为此,他们不遗余力地倡立文会。地方文人对于文会的兴立乐于倾注更多的热情和关怀,当是明清徽州文会长盛不衰之一重要因素。

　　与其他地区相比,明清徽州宗法关系更为发达,宗族观念根深蒂固,宗族作为枢纽型组织遍布城镇乡村,深深地控制着传统徽州基层社会。然而这并未妨碍徽州会社组织的生存,反而呈现出"会中有族、族中有会",二者交互嵌入的格局。从鼎元文会来看,其构成主体多系形态更为微观的村族"文会"和"公祀",族会之间更大程度上体现为交融与互补。实际上,鼎元文会反映的会社与宗族关系并非个案,在传统徽州,殷实之家于分家析产之际因礼仪互助而设立众存"祀会"颇为普遍;聚居村族以血缘关系为纽带形成的"公会"遍布城乡;村族、村际之间乃至一都、一邑因某种活动的需要而兴起各种会社,亦多以家族和宗族为基础。徽州宗族与会社之间展现的并非是相互异己、彼此排斥。在徽州,会社内在于宗族,反映出会社发展对于宗族社会的适应及其本土化的一面;而"族中有会"又体现出会社能够弥补宗族自身缺陷,并在调适宗族功能上更有作为。宗族与会社之间的有机整合,成为传统区域社会中民间组织多元结构、共生共存之典范,实为徽州传统基层社会之一显著特征。

　　会社相对于宗族,又在很大程度上存在差异。由明至清,随着社会的发展、商品货币关系的刺激,社会关系多有变动,社会主体不断分化,单靠宗族

---

①　参见光绪《婺源县志》卷二九《人物九·孝友四》、卷三〇《人物九·孝友六》、卷三三《人物一〇·义行五》、卷三四《人物一〇·义行七》、卷三五《人物一〇·义行八》、卷三七《人物一一·质行五》。

血缘关系已难以维系宗族组织的现实基础。正是在这种情势之下,地方社会乃至宗族内部通过相互合意结成会社,成为其应对社会变化最实用、最直接的方式之一。在明清徽州地方文献中,会社的名称多种多样,诸如春秋会、养山会、越国公会、程忠壮会、关帝会、瘟车会、祀会、祠会、钱会、义会、公济会、保婴会、义冢会、恤孤会、路会、桥会、乡约会、里长会、长寿会、同庚会、宜男会、不缠足会、学会、文会等,数量之多,可以说遍及城乡;会社的类型亦不一而足,有信仰祭祀型、慈善公益型、经济互助型、文化教育型、基层治理型等,攸关基层社会和民众日常生活的方方面面。相对于宗族而言,会社组织大大冲破了宗族血缘关系的局限,展现出更广泛的结构组成和更灵活的运作机制,这方面特质在通都型文会中体现得更为明显。与官方基层行政组织相比,会社的结合则具有自主性。这种会社多系因需而立,小则几人、几户即立一会,大到乡村联合共襄成会。会社的参与具有自愿性,多由庶民百姓择善而从,自由参会。会社中成员的关系具有平等性,贵贱一般,相互制约,平等享受权利,自觉履行自身义务。会社的管理方式灵活多样,一般具有严格规章、荐举司会、轮流管会、会务公开、公众监督等较为成熟的管理机制。会社作为民间组织,主要依靠契约维系,对宗族血缘关系、聚居地域有所超越,为人们适应复杂多样的社会变迁和社会需求提供了新的途径,在明清徽州基层社会中的地位十分重要,值得我们关注并进行深入探讨。

第二节　清代至民国时期徽州的民间合会
　　——以钱会文书为中心

　　钱会是民间具有融资与互助性质的经济组织,尤盛行于清代民国时期,属于传统合会范畴[①]。目前,与钱会相关的会书多有遗存,学术界据此对传

---

① 林和成认为:"钱会或合会为我国农村,以及民间最普通之一种小规模之金融合作组织。名称甚多,诸如三星会、五圣会、七贤会、八仙会、十众会、十一友会等,不胜枚举,各地不同,普遍于南北各省农村乡镇之间。"参见林和成:《中国农业金融》,北京:中华书局,1936年,第462页。

统钱会问题亦颇有探讨。① 实际上,不同类型的钱会是怎样具体运行的?如何从经济学角度对不同类型钱会的融资方式和收益分配作考察?钱会作为传统民间经济互助组织长期存在的内在合理机制是什么?对于此类问题,一些学者尽管有所关注,却仍有进一步讨论的余地。早在民国时期,杨西孟即认为,"旧式社会流行的合会,各人逐期应纳出的会金数额,都非由精密的数理计算得来,只是大体上先得会者较后得会者重"②,他宏观地论述了旧式钱会机制及其运行,然未作具体案例探究。上海交通大学历史系章毅教授指出,借助现代金融知识,通过对"会券"中所记录的"会金"和"会额"的计算,合会运作的"金融"机理已被研究者们所了解③。目前学术界已对合会运作的"金融"机理有所研究,但仍需从现代经济学角度对不同类型钱会的运行机制进行深入分析。本节以徽州钱会会书资料为中心,辅之以相关记载,对清代以来徽州民间合会诸问题作一探讨。

一、钱会的类型

从传统民间钱会的运行过程看,一个完整的钱会大体经历邀会、齐会、转

---

① 诸多学者对传统合会的研究,具有代表性的成果主要有三种研究路径:一是经济史视角。如王宗培:《中国之合会》,上海:中国合作学社,1931年;杨西孟:《中国合会之研究》,上海:商务印书馆,1936年;韩德章:《浙西农村之借贷制度》,北平:社会调查所,1932年;徐畅:《合会述论》,载《近代史研究》,1998年第2期;李金铮:《近代中国乡村社会经济探微》,北京:人民出版社,2004年;俞如先:《清至民国闽西乡村民借贷研究》,天津:天津古籍出版社,2010年。二是法制史视角。如梁治平:《清代习惯法:社会与国家》,北京:中国政法大学出版社,1996年;吕利、曹云飞:《民国时期上海地区的合会——(1918—1948)法制史的角度》,载《枣庄学院学报》,2007年第6期;郑启福:《民国时期钱会习惯研究》,载《西南大学学报(社会科学版)》,2013年第2期。三是社会史视角。如陈宝良:《中国的社与会》,杭州:浙江人民出版社,1996年;麻国庆:《"会"与中国传统村落社会》,载《民俗研究》,1998年第2期;胡中生:《融资与互助:民间钱会功能研究——以徽州为中心》,载《中国社会经济史研究》,2011年第1期。等等。

② 杨西孟:《中国合会之研究》,上海:商务印书馆,1935年,第4页。

③ 章毅:《历史研究的新材料和新方法》,见徐飞主编:《学者笔谈》第15辑,上海:上海交通大学出版社,2013年,第21页。

会、收会、终会等主要阶段①。邀会即创会,发起人多自任首会(或称"会首")②,事先具帖历陈情由,邀请戚友参会,谓之邀会或打会。齐会即邀约会友参会,会友(或称"会脚")齐聚后,以认缴会股的形式入会。一般发起人于齐会之日,设宴款待,敬呈会书,以"义孚而成会,情洽以通财"为原则,确定股数、会金、会期、会规等。创会之初即订立会书(券),并且会中每人"各执一本存据"。不同的钱会因会股数量不一,有"七贤会""九英会""十人会"等称谓。转会,亦称行会,是指自首会以后每期大家分别纳出若干会金,用坐次轮收法、拈阄摇彩法或投标竞争法等,从未得会者中确定一人得会,谓之收会。一般据此将钱会分为"轮会""摇会""标会""独会"等类型③。终会,又称满会、末会,届满自行解散,会书约定的契约关系随即终止。

表3-4依据90件清代以及民国时期的徽州钱会会书、会券整理而成。

表 3-4　清代至民国时期徽州民间钱会文书例举

序号	创会时间	会首	会额	会脚(股)	类型	资料来源
1	乾隆七年(1742)	吴尔康	10 两	8	摇会	《婺源》第6册,总第2671~2675页
2	乾隆三十五年(1770)	郑士琮	谷30秤	10	摇会	《徽州》第5辑第2册,第484页
3	嘉庆十四年(1809)	王有校	30 两	6	摇会	《婺源》第10册,总第4461~4467页
4	嘉庆十九年(1814)	汪闻馨	100 两	15	摇会	《徽州》第3辑第6册,第252~256页

---

① 徐畅:《"合会"述论》,载《中国近代史研究》,1998年第2期。
② 周启邦指出:"合会之构成,通常由一需要现金者,主动邀集相知之亲友若干人,组成一会……主动者称会首,其他被邀请者称会脚,如会额较巨,会数较众,势非一人之力能竟其力,则可由会首邀集情谊较深之戚友为会总,再由会总负责邀集会脚数人,会总之地位,介于会首与会脚之间。"参见周启邦:《中国合会制度之检讨》,载《中央银行月报》,1936年第8期。值得一提的是,"会首"既可由自然人充任,也可以是特定的法人组织,诸如"某某祀会"。此外,组织钱会者本身有不参加合会的情况,或许只是承会首之情代为邀会。参见胡中生:《钱会与近代徽州社会》,载《史学月刊》,2006年第9期。
③ 关于传统徽州钱会的类型,参见胡中生:《清代徽州民间钱会研究》,见卞利、胡中生编:《民间文献与地域中国研究》,合肥:黄山书社,2010年,第659~700页。

续表

序号	创会时间	会首	会额	会脚(股)	类型	资料来源
5	嘉庆二十年(1815)	卢硕南	100两	15	摇会	《徽州》第2辑第10册,第14~19页
6	道光十年(1830)	吴列五	20两	5	摇会	《婺源》第3册,总第830~834页
7	道光十三年(1833)	曹昌锐	谷3石	6	摇会	《婺源》第8册,总第3765页
8	道光二十五年(1845)	江利明	20千文	10	摇会	《徽州》第5辑第3册,第154~156页
9	道光二十八年(1848)	张献荣	50两	6	摇会	《婺源》第4册,总第1447~1450页
10	咸丰四年(1854)	胡禹功	200两	6	独会	《徽州》第1辑第3册,第505页
11	咸丰五年(1855)	郑维新	40千文	10	摇会	《徽州》第5辑第3册,第159~161页
12	咸丰八年(1858)	陈龙亨	20千文	10	摇会	《徽州》第5辑第2册,第295页
13	咸丰九年(1859)	曹起富	30千文	6	摇会	《婺源》第16册,总第7923页
14	同治七年(1868)	胡永青	70千文	14	独会	《徽州》第2辑第1册,第167页
15	同治八年(1869)	汪廷懋	60千文	10	独会	《徽州》第2辑第1册,第168页
16	同治十一年(1872)	叶凤山	100千文	10	轮会	《徽州》第2辑第1册,第169页
17	同治十二年(1873)	汪五九	30元	10	摇会	《徽州》第2辑第1册,第170页
18	同治十三年(1874)	吴大富	50千文	10	轮会	《徽州》第4辑第8册,第480页
19	同治十四年(1875)	叶凤山	40元	20	摇会	《徽州》第2辑第1册,第171页
20	光绪元年(1875)	谢廷辉	60元	10	轮会	《徽州》第2辑第1册,第172页
21	光绪元年(1875)	汪社九	30元	10	摇会	《徽州》第2辑第1册,第173页
22	光绪五年(1879)	汪均盛	40千文	10	摇会	《徽州》第2辑第1册,第175页
23	光绪六年(1880)	胡廷卿	100千文	10	轮会	《千年》(清·民国编)卷14,第172页

续表

序号	创会时间	会首	会额	会脚(股)	类型	资料来源
24	光绪八年（1882）	汪喜新	30元	6	摇会	《婺源》第2册，总第385页
25	光绪八年（1882）	大发祀	100两	10	轮会	《徽州》第2辑第1册，第176页
26	光绪十年（1884）	胡廷卿	60元	10	摇会	《千年》(清·民国编)卷17，第206页
27	光绪十三年（1887）	谢昭靖	60元	10	轮会	《徽州》第2辑第1册，第177页
28	光绪十八年（1892）	胡重梁	30元	10	独会	《徽州》第2辑第1册，第178页
29	光绪十八年（1892）	谢继周	30元	10	独会	《徽州》第2辑第1册，第179页
30	光绪十九年（1893）	江秋元	40千文	10	摇会	《徽州》第5辑第3册，第165～167页
31	光绪二十二年（1896）	江和荣	18元	6	摇会	《婺源》第18册，总第9263页
32	光绪二十三年（1897）	谢继周	60元	10	轮会	《徽州》第2辑第1册，第180页
33	光绪二十三年（1897）	胡廷卿	60元	10	摇会	《千年》(清·民国编)卷17，第209页
34	光绪二十四年（1898）	胡廷卿	60元	10	摇会	《千年》(清·民国编)卷17，第205页
35	光绪二十五年（1899）	谢宗炎	60元	10	轮会	《徽州》第2辑第1册，第181页
36	光绪二十九年（1903）	叶聋荣	20元	6	摇会	《婺源》第2册，总第582页
37	光绪三十年（1904）	胡廷卿	60元	10	摇会	《千年》(清·民国编)卷17，第381页
38	光绪三十一年（1905）	李海	50元	10	轮会	《婺源》第10册，总第4552页
39	光绪三十一年（1905）	金成	50元	10	轮会	《婺源》第16册，总第7950页
40	光绪三十二年（1906）	佛子	60元	10	摇会	《千年》(清·民国编)卷18，第12页
41	光绪三十二年（1906）	胡海林	60元	10	摇会	《千年》(清·民国编)卷18，第12页
42	光绪三十四年（1908）	胡承启	20元	6	摇会	《千年》(清·民国编)卷18，第14页

续表

序号	创会时间	会首	会额	会脚(股)	类型	资料来源
43	光绪□□年	汪君茂	24元	8	独会	《徽州》第2辑第1册,第182页
44	宣统元年(1909)	胡达明	100元	10	轮会	《千年》(清·民国编)卷18,第15页
45	宣统三年(1911)	谢履亨	50元	10	独会	《徽州》第2辑第1册,第183页
46	民国元年(1912)	吴有礼	42元	6	摇会	《婺源》第17册,总第8490页
47	民国元年(1912)	胡韵和	30元	6	摇会	《婺源》第17册,总第8491页
48	民国三年(1914)	汪青桂	30元	6	摇会	《婺源》第17册,总第8496页
49	民国八年(1919)	汪胡辉	100元	6	摇会	《婺源》第17册,总第8513页
50	民国九年(1920)	戴君元	100元	10	轮会	《婺源》第6册,总第2553~2555页
51	民国九年(1920)	俞桢三	100元	10	轮会	《婺源》第5册,总第1882页
52	民国九年(1920)	倪金裕	60元	10	轮会	《婺源》第17册,总第8520页
53	民国十年(1921)	吴元保	50元	10	轮会	《婺源》第17册,总第8546页
54	民国十一年(1922)	汪泰元	60元	10	轮会	《婺源》第17册,总第8552页
55	民国十二年(1923)	汪加杨	60元	10	轮会	《婺源》第17册,总第8558页
56	民国十二年(1923)	汪新祥	60元	10	轮会	《婺源》第17册,总第8560页
57	民国十二年(1923)	汪岩今	100元	10	轮会	《婺源》第17册,总第8557页
58	民国十二年(1923)	叶灶炎	100元	10	轮会	《婺源》第17册,总第8561~8562页
59	民国十三年(1924)	汪宗祥	100元	10	轮会	《婺源》第17册,总第8597页
60	民国十三年(1924)	汪兆欣	100元	10	轮会	《婺源》第17册,总第8599页
61	民国十三年(1924)	汪澍先	100元	10	轮会	《婺源》第17册,总第8595页

续表

序号	创会时间	会首	会额	会脚(股)	类型	资料来源
62	民国十三年（1924）	汪启太	30元	6	摇会	《婺源》第17册，总第8596页
63	民国十三年（1924）	汪连金	100元	10	轮会	《婺源》第17册，总第8601页
64	民国十三年（1924）	汪淦银	100元	10	轮会	《婺源》第17册，总第8602页
65	民国十四年（1925）	孙养生	100元	10	轮会	《婺源》第3册，总第1081页
66	民国十四年（1925）	汪岩保	100元	10	轮会	《婺源》第17册，总第8638页
67	民国十四年（1925）	汪加良	100元	10	轮会	《婺源》第17册，总第8639～8640页
68	民国十四年（1925）	汪庆顺	10元	10	摇会	《徽州》第2辑第7册，第494～497页
69	民国十四年（1925）	汪凤桂	50元	10	轮会	《婺源》第17册，总第8637页
70	民国十五年（1926）	戴君元	100元	10	轮会	《婺源》第5册，总第1883页
71	民国十五年（1926）	汪元计	60元	10	轮会	《婺源》第17册，总第8543页
72	民国十七年（1928）	俞桂荣	100元	10	轮会	《婺源》第5册，总第1884页
73	民国十七年（1928）	叶国荣	40元	10	摇会	《徽州》第1辑第5册，第312～314页
74	民国十九年（1930）	方灶生	100元	10	轮会	《徽州》第3辑第1册，第336～338页
75	民国十九年（1930）	方金灶	100元	10	轮会	《徽州》第3辑第1册，第338～341页
76	民国二十年（1931）	王开霖	100元	10	轮会	《婺源》第5册，总第1885页
77	民国二十年（1931）	鲍雪樵	100元	10	轮会	《徽州》第3辑第1册，第346～348页
78	民国二十年（1931）	富仍	100元	6	摇会	《婺源》第5册，总第1886页
79	民国二十年（1931）	有娥	100元	10	轮会	《婺源》第5册，总第1890页
80	民国二十一年（1932）	罗会源	100元	10	轮会	《徽州》第3辑第9册，第315～316页

续表

序号	创会时间	会首	会额	会脚(股)	类型	资料来源
81	民国二十一年(1932)	吴端志	30元	6	摇会	《婺源》第18册,总第8787页
82	民国二十一年(1932)	韩燮辉	40元	10	摇会	《徽州》第2辑第7册,第510~513页
83	民国二十二年(1933)	戴君元	200元	10	轮会	《婺源》第5册,总第1888页
84	民国二十二年(1933)	江万喜	100元	8	独会	《婺源》第18册,总第9296页
85	民国二十二年(1933)	罗春宝	100元	10	轮会	《徽州》第3辑第9册,第317~318页
86	民国二十二年(1933)	方如松	100元	10	摇会	《婺源》第14册,总第7009~7018页
87	民国二十五年(1936)	汪松权	30元	10	摇会	《徽州》第2辑第7册,第518~521页
88	民国二十六年(1937)	韩清和	30元	10	摇会	《徽州》第2辑第7册,第524~527页
89	民国二十九年(1940)	郑会九	100元	10	摇会	《徽州》第5辑第3册,第529~530页
90	民国二十九年(1940)	郑照贤	100元	10	轮会	《徽州》第5辑第3册,第527~528页

备注:表中的"资料来源",有王钰欣、周绍泉主编:《徽州千年契约文书》(表中简称为《千年》),石家庄:花山文艺出版社,1991年;刘伯山主编:《徽州文书》(表中简称为《徽州》,共5辑),桂林:广西师范大学出版社,2005—2015年;黄志繁、邵鸿、彭志军编:《清至民国婺源县村落契约文书辑录》(表中简称为《婺源》),北京:商务印书馆,2014年。

上表所示钱会文书所涉时间上起乾隆七年(1742),下迄民国二十九年(1940),清代、民国时期会书各45份。从钱会类型看,文书涉及轮会的有41件,涉及摇会的有41件,涉及独会的有8件。

关于轮会,《民国十九年歙县方金灶等立至公会书》有言:

> 兹蒙雅爱,玉成一会,名曰"至公"。举行之始,敦请诸公齐集,议定垫款多少,即分次序之先后。本会总数为百元,收第一会者付洋十四元五角,收末会者付五元五角,先后次序增减,共凑成百元,交与会首收。自始至终,均无增减。此后每逢周年轮行一次,各会

友均照原数付出,由首会聚齐,交与该期收者。收会友本期不须付出,此乃缓急相济,次第同收,实至公之善法。

可见,"至公会"属于典型的轮收型钱会。此类钱会,一般"发起人为会首,会友 10 至 11 人(股),会银总额 100 至 200 银元"①。每半年或一年聚会 1 次,会脚每次注入一定的会金,轮流交付给得会者使用。得会次序于创会时,由各位会脚预先商定,挨次轮收,不得随意变动,会脚应交付的会金按得会次序"前伸后缩",各不相同。会中的每个人既是出资者,也是借贷者;既是付息者,也是得利者;既是受贷者,也是经营者。"缓急相济,次第同收",充分体现了自愿合作、相互制约、平等互助之原则。

关于摇会,《嘉庆十四年婺源王有校等立新七贤会书》有言:

> 立议会书首会人王有校,今因家务应用,相邀到众友六位,每友出银五两,共成三十两正,其银付身首会收领。其会利照依"新七贤会",领过者加三交出,以作四年浇(缴)满。议定会规当日,各友备银赴席,然后拈阄摇点,点大者得,倘有点同者,尽先不尽后,不得生会交会,亦不得及私账货物抵押,如违公罚,仍要现银兑出,各宜始终如一。

上引会书中所言"新七贤会"是传统徽州民间颇为常见的一类摇会,此会亦由会首 1 人倡立,力邀亲朋 6 人凑成,募集会额 30 两,由 6 股均摊。此后周年一转会,每逢行会之日,采取"先拈阄以定摇序,后掷骰比拼点数"的方式决出该期得会者。因每位会脚得会次序预先未知,为凑足每期 30 两的会额,已收领过会款的得会者在缴纳会金时须偿本(6 两)付息(3 两),此即"领过者加三交出",未得会者则平摊余下差额。摇会会次临期摇骰而定,各会脚预先未知,具有一定的竞争性和娱乐性。

关于独会,《咸丰四年黟县胡禹功等立七贤会书》有言:

---

① 绩溪县地方志编纂委员会编:《绩溪县志》,合肥:黄山书社,1998 年,第 518 页。

立会书胡禹功、寿民今蒙诸位长亲大人玉成一会,名曰"七贤"。首会不出银,后六人各出曹平镜纹银三十三两三钱三分三厘正,共成纹银二百两正,付首会收领。公议,诸位以后不应,唯首会于每年六月初一布出曹纹(银)四十两正,交后六人匀分,至第七会止。既利人又省事,则叨光之中更叨光矣。

此处的"独会",亦称"单刀会"。该会"多为圈子中人所组织,与借贷性质相似,首会约亲友若干人,每人捯(填)会金若干,以后不再继续捯解。首会摇得时,令散会(会脚)摇骰子或拈阄,抽签以定先后。分若干期归还散会。"[①] 首会摇得者除偿还本金外,需另付一定的利息与会脚。较上述的轮会与摇会,参与独会的会脚之间并无直接的经济联系,他们只与会首本人保持着融资借贷或委托资本的关系。这类钱会多由会首执会,实际操作亦简便易行,属于民间一般的有息借贷。

通过对轮会、摇会与独会等不同类型钱会文书的梳理,笔者发现,这些会书(会券)资料不但记载了邀会的目的与意义,还涉及各类钱会的会资分配方案、会友之间的关系以及相互责任等内容,通过这些内容我们可以探讨钱会组织的运作机制。

二、钱会的运作机制

鉴于独会的运作相对简易,在实际操作中并不涉及复杂的计算问题,以下着重对轮会和摇会的运作机制作一分析。

(一)轮会的运作机制

在笔者搜集的钱会文书中,轮会的组织规模一般在11人左右,会额分布在50元至100元之间,以100元居多。为便于计算,现将"会额百元之十一人轮会"各位会脚收付情况列成表3-5。

[①] 冯秋农:《我国民间故有之集资方法——合会》,载《商业杂志》,1927年第1期。

表 3-5 会额百元之十一人轮会会金收付一览表 单位:英洋(元)

会次\期次	首会(旧式)	首会(新式)	二会	三会	四会	五会	六会	七会	八会	九会	十会	末会
首期	**100**	**100**	14.5	13.5	12.5	11.5	10.5	9.5	8.5	7.5	6.5	5.5
二期	14.5	14.5	**100**	13.5	12.5	11.5	10.5	9.5	8.5	7.5	6.5	5.5
三期	13.5	14.5	14.5	**100**	12.5	11.5	10.5	9.5	8.5	7.5	6.5	5.5
四期	12.5	14.5	14.5	13.5	**100**	11.5	10.5	9.5	8.5	7.5	6.5	5.5
五期	11.5	14.5	14.5	13.5	12.5	**100**	10.5	9.5	8.5	7.5	6.5	5.5
六期	10.5	14.5	14.5	13.5	12.5	11.5	**100**	9.5	8.5	7.5	6.5	5.5
七期	9.5	14.5	14.5	13.5	12.5	11.5	10.5	**100**	8.5	7.5	6.5	5.5
八期	8.5	14.5	14.5	13.5	12.5	11.5	10.5	9.5	**100**	7.5	6.5	5.5
九期	7.5	14.5	14.5	13.5	12.5	11.5	10.5	9.5	8.5	**100**	6.5	5.5
十期	6.5	14.5	14.5	13.5	12.5	11.5	10.5	9.5	8.5	7.5	**100**	5.5
末期	5.5	14.5	14.5	13.5	12.5	11.5	10.5	9.5	8.5	7.5	6.5	**100**
合计	100	145	145	135	125	115	105	95	85	75	65	55

备注:表中"100"表示各位会脚收会时应得金额。

表 3-5 所示"会额百元之十一人轮会"的资金运作具有以下特征:其一,首期行会,会脚按得会位次分配,并"一厘递减",即得二会者照会额的14.5%缴纳会金,得三会者则减纳一厘,为 13.5(14.5－100×1/100)元,依次计算可知,各会脚分别应付 12.5 元、11.5 元、10.5 元……6.5 元、5.5 元。其二,第二期以下,会首仅偿还本金,免纳利息,谓之"旧式轮会";而在"新式轮会"中,会首每期支付会金与得二会者相同,除归还本金外,须加纳相应利息与当期得会者,依次为 0 元、1 元、2 元、3 元……9 元。其三,得会者本身不再注入会款,每期所得会额前后不变。其四,诸位会脚逐期所纳会金一律相同,各股会金总支出呈"前伸后缩"之势。

此外,还有一些"折半领收会额"的案例。诸如《宣统元年胡达明等立至公会书》与《民国十四年孙养生立十人会券》所载轮会,坐收五会以下者,只填前四期,即告脱手,所收会额也折为 55 元,这是轮会发展出的一种独特形式。

(二)摇会的运作机制

较之轮会,摇会组织的参会人数则有多有少,既有六至十一人组成的"单式会",也有加入若干"会总"构建的规模更大的"总式会"。《光绪元年祁门汪社九等立会券》即载有一例典型的单式会,其收、付款项如表3-6所示。

表3-6　会额三十元之十一人摇会会金收付一览表　　单位:英洋(元)

会次 期次	首会	二会	三会	四会	五会	六会	七会	八会	九会	十会	末会
首期	免 +30	3	3	3	3	3	3	3	3	3	3
二期	3.6	−2.64 +30	2.64	2.64	2.64	2.64	2.64	2.64	2.64	2.64	2.64
三期	3.6	3.6	−2.533 +30	2.533	2.533	2.533	2.533	2.533	2.533	2.533	2.533
四期	3.6	3.6	3.6	−2.4 +30	2.4	2.4	2.4	2.4	2.4	2.4	2.4
五期	3.6	3.6	3.6	3.6	−2.338 +30	2.228	2.228	2.228	2.228	2.228	2.228
六期	3.6	3.6	3.6	3.6	3.6	−2 +30	2	2	2	2	2
七期	3.6	3.6	3.6	3.6	3.6	3.6	−1.68 +30	1.68	1.68	1.68	1.68
八期	3.6	3.6	3.6	3.6	3.6	3.6	3.6	−1.2 +30	1.2	1.2	1.2
九期	3.6	3.6	3.6	3.6	3.6	3.6	3.6	3.6	−0.4 +30	0.4	0.4
十期	3.6	3.36	3.36	3.36	3.36	3.36	3.36	3.36	3.36	免 +30.24	免
末期	3.6	3	3	3	3	3	3	3	3	免	免 +30.6
合计	36	37.2	36.133	34.933	33.561	31.961	30.041	27.641	24.441	21.081	18.081

备注:"+"表示得会者应收会额,"−"表示得会者本身应纳会金。

表3-6中摇会的资金运作呈现出如下特点:其一,首期各会友注资数依据会金总额平均摊派。其二,第二期以下,会首出资为一个固定数,已得会者(称"重会")按2分利息[3×(1+0.2)]偿还本金,未得会者(称"轻会")每期所缴会金逐渐减少。由于重会期数增加,轻会分担的会金相应减少,直至重会所纳会款之和高于总会额,则轻会免填,二者的关系可以归纳为算式:轻会会金=(会额−重会会金×重会期数)÷(会期总数−重会期数)。其三,余利贴补会脚。迨至重会所纳会金之和超过规定会额之后,便会产生差额,谓之余利。表3-6中行会至第十期时,重会所纳会金之和应为32.4元,余利共计2.4元,据其会书规定,余利由会脚10人均分,各人少纳0.24元,故而行会至第十期,除会首

外,其他重会偿付 3.36 元,而未坐收者十会与末会除免填会金外,还可收入 0.24元。其四,各股所收会款一致,先得会者较后得会者所纳会金为重。

关于总式会,据《嘉庆二十年黟县卢硕南立五总间收会书》载,该会共有会首 5 名,头首集会友 5 股,二首集会友 4 股,三首集会友 3 股,四首集会友 2 股,五首集会友 1 股,共计 20 会,首期募集会额 100 两,交起会之人(称"头总")收领。此后各期会额 100 两不变,5 名会首依"一、三、五、七、九"的顺序间隔轮收,其余会友俱以摇骰竞猜的方法确定得会次第,实属复杂形态的摇会。

此外,徽州各县的合会除名称不同外,在具体做法方面亦有区别。如黟县《民国二十六年韩清和等立至公书》中所述公会的运作情况,如表3-7所示。

表 3-7　会额十两之十一人至公会会金收付一览　　　　　单位:两

会次\\期次	首会	二会	三会	四会	五会	六会	七会	八会	九会	十会	末会
首期	+10	1	1	1	1	1	1	1	1	1	1
二期	2	+10	0.889	0.889	0.889	0.889	0.889	0.889	0.889	0.889	0.889
三期	2	2	+10	0.75	0.75	0.75	0.75	0.75	0.75	0.75	0.75
四期	2	2	2	+10	0.571	0.571	0.571	0.571	0.571	0.571	0.571
五期	2	2	2	2	+10	0.333	0.333	0.333	0.333	0.333	0.333
六期	2	2	2	2	2	+10	—	—	—	—	—
七期	2	1.6	1.11	3	1.29	3	+10	—	—	—	—
八期	—	2	1.2	0.9	3	3	1.9	+10	—	—	—
九期	—	—	2	0.5	1.5	2	2	2	+10	—	—
十期	—	—	—	2	0.67	1.33	2	2	2	+10	—
末期	—	—	—	—	1.33	0.67	2	2	2	2	+10

备注:"+"表示得会者应收会额。

表 3-7 所举会式与"摇会"的组织形式颇为相似,但在醵资运利方式上显然更加复杂,其利息计算也非常专业。尽管如此,钱会的某些共同特征仍旧是突出的和值得我们注意的[①]。

---

① 梁治平:《清代习惯法》,桂林:广西师范大学出版社,2015 年,第 117 页。

综上,轮会和摇会在资金运作上大都遵循"先得者多纳,后得者少填"的原则,这使得钱会的参与者之间彼此制约、互惠互利;二者对会金与会额的设计通常为整数,会金的分配亦尽量"齐整划一,抹零存整",避繁就简,以便核算。不过,轮会与摇会也有所不同,大体来看,轮会注重"因需合会",满足人们在特定时间段集中使用资金的需求,这让钱会兼备互助与融资的功能;摇会则侧重"投机逐利",具有娱乐性,从而吸引参会者。当然具体到每个钱会,醵资运利的方式又灵活多样,各有不同。

三、传统钱会的利率

徽州传统钱会在醵资生息的过程中,执行着相对一致的利率标准,既有起会"当即交付首会领去,照典生息"[①]和"其会利得过者加三交出"[②]的约定利率,也有会中"内在每届余利,得末会者拨出余利一半贴得四会,得末二者拨出余利三股之一贴得三会,其余各得本身"[③]的利息贴补。从会书表面来看,先得会者与后得会者并无借贷利率上的差异,但实际上,二者所承担的利率各不相同。一方面,为了避免借贷双方发生不必要的纠纷,保护债权人的经济利益,邀会人会预先与会员根据融资的用途及其收益,共同约定一个合理的利率。另一方面,在传统钱会的实际运作过程中,前述书面约定利率往往无法保证会员收支平衡,需要对会员的利息收入进行再次分配。关于钱会获利的不均衡性,可以"单利"与"复利"两种计算方法来探讨钱会实际利率与约定利率之间的差异问题。

就单利计算方法而言,费孝通先生在对江村地区的"互助会"进行考察时指出,民间的金融合会相当于一个集体储蓄和互助机构,在钱会中那些得会靠前者,累计还款数额大于所收会款,可以视为借款方,反之,后得者因所收

---

① 刘伯山主编:《徽州文书》第 5 辑第 3 册,桂林:广西师范大学出版社,2015 年,第 154 页。
② 黄志繁、邵鸿、彭志军编:《清至民国婺源县村落契约文书辑录》,北京:商务印书馆,2014 年,总第 3765 页。
③ 王钰欣、周绍泉主编:《徽州千年契约文书(清·民国编)》卷 17,石家庄:花山文艺出版社,1991 年,第 205 页。

会款大于逐期存款支出,可视为贷款方。如表3-6中,首会至七会所付会本均超过规定会额,体现为先借后还,据此可以求出借款利率,八会至末会所得会额则大于会本支出,视为先存后收,据此可以求出贷款利率。对此,费氏提出以平均利率法来考查借款人与贷款人所承担的实际利率①,其计算原理如下:

贷款平均利率＝[(会额－会金合计)÷(存款次数－还款次数)÷会额]

借款平均利率＝[(会金合计－会额)÷(还款次数－存款次数)÷会额]

按:贷款平均利率就是以贷款量为权数,用加权算术平均法计算出的平均利息率,借款平均利率亦然。当还款次数等于存款次数时,借款平均利率＝[(会额－会金合计)÷会额]

据此,试将《民国二十年婺源富伪等立会书》②所载会内各人所负利率情况计算出来,其分布如表3-8所示。

表3-8 民国二十年(1931)婺源富伪等立一百元会会内借贷利率分布一览表

会次	会额(元)	会金合计(元)	存款次数(次)	还款次数(次)	平均利率(100%)	
					借款利率	贷款利率
首会	100	120	0	6	3.33%	—
二会	100	116.666	1	5	4.17%	—
三会	100	108.666	2	4	4.33%	—
四会	100	103.666	3	3	3.67%	—
五会	100	94.666	4	2	—	2.67%
六会	100	84.999	5	1	—	3.75%
末会	100	70.999	5	0	—	5.8%

备注:所谓"存款次数"指的是某脚得会之前支出会金的次数,"还款次数"则是他得会之后偿还会金的次数。

由表3-8可见,在婺源富伪等人组织的钱会内部,不仅"借方"与"贷方"

---

① 参见费孝通:《江村经济——中国农民的生活》,北京:商务印书馆,2001年,第239页。
② 黄志繁、邵鸿、彭志军编:《清至民国婺源县村落契约文书辑录》,北京:商务印书馆,2014年,总第1886页。

所负利率有差异,各股所担利率亦各不相同。同理,在表 3-5 所示的新式轮会案例中,会期每年一轮,首会至五会的借款平均利率依次为 4.5%、5.63%、5.83%、6.25%、7.5%、5%,七会至末会的贷款平均利率分别为 2.5%、3.75%、4.17%、4.38%、4.5%;在表 3-6 所示的摇会案例中,首会至七会的借款平均利率分别为 2%、3.43%、4.09%、5.48%、11.87%、6.54%、0.05%,八会至末会的贷款平均利率分别为 1.97%、2.65%、3.72%、4.41%。显然,起会之际众人约定的利率并不能真实地反映各人在转会过程中所承担的利率水平。

就复利计算方法来说,若将传统钱会视为一个相对公平的借贷组织,那么"每人(包括会首在内)逐期所缴纳的会金,依照这一利率,每期照复利滚算,于会终时所得本利和,应恰等于所得的会额依同样算法于会终时所得的本利和"①,由此便可倒推出各人实际所负利率的分布情况。结合表 3-5 所示的轮会案例,设定各股的转会利率为 i,可以推导出:

首会实际利率:$100×(1+i)^{10}=14.5×(1+i)^9+14.5×(1+i)^8+14.5×(1+i)^7……+14.5$

二会实际利率:$100×(1+i)^9=14.5×(1+i)^{10}+14.5×(1+i)^8+14.5×(1+i)^7……+14.5$

……

末会实际利率:$100=14.5×(1+i)^{10}+14.5×(1+i)^9+14.5×(1+i)^8……+14.5×(1+i)$

依照相关数理,可以求得该会自首会至末会的利率,分别为 7.4%、9.8%、16.4%、18.9%、□、□、4%、6.6%、8.1%、9.4%、10.6%。与此相对应,表 3-6 中各人所负实际利率则依次为 3.37%、5.8%、6.71%、8.57%、

---

① 杨西孟:《中国合会之研究》,上海:商务印书馆,1935 年,第 16 页。

12.4%、0.03%、□、3.96%、7.93%、10.8%、7.37%。① 通过运算可知,无论是轮会,还是摇会,会中各股所承担的借贷利率均不一致,甚至处于中间次序的得会者相对吃亏,而另一些次序的得会者又明显获益。此外,部分会友由于收支两端相抵,相差甚微,故无法求得实际利率。因此,民间流传的"五苦六极"(特指十一人轮会)的说法是有一定道理的。有学者认为,在轮会中,一般会首会让与自己关系最为密切的人来担任中间的会员,俗称"挑担子"②。至于摇会,因各人得会时间无从得知,故会员之间的损益具有偶然性。由此不难看出,在徽州钱会中普遍存在因利率负担不均而导致的获利失衡现象。关于传统钱会利率施行前后不一的原因,近人杨思温在《太仓钱会调查》中曾有一段这样的评述:

> 考钱会为我国旧式之合作制度,信用稳固,组织周密,计算巧妙,为流通金融之良好方法。惜以渊源久长,本意渐失,各地人士,只知墨守成规,不事增损,即利息之计算,知其所当然而不知其所以然者,比比皆是,遂致弊病百出,为其所累,苟能因地制宜,详核其利息,严密其组织,则其互助之合作功效,较今日正在推行之合作制度,成绩胜一筹也。③

其强调"利息之计算,知其所当然而不知其所以然者,比比皆是,遂致弊病百出"。可见,清代民国时期,钱会虽然发展迅速,但在制度设计上并非至臻成熟,尤其是在数理计算方面仍有较大的完善空间。不过,钱会这类民间借贷"主要为亲友之间相互调剂短期资金,不以营利为目的"④,往往融资取利甚轻。

---

① 按:对上述一元高次方程的求解,笔者主要借助了 Excel 的单变量求解工具。对于其中无法求得实根者,文中以"□"表示。
② 钟树杰:《江苏民间借贷与经济运行——基于民国时期江苏合会的研究》,载《中国农史》,2015年第3期。
③ 杨思温:《太仓钱会调查》,载《光华大学半月刊》,1934年第2期。
④ 祁门县地方志编纂委员会编:《祁门县志》,合肥:黄山书社,2009年,第405页。

综上所述,传统徽州不同类型的钱会根据需要,制定了一些适合自身的资金运作方式和管理方法,其中多有涉及利息贴补的措施。如轮会案例中,对于获利最大的执首会者,成会伊始,或规定会首须交纳相当的利息,或规定会首设宴以代利。再如摇会,行会至产生余利之后,便将余利平均分派于诸位会脚,或分配给明显吃亏的若干会脚,或由得末会之人收领。凡此种种,皆足以证明徽州民众采取了诸多尝试来弥补会脚之间的负担不均。

四、会规的运用与发展

合会之中,通常在会规约束之下,参会者多能主动筹措资金,履行按期支付会款的义务。如乾隆二十六年(1761)十一月胡玉章"因父手银会到期,缺乏应付,无从措办",便将坐落于歙县十七都四图拱字七百三十九号与七百四十一号的两处田产出卖于乡邻,售价纹银25两5钱,用以周转会款[①]。然而,亦存在参会者因窘迫无措而拖欠会款的现象。这从以下所引收支账簿的记载中可见一斑。

> 甲申年(光绪十年)所邀首会,计(英)洋六十元,计十位:森林兄,一股,六月初八收洋二元,八月廿八收洋二元吉;东海兄,一股,四月廿八收洋二元,五月初二收洋二元吉;瑞记,一股,收,入店账算;安弟,一股,五月初一收洋四元,又收洋二元,代付复成吉;起林,一股,五月初一收洋四元,又五月十二收洋一元,又钱一千二百四十文吉;四发,一股,四月十七收洋三元,存入店,五月十六收洋三元吉;如松嫂,一股,四月十九收洋六元吉;应麒,一股,五月初一收洋六元吉;记生侄,一股,四月十七收洋四元,又收钱一千二百四十文,八月廿九收洋一元吉;记寿叔,一股,八月十四收洋二元七钱,收货

---

① 安徽省博物馆编:《明清徽州社会经济资料丛编》第一集,北京:中国社会科学出版社,1988年,第126页。

洋三元三钱,两讫。(下略)①

上文引自晚清祁门县胡廷卿所记录的家用账簿,该账簿涉及胡氏参加多个合会的记载,并且其参加的合会以十一人轮会为主要类型。由"四发"与"记生侄"二人于是年四月十七日交纳会款的记录来推断,该会当倡立于四月初,而多数会友并未及时缴付会款。诸如"如松嫂""应麟"推迟一并付讫、"森林兄""东海兄""起林"等分期偿付、"记寿叔""瑞记"以私账冲抵的记载。据笔者初步统计,胡氏自光绪六年(1880)至民国元年(1912)前后合会十余次,行会之时,会友皆不押不欠者鲜有。

对于无法履行会约者,合会允许成员把自己名下的"会份"按股的形式进行"承顶"。如光绪二十九年(1903)歙县会脚徐德泽由于无法筹集到会款,便将身下"会份""顶"于会友徐德美名下,其"顶会"契明确有载:"得受英洋二十四元正(整),其洋即日兑足,其会听凭来年五月初五日会期,听凭赴席交会摇彩……立此为据。"②在其他钱会文书中,也存在会脚将收会权"出抵"的情况。如咸丰七年(1857)十一月,胡邦成因缺乏钱财使用,将自己持有的杨花富会首名下钱会一股,"出抵"至江万祥处,借来干白谷二担,其押契载:"每年秋收之日交纳干谷利六斗,挑送上门,不得欠少,如有欠少不清,凭首会、会证、会书过割改名……立此抵会票存照。"同年十二月,该会另一位会脚江万如又以五千文的价格将名下会份作抵于江万祥名下③。可见,会份流转是合会实际运转过程中一个普遍存在的现象。诚如刘淼先生所言,正因为"替会"实现的一般是为了获得"做会吃会"的权益,这就从根本上保证了会的资产的

---

① 王钰欣、周绍泉主编:《徽州千年契约文书(清·民国编)》卷14,石家庄:花山文艺出版社,1991年,第172页。
② 《光绪二十四年徐立长立会簿》,见《歙县二十六都四图徐氏文书》,上海交通大学图书馆藏。
③ 《咸丰七年胡邦成立抵票》《咸丰七年江万如立抵票》,见《歙县二十六都六图江氏文书》,上海交通大学图书馆藏。

稳定。换句话说，这也就使会社组织的存在具有制度上的保证①。

在徽州以外的地域，合会进行过程中"会份"的流转似乎也客观存在。如在民国九年(1920)的福建莆田县，有"立卖会契字黄贞礼，加有情义会一场，会首兄贞高，纠集会友三十七人，会期四、八、十一月初六日，每人生会加光番一圆，熟会加光番一圆，又利小洋五角正(整)。今因要用，将此一场情义卖与雷国平处，三面言议，本日卖出光番八圆零三角正(整)，其银即日交足，其情义会即付雷国平前去换名加会……立卖字一纸为照"②。以收会权为标的，自由买卖会份，凸显了钱会因地制宜的灵活性。

不过，若不能妥善处理"拖欠会款""以会易会"乃至"私账抵会"等问题，则会出现"倒会"(或称"散会")的局面。据詹元相《畏斋日记》载："(康熙四十年十月)十八，午后平含章兄原打九子会。其会今年第五会，众议不成会，只将前领过者照例交出，付未领者均分，三面以前会账俱扣算清。"③又如婺源县方如松会书注明："民国二十四年(1935)七月初一日，坦宅应江兄收，廿四年七月初一日，首会未成交出，二会散出洋十元，内除洋一元会酌，仍洋九元，九股照股均分。"④詹氏与方氏的合会遭遇，反映了当地"散会"的一般情形，从一个侧面揭示出完善会规以防违约行为发生的必要性。

对合会违约行为的规避，在清中叶以前民间钱会订立的具体会规中已可见相应的惩罚措施。据乾隆七年(1742)婺源县吴尔庚会书称："先兑后摇，毋得私账货物搪塞，如有此情，收过者罚银二钱，未收者罚银一钱，公用……收过者一应不许押，押者罚银一两，(乾隆)十一年(1746)十一月初九日众友面

---

① 刘森:《中国传统社会的资产运作形态——关于徽州宗族"族会"的会产处置》,载《中国社会经济史研究》,2002年第2期。
② 《民国九年黄贞礼立卖会字》,见《福建省莆田县雷氏文书》,上海交通大学图书馆藏。
③ (清)詹元相撰:《畏斋日记》,见中国社会科学院历史研究所清史研究室编:《清史资料》第4辑,北京:中华书局,1983年,第226页。
④ 黄志繁、邵鸿、彭志军编:《清至民国婺源县村落契约文书辑录》,北京:商务印书馆,2014年,总第7010～7018页。

批。"①该会总会额为 10 两,对于押会款者,罚金达会额的 10%,而对于用私物抵账者,罚金占总会额的 2%。此外,会书作为契约文书之一重要类型,在订立时要求会员互相担保或邀请会外信用较高的亲友出面担保的案例并不少见。如"收会必要保人,倘收会者临期不交,保人代交,未收者临期不交,罚酌停摇"②;又如"会摇得者须托会内未收之人作保会,当即登名书押,会已得者逢期不到,保人代付无辞。如有未收者,银到人不到,首会代摇,人银俱不到,停签"③。担保人参与钱会的运作,且有证信功能,对维系钱会的稳定发挥着重要作用。

然而,无论是过则有罚,还是央人作保,这类依赖地缘关系和社会信用维系的书面约定,在进入民国前后,收效已不甚明显。这一历史时期的徽州部分钱会文书已提出另立押契,或以实物抵押。譬如,光绪二十八年(1902)祁门县陈得仁自邀一会,因递年转会无力偿付会金,遂将本家一处田产押于会友陈三顺名下为业④;又如民国七年(1918)歙县三十一都姚冬狗曾受邀参加方喜松所兴钱会,其领收会款之后,应众人要求,将歙县三十一都三图听字号内熟地一处抵押与未得会者,其抵会票载明:"众面言定,每年两次连本带利,加二五利交付上会,五月初一日为期,下会六月初一日为则,不得过期,如有过期,听凭首会另众会友收割起业……立此抵押为用。"⑤可见,在清末民初鼎革之际,徽州一些地方在防"倒会"的策略上变得更加务实,试图通过抵押实物与书面规约并举的方式,督促会员坚守会约,以维护债权人的利益。

通过对比不同的会书资料可以推断,有清以来,徽州传统钱会规约施行

---

① 黄志繁、邵鸿、彭志军编:《清至民国婺源县村落契约文书辑录》,北京:商务印书馆,2014 年,总第 2671~2675 页。

② 《光绪二十四年徐立长立会簿》,见《歙县二十六都四图徐氏文书》,上海交通大学图书馆藏。

③ 《民国十九年方乐山立会书》,见《歙县二十二都四图贾氏文书》,上海交通大学图书馆藏。

④ 刘伯山主编:《徽州文书》第 5 辑第 2 册,桂林:广西师范大学出版社,2015 年,第 379 页。

⑤ 《民国七年姚冬狗立抵会票》,见《歙县三十一都三图姚氏文书》,上海交通大学图书馆藏。

的过程呈现出复杂多样性,基于地缘和信用所订立的会约并没有像人们所期望的那样全部规范化施行。由于金融合会"不是一个永续存在的组织或团体,所以欠缺结构性及制度性的力量来防御倒会"①,基层民众尝试从加强债务连带程度和密切人际关系两个层面来维护钱会的信用基础,初步探索出一套内部自我约束与外部有效监督结合的管理机制。因此,尽管钱会在实际操作中存在诸多不足,却仍能在徽州社会长期沿用。

以上通过对钱会文书的梳理,不难看出,在传统徽州,钱会作为一种民间自发的小规模经济合作组织,在很大程度上满足了普通民众生产、生活的功能性需要。

一方面,从不同的类型钱会所具有的共性和差异来看,传统钱会的存在具有内在的合理性。具体而言,它在投资策略上,能够因经济互助而合会,为借贷融资而立会。民间钱会因需而立,在缺乏官方主导的社会保障和融资渠道的传统社会,正所谓"乡间之有堆金银会也,贫者得之,固为雪中送炭,即富者得之,亦似锦上添花,婚姻、创造、田产诸大端,咸有赖焉"②。在组织形式上,民间钱会以地缘关系和社会信用为纽带,坚持以互惠互利为基本原则,通过"会份"的制度实践,进行抵押、买卖、典当等多样的商业活动,将民间融资与互助关系形诸契约,探索出一套相对稳定的利益分配机制,从而长期存在于基层社会。

另一方面,徽州传统钱会一般坚持低息取利,并在实际运作中呈现出较强的适应性。清末至民国时期,徽州合会借贷多以义为利,酿资生息颇低,即"息止一分,轻利而重谊也"③。这使得钱会成为除典当以外乡民借贷惯用的一类手段。譬如,清代民国时期,在绩溪县"互利借贷"之类的合会组织中,不

---

① 罗家德:《人际关系连带、信任与关系金融:以嵌入性观点研究台湾民间借贷》,载《清华社会学评论》,1992年第2期。
② 《光绪二十四年徐立长立会簿》,见《歙县二十六都四图徐氏文书》,上海交通大学图书馆藏。
③ (清)陈确撰:《陈确集》卷一七《会约·南湖义社约(癸巳)》,北京:中华书局,1979年,第399页。

计利息者甚多①,黟县"有的为'打会',即由急需用钱的人为首……直至期末,均不计利息"②,歙县"打会年息2至3分,头会不起息"③。尽管有些钱会设定了借贷利率,且参会人员担负的实际利率和约定利率有所差异,但民众或调整会式,或变通会规,最大限度地实现了对会员获利多寡的二次分配。这样一来,可以在一定程度上通过钱会内部解决获利不均的问题,也使钱会制度能够因时制宜,合乎本地的借贷习惯。留存至今的"顶会契""押会契"以及"卖会契"等文书也表明,通过股份化的运作模式,钱会制度实现了自身多元化的发展,适应了广大民众特别是中产之家、殷实之人生产经营、生计保障、生活互助的多元需求。

第三节 徽州传统合会纠纷及其应对

清康熙年间,归隐乡间的吕留良劝诫友人:"亲知嫌隙,大约开于货财。而银会事非一人,期非一日,吾见始终无言者鲜矣。况力实不胜,其能免乎。凡有告急,但谅己力所及,有则赠之,无则辞焉。若必以会相强,及居闲借当之属,断然不能。"④此处"银会"即合会,其作为旧时民间一种小规模集资互助的形式,在很大程度上满足了普通百姓借贷、融资等多元经济需求。但令吕留良痛心的是,这种亲友间的经济互助,往往因为施行不当而引发这样那样的纷争,以致"亲知嫌隙",得不偿失。有关传统合会的研究,自20世纪30年代以来已取得诸多成果。总体而言,因史料局限和视角不同,既往研究多侧重于民国时期,有关明清以来传统合会的长时段考察仍有待拓展和深

---

① 绩溪县地方志编纂委员会编:《绩溪县志》,合肥:黄山书社,1998年,第518页。
② 黟县地方志编纂委员会编:《黟县志·中》,合肥:黄山书社,2012年,第799页。
③ 歙县地方志编纂委员会编纂:《歙县志》,北京:中华书局,1995年,第365页。
④ (清)吕留良著,徐正点校:《吕留良诗文集》上册,杭州:浙江古籍出版社,2011年,第189页。

化①。有学者注意到,明清之际,我国商品经济迅速发展,民间借贷活动异常活跃,尤其在清代,利用合会融资牟利的趋向日渐明显,乃至成为传统借贷体系中不可或缺的一环②。然而,合会作为一种活跃于民间、由传统契约关系维系的组织,具有什么样的保障机制?面对潜在的风险与现实的纠纷,官方和民众会如何应对?下文利用相关合会文献和合会类司法案件资料对此作一考察。

一、清代合会纠纷

关于传统合会,一般有邀会、收会、转会、满会等主要流程。具体来说,由专人(即会首)发起,邀请若干亲邻参会,按期集结。每期集会,参会者(即会脚)按约定支付相应款项,所集会款供会员轮流使用,直至终会。这种组织严密、计划周全的互助形式,其核心环节是收会得钱,一旦有人拖欠抵赖,极易诱发经济纠纷。揆诸相关记载,清代合会的纠纷与诉讼大致可以分为三种类型:

一是会首组织不力,引发争端。传统合会作为亲友间集资互助的组织,邀会通常以自愿为前提,若勉强他人参会,彼此之间难免发生冲突。比如嘉庆八年(1803)八月间,河南府伊阳人张堪邀同村李方文等合会酬神,派李方文出会钱200文,当面结清100文。后张堪向李方文索讨余款,李方文表示"酬神出钱多寡,听人乐助,不该硬派催讨",以致互助争殴。③ 又如嘉庆十五年(1810),江苏省有民徐贵长因向黄邦彦合会被拒,便心怀怨恨。之后,徐贵长见朱尚名孙女病故,用草席包裹埋于田中,便伙同好友鲁名山发掘残尸移

---

① 有关合会研究时段的概述,参见熊远报:《在互酬与储蓄之间——传统徽州"钱会"的社会经济学解释》,载《中国经济史研究》,2017年第1期。

② 刘秋根指出,合会本来是一种带有互助性质的经济组织,但随着合会的发展,将合会资金用于经商、放贷等牟利的趋向逐渐明显起来,随之合会资金也越来越具有合伙制的性质。参见刘秋根:《中国古代合伙制初探》,北京:人民出版社,2007年,第209~218页。

③ 杜家骥编:《清嘉庆朝刑科题本社会史料辑刊》第2册,天津:天津古籍出版社,2008年,第515页。

放到黄邦彦田内,借图讹诈泄忿。① 又同治初年(1862),长洲人曹和观状告姆母杨氏行凶伤人,据曹和观供称,因其拒绝参加杨氏合会,妻子唐氏被后者纠人殴伤。② 由于这类行为有违合会初衷,时常遭人诟病。在清代小说《笑林广记》中就收录了"拉银会"的笑话:某人欲拉朋友入会遭拒,不惜以下跪相逼,邀会者不以为耻,反向旁人夸耀"我不折本的,他日讨会钱,跪还我的日子正多哩"③。这个笑话颇具讽刺意味。

二是会首或会脚拖欠会款,引发倒会。合会要在众人间实现经济互助,必须保证资金及时到位,否则合会关系将岌岌可危。但现实中却有不少会脚无法按时交收款项,比如康熙三十五年(1696),福建宁化人张生、张国任等应邀加入族人张善容银会,俟至张国任收会,张生拒不填会,双方因索讨会银酿成命案④;乾隆年间,马文太在族中倡立(棺)材会,适逢马调芳父故,众人皆照议出钱,唯独会脚马文若拖欠不给,引发命案⑤;乾隆二十六年(1761),广东番禺人凌斌在族中合会,会脚凌洽宠得会后将名下一处田业押入会内,后凌洽宠外出,其弟凌润宠蓄意拖欠代供会银,并改租会田,致酿人命⑥。与之相应,会首拖欠款项的情况也时有发生。如康熙二十五年(1686),福建长汀人郑斯坚邀请胡理源、邓万献等人凑立谷会,按年轮收,后郑斯坚因家贫无力偿付,先后拖欠众人会谷10余石⑦;又如嘉庆十七年(1812)十一月,四川广安州民蒋仕仁向胞叔蒋宗烺(会首)索讨会钱未果,双方大打出手,致使蒋宗烺

---

① (清)祝庆祺等编:《刑案汇览三编》第1编,北京:北京古籍出版社,2004年,第730~731页。
② (清)蒯德模:《吴中判牍》,上海:上海书店出版社,1994年,第923页。
③ (清)游戏主人编纂:《笑林广记》,呼和浩特:内蒙古文化出版社,2007年,第161页。
④ (清)王廷抡:《临汀考言》,见《四库未收书辑刊》第8集第21册,北京:北京出版社,2000年,第239~240页。
⑤ 转引自刘秋根:《中国古代合伙制初探》,北京:人民出版社,2007年,第153页。
⑥ 中国第一历史档案馆等编:《清代地租剥削形态》上册,北京:中华书局,1982年,第317~312页。
⑦ (清)王廷抡:《临汀考言》,见《四库未收书辑刊》第8集第2册,北京:北京出版社,2000年,第314~315页。

被戳伤后身死①；又如嘉庆二十年（1815）十一月，四川罗江人邵兴益向会首曲德良索讨会谷不得，致相争殴，邵兴益被曲德良踢磕受伤后身死②。

至于会众拖欠款项的具体原因，除家贫无力支付外，还有私账抵会的情形。如嘉庆四年（1799）七月，直隶大名府长垣人韩稀胜无力继续填会，便向会首韩学冉提出退会，由于韩稀胜曾在会中借过款项，扣除欠款尚应找还240文，但韩学冉坚持以余款扣作会息，拒绝退款，为此双方发生争斗③；同年十月，湖南永兴人曹得和邀曹革生、曹玉笏等合会，至曹玉笏得会收钱，曹革生以会首曹得和欠有旧账为由，要曹得和认缴部分会钱，结果曹得和认可会钱并不如期清偿，致酿人命。④ 值得注意的是，在拖欠款项的会员中，也有一些是故意抵赖的，如嘉庆十九年（1814）九月，四川邛州民何开品邀集堂兄何开甲合会，会宴过后何开甲拒不上会，引致双方爆发激烈冲突⑤；又如嘉庆十年（1805），湖南湘乡县民杨从周拖欠会首谢重来等人会钱，谢重来屡次派人催讨未果，怒捆杨从周送官，致其受寒身死⑥。

三是因蓄意欺诈或非法牟利而引发争端。如嘉庆五年（1800）正月，江西瑞金县民赖德玢用宗族钱会向曾氏宗祠放贷，后曾姓无法偿还本利，赖德玢妄图以曾氏祠产作抵，致生讼端⑦；又如嘉庆六年（1801），贵州平远州人李成

---

① 杜家骥编：《清嘉庆朝刑科题本社会史料辑刊》第1册，天津：天津古籍出版社，2008年，第236页。
② 杜家骥编：《清嘉庆朝刑科题本社会史料辑刊》第2册，天津：天津古籍出版社，2008年，第682页。
③ 转引自刘秋根：《中国古代合伙制初探》，北京：人民出版社，2007年，第211页。
④ 杜家骥编：《清嘉庆朝刑科题本社会史料辑刊》第1册，天津：天津古籍出版社，2008年，第420页。
⑤ 杜家骥编：《清嘉庆朝刑科题本社会史料辑刊》第1册，天津：天津古籍出版社，2008年，第274页。
⑥ 杜家骥编：《清嘉庆朝刑科题本社会史料辑刊》第1册，天津：天津古籍出版社，2008年，第420页。
⑦ 杜家骥编：《清嘉庆朝刑科题本社会史料辑刊》第1册，天津：天津古籍出版社，2008年，第156~158页。

堂邀罗帼华、陈元秀等人合会,罗帼华应得会银被李成堂私吞,致相争殴①,再如道光年间,安徽旌德县人戴按创立月会,"每七折钱一千文,先扣利钱四十文,以一月为期,二分起息,逾期倍罚",有会脚金有应、金成宝等不堪被其盘剥,先后赴府县衙门控告②。更有甚者,假借合会之名构设骗局,如清初赵吉士《寄园寄所寄》引《鹏升集》载:"今时邑无赖子,邀百人作百子会,人出银一两,摇骰子,点多者先收。每月一应,八九年乃毕,冀其不能终局,先收会者得图赖之耳。"③

除上述三种情形之外,还有会外势力的干扰。一般来说,这些干扰势力通常与参会者存在某种私人恩怨。如嘉庆十七年(1812),江西人夏之纲醉酒后怀疑族侄夏必琇篡改会簿,双方发生激烈口角,酿成命案④;又如道光八年(1828),直隶人李周氏因侄子李时富侵吞其毡条并挪借会钱,心怀气愤,自缢而亡⑤;又如光绪末年(1908),山东莱阳人孙相臣向任玉传索讨会钱,竟遭后者祖父任为本百般刁难,孙相臣气愤不过,便向官府诬告任为本亏欠自身会钱。⑥

综观上述纠纷,合会内部围绕会款的收付使用,会首与会脚攻讦不断,而会外势力一直妄图染指合会,扰乱合会的正常运作,乃至有无赖奸徒假借合会之名行骗。究其原因,或与合会的运作规制存在莫大关联。由于合会关系本身可以视作一种团体借贷关系,合会中各方利益交织并存,可谓"牵一发而动全身"。但当时普通士民很难厘清其经济脉络,惯于依照私人借贷原则解决合会纠纷,这不仅于事无补,反而会加剧矛盾。也正因为如此,清代合会在

---

① 杜家骥编:《清嘉庆朝刑科题本社会史料辑刊》第2册,天津:天津古籍出版社,2008年,第633页。
② 李文治编:《中国近代农业史资料》第1辑,北京:生活·读书·新知三联书店,1957年,第97页。
③ (清)赵吉士撰,周晓光、刘道胜点校:《寄园寄所寄》,合肥:黄山书社,2008年,第54页。
④ (清)祝庆祺等编:《刑案汇览三编》第3编,北京:北京古籍出版社,2004年,总第1515页。
⑤ (清)祝庆祺等编:《刑案汇览三编》第2编,北京:北京古籍出版社,2004年,总第1255~1256页。
⑥ (清)庄纶裔撰:《卢乡公牍》,见《官箴书集成》第9册,合肥:黄山书社,1997年,第619页。

发展过程中始终存在困扰人们的难题,无法从根本上平衡各方的利益诉求。

二、官府的反应

上述诉讼案卷显示,迟至康熙年间,地方官府就陆续接触到合会争端。但当时的《大清律例》并无针对合会关系的专门条款。面对地方上形形色色的合会活动,官府难以实施有效监管。譬如,嘉庆初年出任贵州学政的李宗昉在《黔记》中指出:"市人醵银钱为会,每月籥之,团饮为乐,曰'上会',妇人亦多为之。其始盖皆各省流寓之民,鲜土著者,故醵银浸以成俗。轻去其乡,随地迁异,上古淳质之世所不为也。"①尽管李宗昉意识到合会盛行、世人沉浸其中有可能败坏地方风气,但只是出于道德教化的担忧,并没有给出具体的应对举措。无独有偶,晚清上海县学训导秦荣光也察觉到民众盲目组织合会存在极大的风险,他在陈奏地方事务时指出,当地嫁娶之风奢靡,往往耗费巨大,"下户人家,多有起会典借,债累半生者"②(这里仅将合会致贫视为地方社会风气奢靡的例证,并无加以引导之意)。

事实上,只有那些涉嫌违禁的合会活动,才会引起官府上下的关注。据清康熙年间赵吉士《寄园寄所寄》记载,当时江西有一僧人创立千佛会,"人出银一钱投木柜,摇点多者得百金归,不必复应。往来行人图侥幸,不过二三日,即聚千人,僧则利其每一会,得抽分数金耳"。当地知县怀疑该僧创会有"惑众"之嫌,遂"杖僧乃止"③。至于僧人创会的真实动机,现已无从考证。但可以肯定的是,"千佛会"的组织形式借鉴了民间摇会(以摇骰或抓阄方式决定收会次序的合会)的经验,因其运营手段带有"博彩"性质,遭到官府查禁可以想见。其实,这种情况在其他地区并不鲜见,如"清乾隆年间,闽省有摇会赌博之禁"④,又如稍晚一些的北京城内有竹枝词传唱:"摇会人多笑语喧,

---

① (清)李宗昉:《黔记》,北京:商务印书馆,1936 年,第 5 页。
② 秦荣光:《上莫善征邑候书》,见沈云龙主编:《近代中国史资料丛刊》第 75 辑,台北:文海出版社,1973 年,总第 2191 页。
③ (清)赵吉士撰,周晓光、刘道胜点校:《寄园寄所寄》,合肥:黄山书社,2008 年,第 54 页。
④ 郑丽生:《郑丽生文史丛稿》上册,福州:海风出版社,2009 年,第 118 页。

凑钱月月典衣裤(摇会盛行,每逢月初,上会无钱,有典当衣物而入者)。风闻严禁齐丢手(会首与黑签最喜散会,但闻禁止便散却),最苦白签难诉冤(未得会者谓之白签,每月上会若干,尽送给会首用去)"①。

不过,在没有明确司法解释的情况下,这种禁令所取得的实际效果并不理想。如嘉庆二十二年(1817)贵州司审办京城罗文亮起意邀集抓金会一案,主审官断定抓金会涉嫌聚众赌博,可是"(律)例无民邀会治罪专条",只得"比照旗人邀集抓金会,将为首邀集之人照违制律拟杖一百"②。这一判决援引的旗人邀集抓金会例,即"乾隆四十年(1775),步军统领衙门奏送骁骑校海文,因争讨会钱斗殴案内,奏准定例"。若单从案由叙述来看,此案显然与前述合会钱债纠纷无异,但光绪朝刑部尚书薛允升强调,旗人抓金会"非赌博而类于赌者也,故特禁之"③。也就是说,清廷高层支持查禁抓金会的着眼点仍在于禁赌,至于抓金会本身是否合法,当局显然无意加以区分。由于朝廷的应急处理过于简单,适用范围就相当有限,遑论将各地名目繁杂的合会全部纳入其调控范围。

囿于法律规范长期缺位,面对地方不断涌现的合会争端,官员们只能靠个人经验审案。这一点从地方上陈刑部的案例判词中可见一斑。这里摘录了天津古籍出版社2008年出版的《清嘉庆朝刑科题本社会史料辑刊》中涉及合会纠纷的主要案例,如表3-9所示。

---

① 雷梦水等编:《中华竹枝词》,北京:中华书局,1997年,第148页。
② 转引自马勇编:《中国丑史镜鉴》第4卷,北京:改革出版社,1999年,总第2915页。
③ (清)薛允升著,胡星桥等编:《读例存疑点注》,北京:中国人民公安大学出版社,1994年,第756页。

表 3-9 《清嘉庆朝刑科题本社会史料辑刊》合会纠纷判决案例汇览

序号	年/月	刑案题名	涉会判词概述	页数
1	十七/十一	四川广安州民蒋仕仁因索讨会钱戳死蒋宗烺案	蒋宗烺所欠钱文,身死勿征	236
2	十九/九	四川邛州民何开品索钱戳死伤何开甲身死案	未提及	274
3	二十五/一	山西霍州民张灵山因（上会）口角而杀妻案	张灵山所短会钱,饬令自行归结	408
4	十/六	湖南湘乡民谢重来因欠钱未还事致表兄身死案	杨从周所欠各会银,身死勿征	420
5	五/八	河南伊阳县民李方文因出钱纠纷伤张湛身死案	未提及	515
6	十六/三	贵州平远州民罗帼华因会银纠纷致死李成堂案	李成堂欠银,身死勿征	633
7	二十/九	四川罗江人曲德良因欠谷纠纷伤邵兴益身死案	曲德良所欠会谷,照数追缴给尸亲	682
8	十四/十	湖南永兴县民曹革生因债务殴伤曹宸彰身死案	曹得和认还未偿,应照不应重律,杖八十,照数追缴欠款	1207
9	十三/十	云南会泽民马富生因交会谷纠纷致死马瑞祥案	马廷瑄应捐会谷,伊侄已死,免追	1548

备注:表中的"年/月"栏,"/"前面的数字为嘉庆朝的年份,"/"后面的数字为具体月份;原书标题"湖南永兴县监生熊广祥因债务殴伤曹宸彰身死案"与实际案情不符,"熊广祥"应改为"曹革生"。

在表 3-9 所列九则合会纠纷中,主审官分别给出三类审理意见:其一,主张仅追究案犯刑事责任,在何开品、李方文等因索讨会款伤人案中,官府未就涉会纠纷本身作出具体裁决;其二,主张刑事民事分别处理,在蒋仕仁、谢重来、罗帼华及马富生等因索讨会款伤人案中,受害者为债务人,官府判决人死债消,而在曲德良、曹革生等因偿还会钱伤人案中,受害者为债权人,官府判决主犯曲德良收监,从犯曹得和按"不应重律"处罚,并追缴所欠会款;其三,主张合会纠葛交由民众自断,在"山西霍州民张灵山因（上会）口角杀妻案"中,官府裁决张灵山所欠会钱交给会内之人自行归结。就各官府的审理意见来看,无论是选择忽略合会纠纷,还是比附一种概括性的禁律——不应为律量刑①,抑或交民自理,都在某种程度上体现出官员的无所适从。总的来看,官府处理此类案件旨在打击刑事犯罪,处理合会经济纠纷的法律依据含糊不清,至于合会内部复杂多变的债权和债务关系,已远非当时的司法官所能掌控。

有鉴于此,官府在受理普通合会诉讼案件时,通常鼓励当事人以私下协商的方式解决纠纷。如上引孙相臣诬告任为本拖欠会款一案,时任莱阳县令的庄纶裔断定原告、被告均有缠讼嫌疑,勒令双方连同会证在堂外自行清算,不得再生事端。又如曹和观诉婶母杨氏殴伤其妻曹唐氏一案,长洲县令蒯德模发现曹唐氏伤情轻微,遂劝诫曹和观息讼,免受衙门胥吏盘剥,并打赏原告2000文钱,使案件得以妥善处理。不难发现,无论是私人调解,或是官方调处,于官于民都有方便。对此,同治年间的上海县令陈其元体悟颇深,据其《庸闲斋笔记》记载,曾有乡民拦轿控告合会争端,在陈氏受理诉状后,上诉人却不见踪影,陈其元推断,大概已经有人从中调解,因为在他看来,合会纠纷如同借债、田产纠纷一般,属于民间细故范畴,倘若民众能够自行调处,"不特民免讼累,即官亦省听断之烦"②。结合前述两位县令的观点,陈其元所言并非一己之见,大体上代表了清代地方官府对待合会纠纷的基本立场。

综上,由于缺乏相关法律支持,清廷对于民间合会活动难以实施有效监管,大大降低了各级官府应对合会诉讼的能力。除涉及重大刑事犯罪之外,官府倾向于借助民间协商机制化解合会争端。正所谓"官从政法,民从私约",合会作为一种颇具特点的"地方性"制度③,在地方习惯法的范畴内协调合会关系,显然有其内在的合理性。

三、民间的应对

传统合会普遍建立于熟人社区,众人结会的基础通常是乡邻情谊,此中

---

① 管伟:《试论清代不应得为律的适用——以规则分析和案例实证为中心》,载《政法论丛》,2008年第4期。
② (清)陈其元撰:《庸闲斋笔记》,成都:四川人民出版社,1998年,第515页。
③ 梁治平:《清代习惯法:社会与国家》,北京:中国政法大学出版社,1996年,第119页。

天然的人际关系网络既是合会生长的土壤,也是抑制纷争的重要保障。又因旧时社会人口流动性较弱,生活在广阔乡村的民众守望相闻,一旦有人毁约,势必招致社会舆论的谴责。可以说,私人信任关系的内在保证与社会舆论的外在约束,是保障合会组织良性运作的前提。[①] 但上文所引合会纠纷表明,在较长的一个运作周期之内,会员自身经济状况易发生波动,单纯依靠道德自律或互相监督不足以杜绝违约行为。因此,加强对违约者的惩戒、提高违约成本显得十分重要。从清代合会文献看,时人在三个方面采取了措施。

(一)订立罚规

在清代,合会建立以后,随之而来的是设立一套规章制度,一般称为"会约"或"会规",写明会员的权利与义务,书于会簿或会券之上,交由参会者收执为凭。为了增强合会主体的信用观念,部分会规还设有惩戒条款。如清初具有经济互助性质的南湖义社,其会约载明:"会金不愆期,会日不辞席,违则有罚,监者之所治也。其罚,愆期五星,留佐后会酒资;无故而辞于会者,罚不过是也。愆期过十日,罚倍之。有不受焉,非吾党之士也。"[②] 相较于士人的繁文缛节,普通民众的做法似乎更加务实,据《乾隆五十四年十月初十日苏州忠义会簿》记载:"仰沐其会公议:日后交上会钱,照依时市交上不得违例,务要包用。如钱高低不一,必须掉换清楚,无得执拗推委。其有临期会钱不齐,以十日之外为限。"[③] 该会规定,对逾期不付超过十日者,皆加征2‰利息。随着时间的推移,诸如此类的惩戒规约逐渐演绎为一套程式化的规范,这在晚清的制式会簿中颇为常见。譬如在古徽州各地流行的《至公会六会扣本便应清算书》中设有专门条款:"会银或领过,或未领,俱要现银称清。如当时将当头抵押者,每两罚银五钱公用,或并无押者,每两罚银一钱公用,候银齐再摇。"[④]

[①] 郑启福:《民国时期钱会习惯法研究》,载《西南大学学报》,2013年第2期。

[②] (清)陈确撰:《陈确集》卷十七《社约·南湖义社约(癸巳)》,北京:中华书局,1979年,第399页。

[③] 四川省档案馆编:《清代巴县档案汇编(乾隆卷)》,北京:档案出版社,1991年,第30页。

[④] 刘伯山主编:《徽州文书》第2辑第6册,桂林:广西师范大学出版社,2006年,第197~201页。

(二)央中作保

为了使会规落到实处,会众领用会款时还要向会内出具担保。如嘉庆十九年(1814)休宁县《江天然抄会书》记载:"议得会者,须央会内人作保。"①这里的担保人既可能是会首,也可能是会脚,但通常要求具备相当的清偿能力。因为"保会"人选一经确立,便同会首一道担负起连带责任。据光绪四年(1878)浙江奉化县应友坎会书载:"议轻保(未得会者),人到钱不到,停签;议诸友重保(已得会者),人到钱不到,向首会、保会友领取。"②又如在奉天省城的"请会"习惯中,有"会东对于会友有凭借自己信用者,亦有提供担保者。会友随会时每有介绍人为之介绍,该介绍人对于会东、会友均负担保之责任。如会东或会友无资力时,均可向介绍人请求偿还,介绍人即应将款代为清偿"③。揆情度理,当担保人的地位较高且很有"面子"时,便使得这种"个人关系或义务"更为强化,从而加重违约者的心理负担,一旦会中各方发生争议时,担保人的地位越高,调解成功的希望就越大④。

(三)提供抵押

倘若从执行效果来看,无论是订立罚规,抑或是央中作保,其惩罚的象征意义往往比单纯的经济考量更为重要,因而具体操作仍然缺乏强制性,就像日本学者熊远报指出的那样:"会书与一般土地等不动产契约文书的法律意义不同,无权益延伸、扩大以及事后证明的机能和需要"⑤。对于这一问题,乾嘉时期的会书给出了相应对策——以田地相押。如前述广东番禺人凌斌在族内合会,众人约定,凡领用会银者,都要将自己的田亩出押于族众名下。

---

① 刘伯山主编:《徽州文书》第3辑第6册,桂林:广西师范大学出版社,2009年,第252页。
② 张介人编:《清代浙东契约文书辑选》,杭州:浙江大学出版社,2011年,第114页。
③ 前南京国民政府司法行政部编:《民事习惯调查报告录》第2卷,北京:中国政法大学出版社,2000年,第449~450页。
④ [美]杜赞奇:《文化、权力与国家——1900-1942年的华北农村》,王福明译,南京:江苏人民出版社,2003年,第148页。
⑤ 熊远报:《在互酬与储蓄之间——传统徽州"钱会"的社会经济学解释》,载《中国经济史研究》,2017年第1期。

无独有偶,乾隆三十二年(1767),河南孟县人王玉贵收得王文国所立摇会款项之后,王玉贵除按期填会外,"如有失误不点(填),(则)将自己西村地三亩情愿听会首出卖代点"①。而一份来自咸丰年间的清水江会簿中也明确表示,领过会款者,"若有下欠,(则)任从钱会主下田耕种收花,抵主不得祖当(阻挡)"②。此外,还有出押房产者。如光绪二十四年(1898)婺源县人吴月中邀亲友赞助一会,并立下房契一纸作为担保,交诸位会友轮流收执,会满缴回③。延至清末,受广大乡村经济形势恶化的影响,人们确立合会关系更加关注物权担保,将产业抵押、质押或留置会内的做法司空见惯。据《民事习惯调查报告录》记载,湖南省澧县等地有"金钱结会"的习惯,其会规中有这样的要求:"接会人必书立田地屋产抵据。经会首公同踏看实在,方可领钱,否则书立确实红票,但须经本会友全体认可";山西省稷山县之"老人会"习惯,"使用会银者,仍得寻觅妥保,并立字据,质产业于会中"④。这两个案例所言虽为民国情形,实则反映了清末以前的情况。

为了规避潜在的风险,从制定惩罚条款到引入担保机制,清人在长期的合会实践中摸索出一套切实可行的信用约束机制。特别是将合会与土地、房屋等不动产相关联,大大强化了参会人员的风险意识,风险防范举措逐渐规范化、系统化。尽管这些举措有诸多需要改进之处,但在具体时空之下,仍有助于消除因人为操作失误而引发的纷争,提升合会运作的安全性。

有清一代,随着农村商品经济的发展,资金需求量大大增加,在缺乏官方主导的融资渠道的传统社会,利用合会融资逐渐兴盛,所谓"三星会""五圣会""七贤会""八仙会""十众会""十一友会"等,不胜枚举,各地不同,普遍于

---

① 转引自刘秋根:《中国古代合伙制初探》,北京:人民出版社,2007年,第151页。
② 张新民主编:《天柱文书》第1辑第7册,南京:江苏人民出版社,2014年,第262页。
③ 《光绪二十四年吴月中立议会书》,见《婺源十六都三图吴氏文书》,上海交通大学图书馆藏。
④ 前南京国民政府法行政部编:《民事习惯调查报告录》第2卷,北京:中国政法大学出版社,2000年,第690页、第479页。

南北各省农村乡镇之间"①。通过本节考察可知,乾嘉以来各地因合会滋生的钱债诉讼层出不穷,折射出民间合会融资功能进一步提升,乃至不少清人将之与私人借贷相提并论。比如士人黄周星在致信友人时谈道,自己"耻以饥寒累人,故生平有三不谓:不称贷;不赍(赊)物;不醵钱作会也"②。又如清代小说《野叟曝言》在描述一位地主的书房时,强调其"壁上贴着'立誓不入银会,不借当物'的纸条"③。种种迹象表明,中国传统合会演变至明清时期,已由唐宋以来一种民众为丧葬嫁娶筹建的临时性互助组织④,转变为民间金融互助的重要组织。

面对蓬勃发展的民间合会,清廷并未制定针对性的法律规范,各级官府官员在处理合会纠纷时也多表现出无所适从。尽管个别官员尝试进行调控,但影响范围十分有限,其举措也具有明显的滞后性。事实上,由于官方始终未能就合会关系给出明确的司法解释,主审官更倾向于通过民间协商化解日常合会纠葛。基于此,各地合会获得了相对宽松的外部发展环境,即便在具体操作中暴露出一些弊端,引发了矛盾和冲突,普通百姓依然能够通过民间调节机制来化解纷争,最大限度地保障会员权益。这种切合实际的制度设计,在某种意义上弥补了官方调控的不足,使合会运作机制日臻成熟,推动了近代合会的蓬勃发展。

中华人民共和国成立后,传统合会发展遇冷,曾一度销声匿迹。但随着改革开放的深入,国家融资政策出现新的动向,传统合会作为一种重要的民间融资渠道,受到不少中小企业投资者的青睐。而近年来发生的几起巨额"倒会"案让合会融资饱受非议,甚至被贴上"非法集资"的标签,合会纠纷也因此迅速走进公众视野。由于国家对民间合会的规范与监管尚处于探索阶段,如何处理地方合会纠纷对于相关部门来说仍是一个颇为棘手的难题。本节通过对传统合会纠纷及应对的阐释,期望对此有所启示。

---

① 林和成:《中国农业金融》,北京:中华书局,1936年,第462页。
② 黄周星:《黄周星集》,长沙:岳麓书社,2013年,第59页。
③ 夏敬渠:《野叟曝言》,长春:时代文艺出版社,2009年,第80页。
④ 史江:《宋代经济互助会社研究》,载《中国经济史研究》,2003年第2期。

第四章 明清徽州民间捐输与资产生息

第一节 民间捐输

在中国历史上,捐输现象的存在由来已久,并在不同时期受到国家、各级官府乃至乡族机构的倡导和奖劝。历代官修史书,特别是明清方志、家谱等地方文献,往往注重"因事设例",大力旌表捐输者的"义行善举"。长期以来,因劝富济贫与赈恤民瘼密切相关,所以人们对民间捐输的研究多侧重制度史角度,关注其与荒政的关系,且成果纷呈。①

在徽州地方文献和文书中,因乐输乡里而载入方志的"乡善""义行"比比

---

① 相关研究见吴滔:《明清时期苏淞地区的乡村救济事业》,载《中国农史》,1998年第4期;张文:《荒政与劝分:民间利益博弈中的政府角色——以宋朝为中心的考察》,载《中国社会经济史研究》,2003年第4期;赵克生:《义民旌表:明代荒政中的奖劝之法》,载《史学月刊》,2005年第3期;陈业新:《明代国家的劝分政策与民间捐输——以凤阳府为对象》,载《学术月刊》,2008年第8期;赵晓华:《清代赈捐制度略论》,载《中国政法大学学报》,2009年第3期;李华瑞:《劝分与宋代救荒》,载《中国经济史研究》,2010年第1期;王宏斌:《报效与捐输:清代芦商的急公好义》,载《盐业史研究》,2012年第3期;方志远:《"冠带荣身"与明代国家动员——以正统至天顺年间赈灾助饷为中心》,载《中国社会科学》,2013年第12期。需要指出的是,在清代,日趋制度化的捐纳与荒政也密切相关,然而捐输与捐纳之间颇有异同。关于清代捐纳研究的代表性成果有许大龄:《清代捐纳制度》,北京:燕京学社,1950年;伍跃:《中国的捐纳制度与社会》,南京:江苏人民出版社,2013年。其他相关论著参见韩祥:《近百年来清代捐纳史研究述评》,载《西华师范大学学报(哲学社会科学版)》,2013年第4期。

皆是。因襄助一族之务,谱牒中有关"捐资亢宗,以光竹帛"的记载不一而足。在民间文书中,各种捐契、输契、批契屡屡可见。其中,"殷实之家"或"倍捐会资"而跻身"斯文"之会,或捐纳监生而混迹"党庠"之列,此类记载不在少数。总之,徽州社会长期而普遍存在的民间捐输类型多样、相沿成俗,具有从传统的振荒济急向公益互助转变的特点,适应了基层社会的多元需求。

一、志书"义行"中的捐输记载

宋代以降,传统方志中关于捐输者的记载,往往"因事设例",或专立"尚义""乡善"之例以赅其事,或于"人物"一纲下辟"义行"等类目以载其人。①在迄今遗存的第一部徽州方志——南宋淳熙《新安志·义民》中即有"(汪廷美)尝以秋冬赈粜"之载②,然该志中此类记载实属寥寥。再征诸明嘉靖、万历以前徽州今存府志和各县县志,③相关记载仅偶见于"忠义""孝友""孝行""士习"诸例,且所涉事迹多侧重于"孝友"书写,附载捐输者的行迹具有"劝之赈发,以惠穷民,以济乡里"的传统劝分济急之特色④,所载亦往往失之笼统、多属简略。如永乐《祁阊志》有:"(宋)李子常,(祁门)东都孚溪人,富而好礼……建祠堂以致孝"⑤;又如,弘治《徽州府志》载:"(宋)程全,休宁陪郭人……尤笃于孝友,置赡茔田以养族人"⑥;"(宋)许月卿,婺源许昌人……轻财好施。绍兴甲寅大饥,尽散家粟活万余人,邑令嘉之"⑦;"(明)朱复德,歙

---

① 考诸徽州志书,涉及捐输记载的主要体例有"义民、士习、民行、乡善、孝义、孝友、孝行、质行、忠义、尚义、义行"等目。
② (宋)赵不悔修,罗愿纂:《新安志》卷八《义民》,合肥:黄山书社,2008年,第258页。
③ 明代前期,徽州今存志书凡3部:永乐《祁阊志》、弘治《徽州府志》、弘治《休宁县志》。
④ (宋)董煟撰:《救荒活民书》卷中《劝分》,见《景印文渊阁全书四库全书·史部·政书类》第662册,台北:台湾商务印书馆,1982—1986年,第259页。
⑤ (明)蒋俊修,黄汝济纂:《祁阊志》卷七《士习》,明永乐九年(1411)稿本,安徽省图书馆藏。
⑥ (明)彭泽修,汪舜民纂:《徽州府志》卷九《人物三·忠节》,据明弘治十五年(1502)刻本影印,见《天一阁藏明代方志选刊(22)》,上海:上海古籍书店,1981—1982年。
⑦ (明)彭泽修,汪舜民纂:《徽州府志》卷九《人物三·忠节》,据明弘治十五年(1502)刻本影印,见《天一阁藏明代方志选刊(22)》,上海:上海古籍书店,1981—1982年。

洪村坦人……处乡里,尽恩义,济急恤患惟恐后"①,等等。

然而,明代中期以降,徽州志书中有关民间捐输的记载日趋多见,所载行迹亦相对具体、详实。如,万历《祁门县志》卷三《民行》载有:"(元)李廉……因出所储,以赈其不能自食者,人称之";"(元)汪仕政……岁凶,散粟周贫。不能耕者,助牛种;不能丧者,给衣棺;负债者,焚券";"汪琼……尝修祖茔,新家祠,立家塾,建桥梁,置义田义冢,不下数万铢";"马禄……长力商,嘉靖戊午,县修儒学,禄自投牒,输三百金,佐其费。置祭田,修六世以下茔冢。"又如,万历《歙志》专辟"良民"之目以记载"诵义好施"者,凡 50 余人,义捐涉及"义屋""义田""义塾""义冢""甃路""构亭""建桥""开堨""输豪""佐国""敦族""睦邻"等项,兹节录部分事例如表 4-1 所示②:

表 4-1　万历《歙志》所涉义捐记载举例

序号	记载摘要
1	(宋)吴大用……倜傥好善,为乡间所推崇,曾割己田捐资开立昌堨灌溉乡田。乡人感德,至今祀之
2	(明)于明……生平喜施,尝捐资助造儒学,置名宦祠田及孙、彭二太守祠田并置于氏义冢……凡义举,无不趋赴,邑人德之,祀之乡贤
3	(明)罗元孙……勇于为善,构屋数十楹,置田百亩以处族之无居无食者
4	(明)余文义……性独嗜义,尝构屋数十楹,买田百二十亩以居食不足者……丰年散其余,无年益资补之。岁终给衣絮,又度地二十五亩作义冢
5	(明)汪泰……家饶裕,自处淡泊,勇于为义,值岁,倾出谷大赈……值里中饥,输粟六百石
6	(明)吴荣……慕范文正之为人,凡诸义举一切效之
7	(明)汪徽……性纯朴,好施予,义闻乡曲,尝捐二千金修河西桥梁
8	(明)许岩保……乐善好施,葺路建亭,不遗余力。府造万年桥,岩保首为之植,输资三百缗
9	(明)谢显祐……乐善好施,值岁大饥,煮粥赈饥。又买米四百石载归以赈
10	(明)许禾……轻财好义,宗族乡党多倚赖之,缘善贾,故业渐饶,思所以为义者……捐二千余金,拆建宗祠,恢其堂皇……捐若干置义田;捐若干置义舍;捐若干置义塾;捐若干置义冢……储若干以资不能婚者;储若干以资不能葬者

---

① (明)彭泽修,汪舜民纂:《徽州府志》卷九《人物三·孝友》,据明弘治十五年(1502)刻本影印,见《天一阁藏明代方志选刊(22)》,上海:上海古籍书店,1981—1982 年。

② (明)张涛修,谢陛纂:《歙志》卷七《良民》,万历三十七年(1609)刻本。

由方志中的相关记载可以看出,徽州民间捐输现象日渐增多,大体出现在明代中期以后。有清一代,见诸徽州方志"义行""尚义""乡善"中的有关记载更是层出不穷,兹不赘言。以雍正年间佘华瑞纂修的《岩镇志草》为例,该志仅涉一镇之人事,其"义行"所载即达 26 人。究其原因,其一,明代中期以后,伴随徽商的兴起和发展,徽州社会殷实之家日渐增多,如万历《歙志》所云:"吾邑千金之子比比而是,上之而巨万矣,又上之而十万百万矣。"①这使得民间急公好义、乐善好施蔚然成风成为可能。其二,明代中期以后,徽州宗族组织化不断加强,地方宗族的倡导和规范,亦促使豪富者竞成"捐资亢宗"之能事。如万历《程典》规定:"岁行用恤之礼以给族人,凡同族者自十亩、百金之家以上,随其财产厚薄,岁出银股以为积贮",并规定"富而以财济人者",不但可"光竹帛",且能享祀于宗族。② 在宗族普遍组织化的情势下,徽州社会各种"公祀""公会"等经济实体广泛建立,置产与互助观念深入人心,民间捐输亦蔚然成风。另外,自明代中期实施赋役制度与财政体制改革以来,我国基层社会自治化趋向更加明显,致使基层治理、公众事务等往往经由特定的民间组织(家族、会社等)予以承担③,这是由明至清徽州社会捐输长期而普遍发生的重要背景。

二、明清徽州民间捐输类型

由明至清,徽州民间捐输类型多样,主要有依例献纳、倡捐均派、劝导乐输、捐资立会等。

---

① (明)张涛修,谢陛纂:《歙志》卷一〇《货值》,万历三十七年(1609)刻本。
② (明)程一枝修纂:《程典》卷一九《宗法志》,万历二十七年(1599)刊本。
③ 郑振满认为,明代中叶赋役与财政体制的改革,促成了基层社会的自治化,参见郑振满:《乡族与国家:多元视野中的闽台传统社会》,北京:生活·读书·新知三联书店,2009 年,第 8 页。方志远认为,明朝立国百年之后,国家动员在民众中的号召力,以及国家对社会的控制力开始下降。此后明朝对社会赈济等事务,更多是走政府倡导、民间救助的道路,参见方志远:《"冠带荣身"与明代国家动员——以正统至天顺年间赈灾助饷为中心》,载《中国社会科学》,2013 年第 12 期。

(一) 依例献纳

依例献纳主要指族众按照宗族例规而献产入族。由此形成的捐契、输契、批契在徽州文书中十分常见。先看下例:

[文书1]痛夫戴立志不幸早亡无子,所遗资产讵料妄起觊觎,强将屯溪典□□□一空,急奔两院告追未结。应继劫□成仇,择继家饶不从。仍有所存不(求)定着,终必纷争。因将资产除寡养节嫁女偿债外,愿入宗祠以附祖祀,乐助水口,以成胜(盛)举,今凭约族斯文清查,开载于后……

天启七年五月十三日立合同:妇戴阿程

请凭族众斯文戴存让(按:署押者计10人)①

[文书2]立输契裔孙洪天南同侄大鳌等。今有承祖并买受土名前山畔下民田一备,计早租,本身伯侄合得分籍。今因造祠修理便于用事,自愿输入均祥公祀匣永远为业……日后子孙无得异说,今恐无凭,立此输契为照。

天启七年十一月十五日立输契裔孙:洪天南

同侄:洪大鳌、洪大辛②

[文书3]立批契人邱王氏。原氏夫兄弟有二,各产承翁在日俱已阄分,各管无异。不料氏苦命蹇,生子有三,子媳俱亡,夫又早故,苦节守志。因贫无人承继,可怜孤立,毫无堪慰。今年近古稀,诚恐一息不存,虑没(殁)后丧费无措,以及各祖标扫钱粮门户一切尽托亲族,立契逐开于后,尽行批与里门敏效祀清明会内人名下执

---

① 王钰欣、周绍泉主编:《徽州千年契约文书(宋元明编)》卷4,石家庄:花山文艺出版社,1991年,第218~219页。
② 王钰欣、周绍泉主编:《徽州千年契约文书(宋元明编)》卷4,石家庄:花山文艺出版社,1991年,第234页。

管……自愿将各产尽批于清明会内……

嘉庆二十一年二月十八日立批契人:邱王氏

中见:族长①

所引文书1、文书3系乏嗣家庭输产入族,文书2涉及宗族"造祠修理"而自愿捐助的记载,所输资产均转化为"宗祠""公祀""公会"等所有。通过大量资料可见,此类捐输所涉资产一般规模小,具有零散性,并以契约形式予以确认。所举捐契、输契、批契中虽均标注"自愿""情愿"字样,但实际上,在徽州宗族社会中,广泛存在诸如"添丁银""享祀银""进主钱""登科银""婚嫁礼银"等特定名目,族人须履行捐纳的义务,方可享受相应的权利。如清代歙县潭渡黄氏宗族规定:"今刊簿后定例,三年统行进主、上丁一次,一切捐银不作别用,尽归公匣。置买祭产,庶事望其小补于将来。"②类似黄氏宗族要求族众缴纳"进主""上丁"的"主丁银",是徽州宗族普遍的做法。受此制约和影响,大量族内零散性的捐输在名义上体现为无偿的自愿行为,个中不乏无奈之原委,此类情形虽具捐输之名,实乃依例献纳。尤其对于乏嗣之家,处理家产的可靠做法和例行选择便是输入宗祠、公祀或族会。如乾隆三十年(1765),祁门县二十二都二图四甲王古龙兄弟将田产"全入寻常祀,因乏嗣故耳"。③作为回报,捐输者乃至其近支祖先可在宗族永远享祀。在明清徽州,这种"输产入族"现象十分常见,且形式多样,属于明清徽州民间捐输与宗族置产的最基本形态。

(二)倡捐均派

倡捐均派即因公众事务需要而募集资产的做法,具有摊派性质。在民间文书中,此类倡捐合同屡屡可征。先看下例:

---

① 刘伯山主编:《徽州文书》第1辑第6册,桂林:广西师范大学出版社,2005年,第104页。
② (清)黄俊杰纂修:《绩溪黄氏家庙遗据录》卷一《祠制·主丁凡例》,咸丰元年(1851)木活字本,安徽省图书馆藏。
③ 《乾隆元年起至三十年止王鼎盛户各位便查清册》,清写本1册,参见李琳琦主编:《安徽师范大学馆藏千年徽州契约文书集萃》第3册,芜湖:安徽师范大学出版社,2014年。

［文书1］立合同众派首村等，今为春公古墓向被龙湾黄氏势占，使我子姓无凭伸诉，迄今百有余年。祖冤莫雪，今又奸谋复盟侵占溪口坟茔，以致讦告在案。幸蒙县主张公吊对原丈"信"字，新丈"短"字二千一百七十九、八十、八十一等号经册、纬册，察出洗补盖印情弊。其八十一号即我春公所葬之处，庭质之下诘究其实，龙湾词穷莫能掩饰，随即通详督抚各宪。是百余年平抹之祖冢遇此大可为之机，不可谓非春公在天之灵赫濯于今日也。祖墓显晦在于子孙今日一举，勿负平日报复之素志。今此急务首在议费，各村或照丁派，或支众匦以为使用。再各举贤能协同任事，踊跃争先以雪积世之仇。功成之日，酌议配飨，以彰其勋。犹恐人心不齐，立此合同为照。

康熙四十七年五月廿八日

首村：世德、以愉、朝益；伦堂：文宁；葩庄：朝珍、赐福、瑞征、临亨；长丰：可进；星洲：名秀；琳溪：礼英、存濂、可旭；杨冲：祚纪；里田：元铭；新屯：序伦；资口岭：士彰；石佛：天征；退保：应、书顺；水冲：福海；苦竹田：正序①

［文书2］伏以木本水源，宜动孝思之念，春祈秋报（下缺）。首村宗祠派出篁墩，系承沛国，自（下缺）灾十三派云散星流难兴，鸿（下缺）功，虽栋折榱崩而株存（下缺）势效尤，从革从罚，罪既各惩，宜造（下缺），邀众派齐襄大事，诚恐日久月深，数典而忘其祖，年湮代远，标坟莫获其踪。叨祖先之庇，仗诸公之力，将头门修先而中进待后。价佑百金，捐宜从倍。事成而蝴蝶灰飞，急成扫墓；功竣而杜鹃泪洒，尤重标挂。敢竭鄙诚，恭疏短序，非敢谓奂（焕）然从新，亦犹告朔饩羊，有志者可以复右云尔。

议款规条列下：

---

① 《清康熙徽州朱氏众派立收取祖墓诉讼案议费之合同》，见《休宁首村朱氏文书》，清抄本，安徽大学徽学研究中心藏。

一议捐费各派壮、幼丁出钱二、一百文,通派定例,支丁若干,各派族长查清□期,族长收领缴祠,不愿出□。

一议仕宦及殷实之派者,正捐外各宜踊跃乐输,毋得推辞。

一议出门捐费之选二、三人,酌路之远近三十、五十里之遥,每人日给钱一、二百文。如多用者公家不认。

一议经管银钱者公选正副二人,正者总管银钱、捐簿,出入诸事不问;副者用度一切开者登明草簿交正,各循天良,不得私用。

一议各派既捐之费各派族长收齐,着亲(下缺)。

一议派内或二三成派者,除正捐外,有乐输者(下缺)。

一议祠内督工修理者勿辞劳苦,须同心协力(下缺),之后来年扫墓仍遵旧例。

一议祠内租谷各处山场不得独归一人,原着首村派(下缺)弊,收租之家纳粮。

一议各派捐项或未齐者向各派族长催收。

一议捐费除正用外,若有仍余,或增田产数号,以备挂钱事费,不足再行加捐。

各派族长:资庄:观亮;遐保:五十;葩庄:仲安;东洲:理明;长丰:贡三;新屯:文湘;里田:树型;琳溪:式文;首村:顺吉

司事:顺吉、怀新、仲安

光绪七年　月　日吉立

各派列左(下略)①

[文书 3]立合同文约人润五公秩下班惠、继彩、立宗、继德等。窃自明诏兴学,我邑书院既改为高等小学堂,校额有限,继而在历口设一小学,夕(惜)额又满。然我乡地地面之大,非推广学务,断不足

---

① 《光绪七年休宁首村朱氏宗祠修葺捐助款登录册》,见《休宁首村朱氏文书》,清抄本,安徽大学徽学研究中心藏。按:从材料看,正丁、幼丁每位捐钱分别为二百文、一百文。

普及教育。前月我区合议以闪里为三都适中之地,建设合适学堂勘宜,所有筹办费易(议)三都派出。钱派我族,比立合同鉴定,我都三约均派分派,我族备出英洋二百元。只得金同会商,议定丁会出英洋五十元,户口出英洋七十五元,四排共出英洋七十五元。若日后费用不敷,定另筹款。此学不独有光门楣,而且文明进步,伏冀从事踊跃,毋得抗违。今欲有凭,立此合同一样六纸各收一纸存照。

宣统三年闰六月念二日立合同文约人:闰五公秩下班惠(等)①

上引文书1系康熙年间休宁县朱氏为护坟保祖诉讼而立的募资合同;文书2系清末休宁县朱氏所立的倡捐文书,可见倡捐均派的范围之广,且涉及众多支派;文书3系清末祁门县三个都因联合筹办学堂而立的倡捐文书。从募资形式来看,文书1为"各村或照丁派,或支众匣以为使用";文书2以"正捐"之名,不论正丁(壮丁)、幼丁,一律按丁口摊派;文书3实行从三都均派,到一都之内的"三约均派",再经地方宗族再分配的形式。可见,基于诉讼统合、赋役承值、公众事务、公益互助等形式的倡捐均派,实属摊派性集资。在倡捐的过程中,地方精英发挥着重要作用,如文书2中,各宗族族长在劝捐、催收乃至经管的过程中颇为踊跃,可见一斑。对于捐输者,往往以"功成之日,酌议配飨,以彰其勋"等形式作为奖劝。

(三)劝导乐输

劝导乐输,系指因公共事务,在宗族乃至地方社会的劝导下,由仕宦之人、殷实之家捐献资产。如:

[文书1]立议约合同人孙廷文、孙文周、孙天凤等,原始祖唐金吾上将军万登公住休邑黎阳,三世孙士良公卜居邑西江潭,又三世文一公、伟三公徙居江潭之上流曰罗木村,历喜十余,人丁繁衍。至明谷公经商两浙,累资万余,乏嗣捐金,构创喜德祠,奉祀鼻祖万登

---

① 《祁门二十二都红紫金氏文书》,见刘伯山主编:《徽州文书》第1辑第10册,桂林:广西师范大学出版社,2005年,第357页。

公、忠燧公。然土木工繁，费用不敷，仰塘公及（弟）慕塘公各助己资千余，始克告成。自兹以后，凡属枝孙皆得寓享此千古之盛典也。当时，伟三公派财力未克，弗获与事，今支颇裕，慨然动木本水源之思切，春秋烝尝三念，诒谷堂备资十三金，为入世德祠初祭之费，南山公子廷文、廷武捐租九十秤，为公堂秤，为南山公历世配享。少峰公子文周、文祐捐租六十秤，秤为公堂秤，为少峰公历世配享。一则不负二祖当时同迁之志；二则俾父得与配享之荣；三则后之子孙亦无忝不匮之思也。成议之后，各宜式好无尤，勿强弱兴思致伤族谊以来双耻。倘有远议之人必照堂规施整。今恐无凭，立此议约合同一样二张，各执一张永远存照。

　　崇祯十年孟冬月初一日立议约合同人孙廷文、廷武、文祐、廷三、廷光、记社、文华、应凤、文林、世贞、天凰、应魁、应输、应乡、应思、亢宗、应皋、应贡、应仁、应义、应礼、廷寿、应时、心起、文春、应祺、应登

　　秉笔：余廷宾

　　亲人：徐应寿

　　族人：孙绍登

　　仰塘系天芝公，慕塘是天凤公也。①

[文书2] 永言孝思

　　吾宗自二世祖春公始迁海阳，派十有三支分繁衍，屹为望族者，今十八村矣。自春公葬溪口庙岭鼋山，佑启后人。向者系前人厥谋弗臧，遂致失业，使祭扫阙典历经百有余年。虽子孙常怀激愤，然报复无因。今幸际县主龙图再世，洞察民冤，犀照黄氏之奸谋。而吾宗各派为子孙者不弃此时之机，以复春公之墓，泄数百年之积恨。

---

① 《道光三年休宁孙世德祠簿抄白》，见王钰欣、周绍泉主编：《徽州千年契约文书（清·民国编）》卷12，石家庄：花山文艺出版社，1991年。

纵不能效裹公复九世之仇，然木本水源，使后世知忠孝之大节。愿吾宗各派诸公竭力输资，共襄盛举，以尽孝子贤孙之志，不胜幸甚，请书其名于左。

康熙四十七年五月　日谨致

首村：世观，字尚兵，输银二十两；家鼎，字文九，输银十两；邦礼，字季和，输银十两；邦超，字汉升，输银十两；字景伯；输银十两；可官，字登吉，输银十两，又输二十两。

上伦堂：士谌，字永符，输银一百两；邦孚，字峭雪，输银五十两；绣，字我文，输银五十两。

葩庄：朗，字元昭，输银三十两；赐，字天宜，输银十两；恒，字心如，输银三十两；帜，字汉旌，输银十两；镇，字公威，输银十两；濂，字若周，输银十两。①

[文书3]盖闻水源木本，必溯由来。祖德宗功，尤宜崇报。所以馨香当荐享，而祠宇贵经营也。窃以晋宗至德统祠，丙午之岁拆旧重新。枕龙山而鸿基广辟，朝凤楼而鸟革高骞，非徒壮其高瞻，洵足安其灵爽。左昭右穆，绵百世以承祧，春祈秋尝，历千年而配享，可谓本源茂实，枝叶蕃昌也。已诇遭粤匪猖狂，蛮氛肆扰，烽烟叠起，刁斗时闻。巍然高阁，大半摧残，洞若重门，几无关设，为之嗣者，目触心伤。今幸时富清晏，四镇安恬，邻村神庙祖庙，俱已绸缪。吾族宗祠支祠，半未修葺，其何以报祖德而笃宗祊乎！是以因公集议，询众筹谋，佥同有成规之可守，非踵事而增华。或取济于茶厘，或取资于铺项，各宜踊跃，无吝捐输，庶几集腋成裘，鸠工告竣。至于栗主神牌，源流必加深考，粉牒祀谱，世系渐次详登。从此螽斯麟趾，长发其祥，依然松茂竹葱，载笃其庆。谨启。

---

① 《康熙四十七年徽州朱氏首村等派为祖墓诉讼案捐银名册》，见《休宁首村朱氏文书》，清抄本，安徽大学徽学研究中心资料室藏。

谨将本祠公议捐输丁工、妇饭、茶捐、店捐、行捐各款列后：

一议每丁每口丁工、妇饭，照例开载，粘帖公所收数。

一议本祠内支丁在于北京、江苏、浙江等处所开店业，每店照柜台日收生意钱数，每钱一千文捐钱五文，自本年正月起至年终为满，公信到日按季缴付，随发执照。

一议祠内支丁今年所办茶箱往申江出售者，照箱数每箱捐曹平纹银一钱正，由肇泰经收，当付祠内执照。

一议本祠内支丁，今年办茶出口外售卖者，照件数每件捐曹平纹银二钱正。

一议本祠内支丁在于江浙所开茶行，照行内本年共做生意数目，每钱一千文捐钱一文。

一议店捐、茶捐、行捐，收缴之日，祠内给有收票，告成晋主之时，各将收票送投祠内，合成洋蚨（洋钱）一百元晋主位一座，永远不祧，以昭奖励。其有不足数者，或找捐足，或于他人处凑足捐票均可。

同治七年正月　日至德祠文会、司祠、司事全具①

由上引文书可见，劝导乐输是在地方乡族的动员下，多由商贾之人、殷实之家"共襄盛举"。对于捐输者，乡族机构往往给付"收票"以凭，如：

重建惟善堂

今收到<u>徽州府鼎青号</u>箱茶业<u>一千○七十二</u>箱堆金<u>计钱六千四百三十八文</u>，此照。

同治<u>十</u>年<u>六</u>月<u>十七</u>日重建惟善堂厘捐收单②

---

① 鲍传江、郭文陵主编：《故纸堆》丙册，北京：北京图书馆出版社，2003年，第30~31页。
② 鲍传江、郭文陵主编：《故纸堆》丙册，北京：北京图书馆出版社，2003年，第37页。按：以上收单亦系刊印的格式文书，文中下划线内容系墨迹手填，中缝有"联单天子第三十一号收，堆金钱六千四百三十八文"字样。

与依例献纳、倡捐均派不同的是,劝导乐输所涉资产一般数量可观,涉及面广。小而言之,捐资可以"亢宗"、惠及家族;大而言之,捐资有利于一乡、一邑之公益。如乾隆十七年(1752),"在扬徽商程扬宗……乐输银六万两,以一半先为买谷积贮,以一半交典生息,为将来增贮之计"①;清代休宁县汪田柱、徐名进各捐银五千两,"俱发乡城典铺生息,以为本邑士子乡试盘费"②;道光时,绩溪县胡培翚与合邑绅士倡导商人募捐,"得银五千两,发典生息,每科以息银分给应试者旅费"③;道光年间,歙县盐商汪仁晟"捐银千两发典生息,为阖邑应试者卷烛费"④,等等。类似的徽商捐输于徽州方志"义行"中比比可征。因捐输形成的公共资金,往往由倡捐者、捐输者以及具有较高声望的乡族人士经营管理,从而形成地域性的经济实体。捐输者及其祖先在族内"得与配享之荣",或"登名入簿""勒石标名",或载入谱志,垂名"义行",以为奖劝。

(四)捐资立会

在明清徽州社会,民间有"富庶则各醵钱立会"的传统。⑤ 兹以文会为例,如表 4-2 所示:

---

① (民国)石国柱、楼文钊修,许承尧纂:《歙县志》卷一五《艺文志·奏疏·惠济仓题疏》,据民国二十六年(1937)铅印本影印,见《中国方志丛书·华中地方》第二四六号,台北:成文出版社有限公司,1975 年,第 2400 页。

② (清)马步蟾修,夏銮纂:《徽州府志》卷三之一《营建志·学校》,据清道光七年(1827)刊本影印,见《中国方志丛书·华中地方》第二三五号,台北:成文出版社有限公司,1975 年,第 233 页。

③ (清)马步蟾修,夏銮纂:《徽州府志》卷三之一《营建志·学校》,据清道光七年(1827)刊本影印,见《中国方志丛书·华中地方》第二三五号,台北:成文出版社有限公司,1975 年,第 251 页。

④ (民国)石国柱、楼文钊修,许承尧纂:《歙县志》卷九《人物志·义行》,据民国二十六年(1937)铅印本影印,见《中国方志丛书·华中地方》第二四六号,台北:成文出版社有限公司,1975 年,第 1476 页。

⑤ (清)吴甸华修,程汝翼、俞正燮纂:《黟县志》卷三《地理·风俗》,据清道光五年(1825)刻本影印,见《中国地方志集成·安徽府县志辑(56)》,南京:江苏古籍出版社,1998 年,第 59 页。

表 4-2　捐立文会事例

序号	记载摘要	资料来源
1	江承珍(歙县),置文会公产,以为村人应试肄业之所	道光《徽州府志》卷一二《人物志·义行》
2	项宪,歙县小溪人,独力捐举,修斗山文会	民国《歙县志》卷九《人物志·义行》
3	(沙溪)文会辅仁堂草创未就,凌晋首倡捐资之,以底于成。至今亭馆园林,幽雅堪适,君实与有力也	《沙溪集略》卷四《文行》
4	程子谦,(休宁)率口人,捐资置文萃会。以给族之应举者	道光《徽州府志》卷一二《人物志·义行》
5	程佑,(休宁)率口诸生,捐巨资置产生息,立培文会,以济族邻	道光《徽州府志》卷一二《人物志·义行》
6	曹藩,(休宁)清源人,捐资创文会,造就人才	道光《徽州府志》卷一二《人物志·义行》
7	黄焉学,(休宁)古林人,仿范文正遗意,倡立培文会,以恤四穷,前后捐二千余金	道光《休宁县志》卷一五《人物志·尚义》
8	王荣杰(休宁),例贡生,劝捐文会	光绪《祁门县志补》卷三〇《人物志·义行补遗》
9	曹梦麟,(绩溪)旺川监生,立聚星文会,复割田助之	道光《徽州府志》卷一二《人物志·义行》
10	胡治,(绩溪)市东人,倡立文会,贫者给以考费,捐修学宫及建造钟楼,一无吝惜	嘉庆《绩溪县志》卷一〇《人物志·尚义》
11	(章)有元,以鹾业客维扬,豁达慷慨,尝输己田倡立文会,鼓励后进	绩溪《西关章氏族谱》卷二四《家传》
12	王廷鉴,(婺源)城北人,乾隆四年,遂建双杉文会,输租五百余。每会文给奖生童,院试、乡会试及选举赴任,量远近馈赐	道光《徽州府志》卷一二《人物志·孝友》
13	施道合,贡生,儒林郎,先是祖遗振德文会,年远费繁,因扩大之,并输己田益之,为后学计深远	乾隆《婺源县志》卷二〇《人物九·孝友三》
14	戴尚荣,(婺源)长溪人,国学生,捐金置田,振兴文社,周恤乡间,无所吝惜	乾隆《婺源县志》卷二〇《人物九·孝友三》
15	王士治,(婺源)中云人,资给膏火,兴立文会,劝之力学,多赖有成	乾隆《婺源县志》卷二〇《人物九·孝友三》
16	郑可衿,城西人。输租创文会,资膏火,劝读书,捐厚资助文庙	乾隆《婺源县志》卷二三《人物一〇·义行三》
17	潘元彪,(婺源)桃溪人。自奉俭约,心存利济,无吝惜。族有文会,岁久寖衰,捐金振兴之	乾隆《婺源县志》卷二三《人物一〇·义行四》

续表

序号	记载摘要	资料来源
18	詹至中,国学生,(婺源)庆源人。居乡置祀田,兴社会,屡倾重资。子有年、有源,克承父志。义仓、文会,往往修举	乾隆《婺源县志》卷二三《人物一〇·义行四》
19	施世宰,(婺源)施村人。馆谷所入,输入文会,置田产,以资族子弟应试之费,其有获俊,给予奖励之	乾隆《婺源县志》卷二三《人物一〇·义行四》
20	戴声抗,(婺源)清华人,尤好读书,兴文会,给膏油,贫者多赖其成就焉	乾隆《婺源县志》卷二三《人物一〇·义行五》
21	方之宗,(婺源)平盈人,国学生。捐输立文会,置祀田	乾隆《婺源县志》卷二六《人物一一·质行六》
22	金冠贤,(婺源)沱川人。文社、祠宇,均不惜输资,以助最喜	光绪《婺源县志》卷三〇《人物九·孝友六》
23	江秀祥,(婺源)江湾人。输田倡兴文会,族之秀者,自是多列宫墙	光绪《婺源县志》卷三二《人物一〇·义行四》
24	李从钲,里兴紫阳文社,不吝捐输	光绪《婺源县志》卷三三《人物一〇·义行六》
25	俞仁,(婺源)西谷人,贡生。本村炳蔚、志成二文社,购田数十亩,资给程费	光绪《婺源县志》卷三四《人物一〇·义行七》
26	胡德墉,城东人,贡生。置圭田,倡文社,宗族咸利赖之	光绪《婺源县志》卷三四《人物一〇·义行七》
27	胡廷辉,(婺源)江村人。邀族人立三义会,以裕祀,教读恤贫	光绪《婺源县志》卷三四《人物一〇·义行七》
28	余锦章,(婺源)沱川人,州同衔。输租立文社,以振文风	光绪《婺源县志》卷三四《人物一〇·义行七》
29	程世德,(婺源)溪头人。族中创立文会,输租数十秤资助	光绪《婺源县志》卷三五《人物一〇·义行八》
30	孙有燨,四品衔。置租兴社课文,襄建本都书院、京师文明会,均领袖捐资	光绪《婺源县志》卷三五《人物一〇·义行八》
31	董勋铭,(婺源)游山人,营商,留心风教,建书塾,兴文社,置膏资,后进均沾其泽	光绪《婺源县志》卷三五《人物一〇·义行八》
32	李广壁,(婺源)延田人,贡生。里中义仓、文社,均输资不吝	光绪《婺源县志》卷三五《人物一〇·义行八》
33	王邦栋,(婺源)慈坑人,捐资茸造振发文社,子弟乐育之,一时文学丕振	光绪《婺源县志》卷三六《人物一一·质行一》
34	程应鹏,在城人,集兄弟,兴文会,给膏火,以培后学,俱捐资不吝	光绪《婺源县志》卷三七《人物一一·质行四》

续表

序号	记载摘要	资料来源
35	江有柳,(婺源)澄源人,凡修桥梁,集文社,率输金襄助	光绪《婺源县志》卷三七《人物一·质行四》
36	詹广权,(婺源)虹关人,职监。里有文会几废,捐巨资以振兴	光绪《婺源县志》卷三九《人物一·质行七》
37	吴兴祖,(婺源)中云人。输义仓,集育婴,立文会,贴程仪惠及寒酸	光绪《婺源县志》卷四〇《人物一·质行八》
38	潘之祥,婺源桃源人,万历戊戌进士。与诸弟子课文艺,置田三十亩,为馆谷资,名曰乡贤文会	康熙《徽州府志》卷一三《人物志二·风节传》
39	吴元吉,(黟县)横冈人,监生,捐置横冈文会	同治《黟县三志》卷七《人物志·尚义传》
40	史世椿,(黟县)九都金钗人,商皖起家,勤俭好义,兴文会	同治《黟县三志》卷七《人物志·尚义传》
41	胡朝金,(黟县)陈间人,赴江西河口镇习商,性乐善,节筵资,以输祀会,至修宗祠,组文会	民国《黟县四志》卷七《人物志·尚义》
42	(德璨公)爱立石为界,捐其田入雷冈文会,族人有行好学且贫者,资以膏火	《宏村汪氏家谱》卷二五《事实》

在徽州文献中,除了捐输文会外,诸如乐输祭祀会、经济会、公益会、娱乐会等例不胜枚举,致使建立在平等、自愿、互助基础上的各种会社颇为普遍和兴盛。

总之,徽州民间捐输现象日渐增多大体在明代中期以后,降及有清,见诸徽州方志"义行""尚义""乡善"中的有关记载更是层出不穷,蔚为大观。由明至清,徽州民间捐输类型多样,主要有依例献纳、倡捐均派、奖劝乐输、捐资立会等。围绕民间捐输而设立的各种基金颇为多见,其管理主体有宗族、会社、行业协会、乡族机构等,并且形成了较为成熟的管理机制。

第二节 民间资产生息

明清以降,随着商品经济和货币关系的发展,借贷、合会、典当、融资等民间金融活动逐渐活跃,民间资产生息日趋兴盛①。在明清徽州,举凡宗族置产,合众醵资,人们普遍重视通过生息经营而实现长效性的经济互助。实际上,民间资产生息在明清徽州社会长期存在,相沿成俗,所涉领域广泛,影响深远。迄今为止,学术界在考察相关问题时,对明清徽州的民间资产生息有所涉及②,然系统考察尚属空白。那么,民间资产生息的主要途径是什么?它是如何运作的?维系这种民间金融运行的信用因素有哪些?生息经营涉及哪些领域?它对徽州社会有何影响?对诸如此类问题加以深入研究,有助于深入揭示传统徽州经济与社会实态。下文以明清徽州地方文献和民间文书资料为中心,对徽州的民间资产生息现象作一较为全面而深入的考察。

一、生息途径

中国历史上民间借贷由来已久。《周礼》载"听称责(债)以傅别"③,可见,早在周代即已出现借贷性的民间契约"傅别",并成为官府处理债务纠纷的重要凭证。实际上,在中国传统社会,赋役重苛、高下失均、年成荒歉、家用匮乏等,在客观上促使民间借贷的发生。无论是商品经济相对萎缩时期,抑或是商品经济活跃时代,传统意义上的民间借贷一直存在,并成为民间互通有无的一种手段。值得注意的是,明清时期民间借贷普遍发展,颇为盛行。这种现象在徽州地区尤为突出。

---

① 据相关研究,中国古代人们利用抵当所等专营机构从事货币存储事务的行为始于北宋,明代中叶以后,正式意义上的民间存款生息得到普遍发展(刘秋根:《试论宋代官营高利贷资本》,载《河北学刊》,1989年第2期;刘秋根:《明清高利贷资本》,北京:社会科学文献出版社,2000年)。按:鉴于所关注资料的特定性,本文集中讨论明清时期的徽州,尤其是徽州基层社会中带有互助合作性质的"民间资产生息"现象。

② 刘淼、汪庆元、陈瑞等在相关个案研究中,对民间资金发典生息现象均有涉及,参见刘淼:《从徽州明清建筑看徽商利润的转移》,载《江淮论坛》,1982年第6期;汪庆元:《〈汪氏典业阄书研究〉——清代徽商典当业的一个实例》,载《安徽史学》,2003年第5期;陈瑞:《制度设计与多维互动:清道光年间徽州振兴科考的一次尝试》,载《安徽史学》,2005年第5期。

③ (东汉)郑玄注,(唐)贾公彦疏:《周礼注疏》卷三《天官·小宰之职》,据清嘉庆刊本,见(清)阮元校刻:《十三经注疏》第二册,北京:中华书局,1980年,第654页。

在明清徽州地方文献与民间文书中,有关民间置产生息的记载屡屡可征,具有民间融资合作与经济互助性质的"融资生利""众存生放""醵钱运利""入典生息"等记载颇为常见,均属传统民间资产生息范畴。明清徽州民间资产生息的主要途径有以下几种:

(一)借贷取利

在明清徽州,借贷取利十分多见。《绩溪县志》载:"县内民间借贷古已有之。"该志具体列举了"互利借贷""借银利""放稻青""利滚利""驮盐利"等多种民间借贷形式。① 在其他徽州文书中,亦不乏相关记载,如顺治十一年(1654)《休宁汪氏阄书》载:

> 借出银两共计二百六十四两九钱八分,各亲朋仍有往来账目另立有账。存实本银六百三十两,三男均分。②

从中可以看出,亲朋是汪氏放贷的主要对象。文中虽无明确的生息记载,但所借银两数额较大,所涉债务者众多,借贷取息当是不争事实。且在不少徽州文书中,凡涉及民间借贷,常明确记载须归还的本利,如"(讼费)不敷,允移借英洋四十元,待讼事已毕,一并本利奉归"③;又如,清代康熙年间,婺源县乡村生员詹元相在其《畏斋日记》中频繁记录银两借贷关系,这些记载均涉及所归还的"本利"数额,属于民间借贷取利范畴④。

民间借贷的债权与债务主体往往具有某种社会关系,多系乡族社会的友情告贷,在自愿互助的基础上,以彼此信任为信用,利率亦由当事人依据惯例相互约定,按习俗称为"生放"。据南宋洪迈云:"今人出本钱以规利入,俗语

---

① 绩溪县地方志编纂委员会编:《绩溪县志》第18章《金融》,合肥:黄山书社,1998年,第517~518页。
② 《顺治十一年汪氏阄书序》,见张海鹏、王廷元主编:《明清徽商资料选编》,合肥:黄山书社,1985年,第374~378页。
③ 《祁门康氏文书》,安徽大学徽学研究中心藏。
④ (清)詹元相撰:《畏斋日记》,见中国社会科学院历史研究所清史研究室编:《清史资料》第4辑,北京:中华书局,1983年,第266页。

谓之放债,又名生放。"洪氏认为,"生放"一语早在汉代就已经出现。① 在徽州,直到明清时期,"生放"一语仍非常常见,这与长期以来特别是宋元时期各地的流行说法相同,如"(山木)拼卖归立性清公祀子孙永远生放"②,"各出钱谷,编立首人,经管生放,以为祭祀之用"③。因此,"生放"一词当源于传统民间的借贷取利,"生放"的提法在很大程度上带有利用借贷关系而向债务人收取一定利息之意义。可见,民间范畴的出贷取利、放债生息渊源甚久,长期而广泛地存在于基层社会,实属民间资产生息原始形态的一种。

(二)醵资生利

明清时期,随着商品经济和社会的发展,民间生产、生活的经济需求日益旺盛,民间融资活动遂日趋活跃。其中,"钱会"或"合会"是传统民间融资的主要形式。先看下例:

> 盖闻戚友有通财之义,经营有襄助之情。是以义孚而成会,情洽以通财。虽会息之无几,幸始终以如一。既蒙雅爱,切勿逾期。自敬邀戚友<u>十位</u>,玉成一会。每位请出钱___正,共成<u>一百千文</u>,付首会收领。会期公议<u>十二个月</u>一轮。至会期,会首前三日具帖邀请齐集,务必现钱上桌,不押不欠。然后拈阄挨摇,骰点大者得,点同者遵先。首会每次填钱<u>十四千五百文</u>,以下各届应收应填钱则具列于后。今立会书,各执一本存据。④

这是一份清同治十一年(1872)徽州融资性钱会会书中印制的格式文字。立会者购买这种会书底本后,填写参会人数、出资、会期等内容,即形成正式的会书契约。类似的会书在徽州文书中多有遗存。从上引资料看,民间融资

---

① (宋)洪迈撰:《容斋五笔》卷六《俗语放钱》,见《景印文渊阁四库全书·子部·杂家类》第 851 册,台北:台湾商务印书馆,1982—1986 年,第 836 页。
② 《祁门二十二都红紫金氏文书》,见刘伯山主编:《徽州文书》第 1 辑第 10 册,桂林:广西师范大学出版社,2005 年,第 234 页。
③ 《祁门二十二都红紫金氏文书》,见刘伯山主编:《徽州文书》第 1 辑第 10 册,桂林:广西师范大学出版社,2005 年,第 455 页。
④ 《同治十一年二月初十谢祥泰等立会书》,安徽大学徽学研究中心藏。

性钱会一般由若干人(股)组成,订立规则,醵资生息。具体地说,参会者本着得资付息、投资回报、互助合作的原则结成临时性的经济组织,每次聚会按照规定比例各自出资,醵集一定的资金,轮流交给会员中的一人使用,享用所醵会资者被称为"得会者"。每期得会者享受使用会资的权利,并按照其所得会次之序,分期支付相应的利息。这种醵资生息、融资互利的经济会社在明清徽州城乡各地所在多有,尤为兴盛,其对民间社会经济生活所起的作用令人瞩目。对此,学术界颇有研究。①

(三)入典生息

由明至清,典当业成为徽商经营的主要行业之一。民间或寄资异地徽典生殖,如明末徽州汪氏将族会资金"安在海盐,众眼同生息"②,或择选本土典铺取利,如清代绩溪县合邑捐银五千余两,拨发"城内六典银一千八百两,各乡四十八典银三千八百四十两","给领生息"以资助科考③。实际上,徽州本土乡族和亲眷之生息性投资,构成不少典商原始资本的重要来源。清道光年间《汪氏典业阄书》中载有,净存协和典实本足钱 55247830 文,其中亲友等存款共计四项,达 15279973 文,约占总资本的 28%④。值得一提的是,大量带有众人所有性质的资产,一般规定经管者不许私自随意借贷,大多予以发典生息。如清代道光年间,徽州某氏祀会规定:"存会内各店屋租银,递年和润典经收,算账之日,兑出入匣。"⑤又如,休宁县松萝门吕氏亦规定:"清明积储银两递年生放典当。"⑥因此,利用信用较高的典当行业获取利息回报,在典商相对发达的徽州,成为民间资金生殖的可靠途径。

---

① 参见胡中生:《钱会与近代社会》,载《史学月刊》,2006 年第 9 期;胡中生:《徽州民间的会书与钱会》,载《寻根》,2008 年第 6 期等。
② 《崇祯十二年徽州汪氏会簿》,见王钰欣、周绍泉主编:《徽州千年契约文书(宋元明编)》卷 10,石家庄:花山文艺出版社,1991 年,第 99 页。
③ (清)徐会烜辑:《绩溪捐助宾兴盘费规条》,清刊本,安徽省图书馆藏。
④ 参见汪庆元:《〈汪氏典业阄书〉研究》,载《安徽史学》,2003 年第 5 期。
⑤ 《道光十四年徽州潘、余氏立阄书》,南京大学历史系资料室藏。
⑥ (民国)吕龙光主修:《新安大阜吕氏宗谱》卷五《休宁松萝门祭祀家规》,民国二十四年(1935)木活字本,安徽大学徽学研究中心藏。

(四)委托运利

在徽州地方文献与民间文书中,有关"交付殷实之家运利"的记载亦颇为多见,这里的"殷实之家"多指实力相对雄厚的商人。如明代歙县阮弼经商芜湖,其"族母"即委资阮弼予以"运利":

> 族母私蓄数十缗,阴托长公(即阮弼)取息。有顷,族母亡,长公握子息钱,毕归其子。①

又如,《新安大阜吕氏宗谱》载:

> 清明积储银两,递年分与殷实忠直子孙立领营运。至次年约以清明日交众,如过日交兑者罚银一钱,过月者罚银一两,交清复照前收领营运。②

再如,道光年间徽州继善会规定:

> 起会之日,只有银五十余两,系支丁昆和代领生息,于戊戌年将本利兑出。③

可见,"运利"的主要体现是:向包括典商在内的不同行业商人提供资金,并借助商业经营确保"以本获利"。从这个意义上说,委托"运利"的存在,促使大量民间资金转变成为明清徽商的商业资本。因此,所谓民间资产生息(或称"生放""生利""运利")系利用借贷、合会、典当、融资中的货币流通关系,经营民间资产以取利的金融运行方式。其途径不一,形式多样,运作灵活,这是传统民间金融活动形式的生动体现。

---

① (明)汪道昆撰,胡益民、余国庆点校:《太函集》卷三五《明赐级阮长公传》,合肥:黄山书社,2004年,第765页。

② (民国)吕龙光主修:《新安大阜吕氏宗谱》卷五《休宁松萝门祭祀家规》,民国二十四年(1935)木活字本,安徽大学徽学研究中心藏。

③ 《道光至咸丰继善会簿》,南京大学历史系资料室藏。

二、生息经营

在商品经济尤为活跃的明清徽州,利用借贷、合会、典当、融资中的货币流通关系实现生息经营十分普遍。那么,这种生息经营是如何运作的呢?下文从资本来源、经营主体、生息利率、生息信用四个方面对此作一探究。

(一)资本来源

明清时期,随着商品经济的发展,社会变迁的加剧,徽州社会因家户合作、宗族统合、融资立会、社会捐输而形成的互助基金和经济实体广泛存在,积贮置产与经济互助的观念深入人心。互助资产类型多样,其来源不一而足,主要有:

第一,产业收入和买卖所得资金。如明万历年间,休宁县泰塘程氏,其祭祀"经费之所出则租谷豆及山租银若干,常储祭银。每银十两,周年生息一两五钱"①。又如,歙县潭渡黄氏规定:"祀产租谷定例本年头首二人,下年头首四人公收贮仓,至次年粜银归匣。"②再如,万历二十九年(1601),徽州吴氏五大房出卖众存地产,所得银两"生利以供拜扫之用"③。大体说来,有形产业货币化是不少民间生息资本的重要来源。

第二,进主银④。如《新安徐氏墓祠规》云:"进主立户之银,必先照会诸族,交清祀首。"⑤

第三,登科银。如歙县呈坎罗氏文会规定:"凡登科入仕者,均须复银入匣。"⑥

---

① (明)程一枝修纂:《程典·祭祀志》,万历二十七年(1599)刊本。
② (清)黄臣槐纂修:《潭渡孝里黄氏族谱》卷五《附公议规条》,雍正九年(1731)刻本,安徽省图书馆藏。
③ 《万历二十九年祁门县吴梦荣等立卖地契》,见张传玺主编:《中国历代契约会编考释》,北京:北京大学出版社,1995年,第918页。
④ 按:"进主银"系为已故父祖等的牌位能入祠供奉而向祠堂交纳的银钱。
⑤ 《新安徐氏墓祠规》,清刊本,安徽大学徽学研究中心藏。
⑥ 《溪川罗氏文会簿·会规》,安徽大学徽学研究中心藏。

第四，添丁银。如绩溪县黄氏宗族规定："生子上丁照例交丁粮于公匣，斯文收账。"①

第五，婚嫁礼银。如休宁县孙氏规定："支下嫁女当日，交兑公堂礼九七色银一两入匣。"②

第六，罚银。罚银是传统徽州民间秩序维系的重要手段。在徽州宗族文书中，常常可见"罚银入匣公用"的记载③。

第七，巢谷银。如歙县潭渡黄氏规定："本祠巢卖租粒及一应银两，俱应凭众公同入匣，封锁寄贮殷实之家运利。"④

第八，捐输银。如绩溪县黄氏规定："一切捐银不作别用，尽归公匣，置买祭产。"⑤又如，道光二年（1822），歙县盐商汪仁晟"捐银千两发典生息，为阖邑应试者卷烛费"⑥。再如，道光年间，祁门三四都六保谢、方、黄、陈、江、胡、叶氏等众姓共同签订合约，"各姓捐输共四十千文整，生息以备不虞"⑦。

第九，合众融资。如乾隆三十七年（1772），祁门县二十二都红紫金氏因宗族事务需要，而"虚心自愿，各出本银一两，名曰'乐义会'，众同生放，以防物事"⑧。乾隆四十年（1775），金氏又为祭祀越国汪公神会，"族中心志略同

---

① （清）黄俊杰纂修：《绩溪黄氏家庙遗据录》卷一《祠制·胙包额例》，咸丰元年（1851）木活字本，安徽省图书馆藏。

② 《道光三年休宁孙世德祠簿抄白·祠规》，见王钰欣、周绍泉主编：《徽州千年契约文书（清·民国编）》卷12，石家庄：花山文艺出版社，1991年，第44页。

③ 《崇祯十一年胡元时立遵旧家规文书》，见王钰欣、周绍泉主编：《徽州千年契约文书（宋元明编）》卷4，石家庄：花山文艺出版社，1991年，第433页。

④ （清）黄臣槐纂修：《潭渡孝里黄氏族谱》卷六《附康熙己亥公立德庵府君祠规·议银两归匣》，雍正九年（1731）刻本，安徽省图书馆藏。

⑤ （清）黄俊杰纂修：《绩溪黄氏家庙遗据录》卷一《祠制·主丁凡例》，咸丰元年（1851）木活字本，安徽省图书馆藏。

⑥ （民国）石国柱、楼文钊修，许承尧纂：《歙县志》卷九《人物志·义行》，据民国二十六年（1937）铅印本影印，见《中国方志丛书·华中地方》第二四六号，台北：成文出版社有限公司，1975年，第1476页。

⑦ 安徽省博物馆编：《明清徽州社会经济资料丛编》第一集，北京：中国社会科学出版社，1988年，第574页。

⑧ 刘伯山主编：《徽州文书》第1辑第10册，桂林：广西师范大学出版社，2005年，第454页。

者十七人,合议各出钱谷,编立首人,经管生放,以为祭祀之用"①。

(二)经营主体

徽州民间资产生息的经营主体多种多样,但主要是一些基层社会组织和团体。

第一,公祀。在聚族而居的徽州传统社会,祭神祀祖是宗族乃至地方社会统合并组织化的重要前提和基础。小到个体家庭,大到房派之间,普遍存在层属不一、形式多样的祭祀性共同产业,成为明清徽州社会经济的重要组成部分。明清徽州民间普遍重视设置"公祀"产业,祀产生息是保障宗族社会成员互助合作的重要手段。据《康熙四十五年程氏典商收支盘存总账》载:仅康熙三十七年(1698)和康熙三十八年(1699),收存"宇公祀会"的银两即分别达"三百三十八两五钱三分八厘"和"二百二十三两零二分一厘"②。又如,《乾隆四十八年典业账簿》中涉及"葆和堂、永堂、全壁堂、世宁堂"存本,其中"葆和堂"存本即达110两,这里的"堂"即徽州具体家族的俗称③。一般而言,为确保族务的长效运作,名目繁多的公共开支往往多用息银而不动或少动本金。如徽州许氏曾将公祀本资银308两"归堨田义成公典生息",并规定利用息银举行每年春秋之祭④。另外,祀神是传统徽州民间信仰的另一重要体现,这种地域性的祭祀活动亦大多由地方家族轮流承值,不少家族也是通过置产生息予以运作。如下例:

> 立合文约人士诚、时彦等。切思越国汪公乃六州之福庇,合族之佑神,迭年祭祀,人民无不舒诚。若吾族向有会祀,备办仪仗、祭器。近因年深日久,觉不光彩。今族众多,心志略同,欲有增光之意,共十七人。合议各出钱谷,编立首人经管生放,以为祭祀之用(下略)。

---

① 刘伯山主编:《徽州文书》第1辑第10册,桂林:广西师范大学出版社,2005年,第455页。
② 中国社会科学院历史研究所图书馆藏,1册。
③ 中国社会科学院历史研究所图书馆藏,1册。
④ 转引自刘森:《从徽州明清建筑看徽商利润的转移》,载《江淮论坛》,1982年第6期。

乾隆四十年八月十八日同会人：士诚（等17人）①

一般说来，就明清徽州存在的大量祭祀性产业而言，其实际联合和功能诉求的逻辑起点多为信仰需要。然而，随着组织化程度的加强，以公祀为主体的祭祀性产业发挥的互助功能日趋泛化，乃至扩大到特定人群之信仰、诉讼、教育、赋役、赈济以及地方公共建设、公益活动等范畴。因此，诸如"某某众祀""某某支祀""某某公祀""某某祀会""某某堂业""某某祠业"等，虽具公祀之名，实乃乡族之间的实体性合作关系。以大量公祀为主体的资产，大多通过设置诸如"首人""值年""司年""管年"等专人放债生息，经营生殖，并予以设匣管理②。

第二，会社。在明清徽州社会，民间具有"富庶则各醵钱立会"的传统③。先看下例：

> ［文书1］立兴祠合同文约大观公秩下启惕等。今因乾隆二十一年三月二十八日在皇净坞标坟，公议将与祭祀一十四人胙食之资六钱正，作本轮流领本生利，周年硬充九七足银六钱积聚以作后日置产立业之费，以兴祀胙，一轮周后，再行生效。自兴之后，各宜齐心协力，以为昌大之基。如有不愿充利者，永远不得入分，祖前立誓；如有用私苟且，侵蚀本利者，身后子孙不得昌盛，永灭绝嗣。久后本利洪大，产业丰厚，祖灵有感比应，一十四人之后裔自有显达富贵绵远，永远和乐。是为序。
>
> 乾隆二十一年三月二十八日立齐心兴祠合同文约 大观公秩下肇燃（等）④

---

① 刘伯山主编：《徽州文书》第1辑第10册，桂林：广西师范大学出版社，2005年，第455页。
② 参见拙作：《明清徽州宗族的"公匣"制度》，载《中国农史》，2008年第1期。
③ （清）吴甸华修，程汝翼、俞正燮纂：《黟县志》卷三《地理·风俗》，据清道光五年（1825）刻本影印，见《中国地方志集成·安徽府县志辑（56）》，南京：江苏古籍出版社，1998年，第59页。
④ 《康义祠置产簿》，乾隆间抄本1册，南京大学历史系资料室藏。

[文书2]立申饬合同文约康大观祠秩下等。为严立规条以垂永久事。原我别祖封君大观公奕世忠义,孙枝繁衍,向有薄产,清明标祭。乾隆二十一年,有愓等十四位与公墓祭,因剩余资六钱,顿起孝思,祖前立誓,轮流生殖,加倍出息,以增祠产。于是秩下人人感动,齐悼孝思,各愿照式襄成义举,至三十五六年人有百余股业,置百余金,增立孝义户名,分别供税……新兴孝义产业挨列股份另编首人,轮流经管……

乾隆四十一年正月念(廿)三日立申饬合同文约康大观祠

拱一秩下肇燃(等)
拱五秩下绍宁(等)①

以上两份文书均为祁门康氏通过集资立会以祭祖的合同契约。随着族人"各愿照式襄成义举",通过立会置产,轮流管理,生息经营,这一建立于乾隆二十一年(1756)的祀会,于乾隆三十五年(1770)、乾隆三十六年(1771)即形成"有百余股业,置百余金"的规模,并增立"孝义户"。在明清徽州,建立在平等、自愿、互助基础上的各种会社颇为普遍和兴盛,其类型主要有祭祀会、经济会、公益会、娱乐会以及文会等。以会为主体,设置会首,对会产会资予以生息经营亦是徽州民间的普遍做法。如,休宁县汪氏文秩公清明会规定:会资"议付殷实者领去,二分钱生息"②。又如,道光年间,徽州继善会将"现积贮银二百两,公托永有字号暂行生息,候银盈余,公议置租"③。再如,光绪年间,徽州胡氏祀会亦规定:"祭毕之后共同算账,除开支外,交付下首照依前例生息。"④另外,如前所述,传统徽州社会还存在大量具有自发性、融资性、互助性的民间钱会,这些钱会是民间资产生息更为基本的形态之一。

---

① 《康义祠置产簿》,乾隆间抄本1册,南京大学历史系资料室藏。
② 《文秩公清明会序》,转引自章有义编著:《明清及近代农业史论集》,北京:中国农业出版社,1997年,第381页。
③ 《道光至咸丰继善会簿》,南京大学历史系资料室藏。
④ 安徽省博物馆编:《明清徽州社会经济资料丛编》第一集,北京:中国社会科学出版社,第578~579页。

第三,乡族机构①。有关地域社会更大范围的公共资金,其来源或依靠商贾和殷实之家的捐输,如乾隆十七年(1752)"在扬徽商程扬宗……乐输银六万两,以一半先为买谷积贮,以一半交典生息,为将来增贮之计"②;或体现为村族之间的联合募捐,如祁门县西部"距城较远","山多田少,地瘠民贫,以故习举子业者甚少",清代道光年间,祁门县西部的二十二都十六个村,凡八姓,采取以各姓房族为基本单位,联合捐输创立地域性的"鼎元文会",由各姓举荐贤能之人管理会务,以兴办地方教育和科考③。由相关记载可见,这些公共资金数量可观、涉及面广,往往由倡捐者、捐输者以及具有较高声望的乡族人士经营管理,从而形成地域性的经济实体。公益互助的经费开支主要来自特定资产的生息收入。上文所叙,如清代休宁县汪田柱、徐名进各捐银五千两,"俱发乡城典铺生息,以为本邑士子乡试盘费"④;道光时,绩溪县胡培翚与合邑绅士倡导商人募捐,"得银五千两,发典生息,每科以息银分给应试者旅费"⑤;道光年间,歙县盐商汪仁晟"捐银千两发典生息,为阖邑应试者卷烛费"⑥。

(三)生息利率

先看表 4-3。

表 4-3 明清徽州民间资产生息利率一览表

序号	时间	记载摘要	月利率	年利率	资料来源
1	弘治年间	所出银两收积社内,每年当首领去加息三分	3%	36%	弘治《休宁陪郭程氏本宗谱》附录《会约》

---

① 按:带有地域性的乡族联合,其管理主体颇为复杂,揆诸实际,具体管理者多以特定地域内各宗族为基础,举荐专人联合而成,姑且称之为"乡族机构"。

② (民国)石国柱、楼文钊修,许承尧纂:《歙县志》卷一五《艺文志·奏疏·惠济仓题疏》,据民国二十六年(1937)铅印本影印,见《中国方志丛书·华中地方》第二四六号,台北:成文出版社有限公司,1975 年,第 2400 页。

③ 《鼎元文会同志录》,道光二十三年(1843)刻本 1 册,上海图书馆藏。

④ (清)马步蟾修,夏銮纂:《徽州府志》卷三《营建志·学校》,道光七年(1827)刻本。

⑤ (清)马步蟾修,夏銮纂:《徽州府志》卷三《营建志·学校》,道光七年(1827)刻本。

⑥ (民国)石国柱、楼文钊修,许承尧等纂:《歙县志》卷九《人物志·义行》,据民国二十六年(1937)铅印本影印,见《中国方志丛书·华中地方》第二四六号,台北:成文出版社有限公司,1975 年,第 1476 页。

续表

序号	时间	记载摘要	月利率	年利率	资料来源
2	万历年间	每银十两,周年生息一两五钱	1.25%	15%	万历《程典·祭祀志》
3	万历年间	出银一两五钱,岁加息二钱四分,贴备墓祭支费	1.33%	16%	万历《程典·祭祀志》
4	天启年间	所积本银……寄店生息,每年作一分二厘算利	1.2%	14.4%	《朱世荣分家书》
5	天启年间	所存田价三十两,递年付利六两与嫂程氏日食	约1.67%	20%	《朱世荣分家书》
6	崇祯年间	众议会本银周年二分钱起息	2%	24%	《崇祯十二年汪氏会簿》
7	顺治十年（1653）	仍存四十两与叶氏生息,每年得利银六两八钱	约1.42%	17%	《休宁程氏置产簿》
8	康熙年间	共三两借恩原弟,言定每月三分息	3%	36%	詹元相《畏斋日记》
9	乾隆二十三年（1758）	晋公祀典,初议每支输胙本银三两,一分行息,为清明标祀之用	1%	12%	《忠孝城南吴氏宗谱》卷三《晋公清明祀会序》
10	乾隆三十一年（1766）	惠济仓存有原本三万两有余,详定发典生息,周年七厘起息	0.7%	8.4%	道光《徽州府志》卷三《营建志·仓局》
11	乾隆五十年（1785）	今有现银三十八两五钱正,众面议定每两每月加一分利钱	1%	12%	《康义祠置产簿》
12	乾隆五十三年（1788）	现银三十八两五钱,每两每月加一分利钱	1%	12%	《康义祠置产簿》
13	清代	议付殷实者领去,二分钱生息	2%	24%	《文秩公清明会序》
14	清代	众议每月七厘起息	0.7%	8.4%	《绩溪捐助宾兴盘费规条》
15	道光二十七年（1847）	每房名下各付出本足钱七千千文,言定每全年九厘算息,闰月不加	0.9%	10.8%	《汪左淇等立合同》
16	光绪二十七年（1901）	今领得孝廉堂成本库平银五千两正,周年一分生息	1%	12%	《典业杂志》

按表 4-3 所示,明清徽州民间资产生息的入存利率虽有高低之别,但举凡入存本金越高,利息反而越低。总体而言,入存利率月息最高不超过 3%,大多在 1%~2% 这一较为合理的区间。究其原因:其一,为防止高利贷者的盘剥,明清官府均规定:"凡私放钱债及典当财物,每月取利并不得过三分。"①其二,传统民间资产生息主要依赖浓厚的乡族关系网络,为民间资产生息寻求借贷双方认可的合理性利率提供了可能。其三,受徽州典商的影响。明清徽州典商告贷取利较薄,如在明代后期拥有当铺数百家之多的南京,"福建铺本少,取利三分四分。徽州铺本大,取利仅一分二分三分,均有益于贫民"②。光绪十九年(1893)的一份徽州典商当票中明确规定"按月二分行息"③。而且,徽州典商的入存利率当低于其出贷之息。不但大量徽州民间资金系"入典生息",且典商的入存利率标准对徽州本土借贷、融资等活动形成合理取息的惯例亦有一定影响,甚至"照依当店起息"成为相关契约的格式表达④。

(四)生息信用

维系民间资产生息的信用因素是多方面的。

其一,发达的徽州典当业是影响乃至维系民间资产生息信用的基本保障。作为徽商经营的重要行业之一,明清徽州典当业以其数量多、分布广、规模大、取利轻著称。尤其该行业严密的经营规则和诚实守信,对于充分吸纳徽州本土资金实现生息经营、确保本息偿还信誉,乃至扩大民间投资阶层、增强民间金融意识均具有深远影响。

---

① 怀效锋点校:《大明律》卷九《户律·钱债》,北京:法律出版社,1999 年,第 82 页;(清)徐本等纂:《大清律例》卷一四《户律·钱债·违禁取利》,见《景印文渊阁四库全书·史部·政书类·法令之属》第 672 册,台北:台湾商务印书馆,1982—1986 年,第 608 页。

② (明)周晖:《金陵琐事剩录》卷三,见谢国桢选编,牛建强等校勘:《明代社会经济史料选编》下册,福州:福建人民出版社,2004 年,第 110 页。

③ 周向华编:《安徽师范大学图书馆藏徽州文书》,合肥:安徽人民出版社,2009 年,第 242 页。

④ 《万历八年洪时可等立朋充合同》,见王钰欣、周绍泉主编:《徽州千年契约文书(宋元明编)》卷 3,石家庄:花山文艺出版社,1991 年,第 62 页。

其二，或寻求乡族中"殷实之人担保"，或择选"殷实之家"运利，这是提高民间资产生息信用之一重要选择。如明代万历年间，休宁县程氏对于本族祭祀经费，由专人生息经营，管理者"须以本房殷实之人互保书券"①。又如，休宁县汪氏文秩公清明会规定：会资"议付殷实者领去，二分钱生息"②。再如，乾隆二十三年(1758)，徽州吴氏规定："现输银数，托之支下善营运者，一分二厘行息，逐年照房轮转，以成规则。"③还有道光、咸丰年间，徽州某氏"继善会"亦规定：所捐会资"付托殷实之家暂行生息"④。大量地方文献与民间文书的记载表明，所谓"殷实之家"一般首选本族中"善经营"者为之。如，弘治《徽州府志》载：李天祥为赈济族人而捐输白金百两，"命子弟能者营什一，岁收其息，置义田，凡丧葬嫁娶、饥寒无资、有志读书而力不逮者，皆取给焉"⑤；万历年间，徽州胡氏宗族"清明会银"，即择选"族中善经营者领取，每年按固定利率完纳本利"⑥；天启年间，休宁县程氏将清明会"本银二十四两三钱九分，当众面兑交三房显卿领取生息"⑦；徽州吴氏规定："本祠祭祀银两，上例与各分殷实有产之家领出运利，以荣祖祠"⑧；康熙年间，休宁县陈氏分家阄书有云："将万安布店一所租金坐作逐年完粮，庶免子孙之累……租金所余，择贤生息。"⑨毋庸置疑，在明清徽州，一方面，富商大贾、殷实之家通过捐输

---

① (明)程一枝修纂：《程典·祭祀志》，万历二十七年(1599)刊本。
② 转引自章有义编著：《明清及近代农业史论集》，北京：中国农业出版社，1997年，第381页。
③ (清)吴兆元等编撰：《吴氏忠孝城南宗谱》卷三《公立城南支祖清明标祀会序》，清乾隆二十四年(1759)刻本，安徽省图书馆藏。
④ 《道光至咸丰继善会簿》，南京大学历史系资料室藏。
⑤ (明)彭泽修，汪舜民纂：《徽州府志》卷九《人物三·隐逸》，据明弘治十五年(1502)刻本影印，见《天一阁藏明代方志选刊(22)》，上海：上海古籍书店，1981—1982年。
⑥ 《万历胡氏清明会簿》，见王钰欣、周绍泉主编：《徽州千年契约文书(宋元明编)》卷8，石家庄：花山文艺出版社，1991年，第161~167页。
⑦ 《天启元年休宁程氏立清明挂柏簿》，见王钰欣、周绍泉主编：《徽州千年契约文书(宋元明编)》卷8，石家庄：花山文艺出版社，1991年，第200页。
⑧ 《吴时洪等议立合同》，见中国第一历史档案馆、辽宁省档案馆编：《中国明朝档案总汇》第1册，桂林：广西师范大学出版社，2001年，第201页。
⑨ 《康熙五十九年休宁陈姓阄书》，转引自章有义编著：《明清及近代农业史论集》，北京：中国农业出版社，1997年，第312页。

建立各种基金,以承担乡族社会的公益互助;另一方面,他们对于徽州社会互助基金实现生息经营,在确保生息信用方面亦发挥了重要作用。

其三,契约的维系。在传统徽州社会,人们具有强烈的契约意识,民间事无巨细,动辄央请中人为凭,形诸白纸黑字,使得契约关系深深根植于地方社会。在明清徽州民间资产生息经营中,无论"入典生息",抑或相互借贷生放和融资运利,书立契约是普遍的做法。因此,带有地方性、平等性、灵活性的民间资产生息,亦主要依赖契约关系予以维系。在契约关系之下,欠债还钱、违约受罚成为一种历久弥深的习俗和观念①,并由此产生大量民间文书。

第三节　资产生息与经济互助

在历代史志典籍中,不乏"富者操奇赢之资,贫者取倍称之息"②这类高利放贷的记载。高利贷是贯穿传统社会的一种常见现象。西汉晁错的《论贵粟疏》中即有生动记述:

> 今农夫五口之家,其服役者不下二人,其能耕者不过百亩,百亩之收不过百石……勤苦如此,尚复被水旱之灾,急政暴虐,赋敛不时,朝令而暮改。当具有者半贾而卖,无者取倍称之息。于是有卖田宅、鬻子孙以偿债者矣。而商贾大者积贮倍息,小者坐列贩卖,操其奇赢……此商人所以兼并农人,农人所以流亡者也。③

又如:

> 后世农田之利,夺于兼并之家。虽天下之用,举仰于农,而农人不蒙其利。大抵一岁之入,兼并袖手十取之五;假之牛种,则什之

---

① 参见拙作:《明清徽州民间契约关系的维系》,载《安徽师范大学学报》,2007年第2期。
② (元)脱脱等撰:《宋史》卷一七三《志一二六·食货上一·农田》,北京:中华书局,1985年,第4159页。
③ (汉)班固撰,(唐)颜师古注:《汉书》卷二四上《食货志第四上》,北京:中华书局,1985年,第1132页。

七;又乘其乏,举贷以倍称之息,虽八九可也。是故乐岁先饥,凶年多死者,莫农人若也。①

再如,明代天顺元年(1457),官府赈济山东饥荒,有文言道:

> 官库应有收贮之物,尽皆支出于沿河一带,询访颇收之处有粮之家,籴粟救民。其有粮之家止许存留一年之用,余令尽数两平籴买,不许闭遏不粜。亦不许官豪势要,籴买存积,生放图利。②

由上引文字不难看出,高利贷产生的社会背景是:水旱歉收,饥荒灾疫;赋敛不时,徭役无度;势豪持富,巧取小民;商贾囤聚,乘机取利,等等。显然,这些都是传统社会之固有因素而造成的。

到了明清时期,随着商品经济的发展,各地商人尤其是地区性商人集团在本地或跨地域进行货币或实物放贷,形成了全国性的资本及货币流动,促使高利贷现象更加普遍。对此,有学者作过系统研究③。而就明清时期的民间资产生息来说,似乎可以将其与高利贷归于同一范畴,因为二者都是放贷取利。不过,若细加探究,本章关注的民间资产生息现象与历史上那种高下失均、巧取豪夺的高利贷相比,还是有所区别的。

第一,经营主体之别。传统高利贷的放债者,主要是富豪和官府。富豪靠其雄厚的财力放高利贷来盘剥小民,贯穿于整个传统社会。宋元时期,官府放高利贷十分盛行,势力强大,其运作背后是高高在上的官府权势④。显然,高利贷的经营主体多属传统社会上层。而民间资产生息,则多以基层社会的宗族机构、会社组织及其他社会团体等为经营主体,具有浓厚的庶民性质;其资本来源多为宗族众存共业资产,或属会社醵钱集资,以及地方社会因

---

① (元)马端临:《文献通考》卷八五《郊社考十八·高禖》,见《景印文渊阁四库全书·史部·政书类》第612册,台北:台湾商务印书馆,1982—1986年,第87页。
② 《明英宗实录》卷二七八,"天顺元年五月"条,台湾"中央研究院"历史语言研究所,1962年,第5954页。
③ 关于明清高利贷资本,刘秋根在《明清高利贷资本》中作过系统而深入的研究,兹不赘述。
④ 参见乔幼梅:《宋元时期高利贷资本的发展》,载《中国社会科学》,1998年第3期。

公益事务而"合邑募捐"的资金等。民间运营这些资金都有相应的组织,并有一定的规章制度,如宗族组织及其公匣制度、会社团体及其规章条约以及其他组织与公约等,其放贷生息一般都是由组织内人员轮值并依规章条约运营的。

第二,利率高低之别。传统的高利贷,取"倍称之息""累倍之息",乃为常态,甚者"数倍不能已者"。其取利手法有所谓"驴打滚""羊羔息"等,不一而足,都是谋取高额利息[①]。而如前所述,明清徽州的民间资产生息利率,一般为月息1‰~2‰,最高不过3‰。二者相比,民间资产生息的利率,一般维持在社会礼俗认可且符合当时官府规定的较为合理的区间之内,明显低于高利贷所取利率。

第三,巧取豪夺与互助互利之别。从经营宗旨来看,"操奇赢",谋暴利,是高利贷的根本追求。如"夫富者之为利,莫非放债取厚利,恃势而盈,致使贫乏下民终日逐利以偿其债,中人之家终身营业,以待其吞并,其或家穷力尽,则卖妻鬻子,身为奴仆而后已"[②];"徽州民谢兰家贫,其从子回贷以钱而倍取其息,又利其田宅而构害之"[③]。而且,高利贷常常是趁饥馑灾荒之时,或乘小民急用、告求无门之机而运营的。它所反映的是传统社会中富豪与官府对贫民的残酷压榨和无情盘剥,体现的是非对等的、高下失均的阶级关系。而民间资产生息则与其明显不同,其主要谋求宗族置产、众存共业、融资合会这类集体性资产,通过放贷取利达到保值增值的目的,更多展现的是平等合作、互助互利。这种特征在钱会的运营方式上表现得最为典型。要而言之,一般融资性钱会的运营方式是,在平等自愿的原则下,若干人成立一会,每人出一份资金,以若干月或年为一会期,按期轮流值首,运营生息,会期之中每

---

① 关于传统社会高利贷的利率,见刘秋根:《明清高利贷资本》第四章《明清高利贷资本利率》,北京:社会科学文献出版社,第176~226页。

② (宋)撰人不详:《积善录》(一卷),见《丛书集成新编》第14册,台北:新文丰出版公司,1986年,第275页。

③ (元)黄溍:《金华黄先生文集》卷二六《神道碑·岭北湖南道肃正廉访使赠中奉大夫江浙等处行中书省参知政事护军追封南阳郡公谥文肃邓文原神道碑铭》,据清景元抄本影印,见《续修四库全书·集部·别集类》第1323册,上海:上海古籍出版社,1995年,第356页。

人都要按规定出资付息,同时亦都有机会得到一笔大额融资。这种钱会中每个人既是出资者,也是借贷者;既是付息者,也是得利者;既是受贷者,也是经营者,机会基本均等,充分体现了平等合作、相互制约、互助互利的原则。此外,民间资产生息所得利润的用途也可反映其互助互利的性质。这种情况,在徽州宗族产业的民间资产生息中有明显体现。关于徽州宗族资产生息的部分事例,如表 4-4 所示。

表 4-4 明清徽州民间资产生息用途一览表

序号	时间	地点/宗族	资产性质	记载摘要	资料来源
1	弘治年间	休宁县	宗族社祭会资	在会二十八户,所出银两收积社内,每年当首领去加息三分。内户添丁助银三分,亦交付生息	弘治《休宁陪郭程氏本宗谱》附录《会约》
2	万历年间	休宁县	宗族祀产	其经费之所出则租银若干,每银十两周年生息一两五钱	万历《程典·祭祀志》
3	万历十六年(1588)	徽州吴氏	祭祀银两	本祠祭祀银两,上例与各分殷实有产之家领出运利	《吴时洪等议立合同》
4	万历二十九年(1601)	徽州吴氏	众存产业	众存地(出卖)价银五大房人永兴会生利拜扫之用	《万历二十九年祁门吴梦荣等立卖地契》
5	崇祯年间	徽州汪氏	"四维会"会银	众议会本银周年二分钱起息	《徽州汪氏会簿》
6	顺治十年(1653)	徽州程氏	出卖房产	遗孀叶氏日给无办,宗族议定出卖房产,银两生息供叶氏生前支给	《休宁程氏置产簿》
7	康熙三十五年(1696)	休宁县	祠产	所贮祠匣银两递年运筹生息	《休宁首村朱氏文书》
8	乾隆三十七年(1772)	祁门县	捐输立会之资	各出本银一两,名曰"乐义会",众同生放以防物事	《祁门二十二都红紫金氏文书》
9	乾隆四十年(1775)	祁门县	捐资立祀会	合议各出钱谷,编立首人经管生放,以为祭祀之用	《祁门二十二都红紫金氏文书》

续表

序号	时间	地点/宗族	资产性质	记载摘要	资料来源
10	乾隆四十二年（1777）	歙县	为里保之役所立贴费	贴费银三两，交托楚珍收管生息，完纳钱粮营米并造册使费	《程楚珍立承揽文约》
11	乾隆五十三年（1788）	祁门县	为承管祖役所立基金	现银三十八两五钱正，众议利钱递年贴值年做甲催之人收，以为供膳图差季钱册房费用	《康义祠置产簿》
12	乾隆五十八年（1793）	祁门县	办税之资	文进、文政二人自愿出钱二百文入祠生放，递年将利代兑纳粮	《康义祠置产簿》
13	道光四年（1824）	祁门县	绝嗣户财产	归立性清公祀子孙永远生放，置产以为递年完粮、祭扫之资	《祁门二十二都红紫金氏文书》
14	同治元年（1862）	祁门康氏	置祠产以兴学	契买亦归塾学管业，其增贴之资，候五年之内生息分作经、蒙二馆习读	《祁门康氏文书》
15	光绪十二年（1886）	徽州黄氏	捐输祀会	（捐输春秋祀会）共计洋蚨四十八元，公同生贩，迭年轮流为首。（每年）祭毕之后共同算账，除开支外，交付下首照依前例生息	《徽州某氏立春秋祭祀合同》

表中事例表明，徽州宗族或通过族内公匣制度，或委托会社，多将各种族产放贷生息。特别应注意的是，生息之资的用途有"拜扫之用""祭祀之用""完纳钱粮""代兑纳粮""供膳图差""造册使费""经、蒙二馆习读""以防物事"等，涉及祭祀、赋役、教育、救济、防灾等各种民生事务，范围十分广泛。

此外，有关地方社会的公共资金亦往往借助生息经营，以确保公益活动和公共建设的可持续性需要。如清代绩溪县"捐银存典生息"资助科举考试的事例：

呈为捐银存典生息，储给乡试盘费，恩牒通详，并乞存案事。绩溪士子,半属贫寒。每遇科场,艰于资斧,不克赴闱。邑中绅士爰集众议,启告城乡捐银生息,以给盘费,阖境幸皆踊跃,捐成曹平足纹五千六百四十两。事已垂成,功期久远,因仿休邑嘉庆年间捐给试费成案,将该项择殷实之典给领营运。①

总之,明清徽州民间资产生息的用途涉及家庭生计、宗族事务乃至地方社会各种公益事项,范围广泛,领域多样,反映了民间资产生息的互助性,及其具有一定的社会保障功能。民间资产生息不仅为明清徽州社会各项事业的持续发展提供了相当的经济保障,还形成了一种长效机制。

综上,在缺乏官府主导的融资渠道和社会保障的传统社会,借贷、融资、合会、典当等形式多样的民间金融活动的兴盛,与社会资金存量以及经济活动对资本的需求量密切相关,明清徽州民间资产生息现象的普遍发生具有深厚的社会背景。

一方面,明代中期以后,商品货币经济空前发展。商品经济的活跃,加速了货币流通,扩大了金融领域,金钱已成为各种社会活动的必要资本。特别是赋役的纳银化,更加大了人们对白银的刚性需求。另一方面,明中叶以后,私人海外贸易的发展和白银不断入超也为国内的货币流通提供了大量的白银资本。就徽州而言,明清时期,徽商兴盛达数百年之久。由于徽商经营的成功,徽州社会对商业资本的需求旺盛,与此同时,徽商利润的一部分势必回流本土,使得流入徽州的财富大为增加,社会闲散资金相对充裕。这促使该区域民间资金流转不息,货币关系十分活跃。民间运营"贷本取息""融资逐利""醵钱立会"以保值增值的金融意识增强,民间资产生息因时兴盛,长久不衰。

而在商品货币经济发展的同时,社会变迁也随之加剧,正如万历《歙志·风土》所言,"寻至正德末,嘉靖初……出贾既多,土田不重,操资交捷,起落不常。能者方成,拙者乃毁。东家已富,西家自贫。高下失均,锱铢共竞。互相

---

① (清)徐会烜辑:《绩溪捐助宾兴盘费规条》,安徽省图书馆藏。

凌夺,各自张皇……迨至嘉靖末隆庆间,则尤异矣"。这里显现的,无疑是重商轻农、金融活跃、竞争激烈、贫富分化的社会动荡变迁格局。面对这种激烈竞争的社会形势,社会各个阶层都不能不有所反应。一方面,以血缘关系为纽带,明清徽州基层社会的宗族组织化趋势日益突显,置产与互助观念深入人心。诸如殷实之家于分家析产之际因礼仪互助而普遍留存众存产业。不少宗族以公祀、族会为主体而积贮置产,以谋求或维持其"大家规模""大家气象",实现"支下均沾其恩"①。地方文献中屡屡可见徽州商人"捐资亢宗,以光竹帛"之义行。另一方面,面对新的社会变迁形势,原有的宗族组织已经不够了。或按不同行业分工,或因某种活动需要,各种会社组织纷纷兴起发展。它们开始冲破血缘关系甚至地缘关系的束缚,而且出现了新的运行机制,并成为明清民间资产生息金融活动之一重要主体。从而,由明至清,徽州社会因家户合作、宗族统合、融资立会、社会捐输而形成的互助基金和经济实体广泛存在。为了确保互助资产的长效运营,生息经营应运而生。明清徽州民间资产生息金融活动呈现出途径多样、主体多元、机制灵活、互利互助等特征,与传统高利贷有所不同。这是我们值得关注的。

---

① 《丛桂堂置产簿》,南京大学历史系资料室藏。

第五章　图甲户籍与明清徽州社会治理

第一节　明清徽州赋役户籍和基层职役的"朋名"

"朋名"即共同朋合使用一个名称，具体而言，是指在赋役户籍登记以及基层职役呈报中，存在因循故祖姓名、合众串合名称、虚设众存户籍等现象，从而以虚应之名签报官府的做法。这些名称循名责实，乃村族社区利益攸关者的共有名号，并非当时的实际人户。

关于"朋名"，不少学者在相关研究中已颇有关注，如日本学者片山冈较早提出清代广东图甲制中的"总户""子户"模式。① 实际上，"总户""子户"在明清不少区域所多有，这种户籍结构已经脱离了实际户籍形态。此后，刘志伟先生对清代广东图甲户籍作了进一步探究，他认为，清代图甲制作为一种用于登记户籍和征纳赋役的制度，是由明代的里甲制衍变过来的。图甲户籍往往是该族最早开设的户口，故又称为"祖户""老户"，并常用该族始祖或

---

① ［日］片山冈：《清末广东珠江三角洲的图甲表及其相关诸问题——税粮·户籍·同族》，载《史学杂志》第91编第4号，1982年第4期；同氏：《关于清末广东珠江三角洲的图甲制——税粮·户籍·同族》，载《东洋学报》第63卷第3、4号，1982年。

开户祖先的名、字、号、官爵为户名,一般属于全族共同使用。① 栾成显先生通过对明代黄册地深入研究,揭示了由明至清黄册越来越脱离实际成为"具册"②的现象,并具体考察了诸如朱学源户的继承性以及总户与子户实态。③ 陈支平先生以遗存的徽州"置产簿"为中心,考察了赋役立户中官府册籍与民间实际脱离的情况,注意到赋役立户存在因循明代户名、虚名登记家族公产、跨境买卖产业的户籍寄挂等现象。④ 近年来,阿风依据诉讼文书,对徽州宗族拟制赋役户籍作了深入考察。⑤ 黄忠鑫在其图甲制与基层行政研究中,以实证的方式探究了图甲"朋名"户籍之实态。⑥ 另外,关于明清徽州基层职役的朋名现象,夏维中、王裕明、汪庆元等人在相关研究中亦有关注。⑦ 下文在既有研究基础上,利用徽州民间文献对徽州区域的"朋名"实态作一梳理。

一、宋元"祖户"的考察

有关朋名现象,从徽州看,早在宋元时期即已存在。根据阿风的考察,宋元时期徽州普遍存在虚设户名、拟制户名(即所谓"诡名")以登记墓产的情况。⑧ 又,据明代万历年间休宁县程一枝所纂《程典·田赋志》中的记载:

---

① 参见刘志伟:《清代广东地区图甲制中的"总户"与"子户"》,载《中国社会经济史研究》,1991年第2期。

② 具册,指因循守旧,未因时编造的黄册,此类册籍因登载的事产内容陈陈相因,脱离社会实际变化,从而沦为工具性册籍。

③ 参见栾成显:《明代黄册研究》(增订本),北京:中国社会科学出版社,2007年。

④ 参见陈支平:《民间文书与明清赋役史研究》,合肥:黄山书社,2004年,第59~82页、第117~145页。

⑤ 阿风:《明代徽州宗族墓地与祠庙之诉讼探析》,载《明代研究》第17期,2011年12月,第1~47页。

⑥ 黄忠鑫:《清代前期徽州图甲制的调整——以都图文书〈黟县花户晰户总簿录〉为中心的考察》,载《清史研究》,2013年第2期。

⑦ 参见夏维中、王裕明:《也论明末清初徽州地区土地丈量与里甲制的关系》,载《南京大学学报(哲学·人文科学·社会科学)》,2002年第4期;汪庆元:《清代顺治朝土地清丈在徽州的推行》,载《中国史研究》,2007年第3期。

⑧ 阿风:《明代宗族墓产拟制户名考》,见中国社会科学院历史研究所等编:《第三届中日学者中国古代史论坛文集》,北京:中国社会科学出版社,2012年。

入元,郡为徽州路,领一州五县,税则不同科,法亦异,大都以田之上中下税之钱贯、租钞、丝绵、苗米之征。亦概视前世程之企业,可考见者……或二人而合一名,或一人而析二名,或三数人而假一名,或其人我里而业他里,或邻邑其籍存其人亡,不可胜举。①

从以上记载中可以看出,在元代,徽州休宁县泰塘程氏的赋役登记,即存在"或二人而合一名,或一人而析二名,或三数人而假一名"的朋名现象。

明朝建立后,明代之前因登记墓产等而存在的虚设户名在明初曾一度沿用。如在上述《程典·田赋志》中有如下记载:

(元)仁宗延祐二年,我里籍七保念子号清册,我族程荫祖业。

(明)洪武四年户部给我府民户帖,我祖领程荫祖户帖;歙罗田宗人领世忠庙户帖。

(明)洪武十五年六月,我县经界田土,我里隶二十一都,籍七保念字号清册,我祖程荫祖世业。②

可见,休宁县泰塘程氏在明初的产业和户帖登记中,对于祖产立户沿用元代以来的虚拟之名"程荫祖"。然而,明初旋即进行了全国性的土地清丈,以核实田土,大造黄册,全面厘清宋元以来的土地产权关系。洪武十四年(1381)大造黄册时,国家即正式禁止使用这种拟制户名,要求所有土地事产(包括墓产)必须登记到某个实体户名(即"分装"户)之下。③ 这种变化从万历《程典·田赋志》的记载中亦可以看出:

(明)洪武二十年春二月,我县民户鱼鳞图成,我祖更立程华先户载祖业产税。

(明)洪武二十四年春,我县定民籍减编户八十七里,我都籍里

---

① (明)程一枝修纂:《程典·田赋志》,万历二十七年(1599)刊本。
② (明)程一枝修纂:《程典·田赋志》,万历二十七年(1599)刊本。
③ 阿风:《明代徽州宗族墓地与祠庙之诉讼探析》,载《明史研究》第17期,2011年12月,第1~47页。

八，我祖立三图程芝户载莲塘产税，立歙二十五都程彦瑜庄户载葛坑祖墓产税。

显然，随着洪武二十年(1387)休宁县清丈完成，泰塘程氏长期因循的祖产户籍"程荫祖"随着"民户鱼鳞图成"而"更立'程华先'户载祖业产税"，嗣后又为公共祖产设有"程芝""程彦瑜"等户籍。毋庸置疑，在明初洪武年间土地清丈和大造黄册的过程中，禁止拟制户名、民间事产以实际人户予以金业登记的规定基本上得到了贯彻。不过，以虚名、朋名金报"公产""祖产"的情形，在明初仍然存在。再看万历《程典·田赋志》中有关休宁县泰塘程氏立户情况的记载：

(明)永乐十年秋七月，我县籍户口，我祖立三图程琏户载莲堂产业。

(明)永乐十二年我县籍户口，我都并里四，我族立二图程福缘户，歙县二十五都程七清庄户载祖墓产税，三图程匿户载莲塘产税。

(明)成化八年我县籍户口，我族割莲塘产税入二图程福缘庄户。

(明)万历十年夏五月我县籍户口。我族仍一图程泰塘户，九图程荫祖、程厚本户，歙二十五都程太营庄户载祖坟宗祠神庙产税。我支仍一图程原本户，立九图程存礼、程以球户载祖坟产税。①

可见，永乐十年(1412)所立"程琏"户似非实际人户之名，从上引"洪武二十四年春……我祖立三图程芝户载莲塘产税"的记载来看，"程琏"户当是由"程芝户载莲塘产税"串合而成的虚构名称。至于此后"程泰塘(村名)""程厚本(堂号)"以及"程福缘""程原本"等户名，循名责实，亦均非实际人户。在明初田土户籍登记中，不以实名登记的现象绝非少数。据休宁《璜源吴氏新谱》载：

---

① （明）程一枝修纂：《程典·田赋志》，万历二十七年(1599)刊本。

谱以正名为先。昔竹野公因其故祖达公以其字"义夫"请给军由，故编谱乃以"义夫"冒作两房共祖之字入谱，为并籍也。今籍并已定，百世不易，殊不须此为轻重，但父子名义在所当正。君仪公殁于元丙戌，至辛卯年分析田产，又越至洪武经理田土，定簿籍，凡达公所业者，曰"义夫"，我祖所业者曰"梅轩"。若以"义夫"为两房共祖，则其所业之产皆当两房共之，"梅轩"房毫无所得也。今若仍冒作冕公之字，免启后人之异议者。若直为达公之字，又恐不欲者之生疑，莫若两缺不书，庶得事休之宜。①

仔细解读这段材料，大致在元代后期，璜源吴氏曾以故祖达公之字"义夫"登记户籍，作为"两房共祖"的"并籍"之名。这里所谓"并籍"即属共有、共享性质的"朋名"。不过，到了"洪武经理田土，定簿籍"时，对于原两房共祖所立的"义夫"户名，则依据房派归属析分为"义夫""梅轩"之名而予以重新登记。可见，在洪武年间的土地清丈和大造黄册的推动下，璜源吴氏对名为"义夫"的祖产户籍作了及时调整，析分为二。然而，在新析分登记的两个名称中，"义夫"之名即一仍旧贯，"梅轩"之名亦属故祖之名，而非实际人户。

相同的事例还存在于祁门县十西都。黄忠鑫曾对明初祁门县十西都里甲立户《总图》文书结合其家谱作考察，指出在洪武二十四年（1391）里甲立户《总图》中，祁门十西都存在诸如"谢显祖""谢祖""盛祖""黄胜祖""吴振祖"等"祖"字户，这些户名与宋元时代很多祖坐户、膳坐户在明初沿用有密切关系；且在明代前期祁门县十西都里甲立户《总图》中，实际人名诸如"谢景华，字子夏"，即由姓名和字号串合为"谢景夏"之名。②

综上，从明初徽州事例看，将宋元以来的"公产""祖产"户籍"分装"到实

---

① 休宁《璜源吴氏新谱》附录《记略·容斋公修谱（康熙六十年）附录》，1882年木活字本，上海图书馆藏，转引自黄忠鑫：《明代前期里甲赋役制度下的徽州社会》，载《中山大学学报（社会科学版）》，2018年第1期。

② 黄忠鑫：《明代前期里甲赋役制度下的徽州社会》，载《中山大学学报（社会科学版）》，2018年第1期。

际人户当属不争事实。① 不过,在明初国家重新厘清产权和户籍的实践中,类似休宁县璜源吴氏和祁门县十西都的做法,即对于"公产""祖产"户籍的名称既作适时调整,又采取虚构或因循"故祖之名"的处理方式,当一定程度上存在。即使户籍名称"分装"到实际人户,循名责实仍旧存在因循或虚构的户名。

二、图甲户籍的朋名

由明至清,随着里(图)甲制的实施,里(图)甲户籍编制在基层的实践大体经历了由实到虚的演化过程。明朝建立后,在基层社会推行黄册里甲制度,里甲编户"以一百一十户为一里,推丁粮多者十户为长,余百户为十甲,甲凡十人",由此形成轮充里役的"里长—甲首"模式。黄册制度在设计上,按照户等高下,确保里甲之间人丁与事产相对均衡,从而通过均分里甲,登记户籍,借助十排轮差以征发赋役。一里之中,十户里长户在"催办钱粮,勾摄公事"方面颇为关键,原则上要求推举丁粮殷实的大户充任,并规定"里长户若消乏,许于甲首户内丁粮近上者补充;甲首有故绝,可从畸零户中补辏,或于邻图人户内拨补"。② 明代前期,黄册因时大造,里甲户籍当很大程度上与社会实际相适应。③

然而,明代中期以后,随着里甲制度逐渐衰落,里甲因赋役而编户的职能大大减弱,里甲之役因循固化,"里长永为里长,消乏无以苏其穷;甲首永为甲

---

① 阿风:《明代徽州宗族墓地与祠庙之诉讼探析》,载《明史研究》第 17 期,2011 年 12 月,第 1~47 页。
② 栾成显:《明代黄册研究》(增订本),北京:中国社会科学出版社,2007 年,第 348 页。
③ 黄忠鑫运用明代前期祁门县十西都里甲"三代百户总图"与相关家谱资料作对比分析,认为明初以来"成年男丁都已立户,纳入朝廷户籍管理体系"(黄忠鑫:《明代前期里甲赋役制度下的徽州社会》,载《中山大学学报(社会科学版)》,2018 年第 1 期);中岛乐章提出"在某种程度上,拥有土地的佃仆具有自己的户籍,有时还担任里甲制下的甲首职务"([日]中岛乐章:《明代乡村纠纷与秩序——以徽州文书为中心》,郭万平、高飞译,南京:江苏人民出版社,2010 年,第 251 页)。

首,富豪得以避其重"的现象日渐常见,①致使一百一十户的"里长—甲首"结构随着黄册户籍陈陈相因,逐步演化为图甲制下虚拟名称的"总户—子户"形式,即以既有的一里十甲为基础,逐渐形成一图十甲格局。② 在图甲制下,"总户—子户"结构日趋稳定。一方面,图甲制下的总户和子户与既有的里甲户籍具有继承性,另一方面,这种图甲户籍结构的稳定性,为基层村族通过垄断"总户—子户"设置而组织化奠定了基础。"总户""子户"朋名现象由此而生。

首先,图甲总户的朋名。图甲制下总户设置的大体情形为:一都之下分若干图,每图分设十甲,每甲立一总户。关于每甲立一总户,从清代道光年间祁门县令发布的告谕中可见一斑。道光二十年(1840),祁门县令方殿谟"谕城乡凡五百二十甲,期以五稔,每甲必出一人应童子试"③。可见,道光年间祁门县共设有 520 甲,而清代祁门县共有 52 个图,④通过对比可以看出,每图所辖的甲数应为 10 个。我们通过乾隆《祁门修改城垣簿》可以详细了解清代祁门县各甲设置的总户名称。⑤ 由明至清,在图甲制下,基层赋役采取朋名立户,"粮里朋充"是普遍的做法,所谓"排甲中有粮多一人难催,或当官报认,或私帮朋充。"⑥"所有实税朋虚,迭年完清,无有蒂欠"⑦,这里的"朋虚"即朋名户籍。朋充带来的是一甲总名称属共同所有,大多固定不变,长期因循。朋名主要体现为下列两种形式:

一是继承故祖姓名。即以先祖姓名立户,此后世代继承。如休宁县二十七都五图三甲里长户朱学源,"万历二十年(1592)以前,该户户长是朱清,自

---

① (明)钟添纂修:《思南府志》卷一《地理志·里图·印江县》,见《天一阁藏明代方志选刊(67)》,上海:上海古籍书店,1981—1982 年。
② 参见拙作:《清代图甲户籍与村落社会》,载《学术月刊》,2017 年第 5 期。
③ 《鼎元文会同志录》,道光二十三年(1843)刻本,上海图书馆藏。
④ (清)周溶修,汪韵珊纂:《祁门县志》卷三《舆地志·疆域·都图》,据清同治十二年(1873)刻本影印,见《中国地方志集成·安徽府县志辑(55)》,南京:江苏古籍出版社,1998 年。
⑤ 《祁门修改城垣簿》,乾隆三十六年(1771)刻本。
⑥ (清)黄六鸿撰:《福惠全书》卷七《钱谷部二·比较》,见《官箴书集成》第 3 册,合肥:黄山书社,1997 年。
⑦ 《嘉庆二十五年祁门二十二都一图王启芜等立完钱粮合同》,安徽师范大学图书馆藏。

万历二十年(1592)开始,朱学源承继户长。朱学源,嘉靖四十一年(1562)生,万历二十年(1592)承继户长时,31岁(虚岁)。从万历二十年(1592)至康熙四十年(1701),朱学源一直为该户户长"①。又如,休宁县二十一都九图九甲里长户程梦鲤,从万历《程典》中可知,程梦鲤乃明代后期休宁县泰塘村人,系明代万历年间修纂《程典》的程一枝之长子。程梦鲤作为里长户名称至少从明代后期一直延续到清代嘉庆年间。在徽州赋役文书中,有关"承祖立户""承祖里役"的记载屡屡可见,可以看出由明至清里长户役长期因循的事实。揆诸徽州各县都图文献,所载的各都图一甲总户,多系继承性户籍,并成为特定家族或房派的共有总户,如《清顺治十一年休宁县九都一图陈氏立里役合同》中有"本家承祖南汝公遗下四甲里长户名陈世芳"的记载②,又如《清顺治十一年休宁县二十七都五图王氏立里役合同》中亦有"承祖四甲里长"的记载③。

二是虚设众存户籍。即虚设其名以为村族共有户籍。宋元至明清,在传统贡赋制度下,官方因赋役征缴而登记的民间户籍很难做到与实际人户相一致,存在虚设赋役户籍的现象。如程一枝所纂的《程典·田赋志》中有如下记载:

> 嘉靖四十二年,我支立程原本户,隶我里二图。隆庆六年,更士清为程太堂。至于万历十年清丈,变置字号,稍易绍兴、延祐、洪武之旧,而吾宗之业著负版者,我里一图一甲则有程荫祖;九图一甲则有程泰塘;歙二十五都二图三甲则有程福缘。为葛坑者十甲则有程太堂,为墓祠者我里九图十甲则有程厚本。为我支者一图二甲则有程厚本,其他子户以大小计者,多至三百,其名不可胜举。④

上引资料中,嘉靖、隆庆、万历年间程氏登记的"程太(泰)堂""程荫祖""程福缘""程厚本"等,或以祠堂名而见称,或属虚设之名,属于村族的共有户籍,并非实际人户。类似的虚设户籍现象,在迄今遗存的徽州民间历史文献

---

① 栾成显:《明代黄册研究》(增订本),北京:中国社会科学出版社,2007年,第378页。
② 《康熙休宁陈氏置产簿》,南京大学历史资料室藏。
③ 南京大学历史系资料室藏。
④ (明)程一枝修纂:《程典·田赋志》,万历二十七年(1599)刊本。

中所在皆有,如《休宁县都图甲全录》中有这样的记载:"朱尚义(一都一图十甲)、曹尚义(一都四图六甲)、韩永祀(一都四图十甲)、吴兴祀(三都十图四甲)、陈公祀(五都四图二甲)。"究其名实,均属虚设的共有户籍。①

其次,图甲子户的朋名。图甲总户之下的子户设置,不以数量为拘,颇为灵活。从万历年间编纂的《程典·田赋志》记载看,明代中后期,休宁县泰塘村程氏所属二十一都一图二甲立有总户程厚本等,"其他子户以大小计者,多至三百,其名不可胜举"。这一记载,反映出明代中后期徽州图甲"总户—子户"结构已经出现,休宁县泰塘程氏总户之下隶属的子户数量"多至三百"。②

再依据遗存的《清代祁门县二十二都二图四甲王鼎盛户实征册》(以下简称《王鼎盛户实征册》)所载,③自清代雍正至咸丰年间,总户王鼎盛户之下所属子户类型和数量变化如表5-1所示。

表 5-1 总户王鼎盛户下子户数量统计　　　　　　　　　　　单位:户

户籍类型	《雍正册》	《乾隆册》	《嘉庆册》	《道光册》	《咸丰一册》	《咸丰二册》
公祀公会户	44	45	45	43	49	54
一般家户	96	122	144	141	139	141
总计	140	167	189	184	188	195

可见,清代总户王鼎盛户所属的子户数量少则140户,多达195户,且总体呈增长趋势。从中可以看出,在图甲制下,一甲之内由"一名总户+若干子户"构成赋役户籍形态,总户之下的子户设置并不以数量为拘。总户王鼎户户下子户有"公祀公会户"和"一般家户"两种主要类型。

关于王鼎盛户下的一般家户情况。对比家谱记载可见,雍正年间的《实征册》记载始于雍正六年(1728),登记的人名与家谱记载基本吻合,当系实际

---

① 《休宁县都图甲全录》,抄本1册,安徽师范大学图书馆藏。
② (明)程一枝修纂:《程典·田赋志》,万历二十七年(1599)刊本。
③ 按:该户实征册共计6册,均系墨迹写本或抄本,记载内容涵盖雍正、乾隆、嘉庆、道光、咸丰五代,每册均逐年登载总户王鼎盛户属下各子户田土及其推收情况,内容详实,地点集中,事主具体,前后关联,安徽师范大学图书馆藏。具体参见李琳琦主编:《安徽师范大学馆藏千年徽州契约文书集萃》第3~4册,芜湖:安徽师范大学出版社,2014年。

家庭人户,这与清初以来大力推行田土清丈会业、不断编审赋役以及雍正年间实施摊丁入亩有关。其时,为了适应新的赋役制度,民间依据实际田土而分担税粮提上日程,真实呈报产业并登记立户具有客观必要性。然而,在《王鼎盛户实征册》的一般家户户籍中,随着不断继承,不少户籍名称出现沿袭前代父祖之名的现象。如《雍正册》中的"道统户",在《咸丰册》中仍相沿未易。不仅如此,嗣后新立户籍亦存在虚设名称,如《咸丰册》中的"铣钜",显然是由"士铣""士钜"兄弟之名朋合而成。实征册中的户籍之名,在清代亦逐渐经历了由实到虚的变化过程;至清代咸丰年间,同明代中后期衰落的黄册一样,实征册成为民间为分担定额化的实际税粮而编造的重产业归户、轻业户名实的户籍具册。

再看王鼎盛户下的公祀公会户情况。自雍正至咸丰年间,总体维持在40～50户,占总子户数量的1/4～1/3。这些户籍多以特定的房派为主体,层属有别,其名称主要表现为两种情况:一是以祠堂号或远祖之姓名设置的"祀户",如正伦堂、万一公田(十四世祖,名万一)、存二公(十九世祖,名积庆,行存二)、邦成公会(二十世祖,名邦成)、寻常公(二十一世祖,名友卿,号寻常)、模公祀(二十一世祖,名模)、兆六公(二十世祖,名德龙,行兆六)、三语公(二十五世祖,名三语,字墨之)、策公祀(二十五世祖,名三策,字献甫,号明醇);二是于雍正之后以近祖姓名、字号因时而立的"公祀公会户",如乾隆以后,由实际"廷清"户及其三个儿子道霖、道露、道霁衍生出的用祀(祖宗先,字用)、瑞祀(廷清,名瑞)、澄波松衫会(廷清,号澄波)、琢云轩、紫云庵、采风文会(道霖,名采风)、露祀(道露)、霁祀(道霁)、德风文会(道霁,名德风)、静斋祀(道霁,号静斋)。

再以总户王鼎盛户下子户"鼎元文会"户为例,可以进一步看出子户设置的实际做法。鼎元文会是一个联合设立的多姓村族文会组织。该组织规定,举凡乐输入会者,须签订捐产入会的输田契,且载入《鼎元文会同志录》,所捐产业均为鼎元文会田产,所捐输田户以折田租的形式计算,共计田产78宗,凡租1064秤3斤11两,计田亩近百亩。关于该文会产业立户登记情况,据会簿中的《公议规则》载:

钱粮分寄三约,俱立鼎元文会的名。一在新安约二图五甲洪显邦户;一在龙溪约一图八甲陈宗虞户;一在高塘约二图四甲王鼎盛户。

也就是说,文会百亩田产,以"鼎元文会"之名,分寄在二图五甲洪显邦户、一图八甲陈宗虞户、二图四甲王鼎盛户三个甲的总户之下。每一个总户下均设有以"鼎元文会"为名的子户。因此,"鼎元文会"之名具有为登记户籍的"朋名"性质。

具体来看,二图四甲总户王鼎盛户下的子户——"鼎元文会"户,即出现在咸丰年间的《王鼎盛户实征册》中,其所载鼎元文会情况与《鼎元文会同志录》内容吻合。二图四甲属于祁门县"高塘鸿村",捐输田产凡25宗,是14个村落中捐产最多者。具体捐输数据如表5-2所示。

表5-2 捐输田产名氏、所捐租数

捐产名氏	所捐租数	捐产名氏	所捐租数
王淡园文会	42秤1斤13两	王兆文会	33秤
王师禧祀	30秤	王义建会	21秤5斤
王济祀	21秤	王瑞祀	18秤3斤
王师圭	13秤	王三召祀	12秤
王师玎	11秤4斤	王邦成祀	11秤
王邦本祀	10秤5斤	王古槐祀	10秤
王屏山祀	14秤5斤	王三阳祀	10秤
王宪之祀	10秤	王德凤祀	10秤4斤14两
王仕铣	10秤	王西祀	9秤5斤
王朝俊	7秤5斤	王宗元祀	6秤3斤4两
王耕山祀	6秤	王文义会	5秤
王也趣祀	5秤	王义昌祀	5斤
王学轼祀师芸	6秤		
总计	334秤6斤15两①		

---

① 笔者根据《王鼎户实征册》的具体记载,考证出该资料中秤、斤、两的换算关系,即10斤1秤,16两1斤。参见拙作:《徽州文书稀俗字词例释》,北京:中国社会科学出版社,2019年,第71~72页。

表 5-2 所示的 25 宗捐输田产的业户,笔者对几种实征册记载作过考证,发现这些户籍几乎均系"公祀公会"户籍。仔细对比王鼎户与鼎元文会户之间的关系,总户王鼎盛户的户籍形态体现为"总户(王鼎户)—子户(鼎元文会)—公祀公会户",呈现出"总户—子户(总户)—子户"相对统属的层级结构和更为复杂的户籍关系。这些户籍大多系"公产"性质的共有户籍,以朋名形式体现出来,并非实际人户。

通过以上梳理,可以判断,在图甲体系中,通过设甲立户,在"总户—子户"的结构下,基层赋役不断在村族社区得以分配和再分配,赋役承值很大程度上在基层社会范畴内予以动员和分解。图甲总户乃至子户的实际意义均兼田土产业归属、税粮征纳单位、乡族统合实体为一体。图甲户籍的合法性,客观上促进了基层社会特别是宗族、村族通过垄断图甲户籍的组织化,此乃图甲总户和子户朋名存在的主要原因。朋名形式往往体现为:继承故祖姓名而因循不变,虚设众存"公祀公会"户籍,朋合立名等。这些户籍实乃民间应对国家贡赋而产生的虚设户籍。

三、基层职役的朋名

不唯图甲总户与子户,在明清徽州,诸如图正、乡约、保长、保正、族正等基层职役亦普遍存在朋充的现象。举凡官府票唤相关职役,均存在相应的朋名佥报现象。

第一,关于图正的朋名。如顺治四年(1647),值清初鼎革之际,基于土地清丈而要求地方"佥报图正等役",歙县槐溪张氏即以朋名承役。具体记载如下:

> (立)议墨合同人张义朋、张时旸、张之遵、张之问、张同溶,今奉上司明文,遵奉新朝创制,更行丈量。蒙县主明示,佥报图正等役,以备监临丈量田土。今图现里议报本甲图正名目,本都图地里间隔广阔,各业更改存没,分析不一,系干重务,实难独力管承。本甲各户今虽另籍,原系一脉流传,今凭众议,张之遵、张时旸、张之问、张

同溶四人协力,立墨串名"义朋",具认承役在官……①

图正又被称为"公正",系总管一图事务的职役。按照明代里甲制的做法,一里事务由殷实富户担当,十个排年里长轮流"承充"。随着里甲制的衰落,代之而起的图甲采取"图正制"。图正在基层监管清丈、征缴赋役、田土过割等事务中职役繁重,而且职责至关重要。正因为图正"系干重务,实难独力管承",上引资料中,张时旸、张之遵、张之问、张同溶"立墨串名'义朋'",即以"张义朋"之名佥报官府,署名也直截了当地以"张义朋"见称,具有"朋充"之义,在"议报本图图正名目"中,属于典型的朋名登记。又如:

> 三十一都三图府学生员张起鸎。禀为恳恩准照超死难,免烦役,以恤老孤事。本图图正向佥吴宪充当,扳生长子张大,户名张麟聚,朋役串名吴麟宪,认状在官。因春二月,大蒙召面台,领帖联络西乡之际,金、洪二贼兵起三十三都浮梁界,过三十一都地面,次迫城下,大统乡兵截拒,遵命不违,兵无接应。生仅二子,从死难。清丈举行,犹恐误公。生年八旬,老病莫能举移,孙孤五岁,家无次丁,乞念生老孙幼,遇死难事,经仁台耳目叩批,原佥吴宪承当图正,豁免张麟聚朋役,赐印准照,庶上不误公,下恤老幼,感恩无任,激切具禀!
>
> (县批)张大既死,故准免图正,着吴宪充当,不许扳扯(钤休宁县印)
>
> 顺治五年七月十三日具(休宁县印)　　　抱禀人汪表②

上引材料的朋名是由实际充任者姓名朋合而成的,即明确记载图正由吴宪和张麟聚朋充,并朋名为"吴麟宪"。类似的"朋名"现象在徽州文书中屡屡可见。如在《天启五年休宁县九都一图四甲陈继武等立里役合同》中,里役合

---

① 《顺治四年张义朋等立佥报图正合同》,见《槐溪张氏茂荆堂田契册》,上海图书馆藏。
② 王钰欣、周绍泉主编:《徽州千年契约文书(清·民国编)》卷1,石家庄:花山文艺出版社,1991年,第20页。

同佥名"陈继武",而合同署押名有"陈继靖、陈武卿",显然"陈继武"系"陈继靖、陈武卿"之串名。从这份合同看,四甲承祖总户名称为"陈世芳",到了天启年间由"广、员"二房均当,"陈继靖、陈武卿"分别代表两个房派,"陈继武"实属二房之串名。① 在《顺治十一年休宁县九都一图四甲陈序斗等立里役合同》中,里役合同佥名"陈序斗",而合同署押名有"陈序庶、陈榴斗",显然"陈序斗"系"陈序庶、陈榴斗"之串名。② 再看下例:

> 九都一图公议图正、量、画、书、算合同。里役郑积盛、程世和、程上达、陈世芳、程思祖、陈泰茂、汪辰祖、陈琛、陈梁、陈世明等。奉朝廷清丈田土,本图十排合立事务,各分条例,拈阄应管。本图图正、量、画、书、算,议立三村均管,佥名图正陈程芳、量手汪世昭、画手郑以升、书手程时钥、算手陈明伟,现里陈泰茂公报名,以应定名目。其衙门等项事务,托在赵光祖。其在官丈量造册名目,俱系十排朋名管充。今排内出身尽管之人,另列的名于后……③

上引材料中,"佥名图正陈程芳"应是六甲陈泰茂、三甲程上达、四甲陈世芳等三户的串名,以朋名"陈程芳"佥报户名以应对官府,而"另列的名于后"。

第二,关于乡约的朋名。如下例:

> 盖自十都四图,升于大明万历十九年始。既升四图,即立四图乡约。因烟村涣散,分立两乡约,一清源,一晓起,各五排为一约,以人烟均,统属易也。一甲洪芳生、二甲洪胡、三甲洪遇春、六甲曹启先、九甲吴汪詹,五排联合为清源约……④

---

① 《天启五年休宁县九都一图四甲陈继武等立里役合同》,见《康熙休宁陈氏置产簿》,南京大学历史系资料室藏。
② 《顺治十一年休宁县九都一图四甲陈序斗等立里役合同》,见《康熙休宁陈氏置产簿》,南京大学历史系资料室藏。
③ 《顺治四年休宁县九都一图立清丈合同》,见《康熙休宁陈氏置产簿》,南京大学历史系资料室藏。
④ 《入清源约出晓起约叙记》,清抄本1册,安徽师范大学图书馆藏。

这是胡姓雍正五年（1727）议立的合同，其中，九甲乡约"吴汪詹"即三姓朋名。

第三，关于保正的朋名。如下例：

> 立议合同汪兴、吴宗睦、戴宗远、金华宗、王宗章、朱淳义、叶涌等。缘因雍正五年奉旨各都图添设保正，续奉县主票唤本里举报。是以合里公议，分作四阄，对神拈定，轮流承充，不得推诿。所有工食银十二两，每年在于本里二十九甲户内公派，以为承充之人料理公务等用。其承充之人，一应公务尽在承值，不得误事。所有分阄条款另列于后。今恐无凭，立此合同一样四张，每阄各执一张存照。
>
> 一阄丁未年四月起金华宗、王宗章、朱淳义、叶涌。
>
> 二阄戊申年四月起吴宗睦。
>
> 三阄己酉年四月起戴宗远。
>
> 四阄庚戌年四月起汪兴。
>
> 一议承充之人在于各阄自行议举。
>
> 一议唤认使费银三两，四阄每阄派银七钱五分，在于四阄名目付出与承充之人应用。倘下年另唤报认，亦照此例公派。
>
> 一议倘有飞差，照都内概例四阄公议。
>
> 其十甲倪尚义，住居三十都地方，路途遥远，难以照管，不在议内，倘有累及，四阄理论。
>
> 公议在官名目系王仁德轮流顶名充当，倘遇换报，听从本阄名姓具报。
>
> 雍正五年闰三月　日立议合同：汪兴、吴宗睦、戴宗远、金华宗、王宗章、朱淳义、叶涌①

可见，为应对县主"添设保正""票唤本里举报"，以"王仁德"顶名充当，作为诸姓"公议在官名目"，并且商议"倘遇换报，听从本阄名姓具报"。材料所

---

① 《雍正五年汪兴等立金报保正合同》，安徽师范大学图书馆藏。

涉"王仁德"之名未见署押,当系虚设之名,嗣后"本阄名姓具报"亦当非实际人户姓名。这种"顶名"佥报系"朋名"的一种形式,顶名之下,具体职役则通过朋充朋管共同负担。

第四,关于族正的朋名。如下例:

> 立议合同胡明尚,今因奉旨圣谕,县主着令原差到图公议族正,现年各请排年公议,图内汪、章二姓听凭另议报明族正。胡姓议立族正照现年轮流挨管。再有五、六两甲现年系伊承认,胡姓一、二、三、四、七、八、九、十甲挨管,不得推挨。如有汪、章二姓现年该族正,现年胡边挨排年均管。如有图内人等不遵,听凭族正呈官究治。今因雍正五年系八甲管起,原差到图现年支应,使费照八甲均派无异。今恐无凭,立此合同十纸存照。
>
> 再批:拈阄各自族正胡应芳轮流,照保挨管。
>
> 雍正五年八月　日立族正合同人胡明尚
>
> 一甲胡全富;二甲胡立明;三甲胡新礼;四甲胡寿明;五甲汪禄卿;六甲章万和;七甲胡德;八甲胡明尚;九甲胡应芳;十甲胡寄和;代书胡佩儒①

由所引材料可见,雍正年间要求佥报族正,胡氏采取族正与里役合为一体的方法,以里甲排年顶名上报。

四、朋名、朋充普遍存在的原因

前文梳理了明清徽州赋役户籍登记和民间职役佥报存在的朋名现象,朋名之下有关赋役和职役的实际运作主要体现为朋充。在徽州文书中屡屡可见"朋合""朋管""朋贴""朋应""朋充""朋比"之谓。朋充所涉主体之间往往通过签订契约,具体分配朋名之下的承值义务。如:

---

① 安徽师范大学图书馆藏。

> 立议合同人吴士铉、吴之义、吴仪汉、吴之鼎等。今奉旨复行清丈，本姓公正吴杰孙原系五门祖名，今因年远，人事物故不一，故乃通族酌议，复行经理五本册籍，议作四股任事。所有公费及临田造册应役，悉照股数暂时应用，候县大例再行征派……
>
> 康熙二年十二月　日立议合同人：吴士铉、吴之义、吴仪汉、吴之鼎
>
> 中见：吴汝珩、吴士铃
>
> 代笔人：张庆
>
> 计开勾（阄）定：一保册铉、汉、鼎、自祥户同公副管；二保册士铉同公副管；三保册仪汉同公副管；四保册之义同公副管；五保册之鼎同公副管①

可见，清初康熙年间，在徽州基层社会，不仅图甲制度存在"清承明制"，而且图正（公正）之役往往亦一仍其旧。在上引资料中，休宁吴氏承祖的公正职役，即沿用"五门祖名吴杰孙"，"吴杰孙"即吴氏家族长期共同使用的职役"朋名"。至清初，随着"人事物故不一"而采取"四股任事"的办法，并约定：涉及一保的清丈和册籍等役事由四股朋管，其他四保则分别轮流管理。又如：

> 立议合同采公边张之问、之章、之闵、之翁等，乐公边张孔生、汝健等。原承祖本公里役，续后采公边认充粮长，乐公边认充里长，历年无异。近因乐公边粮少力薄，不能充当，因是合众公议，粮里朋充。采公边分该八股之一，今轮充当里役四大股之一，下轮乐公边分该八股之一，该当四大股之一。②

以上记载中涉及的承祖粮长、里长之役，以房派为主体予以承值，并随着房派繁衍以及彼此势力的消长，通过签订契约，采取按股分担的形式予以调

---

① 安徽师范大学图书馆藏。
② 《康熙九年张之问等立里役合同》，见《槐溪张氏茂荆堂田契册》，上海图书馆藏。承蒙黄忠鑫先生惠示，谨表谢忱。

整和朋充。

由明至清,徽州基层社会普遍存在朋名和朋充现象,究其原因,主要有以下方面:

一是户役因循所致。明代以来,基层户役和职役一般由殷实之家充任,富户当差本是一种沐浴恩荣的荣耀,即所谓:

> 能雄长于乡里乎,因籍田多寡称甲首,出赋税佐乡里之长,以奉大农。讵非役邪,夫里长长于一里,乡长长于一乡,间正里户故记有之……是役为世业也,穷家小户,有损千金,而乞役不得者。而吾都一、九图为吾程者十六,而客家小户卒不得与。①

然而,随着黄册制度的衰落、赋役户籍的代代因循,特定家族或宗族仍视"承祖之役"为"事关门户"之要务,重视门户之役的承当,以及支撑门户世业的经营,并通过朋名设置户籍以及朋充门户之役来维系其"大家规模""大家气象"。

二是与里户式微有关。先看下例:

> 立议合同吴元璋、天福、世伦等。缘因本家承祖充当本都四图二甲里役,原祖存遗议墨以殷实充当,后轮本房现役,因无殷实管办。是于康熙三十二年众议每丁派银一两……②

由上例可见,原本体面的富户之役,随着人事的衰微,逐渐变成一种门户负担,最后只能依靠朋充方可敷衍其事。在上引材料中,吴氏家族承祖里役因循到了清代,因"无殷实管办"即由支下朋贴银两应付。

另外,有明以来,里(图)甲制之下,一里(图)十排是赋役实际运作的基本单位,十排之间相互督责,一户排年空虚拖欠,则十排赔贴。因此,一旦有里长户家道中落,其户役往往还涉及十排朋管其事。如清初康熙乾隆年间,休宁县三都六图二甲吴氏承祖里长户役,户名吴一坤。康熙年间,吴氏因人丁

---

① (明)程一枝修纂:《程典·籍役志》,万历二十七年(1599)刊本。
② 《乾隆三十八年吴元璋等立里役合同》,安徽师范大学图书馆藏。

式微,"与余尚镇户两下朋充"。① 到了乾隆年间,吴一坤户"后只一丁,远年在外,更无信息",一起朋充二甲里役的余尚镇户户丁余宪章又不幸去世,"仅存螟蛉一子,乳名孙仂","全然不知门户钱粮、花户、名姓、住址"。② 随着吴、余二姓人丁式微,其朋充的二甲里役无从措办,势必对其他各排造成困扰:"历年各里代完户内虚粮,赔贴排年此费""十数年来累身等各甲赔贴虚粮排费"。为此,六图其他九甲里长户曾控告至县,县主"追差催数次,无奈孙仂实贫无措,立有限状在案,即此赔贴无休"。在此情况下,休宁县三都六甲其他九个排年先后于乾隆二十九年(1764)和乾隆四十七年(1782)共立合同,通过"杜卖"吴氏产业予以解决,并于乾隆四十七年(1782)"杜卖"吴氏产业后,将"契价银五十两整,公同酌议,代二甲立一急公会",由十排朋管,借以代办二甲里役公务。

三是里役和职役的繁苛,加上人口外徙,客观上亦促使基层组织化朋充的长期存在。由明至清,基层管理职役日趋繁苛。据《康熙休宁陈氏置产簿》记载,"承祖里役"不但要负责"催征应比,照卯上纳",还涉及诸如"勾取旧军、管解军伍、挨查军伍、完纳值柜、都长义民、灯笼火把、写册纸张、飞差签解、承票勾摄、迎官接送、习仪拜牌、解纷息讼、批词投词"等差役,十分繁重。③ 从《康熙休宁陈氏置产簿》记载可见,每年承值里役,要完成"本图钱粮浩大,共计五百余两"的催缴上纳,往往一年的"充贩贴费"亦达"纹银一百两整"。

另外,明清时期徽州还有大量人口外徙,因此,在某种程度上说,户役朋充既是适应人口流动的权宜之策,也是一种应对实践。如下例:

> 复立议徽籍门户里役、祭扫合同文书人王绅、王懋衡、王之琼等。今有吾门始祖子珪公枝下亿房裔孙王之圣,向因客外,创业吴

---

① 《乾隆二十九年休宁县里长程文明等立代户卖厝地契》,见张传玺主编:《中国历代契约会编考释》,北京:北京大学出版社,1995年,第1267~1268页。
② 参见《清乾隆三年休宁县余宪章立典地契》《清乾隆四十七年休宁县里长程文明等立代户卖空地契》。
③ 《康熙休宁陈氏置产簿》,南京大学历史系资料室藏。

地,年至五旬余,忽思故乡门户里役、祭扫等事难支,欲效范公义举毫末之意。于上年户众叔侄兄弟诸人当蒙族侄王英立有簿约,奖谕美名,输出公银十两。又已输十两付众领去置产生息,永远办粮、祭扫,并之圣名下轮役,承值里保、排年、丁粮等项……①

这是一份康熙年间所立的"徽籍门户里役合同",因"王之圣,向因客外,创业吴地",通过输纳银两"承值里保、排年、丁粮等项"。

因此,面临繁重的承祖门户之役,加上大量人口外出谋生,其"所该股份门户"无法即时应付,特定宗族或家族往往注重置产、立会并因时立约,从而采取轮流、津贴等方式予以朋充,由此形成的赋役文书十分多见。

总之,在遗存的徽州文书与文献中,有关"串名""朋合""朋管""朋贴""朋应""朋充""朋比"等记载屡屡可见。赋役户籍和基层职役的朋名、朋充在明代徽州普遍存在,而且延续时间很长。由明至清,"编造户籍""佥报职役"是国家自上而下的强制规范和要求,然而,这种强制规范经历了由国家"实征"趋向民间"虚应"的发展历程。在基层社会,普遍存在朋名立户和朋充应役现象。这在某种程度上说,是国家与社会博弈的实际结果,也是明清基层治理从制度到契约的集中体现。

第二节　图甲户籍与村落社会
　　——以《王鼎盛户实征册》为例

图甲建置与户籍问题,是明清时代基层组织研究的一个重要课题,中外学者颇有关注,已有相当成果。② 尽管学界对于由明至清里甲制的衰落导致

---

① 《之圣公捐资免役合同》,见《休宁县藤溪王氏立文约誊契簿》,南京大学历史系资料室藏。
② 代表性成果参见:[日]片山冈:《清末广东珠江三角洲的图甲表及其相关诸问题——税粮·户籍·同族》,载《史学杂志》第 91 编第 4 号,1982 年第 4 期;刘志伟:《清代广东地区图甲制中的"总户"与"子户"》,载《中国社会经济史研究》,1991 年第 2 期;栾成显:《明代黄册研究》第七章(增订本),北京:中国社会科学出版社,2007 年;崔秀红、王裕明:《明末清初徽州里长户简论》,载《安徽史学》,2001 年第 1 期。

里甲制向图甲制的转化,以及在图甲制下图甲户籍的日趋固定化、世袭化等均有关注,然而,关于图甲户籍的形成、演进、形态及其在基层社会的实际运作和功能等,仍需从制度实施和民间实际的角度作进一步揭示,有关图甲总户形成的多样性和区域差异性亦尚有进一步探究的必要。实际上,图甲户籍问题,是基层社会清承明制之一重要体现,对明清赋役制度史、基层行政、乡治体系等领域的研究,需要借助地方文献资料。本节拟在相关研究的基础上,尝试作出以下努力:一是结合系统、完整的文书档案资料作长时段考察,所涉 6 种实征册,基本涵盖雍正、乾隆、嘉庆、道光、咸丰五代,所涉的图甲总户和子户内容详实、地点集中、事主具体、前后关联,史料价值弥足珍贵;二是采用多元参证方法,围绕专题,发掘与 6 种册籍所涉村族密切相关的乾隆《高塘鸿村王氏族谱》、乾隆《祁门修改城垣簿》、道光《鼎元文会同志录》、光绪《高塘保甲册》等文献史料,对相关问题作微观剖析;三是聚焦图甲户籍这一中心问题,探讨保甲户籍与图甲户籍的异同,以个案揭示村族如何设甲立户,以及户籍在基层乡治和村族社会所发挥的功能性作用。

一、所涉《实征册》介绍

实征册系明清地方官府每年实际编徭征税时所使用的一种赋役文册,[①]在徽州文书中颇有遗存,且由明至清长期存在。总体而言,明清时期实征册登载的内容和形式前后延续,且呈现出阶段性和差异性。

具体来说,明朝建立后,朝廷为征调赋役而实施黄册制度。黄册每十年一大造,造册之年,按照旧管、新收、开除、实在的四柱式登载各户人丁、事产之变化,并以此作为各年实征赋役之依据。在明代前期,黄册所载与社会实际大体一致,黄册具有实征册之功能,所谓"实征"即指据黄册之实而征之[②]。然而,明代中期以后,随着社会经济的发展变化,编户之家的人口、事产多逐年异动,变化无常,十年一攒造的黄册难以适应这种社会实际。因此,在十年

---

① 栾成显:《明代黄册制度》(增订本),北京:中国社会科学出版社,2007年,第 209 页。
② 栾成显:《明代黄册制度》(增订本),北京:中国社会科学出版社,2007年,第 209 页。

大造黄册之外，衍生出逐年编造实征之册，从而出现黄册与实征册两种赋役册籍并存的情形，即所谓"赋役稽版籍，一岁会实征，十年攒造黄册"①。黄册与实征册之一重要区别是，前者大凡"册年过割"，十年一大造；而后者体现为"随即推收"，逐年造册，当属逐年登记以备册年大造的民间册籍。对此，栾成显先生根据今存明代徽州文书实物研究认为，明代万历年间，徽州实征册所载内容仍多按照黄册四柱式进行登记，内容几乎均依据各轮黄册所载而定，即使发生土地变动，亦须等到下轮黄册大造时方可推收，并非完全脱离黄册的另外一种册籍。直到明末，徽州方于十年大造黄册之时出现了真正有别于黄册，以"随买随税"为基础编造的"递年实征册"②。

入清以降，特别在清代前期，实征册作为编审册之一重要类型继续存在。清初，在攒造黄册的同时，实施了五年编审之制，即十年一造册，五年一编徭。编审制度作为一项基本赋役制度在清代前期被大力推行，从而产生了编审册。清代编审所编造的册籍除了被称为编审册外，又有"推收册""实征册"等称谓③。那么，明代至清代前期，实征册、编审册记载的内容和登载的格式是怎样的呢？栾成显先生认为，实征册、编审册的具体登载形式与黄册的四柱式相同，分旧管、新收、开除、实在四大项，内容涉及丁口和田土。不同于黄册之处有二：一是实征和编审册籍中的人丁记载采取的是一条鞭法之后的折丁计算，丁不再作为实际的人口单位，而是作为一种银差核算单位；二是田地山塘一律换算为"折实田"，即将地、山、塘等的土地面积，各按一定比例折算成相应的田亩数。以"折实田"统一核算，为税粮征收变为折色银的"一条鞭法"实施提供了条件④。

---

① 《图书编》卷九〇《赋役版籍总论》，见栾成显：《明代黄册制度》（增订本），北京：中国社会科学出版社，2007年，第210页。
② 栾成显：《明代黄册制度》（增订本），北京：中国社会科学出版社，2007年，第219页。
③ 栾成显：《明代黄册制度》（增订本），北京：中国社会科学出版社，2007年，第241页。
④ 栾成显：《明代黄册制度》（增订本），北京：中国社会科学出版社，2007年，第215页、第236页、第242页。

编审制度的实施,是明代"一条鞭法"实施到清代雍正年间"摊丁入亩"正式施行这一赋役制度改革过程中,于清代前期推行的一种过渡性举措。康熙五十一年(1712),议准"滋生人丁,永不加赋",雍正七年(1729)前后实行"摊丁入亩",即完全实施"一条鞭法"和"地丁合一",编审制度遂丧失其历史职能和作用。乾隆三十七年(1772),清政府宣布"嗣后编审之例,着永行停止",编审制度终被废止①。

然而,编审制度被废止后,实征册在徽州基层社会仍在编造,此属延续余波。那么,雍正以降,实征册的实际编造情况是怎样的?实征册中的登载内容和户籍形态又如何?安徽师范大学图书馆馆藏一套6册《实征册》,其记载始于雍正六年(1728),迄至咸丰九年(1859),恰恰为我们考察清代雍正年间"摊丁入亩"正式实施之后民间实征册编造的实际情况提供了难得的样本。

系列《实征册》,计6册,均系墨迹写本或抄本。② 依据各册封面和首页题字,每册可分别名为《雍正王鼎盛户实征册底》(以下简称《雍正册》)、《乾隆元年起至三十年止王鼎盛户各位便查清册》(以下简称《乾隆册》)、《嘉庆元年至二十五年止二十二都二图四甲王鼎盛户归位揔(总)册》(以下简称《嘉庆册》)、《二十二都二图四甲王鼎盛户道光元年至十六年止各位一贯底册》(以下简称《道光册》)、《咸丰元年起至二年止二十二都二图四甲王鼎盛户实征册》(以下简称《咸丰一册》)、《咸丰三年起至九年止二十二都二图四甲王鼎盛户实征粮册》(以下简称《咸丰二册》)。六种册籍原题分别谓之"实征册底""便查清册""归位揔(总)册""一贯册底""实征册""实征粮册",名称不一,其实就是在清代前期编审册基础上衍生而来的实征册。六种册籍所载地点均标注"二十二都二图四甲",所涉户籍均为"王鼎盛户"。《雍正册》记载始于雍

---

① 《清高宗实录》卷九一一《乾隆三十七年六月下》(影印本),北京:中华书局,1986年,第195页。

② 李琳琦主编:《安徽师范大学馆藏千年徽州契约文书集萃》第3~4册,芜湖:安徽师范大学出版社,2014年。

正六年（1728），当是雍正年间实施"摊丁入亩"，为了适应新的赋税制度变化，民间依据实际田土而分担税粮提上日程，由此而编造的册籍。在六种册籍中，《嘉庆册》包含嘉庆元年（1796）至嘉庆二十五年（1820）间的完整记载，而雍正、乾隆、道光三个年号的册籍均存在年份内容缺佚。[①] 然而，几种册籍仍基本涵盖雍正、乾隆、嘉庆、道光、咸丰五代，每册均逐年登载王鼎盛属下各子户田土及其推收情况，内容详实，地点集中，事主具体，前后关联，史料价值弥足珍贵。

六种册籍的编造，均以户为纲，逐年登载各户田土的实际变化，兹引《雍正册》中雍正六年（1728）"元兆"户的记载为例：

元兆，田十七亩乙（一）分三厘一毛（毫）八系（丝）三忽

一分收田乙（一）分乙（一）厘　土名师卜坑　收本户中秋会

一收田六分〇六毛（毫）　土名松树坞门前　收廷位

一除田六分三厘八毛（毫）九系（丝）　土名南坑埠下　入道缉

一除田六分九厘七毛（毫）　土名车头段　入廷位

实田十六亩五分乙（一）厘乙（一）毛（毫）九系（丝）三勿（忽）

可见，册籍登载格式与既有的黄册、编审册类似，仍可见旧管、新收、开除、实在的四柱式。登记内容采取以一甲总户王鼎盛户为单位，总户之下，将各业户（即子户、户丁）的所有各都田产及其逐年变动情况悉数登记，从而形成归户实征册籍。其中，新收田土主要包括分家所得的"分收"和购买而来的"买收"，开除田土多称"除田、扒田、推田"等，并详细标注产业土名以及推收所涉的受业者。产业以田为标准，山、地均折算为田亩，即采用清代较为普遍

[①] 按：《雍正册》缺雍正八年（1730）至雍正九年（1731）内容，该册封面题有"八、九年本，外户均无推收，故无圆"字样，可见无这些年份的记载与没有发生田土变化有关；《乾隆册》缺乾隆三十年（1765）至乾隆六十年（1795）记载；《道光册》缺道光十七年（1837）至道光三十年（1850）记载。

的"折实亩"计算方法。① 如：

  收山二分五厘，折田五厘五毫五丝

  除地二分三厘，折田一分四厘四毫二丝一忽

可见，地一亩折田 0.627 亩，山一亩折田 0.222 亩，这与祁门县志中的相关记载是一致的。② 册籍以"田"为标准，登载每户田土逐年之变化，举凡山、地折算为田亩，尾数精确到"毫丝忽微"③，各户田亩数额又与一甲总数毫厘不谬，其记载十分精细专业，册籍编造或抄写当出自精通传统里甲赋役的里书之手。《道光册》封面题有"道光十七年(1837)暮春中浣王申甫抄"字样，这里的"王申甫"当深谙里甲赋役书算之事。

如上所述，乾隆三十七年(1772)清政府宣布废止编审制度后，一般认为，作为与赋役征收密切相关的编审册、归户册等的攒造当告别历史舞台。而本节所涉几种实征册涉及清代中后期的雍正、乾隆、嘉庆、道光、咸丰时期，登记内容未见"人丁"以及各户应纳的钱粮数额，只对各户田土推收、产业变动予以逐年实录。笔者认为，这应当与雍正年间"摊丁入亩"实施后，基于税粮征纳需要，按照田产归户编造册籍，借以理顺地产与业户间的关系密切相关。册籍当系民间围绕田亩分担实际税粮而编造的民间文书。

二、设甲立户

六种《实征册》均标注"二十二都二图四甲王鼎盛"。笔者于上海图书馆发现的《鼎元文会同志录》所载内容正好涉及祁门县二十二都和王鼎盛户的

---

 ① 折实亩，即统一以田亩为标准，将田地山塘等不同类型的土地实际面积按照一定的比例，一律折算成相应的田亩面积。
 ② 据道光《祁门县志》载："地每亩转折田六分二厘七毫，山每亩转折田二分二厘二，塘赋旧同，田不折。"参见(清)王让等纂修：《祁门县志》卷一三《食货志·田土》，据道光七年(1827)刊本影印，见《中国方志丛书·华中地方》第六三九号，台北：成文出版社有限公司，1985 年，第 397 页。
 ③ 据《休宁县都图甲全录》载："论粮数：石斗升合勺抄撮圭粟粒颗颖黍稷；论田亩：分厘毫丝忽微纤沙尘埃渺漠逡巡溟清须。"《休宁县都图甲全录》，抄本 1 册，安徽师范大学图书馆藏。

情况。据其记载:道光年间,祁门县示谕县内城乡"振兴科考",该县第二十二都绅耆为此倡兴"鼎元文会"。文会会产所寄其中之一户籍明确标注为"高塘二图四甲王鼎盛户"。可见,册籍标注的"二十二都二图四甲"当隶属祁门县,王鼎盛户与该县高塘村有关。①

高塘村(又名鸿村、鸿溪)位于祁门县西部的皖赣边界,系王姓聚居的传统村落。该村始建于元代至元年间,村落原分为上村、下村,上村称"高塘",下村称"鸿村",全村又名"鸿溪村",在清代属于祁门县二十二都,该都下设两个图。② 据笔者调查所知,明清民国时期,鸿村系祁门县茶叶生产经销的中心地之一,由此,村落发展日趋兴盛,盛时全村男丁近千人。为了进一步考察清代高塘村族的设甲立户,有必要借助家谱资料对高塘王氏的谱系关系作一梳理。

据乾隆《高塘鸿村王氏家谱》(以下简称《乾隆谱》)载,③祁门王氏溯源于东晋南迁的琅琊王,嗣后,以唐代王璧为新安始迁祖,居住在祁门县西部苦竹巷、查源等地。④ 至元代,王璧十五世孙叔振公自查源迁高塘(鸿村),叔振公又系王氏始迁鸿村者。另有叔善公自查源迁车坦(潭),叔良公自查源迁许村,唯有叔祥公留居查源。车坦(潭)、许村、查源诸村与高塘毗邻,均属二十二都。据调查,这四个村落人户至今仍以王氏为主,自古以来以高塘(鸿村)规模最大。祁门王氏"旧有统谱,创自宋端拱己丑,刊于元元统乙亥,至明洪武壬午、正统己未、正德乙亥、嘉靖庚申,皆代有修葺"⑤,即清代乾隆以前,祁

---

① 《鼎元文会同志录》,道光二十三年(1843)刻本1册,上海图书馆藏。
② 据方志记载,清代祁门县二十二都由19个大小不一的基础性村落构成。参见(清)王让等纂修:《祁门县志》卷三《疆域·都图》,见《中国方志丛书·华中地方》第六三九号,台北:成文出版社有限公司,1985年,第161页。
③ (清)王信纂修:《(祁门)高塘鸿村王氏家谱》,正伦堂刻本,乾隆五十七年(1792)。
④ (清)王信纂修:《(祁门)高塘鸿村王氏家谱》卷首《吴云山序》,正伦堂刻本,乾隆五十七年(1792)。
⑤ (清)王信纂修:《(祁门)高塘鸿村王氏家谱》卷首《吴云山序》,正伦堂刻本,乾隆五十七年(1792)。

门王氏曾五修统宗谱。① 而《乾隆谱》系高塘王氏所独修,关于该谱的修撰,谱序中云:

> (乾隆年间)欲集思聪公后四族合修之,以为宗谱。旋以许村入继,不肯承祧事,争之官讼得直,四族遂涣而不萃,此鸿村王氏家谱所以独有续修之举也。按,鸿村自叔振公始迁,四世皆孤立,至积庆公生子四,以"邦"行,兄弟友爱,李水部为作传,所谓"王氏四友"者也,为鸿村四大房支祖。嗣后以兆行者十,以素行者二十三,以晋行者五十一,以宜行者百有九,以荣行者百七十一,庠序仕籍,世世有之。②

可见,聚居祁门县查源村的王氏,自十五世祖叔振、叔善、叔良、叔祥四人或留或徙,开始形成散居查源、高塘(鸿村)、车坦(潭)、许村的祁门"王氏四族"。在明代,许村与高塘两支之间曾因同宗继嗣而产生纠纷。乾隆五十六年(1791)基于廓清谱系以续修"王氏四族"宗谱的需要,高塘王氏以"许村悔继""不肯承祧"为诉由曾讦告于官。③ 祁门王氏"四族遂涣而不萃",致使"四族"统谱之修未成,仅高塘王氏"独有续修之举",从而形成《乾隆谱》。

《乾隆谱》共六卷,世系详于始迁鸿村的十五世祖叔振公以下支系,这与该谱以聚居高塘王氏为中心而修撰有关。家谱世系的记载,以十九世祖积善(存一公)、积庆(存二公)为标志,分为存一房、存二房。因存一房乏嗣,存二房有"邦本、邦宁、邦理、邦成"四子,其中邦理入继存一房。此即《乾隆谱》中详细呈现的四大房支。所谓"鸿村自叔振公始迁,四世皆孤立,至积庆公生子

---

① "王璧,字大献,唐代后期由杭迁祁,以世乱集众保境。刺史陶雅屡奏其功,吴王杨行密承制,累拜银青光禄大夫、检校、兵部尚书加金紫。后出为祁门令,遂卜居邑。"见《(祁门)高塘鸿村王氏家谱》卷一,正伦堂刻本,乾隆五十七年(1792)。
② (清)王信纂修:《(祁门)高塘鸿村王氏家谱》卷首《吴云山序》,正伦堂刻本,乾隆五十七年(1792)。
③ (清)王信纂修:《(祁门)高塘鸿村王氏家谱》卷末《附录卷案》,正伦堂刻本,乾隆五十七年(1792)。

四,以'邦'行,兄弟友爱,所谓'王氏四友'者也,为鸿村四大房支祖。"① 具体谱系如下:

叔振(十五世祖,始迁高塘)—琼甫(十六世祖)—道宗(十七世祖)—惟中(十八世祖)—积善(存一公,十九世祖,乏嗣)、积庆(存二公,十九世祖,生子邦本、邦宁、邦理、邦成)

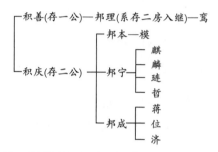

以上世系中,值得一提的是,十九世(存一公、存二公)、二十世(邦理、邦本、邦宁、邦成)、二十一世(模、麒、麟、琏、晢、蒋、位、济)三代,时间涵盖明代前期百余年,在《乾隆谱》中是作为承前启后的核心谱系看待的。在该谱目录中,每卷之下的题名分别标注:"存一房""存二长房模股""存二中房麒股""存二中房麟股""存二中房琏股""存二中房晢股""存二幼房蒋股""存二幼房位股""存二幼房济股"等,所谓"存一房、存二长房、存二中房、存二幼房"以及"模、麒、麟、琏、晢、蒋、位、济"股等,均属上述三代中依据父子系谱关系而形成的层级有别的房支之称。② 特别是以邦理、邦本、邦宁、邦成为标志的四房,在《乾隆谱》中是作为整个高塘王氏认同的"四大房支祖"看待的。可见,至清代乾隆年间撰修家谱时,高塘鸿村王氏尽管支派消长各异,但仍以传统的"四大房支"作为村族主体。

那么,明清高塘村的图甲及总户是如何设置的呢? 实际上,由明至清,高塘村的图甲户籍设置,乃至清代保甲组织的推行,很大程度上都是以这"四大

---

① (清)王信纂修:《(祁门)高塘鸿村王氏家谱》卷首《吴云山序》,正伦堂刻本,乾隆五十七年(1792)。
② 参见拙文:《明清徽州宗族的分房与轮房》,载《安徽史学》,2008年第2期。

房支"为基础的。依据几种册籍即可以梳理出其分图、立甲、设户的大概情况。系列册籍登记内容十分详细,产业无分大小,对于各业户分散在各都图的每宗田土、逐年交易的实际面积、折田亩数、土名、买受者所属的总户以及子户名称等皆有记载。总体来看,田土交易范围以"本户"为主,即以二十二都二图四甲王鼎盛户下各子户之间发生为多见。另外,土地流动还涉及"城都、一都、二十都、二十一都、二十二都"等都图,反映出清代徽州田土的跨都跨图交易较为普遍。跨都跨图交易又以毗邻的二十一都、二十二都为主。据此记载,可以对王鼎盛户田土交易所涉的都图以及各都图下每甲总户的信息作详细统计。与此相印证的文献还有《祁门修改城垣簿》,系乾隆二十八年(1763),祁门县发动"合邑里户、绅士、商贾人等"捐修城垣,由此编撰而成的簿册。① 据记载,本次捐输登载簿册的"里户",即以图甲为单位,每甲均主要以总户形式登录户名,借以登记捐输银两数额。兹以几种《实征册》较多涉及的二十一都、二十二都为例,参照《祁门修改城垣簿》,对二十一都、二十二都之下所涉图甲及总户名称作一统计,如表5-3所示。

表5-3 清代祁门县二十一都、二十二都所涉图甲总户名称

都	图	甲	六种《实征册》所涉总户	《祁门修改城垣簿》所涉总户
二十一都	一	四	陈恒茂	陈恒茂
	一	五	陈绍荣	陈绍荣
	二	三	陈肇兴	陈兆新
	二	八	查复太	陈兆茂
	二	九	陈绍忠	陈绍中

---

① 《祁门修改城垣簿》,乾隆三十六年(1771)刻本。

续表

都	图	甲	六种《实征册》所涉总户	《祁门修改城垣簿》所涉总户
二十二都	一	一	王永盛	王永盛
	一	二	王际盛	王际盛
	一	三	赵永兴	赵永兴
	一	四	汪惟大	汪惟大
	一	五	汪德茂	汪德茂
	一	六	金复盛	金复盛
	一	七	王光士	王光士
	一	八	陈宗虞	陈宗虞
	一	九	王都	王都
	一	十	金大进	金大进
	二	一	王发祥	王发祥
	二	二	王鼎新(兴)	王鼎新
	二	三	王道新	王道新
	二	四	王鼎盛(本户)	王鼎盛
	二	五	洪显邦	洪显邦
	二	六	金德辉	金德辉
	二	七	金万钟	金万钟
	二	八	王道成	王道成
	二	九	王思学	王思学
	二	十	王大成	王大成

对比可见,六种《实征册》和《祁门修改城垣簿》所载二十一都、二十二都大部分图甲总户名称一致,且各甲总户名称前后继承,在有清一代均固定未变,呈现出"图—甲—总户—子户"的架构,每图均划分为十甲。关于祁门县图甲制下一图分十甲,从相关记载中也可以看出。如上述《鼎元会同志录》中提及道光年间祁门县城乡有520甲。而清代祁门县共有52个图,[1]每图所辖

---

[1] (清)周溶修,汪韵珊纂:《祁门县志》卷三《舆地志·疆域·都图》,据同治十二年(1873)刻本影印,见《中国地方志集成·安徽府县志辑(55)》,南京:江苏古籍出版社,1998年。

甲数应为 10 个。每甲专设一个业税总户,总户之下包含若干业户(即子户、户丁)。这些总户当系明代中后期基层社会应对赋役征纳实际变化的产物,主要是作为缴纳税粮的单位而存在的。

一图十甲的构成,当源于明代以来的里甲制。明代里甲制编制按照一百一十户为一里,一里分为十甲,每甲有一户里长和十户甲首。其时,黄册里甲作为国家实施的重要赋役制度,基本适应了当时人口流动性小、跨都跨图的田土交易并不常见、小农经济颇为稳定的社会现实。且因时而造的黄册,原则上亦可即时反映各户人丁、事产的实际变动。然而,明代中期以后,土地流动日益频繁,黄册制度日渐衰落,里甲赋役趋于定额化。随着明朝后期到清朝前期"一条鞭法"的推行,地丁合并,赋役归一,里甲因赋役而编户的职能大大减弱了。与此同时,以图为基础,继承里甲组织形式,融合具有管理地籍的都保职能于图甲体系,一图赋予特定字号,归户管理跨都跨图、流动不居的田土,以确保税粮征收的图甲制逐渐形成。本具有即时反映各户人丁、事产实际的黄册由实变虚,一百一十户的"里长—甲首"结构随着黄册户籍陈陈相因,逐步演化为图甲制下虚拟名称的"总户—子户"形式。以既有的一里十甲为基础,渐渐形成一图十甲格局。这从《顺治四年休宁县九都一图立清丈合同》中可见一斑:

> 九都一图公议图正、量、书、画、算合同。里役郑积盛、程世和、程上达、陈世芳、程思祖、陈泰茂、汪辰祖、陈琛、陈梁、陈世明等。奉朝廷清丈田土,本图十排合立事务,各分条例,拈阄应管。本图图正、量、画、书、算,议立三村均管,佥名图正陈程芳、量手汪世昭、画手郑以升、书手程世钥、算手陈明伟,现里陈泰茂公报名,以应定名目……其在官丈量造册名目,俱系十排朋名管充……①

这是一份顺治四年(1647)为土地清丈而立的合同。从中可见,休宁县九

---

① 《顺治四年休宁县九都一图立清丈合同》,见《康熙休宁陈氏置产簿》,南京大学历史系资料室藏。

都一图是由既有的里甲演化而来。原来里甲的十甲里长户（即文中所说的"十排"）分别为郑积盛、程世和、程上达、陈世芳、程恩祖、陈泰茂、汪辰祖、陈琛、陈梁、陈世明。至清初，一里十甲制逐步演化为郑、陈、程、汪四姓所在"三村"构成的图甲，清丈田土通过"三村均管""十排合立事务"予以运作。所谓"在官丈量造册名目，俱系十排朋名充当"，即原来的十甲里长户（即文中所说的"十排"）中，每甲以朋名作为一甲名目登记于清丈册籍之中，这种登记名目应为一甲总户，从而形成"总户—子户"结构，借以实现对跨都跨图流动田土的归户管理。原来的一甲甲首户相应地演变为"甲下户"（或称"甲户"）。高塘村中的二图四甲王鼎盛户作为一甲总户亦当由此而生。这样，原来以人户人丁事产为登记中心的里甲制，遂逐步过渡到以人户田地税粮为编制原则的图甲制，里甲制下的"里长—甲首"关系，亦逐渐转变为图甲制下的"总户—子户"关系。①

根据几种《实征册》记载，业户每一宗田土交易，均标注推收主体姓名及其所属图甲，如"收一图九甲王都户法""入本图八甲王道成户续白"，另外，王鼎盛户户下业主之间的交易均标注"本户"字样。据此，笔者梳理《实征册》中各总户之下的具体业户，再对比《乾隆谱》的记载，可以看出业户之间的房派系谱关系，大致如表5-4所示：

表5-4 总户及其子户与房派之间的关系

都一图一甲	总户名称	《实征册》登记的部分业户名称	《乾隆谱》中业户所属房派
二十二都一图九甲	王都	道演、道定、道秀、道乾、道溥、道淖、道混、道甫、道滋、道潜、道密、道津、道满、道儒、学娄	存二中房琏股
		朒、龙保	存二中房麒股
二十二都二图三甲	王道新	道五、道法、海元、道盛、学饶、学时、学祯	存二中房麟股

---

① 参见刘志伟：《清代广东地区图甲制中的"总户"与"子户"》，载《中国社会经济史研究》，1991年第2期。

续表

都一图一甲	总户名称	《实征册》登记的部分业户名称	《乾隆谱》中业户所属房派
二十二都二图四甲	王鼎盛	廷训、道贵、道员、道贞、道赞、廷谏、廷清	存二长房模股
		茂春、学敦、夏龙、盛春、富春、神生、廷富、旺进、广居、通成、秀元、爱春、道诚、昇良、同太	存二幼房蒋股
		捷九、方九、长生、振元、贵生、廷珍	存二幼房位股
		古龙、群龙、学渚、道统、廷倬、廷位、道绅、道纬、学江、道绪、道纲、廷清、道霖、廷清、廷法、廷涞	存二幼房济股
二十二都二图八甲	王道成	廷蓥、廷翰、廷羽、廷金、廷令、廷钊、廷翎、廷㷊	存二中房麟股

据表5-4可以明确,高塘王氏隶属的图甲有:二十二都一图九甲、二图三甲、二图四甲、二图八甲,各甲总户名称分别为"王都""王道新""王鼎盛""王道成"。有清一代这四个总户名称均存在于实征册籍中,且前后因袭。

由表5-4还可以看出,《乾隆谱》中"存二中房麟股"业户分散于二十二都一图九甲、二图三甲、二图八甲三个甲,而二图四甲总户王鼎盛户之下却兼有四个房派的业户。究其原因,从《乾隆谱》记载看,这与高塘王氏传统"四大房"之下的支派人户发展到清代前期彼此兴衰各异有关。在家谱谱系中,以"存二中房麟股""存二中房㻞股"以及"存二幼房济股"等房派的世系繁衍最为突出,而诸如"存一房""存二中房麒股""存二中房哲股"等所载人丁均属寥寥,可见这几个房支有衰微迹象。

总体而言,高塘王氏的四个总户之下业户的房派归属性,以及以房派朋合共享一甲总户的现象颇为明显,册籍中有关王鼎盛户所属业户之间的产业交易均注明"本户","本户"即含有房派认同和归属之义,这从一个侧面呈现出明清徽州图甲设置与村族之间的关系:一图之设以自然聚落为基础,涵盖特定的村落共同体;一图之内,分为十甲,每甲以房派为主体,立甲设户,具有结构性的总户由此产生。上述的"王都""王道新""王鼎盛""王道成"等总户名称,在乾隆《高塘鸿村王氏家谱》中未见确载,正体现出一甲总户的公共性和虚拟性。

关于保甲编制。笔者曾利用与清末编制保甲相关的系列册籍,对保甲编制与村族治理作过专题探究。① 这些册籍中,《光绪五年户口环册》反映的正是高塘村的保甲编制情况。② 为了便于比较高塘村图甲与保甲编制的异同,以下选择与高塘村密切相关、时间邻近的晚清《咸丰册》和《光绪五年户口环册》作统计,如表5-5所示:

表5-5 清代高塘村图甲设置与保甲编制的对比

	都	图	甲	每甲总户名称
图 甲	二十二	一	九	王都
		二	三	王道新
		二	四	王鼎盛
		二	八	王道成

	都	图	甲	每甲牌数
保 甲	二十二	一	九	九
		二	三	三
		二	四	十
		二	八	六

由表5-5可见,清末推行保甲,高塘村被分别编入二十二都一图九甲、二图三甲、二图四甲、二图八甲,凡四个甲,图甲与保甲的分图设甲完全相同。

进一步分析可见,保甲推行的实际做法是:借助明代以来既有的都图体系而灵活编制甲牌。一图之下,并非按照十户立牌、十牌立甲为限,而是以村族聚居为中心,确保特定村落乃至房派能完整地隶属一甲,不致使"畸零人户"跨甲设置,体现出以人户的自然分布和房支归属为基础灵活编甲。一甲之下,再依据村族聚居灵活设牌,比邻成编,从而达到"诸色人户,一体登记"的控制效果。③

基于上述考察可见,图甲之甲为登载田土以征纳税粮而存在,与之相关的册籍是实征册等,立甲设置总户,总户之下登载具体子户,借以实现跨都跨

---

① 参见拙作:《清末保甲编制与村族治理》,载《安徽师范大学学报》,2015年第5期。
② 《光绪五年户口环册》,写本1册,涉及祁门县二十二都一图、二图保甲编制内容。承蒙陈琪先生惠示,谨致谢忱。
③ 参见拙作:《清末保甲编制与村族治理》,载《安徽师范大学学报》,2015年第5期。

图田土及其税粮归户。户籍具有共有性、继承性和虚拟性。保甲之甲因治安需要而设,与之关联的册籍是保甲册,分甲设牌,牌下登记的系实际诸色人户。无论是图甲设置抑或保甲编制,都是以图为单位展开的。一图之设系涵盖一定数量村落的共同体,一图之下,既有侧重田土税粮为原则设置的甲,属于赋役性的图甲系统,姑且称为"图户甲";也存在以实际人户为基础而编制的甲,属于治安性的保甲系统,姑且谓之"烟户甲"。"图户甲"体现的是"甲—总户—子户"的形式,"烟户甲"呈现的是"甲—牌—户"的架构。在"图户甲"和"烟户甲"中,甲分和房分有机融合,相互嵌入,这两种类型的甲所包容的村族呈现出叠相为用的格局,所涉及的户籍虽一虚一实,而循名责实是重合的。

三、业户形态

六种实征册均以总户王鼎盛户为编册单位,登载其户下所属的业户,末附若干甲户(或称"甲下户")。各册籍登载的王鼎盛户下业户数量如表5-6所示。

表5-6 总户王鼎盛户下子户数量统计　　　　　　单位:户

实征册	《雍正册》	《乾隆册》	《嘉庆册》	《道光册》	《咸丰一册》	《咸丰二册》
业户总数	140	167	189	184	188	195

由表5-6可见,清代总户王鼎盛户所属的业户数量少则140户,多达195户,且总体呈增长趋势,业户形态主要体现在以下几个方面。

(一)继承性业户

梳理《雍正册》《乾隆册》中涉及的业户名称,对照《乾隆谱》中的记载,可以看出,这些业户多见载于《乾隆谱》的第二十八至第三十世世系中,时间集中于清初至乾隆时期。兹略举两例,如《乾隆谱》中有载:

> 廷训,生于顺治壬辰(1652),殁于雍正辛亥(1731)。子贵、员、贞、赞。①

---

① (清)王信纂修:《(祁门)高塘鸿村王氏家谱》卷四《存二长房模股》,正伦堂刻本,乾隆五十七年(1792)。

《雍正册》中即有"廷训田",到《乾隆册》中变为"道贵、道赞、道员、道贞、训祀"五户,其中"道贵、道赞、道员、道贞"四户均于乾隆六年(1741)下标注"新立,分收本户父廷训"字样。显然,《乾隆册》中"道贵、道赞、道员、道贞"诸户系分家继承所新立户籍,其父廷训殁于雍正辛亥(1731)。于父死后的乾隆六年(1741),兄弟之间方进行分家析户,并设置了众存祀产"训祀"以祭祀乃父,且单独立户,该祀产一直延续到咸丰年间。

又如,《乾隆谱》中有载:

> 廷倬,小名与珑,字汉章,号淡园。生于康熙甲辰(1664),殁于乾隆己未(1739)。子经、绎、缉、纯、续、绥、绾。①

《雍正册》中有"廷倬、道经、道绎、道缉、道纯、道续、道绥、道绾",计8户,廷倬户有田产274余亩,可见,这是一个产业殷实的多子之家。由册籍可见,雍正六年(1728)父亲廷倬平分田产给予诸子,诸子分家后遂于雍正年间各立户籍,登记在册。《乾隆册》中有"倬祀、淡园文会、道经、道绎、道缉、道纯、道续、道绥、道绾",凡9户,户籍的父子继承十分清楚。在雍正年间分家后,该家庭还以其父之名"倬"以及号"淡园"分别设立"倬祀、淡园文会"两个共有户籍,并出现于《乾隆册》中。雍正年间分立的诸子产业大体相当,拥有田土均在30余亩。而到乾隆三十年(1765),各兄弟之家田土升降有别,多者如道绎田产近217亩,少者如道续降为19亩,产业分化颇为明显。

通过例举可见,《雍正册》和《乾隆册》中登记的业户,或系因时设立的共有户籍,或系实际户主姓名,并随着分家析产、田土流动发生变化。一些共有户籍通过房派继承,自雍正年间一直存在到咸丰年间,一般家户户籍亦通过分家析产易立户籍,前后相继,均具有继承性,这在《乾隆谱》中均可得到印证。

(二)共有性业户

系列《实征册》登记的业户作为总户的子户,并不完全是以家庭户主之名

---

① (清)王信纂修:《(祁门)高塘鸿村王氏家谱》卷四《存二幼房济股》,正伦堂刻本,乾隆五十七年(1792)。

设立的实际人户,不少业户系"公祀公会"性质的户籍。六种册籍中明确标注"某某祀""某某公""某某会"等颇为多见。如表5-7所示。

表 5-7　六种册籍分别登载的"公会公祀"户籍统计　　　　单位:户

户籍类型	《雍正册》	《乾隆册》	《嘉庆册》	《道光册》	《咸丰一册》	《咸丰二册》
公祀公会户	44	45	45	43	49	54
一般家户	96	122	144	141	139	141
总计	140	167	189	184	188	195

从表5-7中可以看出,每册"公祀公会"户籍均在四五十户,"公祀公会户"以特定的房派为主体,其层属有别。以下结合《乾隆谱》的具体内容对六种《实征册》涉及的部分共有户籍作进一步分析。

据统计,在六种《实征册》中均有登载的共有户籍凡25户,这反映出这些户籍至少自雍正年间至咸丰年间存在了130余年,具体名称如下:

正伦堂、万一公田、存二公、旦公、训祀、宜四公、昂公、兆六、佐公祀、寻常公、三召公、琛公祀、模公祀、廷倬祀、廷位公、俨公、颐祀、三语公、策公、兆九公、德予祀、鼎盛、瑞祀、邦成公会、元公祀

上述25户共有户籍的存在有两种情形:第一种情形是,以祠堂号或远祖之名设置的"祀户"①,此类"祀户"共有的范围相对较大。如:正伦堂、②万一公田(十四世祖,名万一)、存二公(十九世祖,名积庆,行存二)、邦成公会(二十世祖,名邦成)、寻常公(二十一世祖,名友卿,号寻常)、模公祀(二十一世祖,名模)、兆六公(二十世祖,名德龙,行兆六)、三语公(二十五世祖,名三语,字墨之)、策公祀(二十五世祖,名三策,字献甫,号明醇)等。第二种情形是,于雍正之后历代因时而立的"公祀公会"户。兹以《雍正册》所载"廷清"户为例,结合《乾隆谱》的下列记载,可以具体而微地了解共有户籍因时设置的情况。

---

① (清)王信纂修:《(祁门)高塘鸿村王氏家谱》卷一《世系源流》,正伦堂刻本,乾隆五十七年(1792)。

② 今存乾隆间所修的《(祁门)高塘鸿村王氏家谱》中缝印制有"正伦堂"字样,当系该村王氏祠堂堂号。

二十七世：

宗元，字贞起，生于顺治戊戌(1658)，殁于雍正乙巳(1725)。子法、涞、海、清、满、淞。清出继与兄宗先为嗣。

宗先，字用，生于顺治己丑(1649)，殁于雍正癸卯(1723)。邑候赵公赠其额"年高德邵"。(宗)元第四子清入继。

二十八世：

廷清，字胜瑞，邑庠生，名瑞，号澄波。生于康熙癸酉(1693)，殁于乾隆庚辰(1760)。吴邑候为撰"尊像赞"。子霖、露、霄。

二十九世：

道霖，号云屏，名采风，邑庠生。生于康熙庚子(1720)，殁于乾隆癸卯(1783)。

道露，字湛斯，生于雍正甲辰(1724)，殁于乾隆壬寅(1782)。

道霄，号静斋，名德风，国学生。生于乾隆丙辰(1736)。①

以上梳理的是一个家庭的三代谱系。其中，"宗先"曾获县令赠赐"年高德邵"匾额；"宗先"嗣子"廷清"系邑庠生，其"尊像赞"乃县令所撰；"廷清"之子"道霖"系邑庠生，道霄"为"国学生"。可见，这是一个多代俱显、颇有乡望之家。

《雍正册》登记有"廷清田"1户。雍正六年(1728)"廷清"户即拥有产业248亩，其中当有继承所得。且在以"廷清"立户的产业登记中，可见雍正六年(1728)至乾隆十七年(1752)先后购买田土凡366宗，到乾隆十六年(1751)该户田土数额计464亩有余。《雍正册》"雍正六年(1728)"载有一甲田土总数，计1766亩有余，那么，"廷清"户田产约占总户的26%，无疑属一甲显赫殷实之家，颇为典型。

---

① （清）王信纂修：《(祁门)高塘鸿村王氏家谱》卷四《存二幼房济股》，正伦堂刻本，乾隆五十七年(1792)。

《乾隆册》由"廷清"户衍生出"用祀、瑞祀、琢云轩、紫云庵、道霖、道露、道雷"7户。由册籍记载可见,乾隆元年(1736),道霖、道露、道雷三子分家立户,这三户到乾隆三十年(1765)拥有田地大致相当,各在150亩左右。分家后,留存大量众存产业,并以祖"宗先"之字"用"设"用祀"户,以父廷清之名"瑞"设"瑞祀"户,并设"紫云庵""琢云轩"等户。其中"瑞祀"一直存在至咸丰年间。进一步梳理其他《实征册》发现,嘉庆以降,仅以"廷清"父子为名,进一步衍生的共有户籍名目多样,具体如:澄波松衫会(廷清,二十八世,号澄波);霖祀、采风文会(道霖,二十九世,名采风);露祀(道露,二十九世);雷祀、德风文会、静斋祀(道雷,二十九世,号静斋,名德风)。在这些户籍中,以"道霖"名义设立的共有户籍有3个。

由上例可见,因时所立的共有户籍,多属殷实之家借用父祖名义而设。可以说,拥有"公祀公会"户籍和产业的多寡,是衡量一个家庭,乃至一个家族和宗族经济组织化程度和实力的指标。进一步对系列《实征册》中大量存在的共有户籍作分析,我们可以看出,王鼎盛户下登记的共有户籍颇为普遍,这些共有户籍的主体性和房派归属性强,反映出王鼎盛户所属的王氏房支重视家族内部和家族之间的经济互助和合作,从而不断组织化。

(三)虚拟性业户

如上所述,《雍正册》《乾隆册》中登记的户籍,与《乾隆谱》所载同时代人名、字、号大多吻合,反映了这两种册籍记载的户籍和产业具有真实性,实征册名副其实。究其原因,当与清初以来大力推行田土清丈金业和编审赋役有关。而且,《雍正册》的记载始于雍正六年(1728),亦当与雍正年间实施"摊丁入亩"有关。其实,为了适应新的赋役制度变化,民间依据实际田土而分担税粮提上日程,真实登载户籍和产业具有客观必要性。

然而,揆诸此后的《嘉庆册》《道光册》《咸丰一册》《咸丰二册》,民间编造的实征册,其户籍日趋虚拟化,主要体现在四个方面:第一,王鼎盛作为总户之称,几乎在有清一代前后因袭,然而,历考《乾隆谱》古今谱系,均未发现"鼎盛"之名。总户名称的这种虚拟性由明至清长期存在,学术界颇有关注,姑不赘述。第二,共有户籍多属以父祖名义因时而设,嗣经前后相继,因袭成为虚设之名,进而演化为特定房派众存共有的名号。第三,一般家户户籍,随着不断继承,不少户籍名称不断出现沿袭前代父祖之名的现象。如《雍正册》中的"道统户",在《咸丰册》中仍相沿未易。第四,新立户籍存在虚设名称,如《咸丰册》中的"铣钜",显然由"士铣""士钜"兄弟之名朋合而成。凡此种种,导致继承性户籍层累而下,新设户籍又徒有虚名,随着时间的推移,二图四甲王鼎盛户下业户越积越多,从《雍正册》的139户,增加到《咸丰册》的195户。

实征册中户籍的虚拟性,通过与保甲册作比较也可以得到印证。依据上述《光绪五年户口环册》,该册籍的户籍系光绪五年(1879年)为编制保甲而登记的实际人户,其中,登记二图四甲凡92户。系列《实征册》之一的《咸丰二册》,属于二图四甲田土归户户籍,记载下至咸丰九年(1859),登载业户计195户。《咸丰二册》与《光绪五年户口环册》的记载前后相距仅20年,时间相近,倘二者涉及的户籍具有真实性,应该有关联之处。然而,通过逐一比对,两种册籍中的户籍名称未见相同。这能从一个侧面反映,实征册中的户籍之名,在有清一代逐渐经历了由实到虚的变化过程;至清代咸丰年间,与明代中后期衰落的黄册一样,实征册成为民间为分担定额化的实际税粮而编造的重产业归户、轻业户名实的户籍具册。

四、共有户籍与村族社会

实征册中无论是总户,抑或是总户之下的子户,其实际意义集田土产业归属、税粮征纳单位、乡族统合实体于一体。由上述《祁门修改城垣簿》的记载可见,结构性的总户作为村族社区的公共名称,其功能即体现于捐输事务的动员上。总户之下,特别是共有性的"公祀公会"户籍,在村族社会事务中发挥着主体性作用。

在《咸丰一册》中,王鼎盛户下载有"鼎元文会"户,登记田产为"三十一亩五分三厘八毫二丝"。然考诸此前的《道光册》并无此户记载,《道光册》只涉及道光元年(1821)至道光十六年(1836)的内容,据此推断,"鼎元文会"户应属道光十六年(1836)以后新立业户,并登载于《咸丰一册》中。据《鼎元文会同志录》记载,该文会正是祁门县二十二都包括高塘村在内的14个村落所立。以"鼎元文会"户的兴立为个案作剖析,可以揭示具体共有户籍的运作实态,以及在村族社会发挥的功能性作用。

如上所述,鼎元文会涉及祁门县二十二都14个村落的8个姓氏,系多姓村族联合而立的文会,所捐输田产以折田租的形式计算,共计田产78宗,凡租1064秤3斤11两。在本节所涉实征册中的《乾隆册》中即载有"田一百二十八亩六分六厘,计租一千四百零七秤"等数据,由此可以推算,每亩所折田租为10～11秤。那么,鼎元文会醵集田租1064秤有余,计田亩当近百亩。据会簿中的《公议规则》载:

> 钱粮分寄三约,俱立鼎元文会的名。一在新安约二图五甲洪显邦户;一在龙溪约一图八甲陈宗虞户;一在高塘约二图四甲王鼎盛户。

也就是说,文会百亩田产,以"鼎元文会"之名,分寄在包括二图四甲王鼎盛户等三个甲的总户之下。王鼎盛户《咸丰一册》中的"鼎元文会"户即由此而来。

《鼎元文会同志录》中载有"各村乐输人名租数",其中明确记载"高塘鸿村"捐输田产凡25宗(参见表5-2),是14个村落中捐产最多者。高塘王氏共捐田产334秤6斤15两,按照上述田亩折租标准换算,所捐田产在31亩左右,这与《咸丰一册》中登载的"鼎元文会,三十一亩五分三厘八毫二丝"基本一致。25宗捐输田产的业户,据笔者对几种实征册记载所作考证,几乎均系"公祀公会"户籍。其中,涉及王鼎盛户下的业户有11户,即王淡园文会、王兆文会、王义建会、王济祀、王瑞祀、王三召祀、王邦成祀、王邦本祀、王德风祀、王仕铣、王宗元祀,这11个户籍均见载于王鼎盛户的六种《实征册》中,共捐田租196秤2斤15两。另外,表5-2中所示的其他14户未见载于六种《实征册》中,当属高塘村所属的一图九甲、二图三甲、二图八甲的总户所属的业户,在捐输入会后,这些业户亦寄于王鼎盛户户下。这从王鼎盛户《咸丰一册》中"鼎元文会"户的产业总数可以看出。

在《咸丰二册》的"鼎元文会"户下,明确记载于咸丰六年(1856),寄在王鼎盛户下的"鼎元文会"推出田土计44宗,原有的31亩有余的田产几乎全部推出,受业者涉及洪、汪、赵三姓,即田产全部推予异姓。与此相关的是,在《咸丰二册》中王鼎盛户所属的"昃祀、济祀、三召、淡园文会、澄洋祀、义建会、瑞祀、霄祀、宗元、学扶"等业户下,均有"收陈宗虞户鼎元文会"田产的记载,收业时间亦为咸丰六年(1856)。陈宗虞乃一图八甲总户,系鼎元文会分寄税粮的户籍之一。于道光二十二年(1842)设立的鼎元文会,至咸丰六年(1856)已经式微,以二十二都为范围的一都文会仅存在了十余年时间,这是否与太平天国战争有关,不得详知。通过分析鼎元文会户籍构成可以看出,该文会存在大量家族性"公祀公会",呈现出"会中有族、族中有会、相互嵌入"的实态。一甲总户之下的共有性的"公祀公会"户,在村族社会互助和合作中作为基层组织化的经济主体发挥着重要作用。

总之,图甲制及相关户籍问题,是基层社会清承明制之一重要方面,攸关明清赋役制度史、基层行政、乡治体系等领域的深入研究。明清时期,从"一条鞭法"到"摊丁入亩",赋役制度几经变革,与赋役实际运作密切相关的里甲制度亦在继承中不断呈现出革新的一面。早在明代,随着社会经济的发展,人丁事产变动频繁。随着社会的变迁,围绕赋役动员而编制的、本具有"循名责实"意义的黄册户籍制度日渐式微,由实而虚,导致基层社会普遍经历了从里甲到图甲的社会结构变动,图甲和总户遂演变成为国家与社会之间的重要节点。

由明至清,十甲为图,一图分十甲而定;分甲设户,一甲为立户而存;田土归户,业户因田土而实,是图甲制的实际运作模式。图甲作为明清自上而下普遍实施的基层组织,在不断适应基层乡治实际中呈现出地方性和稳定性的一面。具有村落共同体性质的图,逐步演化为具有特定空间的基层区划。且在方志记载中,图一般是作为拥有相对固定村落和特定地域而存在的,基层民众认同自身的乡贯里居,亦多称"某某图人"。图在基层乡治中体现出的稳定性,使得清代保甲编制难以另起炉灶,只能借助既有的图甲体系而展开。因此,甲作为图甲制、保甲制之下共有的基层组织形式,在推行中兼具"总户—子户"和"甲—牌"的包容性机制,不断灵活适应村族实际,而成为基层行政的有效单位和地方乡治的功能社区。

在图甲体系下,通过设甲立户使得赋役不断在村族社区得以分配和再分配,赋役承值很大程度上在基层社会范畴内予以动员和分解,基于田亩而分担实际税粮的实征册应运而生。此外,至清代,图甲总户在实际意义上集田土产业归属、税粮征纳单位、乡族统合实体为一体。图甲户籍的合法性,在客观上促进了基层社会(特别是宗族、村族)通过垄断图甲户籍而组织化。从明清徽州遗存的大量置产簿可以看出,宗族、村族以房派为主体实现经济组织化颇为普遍,置产互助观念深入人心,并通过立甲设户,把持图甲户籍,彰显和维系特定房族的"大家规模""大家气象"。特定宗族、村族能否设甲立户以及拥有共有性的"公祀公会"户籍和产业的多寡,是衡量一个宗族、村族经济组织化程度和实力的重要指标。

进一步透过系列《实征册》可以具体而微地看出,总户王鼎盛户下登记的共有户籍颇为普遍,而且多为殷实之家借用父祖名义而设立,其主体性和房派归属性强,反映出王鼎盛户所属的王氏房支重视家族内部和家族之间的经济互助和合作,从而不断组织化。搜诸明清徽州地方文献,我们发现"公祀公会"大量存在,多系众存共有,并以"某某众""某某祀""某某公""某某会""某某堂""某某祠"等体现于实征册籍等地方文书中,这种户籍及户下产业,按照其出所自,归属层级有别的大小房派,实际运作亦以属下房派为主体。原本,"公祀公会"实际联合和功能诉求的逻辑起点多为祭祀和信仰需要。然而,随着组织化程度的加强,以"公祀公会"为主体的户籍及户下产业发挥的互助功能往往日趋泛化,乃至扩大到特定家族房派的信仰、诉讼、教育、赋役、赈济以及地方公共建设、公益活动等范畴。从而,共有户籍和产业虽具"公祀公会"之名,但属于乡族之间实体合作关系,而且这种关系主要通过契约约束维系。在税粮征纳和村族管理上,仆户、小姓、寄户等,往往受到具有垄断性的地方大姓的带管和控制,即所谓"地产丁粮,必寄居主户完纳";①"充是役者,大都巨姓旧家,借蔽风雨,计其上下之期,裹粮而往"②。

通过上述分析,我们可以看到,明清时期,一方面,皇权高度集中,中央集权发展,与此同时国家对地方的控制显著增强,基层组织的建置愈加严密。明代实施的黄册里甲制和清代推行的保甲制即是其具体体现。另一方面,作为中国传统社会基层单位的宗族依然存在,宋元以后,其组织向下发展,在明代后期至清代出现了一个置族产、建宗祠、修族谱的新高潮,显示了宗族势力的强大生命力。明清图甲户籍中的宗族总户与子户这一特有形态,正是封建国家加强基层控制与利用宗族势力二者交集的产物,既反映了明清社会经济和统治机制的发展与变迁,也体现了中国传统社会的固有特质。

---

① 《乾隆三十年汪胡互控案》,写本1册,安徽省图书馆藏。
② (近)许承尧撰,李明回等校点,诸伟奇审订:《歙事闲谭》卷一八《歙风俗礼教考》,合肥:黄山书社,2001年,第602页。

第六章 保甲设置与清代徽州基层行政

第一节 保甲文书及清代徽州的保甲推行

一、清代保甲文书的主要类型

清代康熙以降,为了安定社会局势,朝廷明令地方设置保甲组织,有清一代,保甲制度不断推行,保甲组织在地方社会管理中发挥着重要作用。在保甲组织编制实践中,相应产生了不同类型的保甲文书,主要有承(保)役契约、保甲户牌、十家门牌、保甲册等,兹以徽州文书为例,列举如下。

(一)承(保)役契约

立公议承揽人黄君杰,今揽到汉洞地方保长事务,系身承役。所有该季过图、保甲、修环、甘结、常规等事,系身一并承管。所有飞差等项,照众公派。当面议定,津贴工食、使费银九三色三两整,其银夏、秋两季支取。倘有奉公事务,系身一应承管,不致遗累地方。如有反悔,甘罚白银五两入众公用,仍依此议为据。今恐无凭,立此揽约为照。

康熙二十四年五月　日立公议承揽人:黄君杰
　　　　　　　　　　　　　中人:程云生、朱吉甫

　　　　　　　　　里长：吴以德
　　　　　　　　　代笔：吴弘度①

由上引资料可见,康熙年间,保长须承担诸多管理事务;保甲册又称"循环册、环册"等,文中"修环"即编修保甲册。保甲制下的保长具有地方职役性质,尽管官府要求"编排保甲、保正、甲长、牌头,须选勤慎练达之人点充"②,然而,在徽州,保长等役多由保内人户共同承充,或轮流充役,或津贴专人承值,抑或雇人承役,不一而足,由此形成大量承役契约,在徽州文书中屡屡可见。

(二)保甲户牌

[文书1]特调江南徽州府歙县正堂加十级纪录十次马。为钦奉等事奉各宪札,钦奉谕旨颁发新例保甲事宜各发到县奉行。合给门牌开列该户姓名、籍贯、年岁、生理并男妇大小丁口,俱照填写明白,如有邪教、盗贼、光棍、私铸、私销、窝娼、窝赌、逃犯、逃赌以及赌具、邪书一切有干例禁之事,该邻佑保甲即行呈首,立拿究惩。倘敢纵容不报,一体连坐。须至牌者。

　　计开
　　十五都九图第　户　年　岁　营运
　　祖母　母　伯母　婶母　嫂　妻　弟　弟媳　妾　子　媳
女　孙　孙媳　侄　侄媳　侄孙　雇工　奴婢
　　道光二十年十二月　日给
　　保长　汪兆　甲长
　　县发给该户用木板张挂③

　　　[文书2]　图第　甲第　牌第　户

---

① 安徽师范大学图书馆藏。
② (清)徐栋辑,张云霞校点:《保甲书》卷一《定例》,芜湖:安徽师范大学出版社,2012年,第7页。
③ 安徽师范大学图书馆藏。

县正堂胡示,为给发门牌事,照得现办保甲,以清盗源。已将十家总门牌饬付地保给付牌长编填稽查。唯挨户给挂未免纷扰,特刊一家牌,每户各给一张,照十家牌填写明白。悬挂各家门首,本县随时亲临点查。倘一家为匪不法及窝藏盗贼,九家公同出首,毋得容隐干咎,须至牌者。

  计开 图距城 里 经董 甲长 牌长 地保
  一户 现年 岁系 省 府州(州县)人于 年迁居以 为业
  祖父母 父 母 妻 妾 子 侄 女 媳 孙(男女) 胞伯 叔 兄 嫂 弟 弟媳 戚友 雇工 伙计
  男共 丁 女共 口
  光绪九年七月十二日给
  县裱糊木板,悬挂各家门首①

户牌又称"门牌",需要填写一户详细的户籍信息,并要求"裱糊木板,悬挂各家门首",以便稽查。

(三)十家门牌

祁门县正堂柯为给发门牌事。照得现办保甲,按十户立一牌长,十牌立一甲长,十甲立一经董。责成挨户编填,互相保结,以清盗源。为此,给发十家总门牌,注明年贯、丁口、执业,相互稽查。倘一家为匪不法及窝藏盗贼,九家公同出首,毋得容隐干咎,牌甲长、地保人等,知而不首,致干同罪。如有迁徙、生故、婚嫁、增减,随时在于门牌本户旁添改,并告知牌长,转报甲长,甲长转报经董,于册内一体改注,以凭抽查。倘有隐漏,察出干咎,须至牌者。

  计开 都 图第 甲第 牌小地名 距城 里
  经董 甲长 牌长 地保
  一户 现年 岁系 省 州(县)人以 为业 男 丁 女 口

---

① 安徽师范大学图书馆藏。

伙计　人　奴仆男（女）　人　雇工　人（按：共计十户，以下九户格式相同，从略）

一严禁三五成群邦盟结党；一严禁行迹诡秘煽惑乡愚；一严禁窝盗窝娼扰害良民；一严禁私铸私宰相习为非；一严禁赌局烟馆容隐匪类；一严禁持械打降倚众逞强；一严禁拐抢妇女和诱掠卖；一严禁外来流丐强讨恶索；一严禁游手好闲懒惰失业。

光绪五年　月　日给

县裱糊木板，于各家门首轮流张挂①

十家门牌信息以所属各户户牌记载为基础汇录而成，"裱糊木版，于各家门首轮流张挂"。类似的十字门牌在徽州文书中亦所在多有。

（四）保甲册

[封面]东乡十一都一图七甲金壁坳户口环册

东乡十一都一图金壁坳村距城五十三里

共编七甲共四牌共三十六户

经董李柏如地保汪林

祁门县正堂柯为给发循环册事。照得现办保甲，按十户立一牌长，十牌立一甲长，十甲立一经董。责成挨户编填，互相稽查，以清盗源。为此，给发循环册，即将保内丁口、籍贯、执业挨户编填。其册一本存署，一本存经董处。于地保春秋点卯之便，当堂呈换，循去环来，每年皆依此例。如有迁徙、生故、婚嫁、增减等项，由本户随时报明牌长，即于门牌本户之旁添注涂改。并由牌长转报甲长，甲长转报经董，于册内某户之旁添注涂改，毋得舛错，遗漏干咎。须至循环册者。

光绪五年四月　日

右给　乡　都　图地保准此

---

① 王钰欣、周绍泉主编：《徽州千年契约文书（清·民国编）》卷3，石家庄：花山文艺出版社，1991年，第111页。

十一都一图第七甲第一牌小地名金壁坳

经董李柏如甲长吴翘周牌长吴三友地保汪林

一户吴翘周,现年六十四岁,系本省本州(县)人,以贸易为业,男一丁,女五口,伙计王二一人,奴仆男(女) 人,雇工 人。

一户吴新发,现年十三岁,系本省本州(县)人,以贸易为业,男二丁,女二口,伙计 人,奴仆男(女) 人,雇工 人。

一户吴发茂,现年六岁,系本省本州(县)人,以贸易为业,男二丁,女三口,伙计 人,奴仆男(女) 人,雇工 人。

一户吴三友,现年三十岁,系本省本州(县)人,以贸易为业,男二丁,女二口,伙计 人,奴仆男(女)人,雇工 人。

一户吴顺意,现年二十二岁,系本省本州(县)人,以贸易为业,男一丁,女一口,伙计 人,奴仆男(女) 人,雇工 人。

一户吴永富,现年五十一岁,系本省本州(县)人,以贸易为业,男二丁,女一口,伙计 人,奴仆男(女) 人,雇工 人。

一户王继保,现年三十五岁,系安庆省潜山州(县)人,以务农为业,男一丁,女一口,伙计 人,奴仆男(女) 人,雇工 人。

一户吴奎采,现年二十七岁,系本省本州(县)人,以贸易为业,男一丁,女三口,伙计 人,奴仆男(女) 人,雇工 人。

一户永禧寺僧智龄、徒得高,现年五十六、三十四岁,系本省黟州(县)人,以 为业,男二丁,女 口,伙计 人,奴仆男(女) 人,雇工李盛春一人。

一户 ,现年 岁,系本省 州(县)人,以 为业,男 丁,女 口,伙计 人,奴仆男(女) 人,雇工 人。

十一都一图第七甲第二牌小地名金壁坳

经董李柏如甲长吴翘周牌长汪金保地保汪林

一户汪金保,现年五十九岁,系本省本州(县)人,以务农为业,男三丁,女四口,伙计　人,奴仆男(女)　人,雇工　人。

一户汪金榜,现年五十三岁,系本省本州(县)人,以务农为业,男一丁,女二口,伙计　人,奴仆男(女)　人,雇工　人。

一户汪双全,现年二十三岁,系本省本州(县)人,以务农为业,男一丁,女二口,伙计　人,奴仆男(女)　人,雇工　人。

一户汪得盛,现年三十九岁,系本省本州(县)人,以务农为业,男二丁,女三口,伙计　人,奴仆男(女)　人,雇工　人。

一户汪得十,现年三十三岁,系本省本州(县)人,以务农为业,男二丁,女三口,伙计　人,奴仆男(女)　人,雇工　人。

一户曹得意,现年四十一岁,系本省本州(县)人,以务农为业,男三丁,女一口,伙计　人,奴仆男(女)　人,雇工　人。

一户曹元发,现年四十岁,系本省本州(县)人,以务农为业,男三丁,女一口,伙计　人,奴仆男(女)　人,雇工　人。

一户徐先甲,现年五十二岁,系安庆省潜山州(县)人,以务农为业,男五丁,女二口,伙计　人,奴仆男(女)　人,雇工　人。

一户　,现年　岁,系　省　州(县)人,以　为业,男　丁,女　口,伙计　人,奴仆男(女)　人,雇工　人。

一户　,现年　岁,系　省　州(县)人,以　为业,男　丁,女　口,伙计　人,奴仆男(女)　人,雇工　人。

十一都一图第七甲第三牌小地名上朱村

经董李柏如甲长吴翘周牌长李仁山地保汪林

一户李仁山,现年四十四岁,系本省本州(县)人,以务农为业,男四丁,女三口,伙计　人,奴仆男(女)　人,雇工　人。

一户汪克绳,现年四十四岁,系本省本州(县)人,以务农为业,男四丁,女二口,伙计　人,奴仆男(女)　人,雇工　人。

一户汪耀文,现年三十七岁,系本省本州(县)人,以务农为业,男一丁,女二口,伙计　人,奴仆男(女)　人,雇工　人。

一户汪昌茂,现年三十八岁,系本省本州(县)人,以务农为业,男三丁,女三口,伙计　人,奴仆男(女)　人,雇工　人。

一户汪炳炎,现年二十五岁,系本省本州(县)人,以务农为业,男一丁,女四口,伙计　人,奴仆男(女)　人,雇工　人。

一户汪兆恩,现年三十四岁,系本省本州(县)人,以务农为业,男四丁,女三口,伙计　人,奴仆男(女)　人,雇工　人。

一户汪清林,现年四十二岁,系本省本州(县)人,以务农为业,男二丁,女二口,伙计　人,奴仆男(女)　人,雇工　人。

一户吴观桃,现年四十三岁,系本省本州(县)人,以务农为业,男二丁,女三口,伙计　人,奴仆男(女)　人,雇工　人。

一户汪庆理,现年五十六岁,系安庆省潜山州(县)人,以务农为业,男一丁,女一口,伙计　人,奴仆男(女)　人,雇工　人。

一户　,现年　岁,系　省　州(县)人,以　为业,男　丁,女　口,伙计　人,奴仆男(女)　人,雇工　人。

十一都一图第七甲第四牌小地名下朱村
经董李柏如甲长吴翘周牌长张玉书地保汪林

一户张玉书,现年三十九岁,系本省本州(县)人,以务农为业,男二丁,女五口,伙计　人,奴仆男(女)　人,雇工吴胜一人。

一户李众和,现年四十五岁,系本省本州(县)人,以务农为业,男四丁,女二口,伙计　人,奴仆男(女)　人,雇工　人。

一户李十保,现年四十一岁,系本省本州(县)人,以务农为业,男二丁,女三口,伙计　人,奴仆男(女)　人,雇工　人。

一户汪宝元,现年三十五岁,系本省本州(县)人,以务农为业,男一丁,女三口,伙计　人,奴仆男(女)　人,雇工谢发一人。

一户舒大中,现年四十五岁,系本省本州(县)人,以务农为业,男二丁,女三口,伙计　人,奴仆男(女)　人,雇工　人。

　　一户舒大成,现年四十岁,系本省本州(县)人,以务农为业,男三丁,女二口,伙计　人,奴仆男(女)　人,雇工　人。

　　一户汪文发,现年五十岁,系安庆省潜山州(县)人,以务农为业,男一丁,女一口,伙计　人,奴仆男(女)　人,雇工　人。

　　一户黄仁料,现年三十五岁,系安庆省潜山州(县)人,以务农为业,男五丁,女六口,伙计　人,奴仆男(女)　人,雇工　人。

　　一户操国富,现年五十一岁,系安庆省潜山州(县)人,以务农为业,男二丁,女二口,伙计　人,奴仆男(女)　人,雇工　人。

　　一户　,现年　岁,系　省　州(县)人,以　为业,男　丁,女　口,伙计　人,奴仆男(女)　人,雇工　人。①

这是清代祁门县东乡三十一都一图七甲金壁坳村遗存的保甲册,又称"户口环册"。至此,我们列举了承(保)役契约、保甲户牌、十家门牌、保甲册的实例,可大体了解清代主要保甲文书的形制和记载内容。其中,承(保)役契约属于私文书,而保甲户牌、十家门牌、保甲册皆由官府给发,三者均详细登录每户、每牌、每甲(保)的户籍姓名、年龄、职业以及男女丁口等信息。从所举文书来看,户牌是十家门牌编造的依据,十家门牌的汇编又构成了保甲册籍,三者之间密切关联。清代保甲的严密编制,使得政府有效地行使了对基层社会的控制和管理权。

二、都保与保甲

由明及清,我国县以下的官方基层管理组织,大体经历了从普遍编制里甲,到广泛设置保甲的演变过程。其中,保甲于明代已经推行,并于清代进一步推广。那么,明清的保甲,究其源流,与宋元以来的都保有何联系呢?

---

① 王钰欣、周绍泉主编:《徽州千年契约文书(清·民国编)》卷3,石家庄:花山文艺出版社,1991年,第99~109页。按:以上保甲册系刻板竖格填写本,各户的具体内容系墨迹填写,文中用下划线标识。

宋代在县以下的基层社会实行乡里制,乡下设里,里下设都保和保。元代沿宋之旧,所不同的是改里为都,即设置乡、都、都保(村社)等组织。到了明初,国家基于管理户籍和赋役之需要,在全国普遍推行里甲制度,于地方设置了乡、都、里(图)。表6-1以徽州为中心,对其宋、元、明初的乡、都、里设置情况作一考察。

表6-1　宋、元、明初徽州乡、都、里设置情况　　　　　单位:个

朝代 乡都里 县	宋代		元代		明初(洪武二十四年)		
	乡	里	乡	都	乡	都	里(图)
歙县	16	80	16	37	16	37	208
休宁县	11	60	11	60	12	33	160
祁门县	7	23	6	22	6	22	51
婺源县	6	30	6	30	6	40	164
绩溪县	10	26	10	15	7	15	25
黟县	4	20	不详	不详	4	12	24

备注:上表据淳熙《新安志》和弘治《徽州府志》所作。

从表6-1可以看出,元代改宋代乡、里为乡、都,并为明代所沿用。此外,宋、元、明初,除了歙县、绩溪县外,各县乡与都的数目变化不大,这与乡、都设置基本稳定在一定地域区划的基础之上有关。不仅如此,宋元时期,乡里(都)之下所划分的"保",亦日渐演变为一种管理特定区域土地的基层建制。如众所知,早在北宋王安石变法时,即推行过寓兵于农的保甲之法,即以十户为一保,五十户为一大保,五百户为一都保。又,据《宋史》载,其后宋代曾一度改为二十五户为一保,十保(二百五十户)为一都保,分别设保长、都保正和副保正。① 可见,北宋设置的都保本是以区域为基础而编制人户者。但到了南宋绍兴经界后,一都下辖十保的格局基本确定,每保土地以《千字文》为序而编上特定字号,借以加强对土地的管理。由此,都保遂演变为侧重土地区划且地域相对稳定的基层建制。

---

① (元)脱脱等撰:《宋史》卷一七八《志一三一·食货上六·役法下》,北京:中华书局,1985年,第4334页。

明朝建立后,除了设置里甲组织来管理人口赋役外,还推行了鱼鳞图册制度,以加强对土地的管理。因此,在都之下,存在两种建制系统:一为都图,以人户划分为主,属于黄册里甲系统;一为都保,以地域划分为主,属于鱼鳞图册系统。① 可见,宋元以来的都保亦为明代所沿用。都图和都保除了划分性质不同外,二者的区别还具体体现在图和保的数量变化上。明清徽州都图制下的里(图)数目不一,少则两三个,多者十余个,其数量亦处于不断调整之中。如徽州祁门县明初沿袭元代以来的基本建置,设有 6 个乡、22 个都,都之下在洪武二十四年(1391)设立 51 个里(图),至万历元年(1573)合并为 49 个里。② 到了清代,祁门县仍旧为 22 个都,都之下,在万历 49 个里的基础上,分别在八都、十一都、十三都中增加 1 个图,从而发展到 52 个图。③ 再以休宁县为例,明代该县共 33 个都,而都之下的图数亦处于不断地调整之中,从洪武二十四年(1391)的 160 个里(图)发展到清代康熙年间的 221 个里(图)。④ 据《休宁县都图甲全编》载,明代至清初,休宁县所辖图的增损具体过程如表 6-2 所示。⑤

表 6-2　明代至清初休宁县所辖图的增损情况　　　　　　　　　　单位:个

年代	洪武二十四年(1391)	弘治十五年(1502)	嘉靖三十一年(1552)	嘉靖四十一年(1562)	隆庆六年(1572)	万历十年(1582)	万历二十年(1592)	万历三十年(1602)	顺治八年(1651)	康熙三年(1664)
图的增(+)损(-)数	—	+40	+2	+4	+5	+2	+2	+1 后-1	+5 后-1	+2
总计	160	200	202	206	211	213	215	215	219	221

由表 6-2 可见,明清时期,休宁县都下之图增损不断。这一现象的存在,主要是由于都为行政区域,范围相对固定,而里(图)是以人户为中心的赋役编制,随着人户的消长而处于不断调整之中。如万历年间,祁门知县廖希元

---

① 栾成显:《明代黄册研究》,北京:中国社会科学出版社,1998 年,第 293~299 页。
② (明)余士奇修,谢存仁纂:万历《祁门志》卷四《乡市》,万历二十八年(1600)刻本。
③ (清)周溶修、汪韵珊纂:《祁门县志》卷三《舆地志·疆城》,据同治十二年(1873)刻本影印,见《中国地方志集成·安徽府县志集(55)》,南京:江苏古籍出版社,1998 年,第 47 页。
④ 参见万历《休宁县志》卷一《舆地志·方域》;道光《休宁县志》卷一《疆域·隅都》。
⑤ 《休宁县都图甲全编》,抄本,安徽师范大学图书馆藏。

"以城中及一都、七都户口众多,各增一里",可见,图的调整主要是人户增损而致。① 而各都所辖图数不一,与都图编制不许越都拼凑有关:明初编制里甲时,为了强调都的区划的稳定性,"凡编排里长,务不出本都"。因此,一都之内,因人户不一,图数亦相应不同。相对而言,明代实行的都保,基本上沿袭南宋经界以来的旧制,一般每都之下多划分为 10 个保。② 显然,明代都保与宋元以来为经理疆界而设置的都保是一脉相承的。到了明代万历朝清丈以后,里甲黄册和鱼鳞图册的字号已趋于一致,表明属于鱼鳞图册之都保区划逐渐废止,都图和都保遂由分而合。

需要强调的是,明代前期存在的都保区划与明清推行的保甲制,虽均以"保"见称,但二者完全不同。关于都保,先看下列文书。

[文书 1]帖下该都排年、里老使县。今将各人供词粘前,连人帖发前去,仰速照二家,情词并奉府帖文内事理。拘集山邻保长等追出的本,堪(勘)信经理,照依各家四至、山亩多寡阔狭,逐号定立疆界明白……

成化九年三月③

[文书 2]供状人李琼、李璁、李用明,年甲不齐,俱系祁门县十东都民。状供为李齐、李溥告争坟山事。所有本保土名孚溪源,系经理虞字七百二十五号,东边山系李溥安墓父坟。又同号西边系李齐等老坟。二家山界毗连,互相告争,各不合添捏别情,自行含忍,不愿终讼,各照书画定界管业无争,所供是实。

弘治九年七月　日供状邻人保长:李　琼(押)状
　　　　　　　　　　　　　　　　李　璁(押)

---

① (明)余士奇修,谢存仁纂:《祁门县志》卷四《乡市》,万历二十八年(1600)刻本。
② 栾成显:《明代黄册研究》,北京:中国社会科学出版社,1998 年,第 126~127 页。
③ 中国第一历史档案馆、辽宁省档案馆编:《中国明朝档案总汇》第 1 册,桂林:广西师范大学出版社,2001 年,第 47 页。

李用明（押）①

文书 2 中"所有本保土名孚溪源"中涉及的"保"，即与都保设置有关。结合文书 1 中的"拘集山邻保长等追出的本"和文书 2 署押中的"保长"之谓看，明代前期都下辖保，并设有保长。而都保制下的"保长"，与保甲制下的"保长"往往容易混淆。前者主要负责管理与土地有关的事务，诸如鱼鳞图册的管理、土地勘界、吊册验契等。例如，明代嘉靖二十六年（1547），祁门县三四都汪、程、胡、方等姓议立禁伐合同，合同中亦明确规定，倘有山界不明，"许即托乡保知事人勘明埋石之，以杜争端"②；明万历年间，祁门县三四都凌氏因土地"互界理论不明，托凭里保验契"③。这里负责土地勘界和验契的"乡保""里保"中的"保"，均与都保有关，与清代大力推行的保甲之"保"不同。而保甲制下保长的主要职能是治安管理。

三、保役承充

关于明清保甲的实施过程，一般认为，明代初期，保甲制度曾施行过，旋即停止。④ 明代中期迄至有清，随着里甲制的日趋衰落，里甲组织的基层统治职能不断弱化，加上社会动荡的加剧，是保甲由推行到逐渐推广，并最终取代里甲的重要原因。明清徽州的保甲推行亦大体如此。如：

> 立限约仆人陈社魁仝侄陈周发。今因身不合于天启五年二月，将祖母棺木一具，私厝洪主祖坟边旁二载不报，意图侵葬。因事发觉，已另（立）还服罪文约，求主山地安葬祖母。今因目下日期未卜，托中愿立限约，请主眼同保甲长等，将棺木封号暂厝主山，即择吉日

---

① 王钰欣、周绍泉主编：《徽州千年契约文书（宋元明编）》卷 1，石家庄：花山文艺出版社，1991 年，第 274 页。

② 王钰欣、周绍泉主编：《徽州千年契约文书（宋元明编）》卷 2，石家庄：花山文艺出版社，1991 年，第 157 页。

③ 王钰欣、周绍泉主编：《徽州千年契约文书（清·民国编）》卷 11，石家庄：花山文艺出版社，1991 年，第 383～500 页。

④ 栾成显：《明代黄册研究》，北京：中国社会科学出版社，1998 年。

请主到山验葬,不得私行搬移。如擅移不报,即系侵葬是的,听主递官理治无词。今恐无凭,立此限约为照。

天启六年二月二十二日立限约仆人:陈社魁、仝侄:陈周发

中见保长:饶宗仁

甲长:毕天浩

义兄:胡社志、胡社夏①

从以上文书内容可以看出,保甲至迟于明代后期已在徽州推行,并在民间纠纷中发挥着勘验和中证的作用。

清朝建立后,为了安定社会局势,顺治、康熙年间,朝廷均明令地方设置保甲组织。从清代前期的情况看,民间设置保甲的具体做法是:在州县城乡,每十户立一牌头(长),十牌(一百户)立一甲头(长),十甲(一千户)立一保长,牌长任期二年,保长任期一年。"户给印牌,书其姓名丁口,出则注其所往,入则稽其所来",凡保内有"面生可疑之人,非盘诘的确,不许容留",并且,每月末保长均要"出具无事甘结,报官备查,违者罪之"。② 从而,明代中后期至清代前期,地方社会基层组织或沿用里甲,或设置保甲,二者共存构成乡村管理之基本格局。一般认为,到了雍正年间"摊丁入亩"实施后,以催征赋役、勾摄公事、编审黄册为主要职能的里甲组织进一步衰微,相形而言,保甲基本取代了里甲职能,在地方事务中发挥着重要作用。但从相关文书来看,雍正、乾隆年间,徽州的里甲依旧存在。如:

> [文书1]立合墨人李陈茂户丁李四宝、李宪章、李桂喜、陈得先、陈继理、陈继欢等。今因雍正六年七甲现役,以及次年保长,向系李陈两姓照粮计丁,拈阄管月,笃义认充,于兹有年矣。近为丁粮不一,里保两役难续(前)规,致两姓争竞。蒙诸亲友从公劝谕,参差谅力,两姓乐从。

---

① 安徽省博物馆编:《明清徽州社会经济资料丛编》第一集,北京:中国社会科学出版社,1988年,第460页。
② 清高宗敕撰:《清续文献通考》卷二二《职役二》,见王云五编纂:《万有文库》第二集"十通第九种",上海:商务印书馆。

今议白里役,以正月粮务稍宽,存众不计,仍有十一个月,该李姓管四个半月,陈姓管六个半月,凭阄拈定照月督理,不得紊乱……

雍正六年二月　日立合墨人李陈茂户丁:李四宝(等)

见议:李云章、陈大彬、郑永忠

书人:胡维敏①

[文书2]立卖契三都六图一甲起至十甲止,里长程文明、闵永盛、吴应兆、任良德、汪九章、吴尚贤、金尚文、朱文翰、陈天宠等。缘因图内二甲吴一坤户里役,户丁吴国瑞先年原同余尚镇户两下朋充,立有合墨轮流里役,催办钱粮完公……今欲有凭,十里公立杜卖契永远存照。

乾隆二十九年十二月日立卖契一甲:程文明户丁永嘉、天仂

三甲:闵永盛户丁公升

四甲:吴应兆户丁以明

五甲:任良德户丁万荣

六甲:汪九章户丁斗铭

七甲:吴尚贤户丁礼豫、汝瞻

八甲:金尚文户丁西龙

九甲:朱文翰户丁敬三、敬孚

十甲:陈天宠户丁绪五

凭中:吴秀文(等)②

从以上两份文书记载中可以看出,雍正、乾隆年间,徽州里甲犹存,并与保甲一道,构成徽州基层社会的管理组织。至于里甲和保甲的编制区别,已有学者做过专门研究。③ 当然,有清以降,保甲在地方事务中发挥的作用越

---

① 《雍正六年李陈茂户立保役合墨》,南京大学历史系资料室藏。
② 张传玺主编:《中国历代契约会编考释》,北京:北京大学出版社,1995年,第1267页。
③ 栾成显:《明代黄册研究》,北京:中国社会科学出版社,1998年。

来越大。保甲制同里甲制一样,带有地方职役性质。在徽州,保甲之役一般由保内人户共同承充,主要采取轮流充役制。如:

[文书1]立议合同约人三四都六保谢、方、黄、陈、江、胡、叶人等。情因保内保长一事俱系图差(佥)点忠厚懦弱之家充当。是懦弱之辈不谙事理,何能充当,多有误公。奉前任李主晓谕公同举保,必择能干晓事者可以充当。今九门人等商议,各门挨换轮流充当,以免图差任意点佥。倘有不能充当者,即转托能干晓事之人管理。凡有保内路死乞丐,合保公同办理,不得累及保长一人,再有远处逃荒饥民来到保内求食,但保内贫苦甚多,无从给发,是以各姓捐输共四十千文整,生息给发以备不虞。为先充当保长者,恐邻里有口角微嫌,必须照理公言,排解消除弥合,原系保内安居乐业无讼为贵,务宜同心之至。于是立此合文一样九纸,各门各收一纸永远存照。

道光二十九年七月初十日立议合文约人:九姓人等

地保:叶行三①

[文书2]十八都四图立议约合同人吴德嗣、戴才志、范吉振及众姓等。本图地方保甲长,今值事务繁重,难以承充。众等齐集,各姓公同酌议,置有产业及图内居住,公同轮充,均役料理,照管鉴察争竞斗殴。及毋籍匪类,不许容留居住,稽查安辑,宁静地方。此系公务,对神阄定月日,轮者充当。凡遇一应在公及图内事,本人承值,毋得推诿。此本地方臂指相连、同舟共济之意。今恐人心反复无凭,立此合同一样两张各执一张永远存据,此照。

乾隆十九年闰四月　日立合同人:吴德嗣(等)

乡约:叶维美、江源立、钱运宝

---

① 安徽省博物馆编:《明清徽州社会经济资料丛编》第一集,北京:中国社会科学出版社,1988年,第574页。

保长:叶圣宠①

以上文书均为轮充保甲之职、共同管理地方事务而订立的合同契约。从中可见,地方保甲在赈济、治安、纠纷调解等事务中发挥了重要职能。值得一提的是,明清徽州是典型的宗族社会,因此,徽州保甲往往设置于一图之中,由大姓各自设立一保,其仆人或细民小姓则归辖于大姓保甲之下。如乾隆年间,休宁县十二都三图的渠口村汪氏,保内仆姓要求另设保甲,以脱离汪氏控制,汪氏禀告官府表示反对,声称"设立保役原为联络约束,乡村相近,烟户相接,得以稽查奸匪,供办公事。各图乡保俱系大户充当,凡寄居商贾农工以及小姓地仆人等,同在一处者,例归保内管辖,以专责成"。②这里的"大户"系指地方聚居大族。以下文书则更直接地反映了保甲设置与宗族的关系。

  立合同文约石溪康大周同弟侄庄仆人等。为奉县主吴老爷遵奉各宪,票唤加增保甲。事原本都只有保长一名,现年举报甲户,本都只有八排,本族一排。今本族加增三排,共有四排。各排人名俱以眼同拈阄某月为定,轮流挨次经管。凡遇排内有事,共排之人管理,毋得退缩,不得拖累别排之人。仍有数十余灶无名承充甲长,凡遇排内有事,其费用与共屋共排一体出办。又奉县主佥点保长一名族内康大梁,今官中票唤各事俱系大梁承充经管,是以族内眼同公议,日后递年编点其保长换别名,官中票唤各事,亦要承充经理,再恐有命盗之案及无头公事。今众议其费用俱系照灶出办朋贴,不得独累有名出身之人。倘族内有事票唤保甲长,是其股之事,亦系本股自承在官。保长的名早为调理,不得混扯别股或本户公事。另议一人出身,择能言者入官答应。自立合同文约之后,各宜禀遵奉行,如违执约鸣官理治,仍遵此文为准。今欲有凭,立此合同文约一样二纸各收一纸存照。

---

① 《乾隆十九年吴德嗣立保甲合同》,南京大学历史系资料室藏。
② 《清乾隆休宁县状词和批示汇抄》,抄本,安徽省图书馆藏。

>乾隆六年八月初四日立合同约：康大周
>
>> 同弟：康大梁
>>
>> 同侄：康士俊（等）①

这份文书为清乾隆年间祁门县十三都康氏宗族为保甲公事而议立的合同。从该合同中可以看出，乾隆年间增加保甲是以宗族为基础的。其中康氏宗族从一排（牌）增加到四排（牌）。康氏对保甲之役的承值，以族内各排（牌）为单位，排（牌）内之事由各排（牌）人户轮流经管，而对于官府票唤及保长等事，由宗族"照灶出办朋贴"，所谓"照灶出办"的"灶"，显然是一族之下各独立的子户。

徽州基层保甲的管理范围在很多情况下与特定聚居宗族相重叠，因此，徽州一些保甲之役的充任，亦相应地在特定宗族范围内，或以共同经办方式，或以轮流津贴等方式来运作。如光绪年间，歙县程致远堂"因临保长公事"而出卖产业，即属宗族共同经办保役之例。② 关于轮流津贴充役制，如歙县虹梁村程氏，对于"支下轮值公事，俱有津贴定规，即排年保长亦有贴办定例，俱定有日期，司匣支发"。③ 又如：

>立议合同程光裕堂等。今因轮值六甲承役充当现年保长，勾摄催征等事。公议照旧例，本年以三百六十五日零三个时辰，人丁作一股，钱粮二股，派役丁自十六岁起充役，至六十岁者免当，有功名（者）免当，共计五十七丁派役，一百二十一日九个时辰，每丁当二日，一分二厘四毛（毫）四丝钱粮，除甲首、寄庄、众户不算，共计实钱粮五十二两一分五厘，派役二百四十三日六个时辰，粮每两当役四日六分七厘三毛（毫）四丝。其钱粮照依赤历册算。现年之役，自道光二年五月初四日巳时起，至三年五月十四日申时夏至止。其催征

---

① 《祁门十三都康氏文书》，安徽大学徽学研究中心资料室藏。
② 《歙县程氏文书》，安徽大学徽学研究中心资料室藏。
③ 《歙县虹梁村德卿公匣规条》，抄本。

钱粮营卫米自三年正月初一日起,催征比较,周而复始。如有失卯不到,系失卯之人支差补比,不得累及下(手)接管之人。其保长自三年五月十四日申时夏至起,至四年五月二十五日戌时夏至日止,照现年头阄挨至充役。其配定名下之役日期或有情愿托人当者,照旧例贴人充当,每一日里,保长共贴银二钱五分与代充役之人。其催征勾摄等事,俱系代充人料理经管,不得波及本役之人……不得扳扯前役之人。但派定日期不能预知来年月之大小,遇月大则算三十日,月小则算二十九日,挨次接管,不得推辞。其保长或官点得的名有事,仍系值期之人经管,不得推卸。如有不依合同有误,公事者执此呈官理论。恐后无凭,立此合同一样拾纸各执一纸存照。

再批:保长认状推收,其使费系当众支用,其赤历册、保甲册所用使费,除闰(斗)各甲,如少众补。今将各家人丁钱粮派定阄管日期现年催征并保长依合同公议照此挨算,保役日期列后(笔者按:以下详细开列人丁钱粮、派役、承当起止时间,从略)

道光二年岁次壬午五月　日立族长:国芳、国城、天贵、开洲、开宁、开富、基树、德生、基濂、诏勇①

以上文书是一份典型的宗族承值保长的合同,其具体承当方式是将宗族内人丁钱粮折算成股,按股轮流,津贴充役。有些宗族对于所轮保甲之役,还采取津贴专人来承值。如:

立包字人支丁吴爱松。今包到吴世善堂轮流值年保长,三面言定,周年给工俸钱十二千文正。以及官差钱粮抵项,大小差事并一切贼盗案件,命案,是身一并之当,不涉本东之事。如有投保理论大小之事,必须勘息,不能私地讹索,其工俸钱按月支取。恐口无凭,立此包字存照。

光绪十一年十月　日立包字人:吴爱松

---

① 《歙县程氏文书》,安徽大学徽学研究中心资料室藏。

中见人：吴世棣①

这是一份津贴专人充任保长的合同，从中可见，保长职任不但涉及官差应付、治安管理、纠纷调处以及诉讼勘验等，还有催缴钱粮，这表明，在清代后期，保甲组织已基本取代原来里甲的职能。总之，徽州保甲之役的运作主要采取轮流充役制，而拥有族产的宗族或家族，往往通过共同经办、按股按房轮充、津贴专人承役等方式，从而以组织化的形式应对保甲之役。

从上文所举资料可以看出，保甲制下的保长，主要是在官府驱使下，承当着大小差事，如地方治安的监督和管理、民间纠纷和诉讼的调处和勘验等。关于地方治安的监督和管理，先看下例：

> 立甘约朱顺来。自不合仝詹国旺合伙于三月十五夜，盗窃汪玉章布被锡器物件，十六日搜出真赃，鸣知保甲族众，理该鸣官究治。自情知理亏，愿立甘约，日后改过自新，如要仍前不法任纵，执此鸣官究治。恐后无凭，立此甘约存照。
>
> 康熙五十六年三月十六日立甘约：朱顺来（押）
>
> 　　　　　　　凭保长：朱公上（押）
>
> 　　　　　　　　甲长：陈元胜（押）②

从以上文书中可以看出，民间偷盗等治安案件，主要经由"鸣知保甲族众"而在地方范围内得以息处；保甲与地方宗族叠相为用，有效地加强了对民间的控制和管理。

在民间事务和纠纷的调处上，保甲作为基层管理组织发挥着勘验、中证等作用。如顺治八年（1651），柯应芳等人在书立产业出卖合同时，即"鸣请地方保甲、亲邻眼同核验"，保长汪叔一亦作为中证人参与了契约署押。③ 雍正

---

① 田涛等主编：《田藏契约文书粹编》第1册，北京：中华书局，2001年，第135页。
② 《休宁首村朱氏文书》，清抄本，安徽大学徽学研究中心藏。
③ 王钰欣、周绍泉主编：《徽州千年契约文书（清·民国编）》卷1，石家庄：花山文艺出版社，1991年，第35页。

四年(1726),休宁县十九都三图程佐即、程升等因惨遭"回禄"(火灾),致使"契墨无存"而呈官以求保产,休宁县随即下发官票,要求保甲等予以核实,保长程永清等勘验后很快作了回禀。① 嘉庆年间,在歙县十六都程景贤等所立合同中,保长和族长一道作为合同涉及纠纷的调处和中证方参与其中,并作相应署押。② 又如,乾隆四十九年(1784),祁门县三四都凌氏因宗族管首(族务管理人)之家房屋被焚,其负责收贮的宗族契匣亦遭遇火灾,凌氏族人因此而呈官保产,除了凌氏宗族书立呈文外,地方保甲亦出具了一份禀呈,全文如下:

> 具禀保长黄圣云、甲长胡孔玉、地邻黄圣旺、胡伯茂。禀为遵查实覆事。身等三四都保邻内黄家坞口居民凌大俊等,有三间土库楼屋并余屋一间,尽行烧毁,所有契匣农器家伙等物俱焚一光,报鸣身等验明是实。俱焚业契仍有誊契底簿原贮凌振三家,三系另屋居住,幸未烧毁。俊等执出契簿俱与身等看过,其各号山地土名俊等具报,已经开列呈报奉批。身等查覆应遵结覆明,为此叩乞宪天恩赏鉴核上禀。

官府为了慎重起见,又批复"该保邻查明结覆,以凭给帖",地方保甲为此再次出具甘结作为凭证:

> 具还甘结保长黄圣云、甲长胡孔玉、地邻黄圣旺、胡伯茂。今与甘结事实。结得身等保甲邻内有凌大俊等住屋一重并余屋一间,本年二月二十九日被火焚烧,所有契匣农器家伙等物俱焚一空,比投身等验明是实。俊等具报请帖,其山地各契被毁,存有契簿,身等已经看过是实,于中并无捏饰,所具甘结是实。

---

① 《崇祯休宁程氏置产簿》,见王钰欣、周绍泉主编:《徽州千年契约文书(宋元明编)》卷10,石家庄:花山文艺出版社,1991年,第439页。
② 王钰欣、周绍泉主编:《徽州千年契约文书(清·民国编)》卷2,石家庄:花山文艺出版社,1991年,第168页。

甘结批黄圣云结覆候给帖①

凌氏宗族的整个保产活动都是在保长黄圣云、甲长胡孔玉以及相关地邻的勘验、中证下进行的。可见,尤其在清代,保长职任颇广,不但逐步取代了原来里长的职能,而且在"弭盗安民"等事务上发挥了更大的作用,这表明清代对地方的统治进一步加强。

另外,尤其在清代,基层社会还出现以乡村为单位,由官府委任的"地保"。瞿同祖先生认为,地保作为官府在地方的代理人,负有对地方治安的监督和管理、在官方和民间上传下达等作用,并强调地保与保长设置有别。②但从徽州文书来看,"地保"的设置多见于乾隆以后,且"地保"有时亦被称为"保长"。如乾隆年间,在休宁县汪胡二姓的诉讼案卷中有两份相关文书,兹引如下:

[文书1]特授休宁县正堂加五级纪录五次靳,为遵呈印案等。事据监生汪增燮等具禀胡庆等欺主跳梁等情到县,据此除批示外,合行票饬,为此仰该地保将汪增燮等所禀胡庆是否确实,即押胡庆服礼,照旧服役取具遵依,依限送县,以凭核销。该地保毋得需索任延滋事干咎,速速须票。

右仰该地保,准此

乾隆三十一年二月初八日承

[文书2]具覆呈十二都三图保长汪廷,呈为抗牌藐宪,据实粘覆。事缘汪增燮等以遵呈印案,控仆胡庆、胡琪生、胡天元等欺主跳梁一案,奉牌饬役押令服礼,并照旧服役……讵竟横泼藐抗不遵,反将役辱骂,役实莫何。为此,牌实覆伏乞宪天恩鉴上禀。

---

① 《嘉庆祁门凌氏誊契簿》,见周绍泉、王钰欣主编:《徽州千年契约文书(清·民国编)》卷11,石家庄:花山文艺出版社,1991年,第383~500页。

② 瞿同祖:《清代地方政府》,北京:法律出版社,2003年,第7页、第10页。

（二月十六日）①

以上文书1是官府下发给地保的"官票"，这份"官票"于"二月初八日"下发后，地方保甲旋即于"二月十六日"给官府出具了一份禀文（即文书2），从这两份前后关联的文书看，"官票"中的地保和"禀文"中的保长属于名异而实同者，这里的地保是保长的俗称呢？抑或虽二者有别却叠相为用呢？下文将作具体讨论。

第二节　晚清徽州保甲编制与村落社会

在各种类型的保甲文书中，保甲册是详实反映保甲制度实际运用的册簿文书，而保甲册文书鲜有遗存。② 本节拟利用搜集到的《清光绪年间祁门县十五都一图保甲册》（以下简称《祁门县十五都册籍》）、《祁门县二十二都户口环册》（以下简称《祁门县二十二都册籍》）、《清光绪年间绩溪县南乡九都保甲册》（以下简称《绩溪县九都册籍》）三种保甲册③，依据各册籍详细登录的人户信息，并征诸其他文献资料，对清末徽州保甲编制进行考察，进而对保甲推行与村族社会治理诸问题作一考述。

一、所利用保甲册籍介绍

《祁门县十五都册籍》，1册，纵29.5厘米，横21.5厘米，竹纸，刻板竖格填写本，封面以及第一甲第一牌的内容缺失，第三甲第七牌以及第四甲第一牌、第二牌内容残损。册籍每牌前刻填有"十五都一图"以及地名"奇岭"字

---

① 原题《清乾隆休宁县状词和批示汇抄》，抄本，安徽省图书馆藏。
② 上海图书馆藏有《康熙休宁县保甲烟户册》1册，参见栾成显：《康熙休宁县保甲烟户册研究》，载《西南师范大学学报》，2006年第6期。
③ 按：《祁门县二十二都户口环册》，光绪刊本，1册，系安徽省黄山市徽州博物馆陈琪先生收藏，承蒙惠示，谨致谢忱。《清光绪年间祁门县十五都一图保甲册》和《清光绪年间绩溪县南乡九都保甲册》均为安徽师范大学图书馆收藏，参见李琳琦主编：《安徽师范大学馆藏千年徽州契约文书集萃》第5册，芜湖：安徽师范大学出版社，2014年。

样。据同治《祁门县志》载,"奇岭"属祁门县十五都主要村落之一。① 且在册籍末附"孤村独户"记载中,刻印有"祁门县正堂柯为清查孤村独户册籍事"的帖文,"正堂柯"即光绪年间任祁门县令的柯家缪。② 综合来看,该册籍系光绪年间所编祁门县十五都奇岭村的保甲文书。册籍每叶(正反两面)印有同一版式的格式文字,反映一牌十户的户籍信息,各户的具体内容系墨迹填写。兹择录其中一叶文字如下:

【正面】

十五都<u>一</u>图第<u>一</u>甲第<u>三</u>牌小地名<u>奇岭</u>

经董<u>郑均</u>甲长<u>郑瞻云</u>牌长<u>郑兴和</u>地保<u>郑一本</u>

一户<u>郑兴和</u> 现年<u>四十二</u>岁 系 省 州(县)人 以<u>贸易</u>为业 男<u>五</u>丁 女<u>二</u>口 伙计 人 奴仆男(女) 人 雇工 人

一户<u>郑采寿</u> 现年<u>五十五</u>岁 系 省 州(县)人 以<u>驾舟</u>为业 男<u>二</u>丁 女<u>二</u>口 伙计 人 奴仆男(女) 人 雇工 人

一户<u>郑安保</u> 现年<u>五十一</u>岁 系 省 州(县)人 以<u>驾舟</u>为业 男<u>一</u>丁 女<u>二</u>口 伙计 人 奴仆男(女) 人 雇工 人

一户<u>郑等兴</u> 现年<u>六十一</u>岁 系 省 州(县)人 以<u>手艺</u>为业 男<u>一</u>丁 女<u>三</u>口 伙计 人 奴仆男(女) 人 雇工 人

【反面】

一户<u>郑喜女</u> 现年<u>四十一</u>岁 系 省 州(县)人 以<u>贸易</u>为业 男<u>五</u>丁 女<u>三</u>口 伙计 人 奴仆男(女) 人 雇工 人

一户<u>郑兴子</u> 现年<u>四十二</u>岁 系 省 州(县)人 以<u>务农</u>为业 男<u>一</u>丁 女<u>三</u>口 伙计 人 奴仆男(女) 人 雇工 人

一户<u>郑集和</u> 现年<u>四十三</u>岁 系 省 州(县)人 以<u>驾舟</u>为

---

① (清)周溶修,汪韵珊纂:《祁门县志》卷三《舆地志·疆域·都图》,据同治十二年(1873)刻本影印,见《中国地方志集成·安徽府县志辑(55)》,南京:江苏古籍出版社,1998年,第49页。

② 参见祁门县地方志编纂委员办公室编:《祁门县志》卷19《政权·历任职官》,合肥:安徽人民出版社,1990年,第473页。

业　男二丁　女二口　伙计　人　奴仆男（女）　人　雇工　人
　　一户监生郑昌俊　现年四十一岁　系　省　州（县）人　以贸易
为业　男三丁　女二口　伙计　人　奴仆男（女）　人　雇工　人
　　一户郑瞻云　现年三十七岁　系　省　州（县）人　以训蒙为
业　男六丁　女三口　伙计　人　奴仆男（女）　人　雇工　人
　　一户郑接寿　现年五十九岁　系　省　州（县）人　以驾舟为
业　男三丁　女二口　伙计　人　奴仆男（女）　人　雇工　人

揆诸相关记载，十五都位于祁门县南部，在清代下辖三个图，所属的主要村落有奇岭、庐溪、查湾、白桃、罗源、礼屋、曲坞、倒湖等。① 其中，奇岭村隶属十五都一图，聚居的主要为郑氏。据民国《祁门县志·氏族考》载，奇岭郑氏系晋末永嘉年间北方南迁的郑庠之后，"数传至讳筹者，生子六：造、遇、适、运、迪、选。选迁祁西二十一都闪里、营前，为一世祖。选生湾，湾生传，官唐司徒。十六世震一居周凉；震二居奇岭口"。② 可见，奇岭郑氏始迁祖系十六世郑震二，从记载中的前后世系看，其迁居奇岭的时间约在两宋间。再揆诸嘉靖年间程尚宽、戴廷明等修纂的《新安名族志》，该志记载的明代中期徽州郑氏聚居地共10个，其中祁门县仅涉及"奇岭"和"湘源"两地，且谓"湘源"郑氏"系出奇岭"，并列举了宋明期间奇岭郑氏诸多科宦。③ 综合以上考察，郑氏大抵于两宋间始迁奇岭，至明代中期，奇岭郑氏因势力强、影响大，俨然成为徽州郑氏之一重要分支，而被载入《新安名族志》。且郑氏聚居奇岭的状况相沿而下。《祁门县十五都册籍》登载的内容涉及祁门县南乡十五都一图一至六甲的人户信息，凡61牌、564户④。《祁门县十五都册籍》集中体现了以

---

① （清）周溶修，汪韵珊纂：《祁门县志》卷三《舆地志·疆域·都图》，据同治十二年（1873）刻本影印，见《中国地方志集成·安徽府县志辑（55）》，南京：江苏古籍出版社，1998年，第49页。
② （民国）胡光钊修纂：民国《祁门县志·氏族考》，1册，安徽师范大学图书馆藏。
③ （明）戴廷明、程尚宽等撰，朱万曙等点校：《新安名族志》后卷《郑·祁门奇岭》，合肥：黄山书社，2007年，第457～458页。
④ 《祁门县十五都册籍》中共有4个牌的内容残损或缺佚，笔者参酌其上下牌所记户数，残损以及缺佚之牌均按每牌10户计，凡61牌、564户。

郑氏大族为中心的村族共同体的户籍编制,显示出郑氏大族与仆户、寄户、客户、孤村独户以及另户等之间的复杂关系。

《祁门县二十二都册籍》,1册,纵29.5厘米,横21.5厘米,竹纸,刻板竖格填写本,册籍题有"祁门县户口环册"字样,每牌前刻填有"二十二都"以及地名"查源、车坦(潭)、汪村、高塘鸿村"字样。与《祁门县十五都册籍》相同的是,该册籍中亦刻印了光绪年间任祁门县令的柯家缪颁发的编制保甲帖文,全文如下:

> 祁门县正堂柯为给发循环册事。照得现办保甲,按十户立一牌长,十牌立一甲长,十甲立一经董。责成挨户编填,相互稽查,以清盗源。为此,给发循环册,即将保内丁口①、籍贯、执业挨户编填。其册一本存署,一本存经董处。于地保春秋点卯之便,当堂呈换。循去环来,每年皆依此例。如有迁徙、生故、婚嫁、增减等项,由本户随时报明牌长,即于门牌本户之旁添注涂改。并由牌长转报甲长,甲长转报经董,于册内某户之旁添注涂改,毋得舛错,遗漏干咎。须至循环册者。
>
> 光绪五年　月　日
>
> 右给　乡　都　图地保准此

综合《祁门县十五都册籍》和《祁门县二十二都册籍》的记载,可以看出,两种册籍的形制、编填内容以及刻印格式文字基本相同,可见光绪年间任祁门县令的柯家缪当在全县大力推行保甲制度。《祁门县二十二都册籍》每叶(正反两面)亦印有同一版式的格式文字,反映一牌十户的户籍信息,各户的具体内容亦系墨迹填写。兹择录其中一叶文字如下:

【正面】

<u>二十二都一图第二甲第一牌小地名查源</u>

---

① 按:男标丁,女标口。

经董甲长牌长民人王清明地保王以政

一户民人王清明　现年五十八岁　系本省本州(县)人　以务农为业　男五丁　女一口　伙计　人　奴仆男(女)　人　雇工　人

一户民人王冬茂　现年五十六岁　系本省本州(县)人　以务农为业　男二丁　女一口　伙计　人　奴仆男(女)　人　雇工　人

一户民人王寿命　现年三十一岁　系本省本州(县)人　以务农为业　男二丁　女六口　伙计　人　奴仆男(女)　人　雇工　人

一户民人王观次　现年四十二岁　系本省本州(县)人　以务农为业　男三丁　女三口　伙计　人　奴仆男(女)　人　雇工　人

【反面】

一户监生王鹏万　现年四十二岁　系本省本州(县)人　以生理为业　男五丁　女二口　伙计　人　奴仆男(女)　人　雇工　人

一户民人王来旺　现年四岁　系本省本州(县)人　以　为业　男一丁　女二口　伙计　人　奴仆男(女)　人　雇工　人

一户民人王祖武　现年三十六岁　系本省本州(县)人　以务农为业　男四丁　女一口　伙计　人　奴仆男(女)　人　雇工　人

一户民人王伟武　现年三十四岁　系本省本州(县)人　以务农为业　男三丁　女一口　伙计　人　奴仆男(女)　人　雇工　人

一户民人王周顺　现年三十三岁　系本省本州(县)人　以务农为业　男二丁　女五口　伙计　人　奴仆男(女)　人　雇工　人

一户民人王炎茂　现年十四岁　系本省本州(县)人　以贸易为业　男一丁　女一口　伙计　人　奴仆男(女)　人　雇工　人

据同治《祁门县志》记载，祁门县二十二都位于该县西乡，距离县城110～

120 里,由 19 个基础性村落构成①。《祁门县二十二都册籍》中登录的户籍主要为查源、车坦、汪村、高塘鸿村等地,以王姓为主体,涉及 43 牌、384 户。与《祁门县十五都册籍》中大族集中聚居奇岭不同的是,该册籍呈现的是大姓王氏散居查源、车坦、汪村、高塘鸿村等地的状况,以及客民、棚民"小杂居"的村族保甲编制实态。

《绩溪县九都册籍》,1 册,竹纸,刻板竖格填写本。与以上祁门县两种册籍的登载内容和格式大体类似,每叶(正反两面)亦印有同一版式的格式文字,反映一牌十户的户籍信息,各户的具体内容亦系墨迹填写。兹择录其中一叶文字如下:

【正面】

南乡九都第一甲第一牌小地名洪上塘距城五里

经董程烈甲长程士登牌长程定全地保

一户程定全　现年七十三岁　系　省　州县人　于　年迁居
以农为业　男三丁　女一口　奴仆男女　人　工伙男女　人
住屋　间

一户程士登　现年六十四岁　系　省　州县人　于　年迁居
以农为业　男三丁　女三口　奴仆男女　人　工伙男女　人
住屋　间

一户程福寿　现年三十九岁　系　省　州县人　于　年迁居
以商为业　男四丁　女三口　奴仆男女　人　工伙男女　人
住屋　间

一户程正寿　现年三十三岁　系　省　州县人　于　年迁居
以商为业　男二丁　女一口　奴仆男女　人　工伙男女　人

---

① 所涉村落名称有:鸿村(溪)、查源、李源、许村、南门、新田、新田西村、上汪、下汪、叶源、长滩、赵家村、金村口、金村、詹家坞、汪村、车坦、新安洲、良禾口。(清)周溶修,汪韵珊纂:《祁门县志》卷三《舆地志・疆域・都图》,据同治十二年(1873)刻本影印,见《中国地方志集成・安徽府县志辑(55)》,南京:江苏古籍出版社,1998 年。

住屋　　间

【反面】

　　一户程双怀　现年三十七岁　系　省　州县人　于　年迁居以商为业　男一丁　女一口　奴仆男女　人　工伙男女　人住屋　间

　　一户程宝顺全家外出　现年四十五岁　系　省　州县人于　年迁居　以商为业　男二丁　女　口　奴仆男女　人　工伙男女　人　住屋　间

　　一户程富顺　现年四十一岁　系　省　州县人　于　年迁居以商为业　男一丁　女一口　奴仆男女　人　工伙男女　人住屋　间

　　一户程定良　现年五十三岁　系　省　州县人　于　年迁居以商为业　男二丁　女四口　奴仆男女　人　工伙男女　人住屋　间

　　一户程昭宙　现年十六岁　系　省　州县人　于　年迁居以商为业　男一丁　女一口　奴仆男女　人　工伙男女　人　住屋　间

　　一户程瑞桂　现年三十九岁　系　省　州县人　于　年迁居以工为业　男二丁　女三口　奴仆男女　人　工伙男女　人住屋　间

　　乡　都第　甲第　牌具互保切结人实结得身等均系安分良民，情愿互相稽查结保，倘有一家为匪不法及窝藏盗贼，定即公同出首，不敢容隐，所具互保切结是实。

与祁门县两种册籍比较还可以看出，《绩溪县九都册籍》记载的内容略有不同：一是册籍中缝均刻印有"绩溪县保甲册"字样，每牌牌尾刻印有官府要求保甲"互相稽查结保"的文字，每户登载事项另有"住屋（若干）间"；二是屡见户主旁"添注涂改"字样，"添注涂改"内容涉及"出外""全家外出""去世"

"去世无传"等。且册首官府帖文与祁门县两种册籍帖文内容尽管类似,但仍有差异,帖文如下:

> □□□□□□发循环册,事照得现办(保甲,按十户立一牌长,十牌立一甲长),十甲立一经董,责成挨户编填,互相稽查,结□□□□□□。为此给发循环册,即将保内丁口、籍贯、执业挨户编填,各户现种田地据实注明,不得稍涉含混。其册一本存署,一本存经董处,于地保春秋点卯之便,当堂呈换,循去环来,每年皆依此例。如有迁徙、生故、婚嫁、增减等项,由本户随时报明牌甲长,于牌册内旁添注涂改,毋得舛错,遗漏干咎,须至循环册者。
>
> 光绪　　年　　月　　日具①

可见,绩溪县册籍亦系光绪年间编制保甲形成的册籍,册籍帖文有"各户现种田地据实注明,不得稍涉含混"字样,但册籍登记并未见此项内容。另外,册籍每牌前的都图标识有"乡"而未见"图"的字样,如每牌前刻填有"南乡九都×甲×牌",未标识所属的图。揆诸道光《徽州府志》和嘉庆《绩溪县志》,绩溪县九都仅辖1个图,拥有村落31个。② 本册籍涉及其中的"洪上塘""杨元坦""十里牌""曹渡桥""华阳镇""横路头""何家田干""脚山底""油村""灵山下"等15个村落,以及程、方、章、何、陈等众多姓氏,共编制63牌、602户。册籍呈现的是毗邻县城,以多姓大杂居为主,兼以单姓小聚居的村族保甲编制样态。

以上所述三种保甲册登录每户信息颇为详实。需要提及的是,与保甲册登载的每户、每牌内容相对应的是,每户还给发一家户牌,十户构成一牌亦拥有十家门牌,户牌、门牌要求悬挂于相应的各户及牌长户门首,以示稽查。显

---

① 帖文有残缺,残缺内容或以"□"标识,或根据上下文于括号中补充。
② 31个村落名称为:孔灵、高村、王庄、草坦、霞间、乳溪口、犟岭下、潭石头、朗坑、洪上塘、外王桥、黄毛坦、十里牌、横路头、马家坞、九里坑、杨园坦、脚山底、七里降、溪西、横坞、油村、溪塔、大塘、何家田干(绩溪保甲册作"圩")、刘家门前、古塘、前坦、华阳镇、灵山下、王里村。参见道光《徽州府志》卷二《舆地志·都图》;嘉庆《绩溪县志》卷一《村都》。

然,保甲册与一家户牌、十家门牌的内容密切关联。在遗存的徽州文书中,一家户牌、十家门牌颇有遗存,而保甲册文书则并不多见。从上述资料可见,册籍反映出的保甲编制、族际关系、人口家庭、户籍职业等方面信息颇为详实,不但可以印证相关文献的记载,而且其所登录的内容更是一般文献记载中难以见到的,这为地方社会乃至村落社会史研究提供了宝贵素材。

需要强调的是,清代推行保甲要求按照十进制予以编制,即十户立牌,十牌成甲,十甲为保。十进制的编制原则在清末徽州当得以实施,这从上述三种册籍所载的地方县令为编制保甲而颁发的帖文中可以看出,帖文明确强调"现编保甲,十家立一牌长,十牌立一甲长,十甲立一经董"。三种簿册除少量残损和缺佚外,其遗存形态较为完整,而其所载内容却均未呈现一保十甲的完整记载,多者亦仅涉6个甲计63牌。究其原因,笔者认为,册籍内容的不完整性当与特定村族人为选择保存有关,即册籍内容的取舍不以一保十甲的完整性为拘,而以反映相对独立的村族户籍信息为准。这从三种册籍所载的牌、甲与村族之间较为密切的对应关系亦大略可以看出。如《祁门县十五都册籍》主要涉及的户籍以奇岭村为中心,兼及周围散居村落,其户口有数千之众,涉及范围亦相对较广,既有聚居奇岭的郑氏大族,又有隶属郑氏或与郑氏密切关联的众多仆户、寄户、客户、孤村独户以及另户。以奇岭村为中心的村落共同体的空间分布具有相关性和相对独立性,从而被编制为一图辖六甲,且以相对完整而独立的文本形态保存至今。这种经过人为取舍的保甲册籍形态在徽州文书中还可以找到例证,如《(光绪祁门县)东乡十一都一图七甲金壁坳户口环册》[①],其遗存仅寥寥数页,然所载内容是一个相对独立的村落户籍信息,即册籍标注的"金壁坳村",并有"共编四牌共三十六户"字样,显然,该册籍系"金壁坳"一村所属的三十六户因保甲编制而人为选择保存的保甲册。

揆诸目前遗存的相关文书,编制保甲形成的册籍除称"保甲册"外,还有

---

① 王钰欣、周绍泉主编:《徽州千年契约文书(清·民国编)》卷3,石家庄:花山文艺出版社,1991年,第99～109页。

"保甲烟户册""户口循环册""户口循册""户口环册"等之谓。所谓"烟户"系指特定区域无分高下贵贱、无论本贯客居的"诸色人户",有别于明代至清初黄册以及编审册中与赋役相关联的赋役丁户。① 所谓"循环册",是指经由官府给发格式册籍,由保甲职役"责成挨户编填",每年如有"迁徙、生故、婚嫁、增减等项,于册内某户之旁添注涂改"。这种即时更改的内容上达后,无疑成为保甲册不断更新的依据。如《绩溪县九都册籍》中屡见户主姓名旁注"全家外出""去世无传"字样以及因户主更新而涂改姓名等,大体尚见清末光绪年间户口循环编制的痕迹。即时更改的册籍与给发新籍之间,上下置换,定期更新,"循去环来",故有"户口循环册""户口循册""户口环册"等之称。②

二、保甲编制

如上所述,《祁门县十五都册籍》原本载有祁门县十五都一图一至六甲的全部人户信息,凡 61 牌,计 564 户;《祁门县二十二都册籍》涉及 43 牌、384 户;《绩溪县九都册籍》共计 63 牌、602 户。依据三种保甲册的记载,大体可以看出清末徽州保甲编制的具体做法,主要体现在以下几个方面。

第一,依据户籍属性,分类编制。关于清代保甲编制,据《清会典》记载:"正天下之户籍,凡各省诸色人户,有司察其数而岁报于部。"③即保甲编制针对的是全体人户,遵循"诸色人户,一体登记"之原则。综合三种册籍来看,所谓"诸色人户",包括本贯户籍(又称为"主户")、世仆庄户、在地寄户、客户、孤村独户、棚户、另户等类型。在诸类户籍中,以本贯户籍、世仆庄户、在地寄户数量居多,且住居相对集中,而被视为良民予以编制。在上述三种保甲册中,这种"良民册"构成册籍的主体内容,登录格式大体相似。除了良民户籍之

---

① 在目前遗存的文书中,尚见清初康熙年间所编册籍称为"保甲烟户册",如《康熙休宁县保甲烟户册》,1 册,上海图书馆藏,另见栾成显:《康熙休宁县保甲烟户册研究》,载《西南师范大学学报》,2006 年第 6 期。

② "祁门县正堂柯为给发循环册谕示",见《清光绪年间祁门县二十二都户口环册》。

③ (清)昆冈等修,吴树梅等纂:《钦定大清会典》卷一七《户部·尚书侍郎职掌五》,见《续修四库全书·史部·政书类》第 794 册,上海:上海古籍出版社,2002 年,第 162 页。

外,在清代徽州,特殊户籍主要包括"孤村独户""客户""棚民户""另户"等,并在管理和登记上予以区别对待,控制亦更为严格。特殊户籍在三种保甲册中均有记载,或有县令为编制这些户籍而颁发的帖文。从记载上看,"孤村独户"多系"不与民居毗连,相离村镇窎远"的外来人户,主要从事庵观、庙院、砖窑、灰窑、炭棚、木棚等业。《祁门县十五都册籍》共涉孤村独户4户,均系"庵观""庙院"主持者。"客户"系因从业需要而暂居的临时户籍,在《祁门县十五都册籍》中共涉4户,均为来自江西湖口的匠户。关于"棚民户",在清代,大量棚民进入徽州山区,垦殖山林。据记载,迨及嘉庆年间,徽州棚民凡1563棚(座),丁口达8681人。① 因此,将外来的棚民户作为专门性户籍类型,其编制构成清代徽州保甲册之一重要方面。需要提及的是,较早迁入徽州的棚民,因具有"亦寄亦居"的特点而被视为"寄户"登载,这在《祁门县十五都册籍》中即有所体现。另外,在《祁门县二十二都册籍》中,明确登记为"棚民"者计3户,均来自安庆潜山、怀宁等县。至于"另户",在《祁门县二十二都册籍》中有管理规定的详细记载:

> 兹将牌甲内一家为九家所不联者,开明曾犯何款,编作另户,另给门牌,交地保就近管束。俟其改过自新,方准取结入甲。如并无过犯,各该户不得故意留难抑勒。

该册籍涉及另户1户,即"王和塪(缸)"户。显然,"另户"主要指游惰、惯盗、匪犯等素行不法之人户。② 由于"各居民不屑为伍,即行摘出,别立一册",这种册籍被称作"另户册""弃民簿"等,有别于保甲所编制的良民"烟户册"③。在清代,"另户"多由各地地保收管,"凡差使往来,罚充供役,该地但

---

① (清)马步蟾修,夏銮纂:《徽州府志》卷四之二《营建志·水利·附·道宪杨懋恬查禁棚民案稿》,据清道光七年(1827)刊本影印,见《中国方志丛书·华中地方》第二三五号,台北:成文出版社有限公司,1975年,第325页。
② 关于另户,参见拙作:《清代基层社会的地保》,载《中国农史》,2009年第2期。
③ 据清代叶世倬云,"另户"源于明代王阳明所倡导的"弃旧图新簿"。(清)叶世倬:《为编审保甲示》,见(清)徐栋辑,张霞云校点:《保甲书》卷二《成规上》,芜湖:安徽师范大学出版社,2012年,第20页。

有失事,即于此辈根求"。并且,地保定期"将该户等有无改悔情事,赍册送县,以凭稽察示惩"。"如实系改悔",经保结方准入甲为良①。上述的"孤村独户""客户""棚户""另户"等,不但需要本贯人户"出具保结",且"另给门牌",这些户籍中缝均印有"孤村独户册""棚民册""另户册"字样,一般要求"汇订该地方所编户口册后",在保甲册中独立成编。

不同属性的户籍是如何编制的呢?兹以《祁门县十五都册籍》为例作详细分析,具体编制情况如表6-3所示。

表6-3 户籍属性与保甲编户表

	主户	户数	世仆庄户	户数	寄户	户数	客户/孤村独户/另户
第一甲	第一到十牌	100户	—	—	—	—	—
第二甲	第一到十牌	92户	—	—	—	—	—
第三甲	第一到七牌	70户	第八牌	10户	—	—	第九牌,计10户
第四甲	第一到十一牌	110户	—	—	—	—	—
第五甲	第一到四牌	40户	第九到十牌	17户	第五到八牌	33户	—
第六甲	—	—	第二到十一牌	77户	第一牌	5户	—
总计	42牌	412户	13牌	104户	5牌	38户	1牌,10户

表6-3中的"主户"全部姓郑,明显系世居奇岭村的大族郑氏户籍,共42牌,计412户。关于"世仆庄户",册籍中均明确标注有"仆户、世服郑役"兼及"务农、守墓、守仓、守祠"等字样,乃隶属郑氏的庄仆人户,共13牌,计104户,涉及余、姚、郑、黄、蒋、汪、吴、李、徐、张、程、胡、王、孙、逯、江等姓氏,尤以余、姚、郑、黄等姓居多,居住在"祠庄、巴公滩、汪氏墓庄、蓝溪、小岭、龙井、郑克常庄、岭背源、郑安信庄、姚家、郑英才庄、黄家、郑知足庄、椑树坑、茅屋里、郑氏庄、夆头源、查家坞、郑良域庄"等地。这些小地名当属以奇岭村为中心的周遭仆姓散居地之称。"寄户"凡5牌,计38户,亦系杂姓,以郑、陈、洪、叶等姓为主,应系移徙当地的小姓,主要居住在"西尢"以及"蓝溪""小岭"两地。

需要特别强调的是,"客户、孤村独户、另户"共计10户,被集中编制于第三甲第九牌中。其中,"客户"共5户,从事桶匠、砖匠等职业,显然是因从业

---

① (清)王凤生:《保甲事宜》《弭盗条约》,见(清)徐栋辑,张霞云校点:《保甲书》卷二《成规上》《成规下》,芜湖:安徽师范大学出版社,2012年,第25页、第59页。

需要而暂居奇岭附近的临时户籍。"孤村独户"共4户,关于其编制,册籍中载有当时祁门县令柯家缪为此颁发的专门帖文,全文如下:

> 祁门县正堂柯为清查孤村独户册籍事。查有庵观、庙院、砖窑、灰窑、炭棚、木棚以及孤村独户不与民居毗连,相离村镇窎远,不能编入十家总牌。自应由地保查明报明经董,另给门牌取具。不敢为匪不法及窝藏盗贼,愿甘治罪,切结并令央人出具保结,以备查察,须至册者。

可见,"孤村独户"多系入徙祁门县的外籍人口,他们"不与民居毗连,相离村镇窎远",在保甲编制中被区别对待,不但"另给门牌",而且需要"央人出具保结"。如《祁门县十五都册籍》所载的袁积善,系安徽怀宁县人,以主持闻梅庵、务农为业,被编为"孤村独户",并由当地人郑志样、郑志炉予以担保。

至于"另户",上文有所介绍,本册籍中载有"另户1户"的字样,然具体户籍内容缺失,难究其详。

对于以上不同户籍,册籍依据其族群等属性而分类编制甲、牌。人户居多的大族郑氏独立成甲,如第一甲至第五甲均以郑姓为主体而设置,拥有百余户的世仆庄户拥有一个独立的第六甲;人户较少者则独立成牌,如寄户,共38户,被编为5个牌,客户、孤村独户和另户共计10户,被集中编为1个牌。

第二,一都之下,借助既有"图"的区划,以"图"代保。本节所涉徽州三种保甲册中,刻印的格式文字均涉"×都×图×甲×牌"字样,"×"内容涉及都、图、甲、牌的具体序数,系墨迹填写,并未出现"保"的名称。显然,清末徽州的保甲编制,在一都之下,实际采取的是"以图统甲,以甲辖牌"的"图甲制"。关于"图甲",本由明代以来的里甲演化而来。由明至清,随着里甲黄册制度的衰落,赋役征收制度因时变革,对里甲组织的整顿不断进行。特别在清代前期,为了配合钱粮的滚单催征,整顿里甲组织之一重要措施是各地先后实施的顺庄法。随着顺庄法的实施,"图"经过"活图法"的改制,加上康雍乾时期一系列赋役制度改革,图的区划已经彻底打破原来里甲"弱村庄,重编户"的理想模式。一图之下,以自然村落为基础的社会组织形式的地位上升,图日益演化为特定区域村落联合体和赋役共同体性质的区划单位①。本节引用的三种册籍分别涉及祁门县十五都和二十二都、绩溪县九都。而据清代方志记载,这三都拥有的图数和具体村落情况为:祁门县十五都下辖 3 个图,拥有主要村落 8 个②;祁门县二十二都下辖 2 个图,拥有村落 19 个③;绩溪县九都下辖 3 个图,拥有村落 31 个④。可见,在清代徽州,"图"是以村落共同体为对象而设置的相对独立的基层乡治单位,成为"结构性集团"性质的实体。对此,学界颇有考察⑤。清代现行的保甲制与既有的图甲制均具有管理户籍的功能,在图甲向保甲嬗递的过程中,不少区域在原有图甲的基础上加以整顿,借助图甲体制推行保甲,从而寓保甲于自然村落之中。这种以"图甲"代"保甲"的现象,尤其在清代南方不少区域颇为普遍,徽州亦是如此。在大量徽州地方文献中可见,清代徽州"图甲"的"图"既具有原来赋税性质的村落共同体特征,又兼具保甲体制下一保之范围,负责一图事务的管理者称"经董"(或称"图董")。在"图甲"框架下,保甲的实质性运作则具体体现于甲和牌的编制上。

第三,一图之下,以村族聚居为中心,灵活编制甲、牌,即所谓"通县民图

---

① 参见拙作:《清代基层社会的地保》,载《中国农史》,2009 年第 2 期。
② (清)周溶修,汪韵珊纂:《祁门县志》卷三《舆地志·疆域·都图》,据清同治十二年(1873)刻本影印,见《中国地方志集成·安徽府县志辑(55)》,南京:江苏古籍出版社,1998 年,第 49 页。
③ (清)周溶修,汪韵珊纂:《祁门县志》卷三《舆地志·疆域·都图》,据清同治十二年(1873)刻本影印,见《中国地方志集成·安徽府县志辑(55)》,南京:江苏古籍出版社,1998 年,第 50 页。
④ 可参见:(清)较陈锡修,章瑞钟等纂:《绩溪县志》卷一《方舆志·都》,清乾隆二十一年(1756)刻本;(清)清恺修,席存泰纂:《绩溪县志》卷一《舆地志·村都》,据嘉庆十五年(1810)刻本影印,见《中国地方志集成·安徽府县志辑(54)》,南京:江苏古籍出版社,1998 年,第 361~363 页。
⑤ [日]森田明:《清代水利与区域社会》,雷国山译,济南:山东画报出版社,2008 年,第 289~351 页。

拆散甲分,查照烟户住址,编为庄村"①。从所据资料看,甲和牌的编制既以十户立牌、十牌立甲为基本要求,又并非以十进制为拘。先看甲的设置,三种册籍所载较为完整的甲共有 14 个②,其中,拥有 10 个牌的甲仅为 4 个,另有 4 个为每甲 9 个牌,另外 6 个为每甲 11 个牌。从记载中的村落与设甲关系看,举凡一甲未按 10 个牌的标准编制的,均与确保特定村落能完整地隶属一甲,不致使"畸零人户"跨甲编制有关,这种灵活的设置体现出以人户的自然分布为基础的编甲原则。至于牌,按照村族聚居,比邻成编,其编制适应自然聚落,更为灵活,因此,在聚族而居的徽州,每牌所拥有的户数,以 10 户为多见。然而,在三种册籍中,尚有不少牌的户数不足 10 户,少者每牌仅 2 户。从记载中不难看出,不足 10 户的牌,或系一村编制户数所余,使得"畸零人户"独立成牌,确保人户聚落完整归甲;或拥有一个独立的小地名,明显呈现出兼顾散居人户而灵活编牌的原则,达到"诸色人户,一体登记"的控制效果。

第四,遴选专人,自我管理。在以图统甲、以甲辖牌的编制框架下,每图设"图董(经董)""地保",每甲、牌设"甲长""牌长"。

依据记载可见,在保甲管理中,以图为单位设置地保 1 名。《祁门县十五都册籍》中载有地保郑一本,《祁门县二十二都册籍》所载地保为王以正,《绩溪县九都册籍》涉及地保胡光义,地保户籍不隶属该图。除了地保不从本图遴选外,图董(经董)、甲长、牌长均从本图产生。

首先,关于经董,如《祁门县十五都册籍》中所涉十五都一图经董为郑钧,系廪生,隶属奇岭村大族郑氏,登记为第一甲第三牌户籍;《祁门县二十二都册籍》中所涉二十二都一图经董为王觐光,系生员,隶属高塘大族王氏,登记为第九甲第一牌户籍;《绩溪县九都册籍》中提及的经董程烈,因资料残损,未见具体记载。从一个侧面可以看出,充任经董者以读书习儒的乡绅为主体。

---

① (清)宗源瀚等修,周学濬等纂:《湖州府志》卷四《疆域表·乡都区庄·国朝》,据同治十三年(1874)刊本影印,见《中国方志丛书·华中地方》第五四号,台北:成文出版社有限公司,1970 年,第 53 页。

② 按:三本册籍因人为选择保存,加上部分残损,登载户籍完整的甲共 14 个。

其次,关于甲长,依据明确记载,其身份以"生员"为多见,职业以"士儒""训蒙"为最佳选择,这在《祁门县十五都册籍》中最为明显,如表 6-4 所示。

表 6-4 《祁门县十五都册籍》所载甲长情况一览

甲序	甲长	身份	执业	甲长户籍所在的甲、牌
第一甲	郑瞻云	生员	训蒙	第一甲第二牌
第二甲	郑钊	生员	训蒙	第二甲第四牌
第三甲	郑抡元	生员	不明	第三甲第七牌
第四甲	郑培滋	生员	训蒙	第四甲第七牌
第五甲	郑煌	生员	训蒙	第五甲第四牌
第六甲	郑国桢	监生	贸易	第一甲第八牌

可见,第一甲至第五甲因系大族郑氏为主体,甲长人选均出自本甲,身份以生员、监生为主,所从事的职业主要是训蒙。需要特别强调的是,由世仆庄户、寄户、客户等所编的甲,甲长的选择存在两种情形:一是独立设甲者,甲长由大族人户充任,实现跨甲带管,如第六甲虽均系世仆庄户和客户,而甲长郑国桢的户籍却隶属于第一甲;二是直接将这些户籍编入大族之甲,于甲下设置若干牌藉以带管,如郑氏所在的第三甲中第一牌至第七牌为郑姓,而第八牌则带管客户,第九牌带管仆户,第五甲中第五牌至第八牌为带管的客户,第九牌至第十牌亦带管仆户。这种以大族带管仆姓和细民的现象绝非偶然,究其原因,在聚族而居的徽州,庄仆制度由来已久,顽固存在。明清时期,徽州仆姓以及外来移民多受大族控制,不但在经济上和人身上与大姓有严格的隶属关系,而且在基层组织的设置和管理上,一般亦被带管于大族之下。具体到清代徽州保甲设置而言,往往由大姓各自设立一图(保),隶属大姓的仆户以及寄户和客籍小姓则归辖于大姓图(保)甲之下。如乾隆年间,休宁县十二都三图的渠口村汪氏,保内仆姓要求另设保甲,以脱离汪氏控制。为此,大族汪氏禀告官府表示反对,声称"设立保役原为联络约束,乡村相近,烟户相接,得以稽查奸匪,供办公事。各图乡保俱系大户充当,凡寄居商贾农工以及小姓地仆人等,同在一处者,例归保内管辖,以专责成"①。可见,仆户和小姓几

---

① 《清乾隆休宁县状词和批示汇抄》,抄本,安徽省图书馆藏。

乎无权参与地方事务，甚至被剥夺了缴纳皇粮国税和参加科举的权利。所谓"地产丁粮，必寄居主户完纳。子孙读书，不许与考应试"。①

再次，关于牌长，尽管其职业和身份多种多样，士农工商皆有，然册籍记载中亦体现出择优遴选的一面。如《祁门县二十二都册籍》中所载 43 个牌，牌长身份分别为：民人 18 人，监生 13 人，乡宾、生员、贡生、职员凡 7 人，武生 5 人，如表 6-5 所示。

表 6-5 《祁门县二十二都册籍》所载牌长情况一览②

图/甲/牌	牌长身份	执业	图/甲/牌	牌长身份	执业
一/二/一	民人	务农	二/三/三	乡宾	训蒙
一/二/二	监生	生理	二/四/一	武生	生理
一/二/三	职员	生理	二/四/二	武生	生理
一/二/四	监生	生理	二/四/三	监生	生理
二/九/一	监生	生理	二/四/四	武生	未注
二/九/二	民人	务农	二/四/五	监生	未注
二/九/三	监生	生理	二/四/六	民人	经理
二/九/四	民人	务农	二/四/七	民人	务农
二/一/一	武生	生理	二/四/八	民人	未注
二/一/二	民人	务农	二/四/九	民人	未注
一/九/一	职员	贸易	二/四/十	民人	务农
一/九/二	监生	生理	二/八/一	贡生	生理
一/九/三	监生	生理	二/八/二	生员	业儒
一/九/四	贡生	生理	二/八/三	乡宾	未注
一/九/五	监生	生理	二/八/四	监生	经商
一/九/六	民人	务工	二/八/五	监生	未注
一/九/七	武生	生理	二/八/六	民人	生理
一/九/八	民人	务农	二/八/七	民人	务农
一/九/九	民人	务农	二/八/八	民人	务农
二/三/一	监生	生理	二/八/九	民人	务农
二/三/二	监生	生理			

再看《祁门县十五都册籍》所载 61 个牌，如表 6-6 所示：

---

① 《乾隆三十年汪胡互控案》，写本 1 册，安徽省图书馆藏。
② 《祁门县二十二都册籍》载有 43 个牌，因有 2 个牌未注明"图/甲/牌"，牌长系民人，表中未作统计。另外，为了尊重原文，表中"图甲牌"顺序按原文献记载顺序录入，未作调整。

表 6-6 《祁门县十五都册籍》所载牌长情况一览

甲/牌	牌长及身份、执业	甲/牌	牌长及身份、执业
一/一	缺佚	一/六	郑水吉,以扇业为业
一/二	郑正一,监生,以贸易为业	一/七	郑坤厚,以扇业为业
一/三	郑兴和,以贸易为业	一/八	郑显铎,监生,以店业为业
一/四	郑登明,从九,以贸易为业	一/九	郑鸿业,生员,以训蒙为业
一/五	郑宗良,以医术为业	一/十	郑显升,监生,以贸易为业
二/一	郑云镰,武生,以店业为生	二/六	郑水和,以贸易为业
二/二	郑绳武,从九,以店业为生	二/七	郑进枝,以江右生理为业
二/三	郑圻,从九,以贸易为业	二/八	郑国泰,武生,以贸易为业
二/四	郑云程,生员,以训蒙为业	二/九	郑顺意,以驾舟为业
二/五	郑彪,武生,以贸易为业	二/十	郑士才,未注职业
三/一	郑炽昌,监生,以医术为业	三/六	郑永昌,贡生,以店业为业
三/二	郑显钺,生员,以训蒙为业	三/七	郑廷柱,监生,职业不明
三/三	郑实业,监生,以贸易为业	三/八	程国义,庄仆,世服郑役,务农
三/四	郑仙意,以手艺为业	三/九	沈朝赞,江西人,以砖匠为业
三/五	郑殿金,生员,以训蒙为业		
四/一	缺佚	四/七	郑之茂,监生,以贸易为业
四/二	缺佚	四/八	郑金泰,以手艺为业
四/三	郑树五,监生,以贸易为业	四/九	郑春茂,以手艺为业
四/四	郑神祥,以手艺为业	四/十	郑全源,从九,以手艺为业
四/五	郑济民,从九,以手艺为业	四/十一	郑起森,监生,以训蒙为业
四/六	郑正起,以手艺为业		
五/一	郑允昌,监生,以贸易为业	五/六	陈柱林,以务农为业
五/二	郑绍津,以手艺为业	五/七	叶丙南,以务农为业
五/三	郑起敬,以贸易为业	五/八	洪时习,以务农为业
五/四	郑小庚,以务农为业	五/九	孙志凤,庄仆,世服郑役,务农
五/五	郑社福,未注职业	五/十	蒋先志,庄仆,世守郑墓,务农
六/一	胡光生,以手艺为业	六/七	黄天起,庄仆,世守郑墓,训蒙
六/二	郑连顺,庄仆,世守郑墓、务农	六/八	余神意,庄仆,世服郑役,务农
六/三	郑夏九,庄仆,世守郑墓,务农	六/九	余神丁,庄仆,世服郑役,务农
六/四	姚成林,庄仆,世服郑役,守墓	六/十	徐光松,庄仆,世服郑役,务农
六/五	姚接富,庄仆,世服郑役,务农	六/十一	余起富,庄仆,世服郑役,务农
六/六	黄记盛,庄仆,世守郑墓,训蒙		

由表 6-6 可见,无论是主户,抑或是仆户、寄户、客户等,其牌长一律从各

牌人户中产生,且均登记为每牌的第一户。牌长职业多种多样,其中,以从事贸易、手工业者居多。

综上,三种保甲册所反映的村族聚落形态各具特色:或以大族聚落为中心,兼及周遭散居村落;或以大姓散居村族为主体,兼顾外来人户的"小杂居";抑或在多姓大杂居范围中,体现单姓小聚居。为了适应这种既有的乡治体系和聚落实际的复杂性,清末徽州推行保甲采取的措施是:一都之下分若干图,一图之内涵盖特定的村落共同体;一图之下为甲,一甲之下为牌,这样既确保一甲之下聚居村族的完整性,又兼顾一牌之下畸零户籍和散居人户的独立性。通过"图甲"体系的灵活编制,从而达到控制全体人户的目的。在保甲管理上,于一图之中选择总揽全图事务的经董,并设置地保驻乡管理。而甲长、牌长一般从本甲、本牌人户中择优遴选,带管之甲的甲长则由大族之人跨甲担任。图董(经董)、甲长、牌长多择选从事举业、训蒙、贸易等贤能之人充任。通过严密编户、选贤任能,来使其体制充分发挥"以乡人治乡事"之效,加强对基层社会的管理和控制。

三、《保甲册》反映的人口、家庭及职业信息

清代保甲册登记的户籍系全体人户,每户记载内容涉及户主姓名、身份、籍贯、年岁、执业以及男丁女口等信息,为我们从微观层面考察特定村族人口、家庭以及职业等详细情况提供了难得的史料。以下依据三种册籍进行了一系列统计,对此作一考察。

首先,关于人口情况,先看表6-7:

表6-7 三种保甲册所载人口人户情况

册籍	牌数	户数	人口总数	男	女	户均人口数
《祁门县十五都册籍》	55	513	2329	1226	1103	4.54
《祁门县二十二都册籍》	43	384	1667	924	743	4.34
《绩溪县九都册籍》	65	593	2349	1207	1142	3.96
合计	163	1490	6345	3357	2988	4.26

表6-7系笔者依据三本册籍的记载对人口情况所作的统计,所涉总人口6345人,其中男性3357人、女性2998人,男女比例约为1.12∶1,男性人数

略多于女性,户均人口数为 4.26。在人口结构中,有几种情况值得关注:一是寄户和棚民,在《祁门县十五都册籍》中共有寄户 38 户,编为 5 牌,多系杂姓。从统计数据来看,寄户户均人口数远低于当地平均值,男女性别比例达到 1.4∶1,颇为失调,从一个角度可以理解为,这种人户具有鲜明的"亦寄亦居"之特征。二是客户,系因从业需要而暂居的临时户籍,如《祁门县十五都册籍》涉及多户从事寺观主持、桶匠、砖匠等职业的外来人户,《祁门县二十二都册籍》中涉及外来客户 43 人,《绩溪县九都册籍》中涉及客民共计 15 户、27 人。这些户籍一般单独编牌。三是庄仆、雇工和伙计,关于庄仆人户,详见下文;至于雇工和伙计,均作为私家人口统计于主户户籍之下,在《祁门县二十二都册籍》中共有 28 人,《绩溪县九都册籍》涉及伙计 17 人,以上人群主要以农林生产、家庭服务为业。另外,清末徽州本土人口流出情况从《绩溪县九都册籍》中亦能得以反映,册籍中频繁出现"外出""全家外出"的记载。

其次,关于家庭人口情况,三种册籍可有效统计的户数计 1490 户,5 人及 5 人以下的家庭共 1158 户,约占总户数的 78%;6~10 人的家庭有 301 户,约占总户数的 20%;至于 10 人及 10 人以上者,可能为多代同居的大家庭,颇为稀见,仅 31 户,约占总户数的 2%。记载中涉及的多代同居大家庭以功名门第和殷实之家为多见,如《祁门县二十二都册籍》出现的 1 户人口达 35 人,户主王惠系"副贡生,以读书生理"为业。由此可见,总体上,家庭规模以核心小家庭为主。

以《祁门县十五都册籍》的个案来看,该册所载家庭人口情况,按册中所载数据,其相关信息统计如表 6-8 所示。

表 6-8 《祁门县十五都册籍》所载人户情况一览表

户籍性质	甲	牌数	户数	5 人以下/户	6~9 人/户	大于等于 10 人/户
主户	第一甲	9	90	66	23	1
	第二甲	10	92	68	20	4
	第三甲	6	59	49	9	1
	第四甲	9	90	63	25	2
	第五甲	4	40	26	12	2
	小计	38	371	272	89	10

续表

户籍性质	甲	牌数	户数	5人以下/户	6~9人/户	大于等于10人/户
寄户	第五甲	4	33	26	7	—
	第六甲	1	5	5	—	—
小计		5	38	31	7	—
世仆庄户	第三甲	1	10	4	5	1
	第五甲	2	17	11	6	—
	第六甲	10	77	57	14	6
小计		13	104	72	25	7
总计		56	513	375	121	17

表6-8中数据系《祁门县二十二都册籍》可确切统计的513户的相关信息,从中可见,5人及5人以下的家庭共375户,约占总户数的73%,而6~9人的家庭有121户,约占总户数的24%,10人及10人以上的家庭仅17户,约占总户数的3%。从上面三种册籍的统计和个案分析中大体可以看出晚清徽州的家庭形态和规模。

再次,三种册籍还一一登录了每户的职业,系统呈现了清末徽州乡村社会存在的主要行业和民众的执业情况,如表6-9所示:

表6-9 三种册籍所载人户执业情况一览

册籍	户数	士	农	工	商	公差	医
《祁门县十五都册籍》	468	20	117	230	96	—	5
《祁门县二十二都册籍》	359	13	244	25	77	—	—
《绩溪县九都册籍》	468	15	179	62	209	3	—
合计	1295	48	540	317	382	3	5

备注:寡妇、未成年、年老者因未注执业均未统计,因此本表统计户数与实际户数略有差异;注明"训蒙、业儒、读书、举业、职员、贡生、生员、乡宾"等,以"士"业计;注明"驾舟为业"者,以"工"业计。

由表6-9可见,在清末徽州存在的主要行业仍不出传统的"四民之业"范畴。在可统计的1295户中,以从事农业、商业、手艺为主,分别达540户、382户、317户。从三种册籍所载的执业情况看,各地域稍有差异:在《祁门县十五都册籍》中,大族郑氏以贸易、手艺、驾舟为主,务农者甚少,这与当地地处深山、不宜耕作、不易垦殖有关,而农林生产主要由寄户(棚民)、仆户承担;《祁门县二十二都册籍》体现的村落僻处祁门县西部,当地居民"勤田畴、务山植""勤樵采"①,故以农业为主;从《绩溪县九都册籍》中可见,当地从事工商行业的人户占大多数,人口外流频繁。综合三种册籍,清末徽州仍然存在大量经商者,且以读书业儒为主的"士"业人户总体较少,这与册籍所反映的地域有关。如,据道光年间所刊《祁门县二十二都鼎元文会同志录》载:祁门县二十二都"山多田少,地瘠民贫,以故习举子业者甚少"。②从统计结果看,这种情况至清末未有大的改观。

值得一提的是,在《祁门县十五都册籍》《祁门县二十二都册籍》中,不少人户标注有"监生""从九"字样。清代"监生"的身份和角色较为明确,而"从九"即系"从九品"之简称,从九之秩不入官品之流,大多授以吏目。"从九"与"监生"相同的是,民间举凡殷实之家,均可通过捐纳获取,"从九""监生"名目滥杂。一般"从九"的捐纳之费当高于"监生"。《祁门县二十二都册籍》中登载捐职者30户,亦多以经商为业。《祁门县十五都册籍》中明确标注"监生"者计31户,"从九"者8户,总计39户,其中35户主要从事贸易等职业,据此可以推断,这些"监生""从九"大多亦系捐纳而来。实际上,在遗存的徽州民间文书中,相关捐纳"执照"文书亦屡屡可征,如下例:

监 照

国子监为请旨给发监照事。准户部知照黄发燮,系安徽徽州府祁门县人,捐年六岁,身中、面白、无须,由俊秀在捐铜局捐输,准作监生。相应给予监照,以杜假冒等弊。须至监照者。

三代:曾祖浩科、祖可灌、父起诚

---

① (清)周溶修,汪韵珊纂:《祁门县志》卷五《舆地志·疆域·都图》,据清同治十二年(1873)刻本影印,见《中国地方志集成·安徽府县志辑(55)》,南京:江苏古籍出版社,1998年,第59页。

② 《鼎元文会同志录·文会记》,道光二十三年(1843)刻本1册,上海图书馆藏。

右照给黄发燮收执

　　　同治十年三月　　日给①

　　这是一份由户部给发捐监者的"执照",类似的晚清"监照"在徽州文书中较为常见。② 另外,在祁门县两种册籍中,标注"武生"身份的共计10户,主要从事商业。透过册籍中的相关记载,具体而微地呈现出在地处深山的祁门县,"捐监"现象颇为普遍,习武营商所在多见,可见晚清时期地方社会"捐纳"以及经商现象之一斑。

　　以上结合三种保甲册,具体考察了清末保甲编制的实态,综合上文讨论,可以得出以下认识:

　　第一,在清末徽州乡村社会,宗族聚居星罗棋布,仆姓、寄户等散居不一。民众执业仍不出传统士农工商的范畴。外出经商人口仍占据较大比例,明清以来经商传统得以延续。同时,寄户、棚户、客户入徙徽州从业谋生,并缓慢融入地方社会,人口的内迁外徙持续不断。在村落共同体中,大族聚族而居,他们虽垄断当地的山林资源,然务农者寥寥,多以贸易、手工、驾舟、训蒙、医术等为业,而承担当地农林生产者多系庄仆小姓以及外来人户。在祁门县奇岭村,直至晚清,当地主仆人户之比达3.6∶1,大族与仆姓之间的隶属关系仍根深蒂固,本贯与寄居、土著与客民之间的主从关系亦历历可观。在保甲设置和管理上,仆姓、寄户、客户受到聚居大族的控制和带管。

　　第二,在传统徽州社会,殷实之家往往乐于捐输。他们或"捐资亢宗,以光竹帛",于家谱、方志"义行"中换来几行"奢侈"的记载;或"倍捐会资",借以跻身"斯文之会"③。凡此种种,于徽州地方文献中屡屡可征。然而,值得关注的是,如在清末僻远的奇岭村,从事商业贸易者凡96户,其中,通过捐纳以

---

　　① 安徽师范大学图书馆藏。

　　② 王钰欣、周绍泉主编:《徽州千年契约文书(清·民国编)》卷3,石家庄:花山文艺出版社,1991年,第29页、第96页、第115页。

　　③ (民国)吴克俊、许复修,程寿保、舒斯笏纂:《黟县四志》卷三《风俗·黟俗小纪(胡梦龄撰)》,据民国十二年(1923)黟县黎照堂刻本影印,见《中国地方志集成·安徽府县志辑(58)》,南京:江苏古籍出版社,1998年,第37页。

获取"监生""从九"身份者达39户之多。由此,在保甲管理上,除了以"士"为业的"党庠之人"在基层乡治中发挥着重要作用外,从事商贾贸易的殷实之家捐纳"监生""从九"的现象颇为多见,不少捐纳者与从事举业、训蒙的"党庠之人"一道,在保甲制下充任甲长、牌长。显然,至少在清末,徽州基层社会殷实之家捐纳之风盛行,捐纳者通过此途赢得更多参与社会事务的机会。

第三,有清一代,国家不断自上而下力行保甲。保甲编制以十户立牌、十牌为甲、十甲成保为要求,以户籍上无分高下贵贱为原则,试图将县以下的广大乡村置于国家严密控制体系之下。然而,从所据资料看,清末徽州的保甲编制,则借助既有的涵盖特定村落共同体的"图"为基础,一图之下,按自然乡村聚落灵活编制甲、牌,即以"图甲"代"保甲",这种现象在清代南方不少区域颇为普遍①。这一方面是清初以来自上而下力行保甲的产物,另一方面,又是里甲向保甲嬗递过程中,因赋役征纳和基层乡治的需要而"民为自谋"的结果,从而于保甲编制实践中,在国家体制推行与地方社会实际运作之间,出现了折中的做法:官方要求以保甲行乡治,而民间因乡治行图甲。在图甲制下,经董、甲长、牌长多由从事举业、训蒙、贸易者充任,体现出殷实之家以及智识之士,不论是承揽还是荐举,均积极参与地方社会管理。至清末,"地方公共事务的意识正在向地区自治的形式发展"②。上引《保甲册》具体而微地呈现了晚清时期基层图甲组织设置和管理的实态。

第三节 清代基层社会的地保

揆诸清代文书档案以及各种笔记、方志、政书等文献记载,"地保"之称频繁出现,广为使用。地保是清代以及民国时期重要的基层管理人员之一,其

---

① [日]森田明:《清代水利与区域社会》,雷国山译,济南:山东画报出版社,2008年,第289～351页。
② [日]森田明:《清代水利与区域社会》,雷国山译,济南:山东画报出版社,2008年,第29页。

普遍存在于地方社会。对地保进行全面探讨,有助于深入了解清代和民国的乡里制度以及基层社会的管理实态。

关于地保,20世纪以来国内外学界颇有关注。萧公权和瞿同祖认为,地保是州县官府为控制乡村而委任的行政代理人,其社会地位非常低。① 佐伯富从探讨清代基层社会自治组织角度,对乡保(乡约、地保)作了考察,认为他们既是乡村社会的代表,又是政府的联络员,充当政府最下层吏役。② 而黄宗智、王福明等人认为,乡保(乡约、地保)不代表乡村社会,而是县衙之下由知县任命,并向知县负责的下层吏役,属最基层的半官职人员,是国家权力与村庄共同体之间的重要交接点,是地方领导层与国家权力之间的缓冲人物。③ 杜赞奇则从"乡村社会的经纪统治"角度,对"地方"(即地保)作了考察,认为"地方"通过垄断国家与村庄之间的联系而获得了某种权力,其在乡村社会中的身份较低。④ 戴炎辉对清代台湾的基层乡治作了深入研究,认为地保本质上系驻乡的差役,属于"在官人役",其在身份上系贱役。⑤ 近年来,一些学者在研究清代华北基层管理制度的文献中,对地保亦有述及。如魏光奇认为,由于保甲组织在清代始终未能成为经常性的编民组织,直隶各州县在雍正乾隆以后陆续出现了另外一种职役系统——由地方和自然村两级组成的乡地组织。⑥ 李怀印根据直隶获鹿县晚清地方档案,指出获鹿县的地保等乡地人员由村民根据村规轮任,负责催征或代垫粮银及地方治安等事

---

① 瞿同祖:《清代地方政府》,北京:法律出版社,2003年,第7～10页。
② [日]佐伯富:《清代の乡约・地保について——清代地方行政の一出》,载《东方学》第28辑,1964年。
③ [美]黄宗智:《华北的小农经济与社会变迁》,北京:中华书局,2000年,第234～241页;王福明:《乡与村的社会结构》,见从翰香主编:《近代冀鲁豫乡村》,北京:中国社会科学出版社,1995年,第33～41页。
④ [美]杜赞奇:《文化、权力与国家:1900—1942年的华北农村》,王福民译,南京:江苏人民出版社,1994年,第45页。
⑤ 戴炎辉:《清代台湾之乡治》,台北:联经出版事业公司,1979年。
⑥ 魏光奇:《清代直隶的里社与乡地》,载《中国史研究》,2000年第1期。

务。① 而孙海泉则认为,清代中期以后出现的乡地组织,其实就是保甲组织。地方、地保等职役的存在是保甲制度演变的结果,是清代保甲组织承担各种地方公务造成的。② 另外,日本学者山本进在研究清代财政史的过程中,分析了清代赋役制度改革与江南地保产生之间的关系。③ 概括来说,以上研究多认为地保是清代州县官府为控制乡村而委任的行政代理人,充当官府的最下层吏役,其社会地位很低。但上述研究多集中于华北地区,且附于其他论著之中,并非专题性研究。迄今为止,有关地保的系统性考察尚属空白。

那么,清代"地保"之称是何时出现的?其产生的背景是什么?又是如何设置的?地保的主要职能及其变化是怎样的?地保的身份和地位如何?诸如此类问题颇有进一步探讨之必要。

一、地保与保甲

自明代后期开始,特别是到了清代,保甲制度不断推行。在清代,当提及保甲时,一个新的词语出现了,这就是"地保"。"地保"之称早在康熙年间即已出现,这与民间俗称保甲之役有关,并开始被一些地方官员和幕僚载入政书之中。如康熙年间任山东蒙阴县令的陈朝君,为防止逃犯和匪类入境而申饬保甲,要求"乡耆、地保务必小心稽察",并严禁"地保人等,指称造册名色,摊派纸张,科敛牌甲"。④ 又如,康熙年间,钱塘幕僚潘月山在其所撰的《未信编》中亦载:对于"决过犯尸枭首者,示挂通衢,取地保收管"⑤。另外,清初与地保相类的职役多被称作"地方"。"地方"频繁出现在康熙年间的相关文献

---

① 李怀印:《晚清及民国时期华北村庄中的乡地制——以河北获鹿县为例》,载《历史研究》,2001 第 6 期。
② 孙海泉:《清代赋役制度变革后的地方基层组织》,载《河北学刊》,2004 年第 6 期。
③ [日]山本进:《清代财政史研究》第七章,东京:汲古书院,2002 年 3 月。
④ (清)陈朝君撰:《莅蒙平政录·为特设牌坊以靖疆界等事·为严格保甲册费以恤穷民事》,康熙二十八年(1689)刊本,见《官箴书集成》第 2 册,合肥:黄山书社,1997 年,第 701 页、第 780 页。
⑤ (清)潘月山:《未信编》卷四《刑名下·发落》,康熙二十三年(1684)刊本,见《官箴书集成》第 3 册,合肥:黄山书社,1997 年,第 93 页。

中。如康熙年间,陈朝君所撰《莅蒙平政录》中有"时将荒欠,米价腾贵,有地方之责者,即将捐纳银两,转粜于他省外郡丰熟之处,归而减价平粜于民",并要求"委用老成殷实者分头往粜",为了盘诘匪类、稽查流民,要求"各该管地方,务要小心稽查"。① 又如,康熙年间,潘月山的《未信编》中亦载:"遇有人死,地方不许不报,不报则地方宜责",且"令尸亲与地方守尸,候官看验";对于盗犯,"必令亲属、近邻识认,不可只凭地方呈词"②。再如,康熙年间黄六鸿所撰《福惠全书》中,亦多次提及"地方"之役。从这些文书中可以看出,"地方"的主要职能有:(1)配合捕役巡缉逃人③;(2)禀报地方命案,看守和掩埋尸体④;(3)接应上司:"上司所临之处,预饬地方等巡逻"⑤;(4)配合编审:"今既编审,着里书、户长等,并乡约、地方俱具并无受贿隐漏及偏累孤贫等弊"⑥;(5)巡查地方:对于地方游惰匪类,"有司捕获渠首,余党自散,严饬地方倍加巡警"⑦。再如,康熙二十四年(1685),苏州府"长、吴二县奉宪永禁向玄妙观勒索陋规碑"中有:"如敢故违,该地方即同住持控禀府县衙门。"⑧以上很多场合所称"地方",其职能和性质与地保基本类同。因此,有的学者认

---

① (清)陈朝君撰:《莅蒙平政录·为通饬详陈预筹积储悉心条议以备采择事·为盘诘匪类稽查流民以靖地方事》,康熙二十八年(1689)刊本,见《官箴书集成》第2册,合肥:黄山书社,1997年,第726页、第780页。

② (清)潘月山撰:《未信编》卷四《刑名下·理人命·理盗案》,康熙二十三年(1684)刊本,见《官箴书集成》第3册,合肥:黄山书社,1997年,第98页、第117页。

③ (清)黄六鸿撰:《福惠全书》卷一九《缉逃》,见《官箴书集成》第3册,合肥:黄山书社,1997年,第422页。

④ (清)黄六鸿撰:《福惠全书》卷二《看须知》;卷一四《检验》,见《官箴书集成》第3册,合肥:黄山书社,1997年,第241页、第373页。

⑤ (清)黄六鸿撰:《福惠全书》卷四《承事上司》,见《官箴书集成》第3册,合肥:黄山书社,1997年,第262页。

⑥ (清)黄六鸿撰:《福惠全书》卷九《立局亲审》,见《官箴书集成》第3册,合肥:黄山书社,1997年,第320页。

⑦ (清)黄六鸿撰:《福惠全书》卷一二《问拟余论》,见《官箴书集成》第3册,合肥:黄山书社,1997年,第346页。

⑧ 王国平、唐力行主编:《明清以来苏州社会史碑刻集》,苏州:苏州大学出版社,1998年,第627页。按:又见同书第629页。

为所谓"地方"之称,即指地保。① 然清代"地方"所指较为宽泛,实际上图正、书役等亦包含在"地方"之内。总体来看,康熙年间地保之称尚不普遍。

到了雍正年间,地保已较多地出现在官府文件中,在正式场合已被承认。如雍正二年(1724)七月,总督河道齐苏勒在关于施救盐城县水灾的奏折中报称:

> 二十日辰刻,潮头汹涌,直撼城脚。已时,水势始觉稍平。除一面行查各里各场,责令城内城外地保人等,各择寺庙,安插被淹人民,并亲赴新兴场等处,一体安辑捞救。②

又如,雍正六年(1728)正月,浙闽总督高其倬为开洋事在所呈奏折中言:

> 臣随行令凡飘洋船只,务令将船上人数据实造报,先取族邻地保不敢稽留外地甘结,地方官加具印结,并填左右箕斗,再令海口文武各员查验明白,方准放行。③

再如,雍正七年(1729)十月十四日雍正皇帝的上谕中说:

> 据署总督唐执玉奏称,磁州民人杨进朝在路拾银四十两,钱三千文,即告知地保,仍至原处寻觅本人,如数交还,丝毫不昧等语。数年以来,各省民人拾金不取者甚多,今磁州杨进朝闻风兴起,克敦

---

① 瞿同祖先生认为,清代"地方"即"地保"。见瞿同祖:《清代地方政府》,北京:法律出版社,2003年,第7~8页。从相关材料来看确有此种情况。至清代中期,"地方"之役的名称仍然存在,其职役性质和"地保"亦基本相同,甚至存在二者叠相为称之情形。如在清代天津相关土地买卖契约的署押中,"地方""地保"的称谓颇为常见,并可见同一人氏如"邵永祥",既称其"地方",亦称之"地保"。见刘海岩主编:《清代以来天津土地契证档案选编》,天津:天津古籍出版社,2006年,第49页、第56页。
② 《世宗宪皇帝朱批谕旨》卷二上,见《景印文渊阁四库全书·史部一七四·诏令奏议类》第416册,台北:台湾商务印书馆,1982—1986年,第92页。
③ 《世宗宪皇帝朱批谕旨》卷一七六之八,见《景印文渊阁四库全书·史部一八一·诏令奏议类》第423册,台北:台湾商务印书馆,1982—1986年,第821页。

义让，甚属可嘉。着该部察例加恩，以示旌奖。①

乾隆以降，"地保"一语则常见于各种记载。即使在官方颁布的典志之中，"地保"之称亦屡见不鲜。可知，此时地保已成为被官府正式认可的一种基层管理人员的专称。如乾隆《钦定大清会典》载：

> 凡安置军犯，畿辅、盛京不得编发罪人。苗夷杂处之地，令该督抚酌移别属军犯到配，年六十以上及有废疾者，入养济院，年力强壮者，充驿站及各衙门夫役，有艺业能自谋生者，交地保收管，仍于月朔，按名点验。②

《钦定大清会典则例》载：

> （乾隆）三年议准……拿解邻封关提人犯，文到二十日拿解。始无故逾限不发，该地方官照事件迟延例，逾限不及一月者，罚俸三月；逾限一月以上者，罚俸一年；听信地保、差役捏称并无其人并久经外出、以空文回复不发人犯者，该地方官照人犯不解例，降三级调用。③

乾隆《大清律例》条例中载：

> 凡窃盗等事，责令该地保、营汛兵丁分报各衙门，文武员弁协力追拿。如地保、汛兵通同隐匿不报，及地保已报文职而汛兵不报武弁，或汛兵已报武弁而地保不报文职者，均照强盗窝主之邻佑知而不首例，杖一百。若首报迟延，应照牌头曾首告而甲长不行转告例，

---

① （清）唐执玉、李卫等监修，田易等纂：《畿辅通志》卷六《诏谕》，见《景印文渊阁四库全书·史部二六二·地理类》第504册，台北：台湾商务印书馆，1982—1986年，第106页。

② （清）允祹撰：《钦定大清会典》卷六七《兵部·发配》，见《景印文渊阁四库全书·史部三七七·政书类》第619册，台北：台湾商务印书馆，1982—1986年，第624页。

③ 《钦定大清会典则例》卷二五《吏部·考功清吏司·提解》，见《景印文渊阁四库全书·史部三七八·政书类》第620册，台北：台湾商务印书馆，1982—1986年，第495页。

杖八十。①

《皇朝通志》载乾隆皇帝为官营社仓事所发上谕亦言及地保：

> （乾隆）四十三年，山东巡抚国泰请社仓春借时，地方呈报州县，批交社长支发，秋还时由州县开单，交地方按户催完，每岁抄责令州县亲赴四乡盘查。上谕："此是在官又添一常平仓矣。社长侵渔原不能免，然因此而官为经营，则书役、地保之借端勒索更甚，唯仍旧令督抚饬州县，实心稽核，期得实济无事。"②

在这则史料中，"地方""书役""地保"三者同时出现，可以看出，所谓"地方"之称是包括"书役""地保"等在内的。

那么，清代的地保与保甲在概念上到底有何区别呢？如果我们比较一下有关保甲和地保的各种记载，则不难看出，在提及保甲时，表述多为"兴保甲""立保甲""设保甲""编保甲""行保甲""严保甲""饬保甲""督保甲""查保甲"等，保甲作为一种组织的涵义十分突出；而在说到地保时多是"将地保""令地保""坐地保""告知地保""交与地保""委之地保""听信地保"，或"地保人等""地保耆老人等""地保族邻人等""地保两邻人等"等，在这里，地保乃是指保甲组织的负责人更为明显。或者说，保甲多指组织，而地保则主要指人，即就保甲组织的负责人而言的，其中有的场合即指保正或保长，有的场合亦包括甲长、牌头在内。再看两个例子。雍正三年（1725）九月山东巡抚陈世倌在为绥靖海疆事所呈奏折中言：

> 一、弭盗莫如严查保甲，大族责成甲长严饬各属照式编造，文武各官协力严查，不时巡阅，倘有疏懈，照阘茸例题参议处。
>
> 一、窝家照例定拟治罪外，应先搜变家产赔赃，并着落地保、两

---

① （清）三泰等：《大清律例》卷二三《贼盗上》，见《景印文渊阁四库全书·史部十三·政书类》第672册，台北：台湾商务印书馆，1982—1986年，第722页。

② 《钦定皇朝通志》卷八八《食货略八·平粜·常平仓》，见《景印文渊阁四库全书·史部四〇三·政书类》第645册，台北：台湾商务印书馆，1982—1986年，第275页。

邻人等查察，倘有窝盗之家举首得实，量予奖赏，若徇隐不报，事发之日，邻保各枷号重责，庶盗贼无从托足。①

又，《钦定大清会典》载：

> 凡窝家，以逃人所隐末家为断……民人窝逃不知情者过六月罪之，知情者计日加等，保甲、邻右各如之。官犯者如民同。妇人犯者坐妇男。若逃人赁典房屋及佣工本主不知情者，坐保人；无保者，仍罪本主。逃人于空地结舍居者，坐地主；无地主者，坐乡长；无乡长者，坐地保，其甲长以邻右论。②

以上每条史料之中，均同时提到"保甲"和"地保"，二者所指为同一事物，但又可看出，其在提到保甲组织时用的是"保甲"，而在说到保甲组织的负责人时，则用"地保"，并表明其中是包括甲长等在内的。

然而，清代地保与保甲之间还不只是这种语义概念上的差别。乾隆以降，保甲负责人地保化的趋势日益明显，在不少地方，"地保""地方"之称逐渐代替了保正。特别是地保与明末清初的保正相比，其设置、职能、地位均发生了很大变化。这一变化有其深刻的社会背景。

二、地保普遍出现的背景

清代地保的普遍出现，究其原因，乃与乾隆以降里甲向保甲嬗递所带来的乡里职役变化有关。

如前面章节所述，清初基层社会组织的设置承袭明制，既沿用里甲，又设置保甲，二者共存构成地方管理之基本格局。一方面，国家基于编审赋役、催征税粮之需要，继续推行明代的里甲制度，并着力于对里甲组织的恢复和完

---

① 《世宗宪皇帝朱批谕旨》卷二四，见《景印文渊阁四库全书·史部一七五·诏令奏议类》第 417 册，台北：台湾商务印书馆，1982—1986 年，第 474 页。

② （清）允祹撰：《钦定大清会典》卷六九《刑部·督捕》，见《景印文渊阁四库全书·史部三七七·政书类》，第 619 册，台北：台湾商务印书馆，1982—1986 年，第 643 页。

第六章 保甲设置与清代徽州基层行政

善。另一方面,为了"弭盗安民",清初以后还特别加强推行明代以来的保甲制度。本来,明末至清初里甲和保甲所发挥的社会职能各有所侧重,所谓"里甲主于役,保甲主于卫"。① 然而,也正是在这一时期,社会经济与赋役制度出现了深刻的变革。明末万历以后一条鞭法开始推行,至清初即正式废除了黄册制度而实行编审制度,康熙五十一年(1712)又宣布"滋生人丁,永不加赋",雍正时正式实行"摊丁入亩"。乾隆五年(1740)户部题准朝廷不再依编审照报人丁,而按"直省各州县设立保甲门牌"的"原有册籍","将户口实数与谷数一并造报"。② 这样,就停止了人丁编审制度,户口统计的依据遂从编审册转到了保甲册。至乾隆三十七年(1772)清政府正式宣布废除编审制度。③上述社会经济制度方面的一系列重大变革,最终导致赋役编审制度退出了历史舞台。里甲组织本来是在赋役编审方面发挥主要作用的。随着编审制度的废除,清代里甲组织的功能日趋削弱乃至崩溃。钱粮催征事务的大大简化,也为保甲取代里甲提供了可能。正是在这一背景之下,保甲逐渐取代了里甲,而在地方事务中发挥着主要作用。④ 在里甲向保甲嬗递过程中,清政府不断赋予保甲组织更多的职能。保甲除了承当原来的"弭盗安民"职役外,还取代了里甲催征钱粮和查编户口等役。并且,随着清代政府对基层社会控制的加强,其所承值的地方事务越来越繁杂。保甲组织转变成为集弭盗安民、催征赋税、编查烟户、赈济救灾、缉捕逃亡、稽查命案、应官差遣、调处词讼等职能于一身的地方基层组织。清政府还大力倡导"以乡人治其乡事",于是各地因地制宜,主要是发挥某些既有的基层人员如乡约、地保、图正等管理地

---

① (清)徐栋辑,张云霞校点:《保甲书》卷四《广存·献县志保甲序》,芜湖:安徽师范大学出版社,2012年,第92页。
② (清)拖津等:嘉庆《大清会典事例》卷一三三《户部·户口·编审》,见《近代中国史料丛刊三编》第65辑,台北:文海出版社,1977年,第5947页。
③ 《高宗实录》卷九一一《乾隆三十七年六月下》(影印本),北京:中华书局,1986年,第195页。
④ 孙海泉:《论清代从里甲到保甲的演变》,载《中国史研究》,1994年第2期。

方事务的职能。① 清代地保,就是在这样的背景下普遍出现的地方重要职役之一。

如上文所述,地保与保甲关系密切,不可分割。地保的设置应建立在十户为牌、十牌为甲、十甲为保的保甲编制基础之上。然而,乾隆以后地保和保甲的设置,并不一定建立在官方推行的这种保甲编制的基础上,而多是以自然乡村聚落为基础而设置的。如《学治一得录》载:

> 卑县四乡村镇向皆各有乡约、地保,原为稽查弹压而设。职到任之初,逐一点查。间有日久裁撤,未经补报者,殊为漫无约束;又有数村公共一人者,亦恐鞭长莫及。职当即出示晓谕:着各村镇认真选举公正殷实之人充当乡约、地保,每村二人,不许一村不设。②

又如,《沧县志》载:

> 原夫里甲之制,期在野无旷土,人无游民,举凡田赋户役之数,保受比伍之法,靡不条贯其中。自后地乏常姓,民鲜恒居,或此里之地,属之别里之人,或此里之人,迁居别里之地。故里仅能制其田赋,不能限其居民。所有征发、勾摄,保甲不得不以现在之村庄为断。③

这种以自然乡村为基础而设置地保和保甲,与乾隆以降里甲崩溃、保甲代兴所带来的基层社会组织形式变化相关。具体地说,清代前期,为配合钱粮的滚单催征,整顿里甲组织的重要措施之一,是各地先后实施的顺庄法。其做法是"以地从人,先归村庄,后编里甲。将本人所有各都之产,尽数收归

---

① 以上各种职役的称谓名目繁杂,究其原因,与各地推行保甲制度力度和具体做法的差异有关。

② (清)何耿绳撰:《学治一得录·整饬捕务并拟弭盗清盗禀》,见《官箴书集成》第 6 册,合肥:黄山书社,1997 年,第 685 页。按:这里所谓的"乡约"是一种职役,与讲约制度的"乡约"不同,讲约制度的"乡约"是一种组织和制度之称,该组织中力宣教化的人通常被称作"约正""约副",参见瞿同祖:《清代地方政府》,北京:法律出版社,2003 年,第 8 页。

③ (民国)张坪、张瑞凤等纂修:《仓县志》卷一《方舆志·疆域》,民国二十二年(1933)铅印本。

一户,即在所住之都立户完粮"①。可见,顺庄法的核心是将田产和人户按现居村庄来编造册籍,旨在理顺地产与业主间的关系,以避免赋税征收中诡寄隐漏等弊端。雍正年间实行"摊丁入亩",顺庄法得以广泛推行。此乃赋税征派在基层社会组织形式上的一次重大变革,并直接导致了长期以来人为的里甲行政编制陷于崩溃。于是在里图之下,以自然村落为基础的社会组织形式的地位得到了提升。尽管清政府不断自上而下推行保甲制度,但很多地方在具体实施过程中,实际上并未按照十户为牌、十牌为甲、十甲为保的统一规制进行实践。各地推行保甲的力度和具体做法差别很大,"南北异趣,新旧杂陈"②,或彻底打破里甲系统,严格编制保甲,或在原有里甲(图甲)基础上加以整顿;抑或有保甲之名,而实际上推行乡地组织等,不一而足。结果是在乾隆以后,很多地方都是"以现在之村庄为断"来推行保甲法的。这种寓保甲于自然村落之中的做法,导致清代地方事务管理在很大程度上不得不受到自然村落及其乡村性组织的制约。正是在这一背景下,以自然性的"庄""村""图"等为基础设置"地保"一役,成为相当普遍的做法。如清代浙江德清县"每庄由地保一名,所以稽户口,便征收也"③;乾隆年间,山东淄川县"责令各庄地方代为催科"④;乾隆年间,河北永清县"以村落大小而置地保焉",如该县东乡有村庄70个,按十户一牌凡编牌785个,共设地保66人,其中"横上村"编制37个牌,而"东贾家务村"仅编制2个牌,二者人口数量悬殊很大,但均各设地保一人,显然该县是按照自然村庄为单位而设置地保的⑤;河北昌黎县

---

① (清)戴兆佳撰:《天台治略》卷五《告示·一件晓谕产主速行赴局推收毋得观望自误事》,见《官箴书集成》第4册,合肥:黄山书社,1997年,第142页。
② 萧一山:《清代通史》卷上《第四篇·乡治与保甲》,北京:中华书局,1986年,第632页。
③ 吴翯皋等修,程森纂:《德清县志》卷一《舆地志·区乡》,据民国十二年(1923)修、二十年(1930)铅印本影印,见《中国方志丛书·华中地方》第六〇号,台北:成文出版社有限公司,1970年,第128页。
④ (清)张鸣铎修,张廷寀等纂:《淄川县志》卷三《赋役》,据民国九年(1920)石印本影印,见《中国地方志集成·山东府县志辑(6)》,南京:凤凰出版社,2004年,第136页。
⑤ (清)周震荣修,章学诚纂:《永清县志·书六·刑书第五》,见《中国地方志集成·河北府县志辑(27)》,上海:上海书店,2006年,第260页。

亦"按地保所管村落联为一保"①;清代江苏宝应县共辖45个铺,依据铺所辖村庄数量多少,小铺设地保1名,大铺设4～5名,共设地保85名②;江西新喻县"附城为五坊,坊有坊长;乡为五十七图,图有地保"③;在江苏太仓,"地保,每图一人,有领催条漕及巡查协捕之责"④,等等。随着顺庄法的实施,这种"图"经过"活图法"的改制,其区划已彻底打破了原来的里甲编户形式。在保甲制度推行后,又经历了"通县民图拆散甲分,查照烟户住址编为庄村"的变化。⑤ 因此,图下所辖的亦主要为村庄。⑥ 所谓"图有地保"中的"地保",亦当是按自然村庄为基础而设置的。

由上可见,乾隆以降,保甲职役的日益繁杂及国家对自然乡村控制的加强,是清代普遍设置"地保"的主要动因。随着清中期自然村庄成为国家控制基层社会的主要组织形式和基本单位,"地保"的设置亦主要体现为以自然乡村为基础,并成为基层社会"以乡人治其乡事"的重要基层管理人员之一。

三、地保的职能

清代"地保"管理的事务十分繁杂,总体上可以从民事和刑事两个主要方面加以考察。

---

① (清)张谐之:《办理乡甲禀》,见《碣阳乡甲小试录》卷首,光绪刊本。
② (民国)戴邦桢、赵世荣修,冯煦、朱芾生纂:《宝应县志》卷二《铺庄》,据民国二十一年(1932)铅印本影印,见《中国地方志集成·江苏府县志辑(49)》,南京:江苏古籍出版社,1991年,第25～27页。
③ (清)恽敬:《新喻东门漕仓记》,《大云山房文稿初集》卷三,嘉庆二十年(1815)刻本。另据《上海道契》可以看出,近代上海为管理土地事务,亦普遍存在于图中设置"地保"。
④ (清)王祖畲纂修:《太仓州镇洋县志》卷七《赋役·徭役》,据民国八年(1919)刻本影印,见《中国地方志集成·江苏府县志辑(18)》,南京:江苏古籍出版社,1991年,第96页。
⑤ (清)宗源瀚等修,周学濬等纂:《湖州府志》卷四《疆域表·乡都区庄·国朝》,据同治十三年(1874)刊本影印,见《中国方志丛书·华中地方》第五四号,台北:成文出版社有限公司,1970年,第53页。
⑥ 如清代徽州府所辖六县之下,其行政区划即为以都辖图,以图辖村。参见(清)马步蟾修,夏銮纂:《徽州府志》卷二《舆地志·乡都》,据清道光七年(1827)刊本影印,见《中国方志丛书·华中地方》第二三五号,台北:成文出版社有限公司,1975年。

首先，从"地保"管理民事事务方面看，其主要职能涉及钱粮催征、支应官差、治安管理、田土勘丈、民间调处、救灾赈济等。

第一，钱粮催征。清代前期，赋税征收仍以里甲组织为主导。乾隆以后，随着"摊丁入亩"的实施、里甲编审的废止，里甲组织走向衰退。在赋税征收上，清政府不得不实行"顺庄滚催"，于是，钱粮催征成为地保的一个重要职责。关于保甲催征，在乾隆年间即规定："一切户婚田土、催粮拘犯等事，另设地方一名承值。"①从很多地方的具体实践看，多通过设置地方、地保之役，以责"按庄开载，开单确查，有地必有粮"。②如广宗县规定："死亡逃户应征粮银由各村地保赔缴。"③乾隆年间，淄川县也是"以地方代催科之役，民颇便焉"；④乾隆年间，四川巴县亦推行乡保督办钱粮⑤；直隶大名县的钱粮催征"不责之里甲"，而"改按村庄，分为五路……或有玩户则唯乡地是问"⑥；山东章邱县在革除里长后，赋税"唯有用乡保按庄传催，以本庄之人催本庄之赋，事易不劳，绅民称便"⑦。嘉庆、道光年间，曾历任地方官的王凤生在其《保甲

---

① （清）高宗敕撰：《文献通考》卷二四《职役考四》，上海：商务印书馆，1936年，第5062页。
② （清）徐栋辑：《牧令书》卷一一《赋役·催科》，见《官箴书集成》第7册，合肥：黄山书社，1997年，第211页。
③ （民国）姜槱荣等修，韩敏等修纂：《广宗县志》卷七《财政略·国家财政·田赋》，据民国二十二年（1933）排印本影印，见《中国地方志集成·河北府县志辑（73）》，上海：上海书店，2006年，第52页。
④ （清）张鸣铎修，张廷寀等纂：《淄川县志》卷三《赋役》，据民国九年（1920）石印本影印，见《中国地方志集成·山东府县志辑（6）》，南京：凤凰出版社，2004年，第136页。
⑤ （清）王尔鉴修，王世沿纂：《巴县志》卷三《赋役志·丁粮》，乾隆二十五年（1760）刻本。按：在清代一些地方，"地保""地方"仅是乡地组织职役之一。参见魏光奇：《清代直隶的里社与乡地》，载《中国史研究》，2000年第1期。另外，乡地组织中的其他职役的名目繁多，各地不一。所谓的"乡保""乡地"，均包括"地保""地方"之役。
⑥ （民国）程廷恒等修：《大名县志》卷八《田赋》，见《中国方志丛书·华北地方》第一六五号，台北：成文出版社，1968年，第347页。
⑦ （清）钟运泰纂修：康熙《章邱县志》卷十，见国家图书馆分馆编：《清代孤本方志选》第1辑第3册，北京：线装书局，2001年，第773～774页。

事宜》中亦强调:"一切催征钱粮、命盗词讼等事,仍归地保办理。"①丁日昌《抚吴公牍》亦云:"武阳二县,各图地保,无论士农,逐年逐庄,按亩轮充,收缴钱漕。"②可见,在钱粮征收上,保甲与原来里甲的征派形式和内容颇有差异。在人丁税尚未摊入田亩前,里甲组织原则上是一个既承值赋役又催征赋役的赋役单位,其赋役承值和征派应是统一的。摊丁入亩后,保甲组织对于赋役征收,侧重于应官催征和直接支应官差。这种催征和支应官差,在很多地方均落到了乡村地保(地方)身上。

第二,支应官差和治安管理。如上所述,支应官差是清代地保的重要职役之一,具体体现为:(1)上报地方情况。如地方治安"谕饬乡长、地保随时妥查密报"③,在广东,遇有地方械斗,"或责成族长、地保飞报"。④ 另外,举凡地方册籍,亦往往"交该管地保进城之便,投县备查"⑤。(2)执行官府禁令。如江西金溪县对于地方"溺女"恶俗"专责于地保"⑥;宁波府为禁止演出淫戏,要求地保督同地方宗族"随时随地互为查禁";⑦乾隆四十六年(1781),祁门县一份告示中亦明确宣示,"如敢抗违,许该地地保人等指名赴县具禀"⑧。(3)张贴告示。地方官颁发告示,一般"交地保实贴,无论村僻处所,不许遗

---

① (清)王凤生:《保甲事宜》,见(清)徐栋辑,张云霞校点:《保甲书》卷二《成规上》,芜湖:安徽师范大学出版社,2012年,第26页。
② (清)丁日昌:《抚吴公牍》卷一三《札饬武阳通图合办地保案由》。
③ (清)庄纶裔撰:《卢乡公牍》卷一《上抚宪袁请禁止平度州教民冷受谦越境敛钱禀》,见《官箴书集成》第9册,合肥:黄山书社,1997年,第538页。
④ (清)徐栋辑:《牧令书》卷二〇《缉暴·粤东风俗之坏莫过于械斗》,见《官箴书集成》第7册,合肥:黄山书社,1997年。
⑤ (清)徐栋辑:《牧令书》卷一六《教化·义学条规》,见《官箴书集成》第7册,合肥:黄山书社,1997年,第368页。
⑥ (清)余治撰:《得一录》卷二《金溪县严禁溺女示》,见《官箴书集成》第8册,合肥:黄山书社,1997年,第483页。
⑦ (清)余治撰:《得一录》卷一一《禁串客淫戏告示》,见《官箴书集成》第8册,合肥:黄山书社,1997年,第652页。
⑧ 王钰欣、周绍泉主编:《徽州千年契约文书(清·民国编)》卷二,石家庄:花山文艺出版社,1991年,第22页。

漏,并令收管,不得风雨损坏"①;(4)地方接应。地方官员下乡往往"先期传集地保伺候"。②(5)治安管理。清代地保具有监守和维护辖区内地方治安的职责,主要体现为对乞丐等流动人口的监管,如在浙江,为了防止流动乞丐结伙为匪,官府"交地保收管,记档备查",并予以集中管理,"责成地保稽查,(夜宿间)不许外出",③还规定:对于沿海流动水手、纤夫等,如无当地居民保结,"即行驱逐,并选派兵役协同地保严行稽查,以杜为匪之渐"。④ 从管理地方治安职能上看,地保具有地方保甲组织的性质,并且在清中期以后,治安稽查成为各地地保的主要职责。

第三,田土勘丈。清代一些地方的地保参与民间土地管理。如《牧令书》中有:民间土地纠纷"先令地保于两家管业四至处所插签标记,并密吊该业之四邻契据,令其勘日当面呈阅,然后履勘。"⑤又如,近代上海开埠后,为了适应外国人租借土地,上海道台与各国领事联合成立了专门性机构——会丈局。至今遗存的大量"道契",很多是会丈局管理土地申领和勘丈的相关文书。从这些文书记载看,近代上海民间土地的租佃和买卖,必先经各图地保勘验和盖戳方能生效。⑥ 因此,在近代上海,管理土地的地保又称"盖戳地保"。⑦

第四,民间调处。明清时期,地方纠纷和诉讼多于民间范围内得以调处。

---

① (清)王凤生:《保甲事宜》,见(清)徐栋辑,张云霞校点:《保甲书》卷二《成规上》,芜湖:安徽师范大学出版社,2012年,第26~27页。
② (清)徐栋辑:《牧令书》卷一三《畴荒中·浙江湖郡酌办赈务事宜》,见《官箴书集成》第7册,合肥:黄山书社,1997年,第290页。
③ (清)不著撰者:《治浙成规》卷五《臬政》,见《官箴书集成》第6册,合肥:黄山书社,1997年,第522页。
④ (清)不著撰者:《治浙成规》卷八《臬政》,见《官箴书集成》第6册,合肥:黄山书社,1997年,第669页。
⑤ (清)徐栋辑:《牧令书》卷一九《刑名下·勘丈》,见《官箴书集成》第7册,合肥:黄山书社,1997年,第453页。
⑥ 蔡育天主编:《上海道契》卷三〇,上海:上海古籍出版社,2005年,第116页、第119页、第378页、第385页、第410页。
⑦ 蔡育天主编:《上海道契》卷三〇,上海:上海古籍出版社,2005年,第328页。

民间调处的途径灵活多样。里甲、里老、乡约、保甲等基层组织，宗族、文会等社会团体，中人等民间群体，均发挥着重要作用。在清代，地保作为官方基层代言人，往往亦参与"户婚田土"等民间细故的调处，这从一些地方官所撰的各种政书中可见一斑。所谓"无关紧要之事，或批族老调处，或令地保查覆，酌量办理"；对于"一堂不结"的民间案件，"或添传人证覆讯，或交族人、地保调处"。① 光绪年间山东莱阳县孙兰馨赴府衙禀控张尚谟案，最终"仰地保协同首事人等调处"而息讼。②《办案要略》中亦云："讼之起也，未必尽皆不法之事。乡愚器量褊浅，一草一木辄争竞。彼此角胜负气，构怨始而投知族邻、地保，尚冀排解。"③道光年间，黟县程嘉栋因纠纷而投族邻以及"地保胡吉"理处，胡吉随即"往验属实，邀同族邻劝谕息事"。④ 当然，一旦所调处的纠纷被"讦告官府"成为诉讼，地保又必须配合官府履行相关勘验、取证职责。如乾隆年间，休宁县首村朱氏与黄姓发生产业纠纷，并讦告于县，县主即批复"地保查复"，地保黄时英随即向官府出具了禀呈。⑤

第五，救灾赈济。清代官府对地方的救灾赈济，亦多赖地保一役。地保在这方面的职能有：(1)上报灾情。如河南永城县对于蝗灾，"责成地保随时禀报"，捕蝗时，地方官"督率地保查察"。⑥ (2)参与救灾。雍正二年(1724)，黄河入海口发生泛滥，地方官责令"地保人等各择寺庙安插被淹人民"。⑦ 雍

---

① （清）褚瑛撰：《州县初仕小补》卷上《批阅呈词》，见《官箴书集成》第 8 册，合肥：黄山书社，1997 年，第 742 页、第 751 页。

② （清）庄纶裔撰：《卢乡公牍》卷二《详县民孙兰馨府控张尚谟案详文》，见《官箴书集成》第 9 册，合肥：黄山书社，1997 年，第 564 页。

③ （清）王又槐撰：《办案要略·论批呈词》，见《官箴书集成》第 4 册，合肥：黄山书社，1997 年，第 769 页。

④ 刘伯山主编：《徽州文书》第 1 辑第 3 册，桂林：广西师范大学出版社，2005 年，第38~39 页。

⑤ 《休宁首村朱氏文书》，安徽大学徽学研究中心藏。

⑥ （清）徐栋辑：《牧令书》卷二二《事汇·河南永城县捕蝗》，见《官箴书集成》第 7 册，合肥：黄山书社，1997 年。

⑦ 《世宗宪皇帝朱批谕旨》卷二上，见《景印文渊阁四库全书·史部一七四·诏令奏议类》第 416 册，台北：台湾商务印书馆，1982—1986 年，第 92 页。

正四年(1726),福建省罗源县因水灾造成山崖塌方,对压死之人"量给银两,令地保买棺埋葬"。①(3)参与赈荒。如《牧令书》载:官府勘灾赈荒由"地保协同业户逐段挨查入册"②,在赈荒中须"取有地保并邻佑保结,给予(救济)"。③(4)协助掩埋无殓尸体。如《得一录》中有:"向来流丐病毙,该图地保、丐头以席草包裹掩埋;"④"偶遇(乞丐)身故,经司事看明,地保收殓"⑤。(5)收管流丐。如在南方一些州县,对于流丐采取集中安置,"每冬于城外空旷处,搭盖席屋数间……或地保、甲头,令其掌管"。⑥又如,上海曾设立抚教局收留乞丐,并规定:"如尚见有此辈沿街乞食,唯丐头、地保是问。"⑦(6)协助慈善机构收养病茕。所谓"填单收敛来去俱凭地保……如无地保送局,概不收养"⑧。

其次,从地保管理刑事事务方面看,其主要职责涉及案情查验、案件报官、拘传罪犯、充当质证、查盗起赃、"另户"监管等。

第一,案情查验。凡地方发生人命、强盗、窃盗等刑事案件,"地保宜立刻

---

① 《世宗宪皇帝朱批谕旨》卷一七六之八,见《景印文渊阁四库全书·史部一八一·诏令奏议类》第423册,台北:台湾商务印书馆,1982—1986年,第739页。
② (清)徐栋辑:《牧令书》卷一三《畴荒中·赈恤》,见《官箴书集成》第7册,合肥:黄山书社,1997年,第273页。
③ (清)徐栋辑:《牧令书》卷一三《畴荒中·闻赈荒归来》,见《官箴书集成》第7册,合肥:黄山书社,1997年,第267页。
④ (清)余治撰:《得一录》卷八《施棺代赈条约》,见《官箴书集成》第8册,合肥:黄山书社,1997年,第597页。
⑤ (清)余治撰:《得一录》卷四《冬月恤丐条约》,见《官箴书集成》第8册,合肥:黄山书社,1997年,第517页。
⑥ (清)余治撰:《得一录》卷一六《每冬栖恤老病无依说》,见《官箴书集成》第8册,合肥:黄山书社,1997年,第722页。
⑦ (清)余治撰:《得一录》卷一三《沪城抚教局条规》,见《官箴书集成》第8册,合肥:黄山书社,1997年,第679页。
⑧ (清)余治撰:《得一录》卷四之六《栖流·栖流局章程·栖流工具规条》,见《官箴书集成》第8册,合肥:黄山书社,1997年,第525页。

究问衅由及斗殴之状,受伤之处,细细诘问察看"①,尤其是命案发生后,多责令"地保勘验"。②

第二,案件报官。地保查验后,须及时闻官。所谓地方命案"地保及尸亲、邻证不分雨夜,立即赴县报名"。③ 在清代相关法律文书中,"事据地保呈明""据地保禀称"是十分常见的用语。

第三,传拘罪犯。刑事案件闻官后,地保须直接或协助官差缉传罪犯。如《卢乡公牍》案例中有:"谕饬地保居腾和严拿展洛四等(犯)"。④ 又如,清代山东莱阳县"传拘人犯,向系差协地保到庄传拘。盖非地保无人指户"。⑤

第四,案件干证。由于"地保系其土著,耳目难瞒"⑥,因此,在地方官调查和审理案件过程中,地保呈词成为侦办和处理案件的关键。所谓"间阎巨细争斗事件,无不投知地保。地保既经查验,则两造之曲折周知,虚实轻重自有公论……是地保之报词乃案中之纲领也"⑦。"命案取尸亲或地保报呈"⑧。甚至一些地方幕僚处理命案,直接"先传地保严讯确情,再行按名查拘凶

---

① (清)徐栋辑:《牧令书》卷一九《刑名下·论命案》,见《官箴书集成》第 7 册,合肥:黄山书社,1997 年,第 428 页。
② (清)褚瑛撰:《州县初仕小补》卷上《假命讹索》,见《官箴书集成》第 8 册,合肥:黄山书社,1997 年,第 746 页。
③ (清)刘衡撰:《庸吏庸言》卷上《严禁藉命扰害及赏格告示》,见《官箴书集成》第 6 册,合肥:黄山书社,1997 年,第 190 页。
④ (清)庄纶裔撰:《卢乡公牍》卷三《居腾和等具保展正仁呈批》,见《官箴书集成》第 9 册,合肥:黄山书社,1997 年,第 595 页。
⑤ (清)庄纶裔撰:《卢乡公牍》卷二《移即墨县程商订缉票办法移文》,见《官箴书集成》第 9 册,合肥:黄山书社,1997 年,第 567 页。
⑥ (清)徐栋辑:《牧令书》卷一九《刑名下·命案相验》,见《官箴书集成》第 7 册,合肥:黄山书社,1997 年,第 429 页。
⑦ (清)王又槐撰:《办案要略·论详案》(一卷),见《官箴书集成》第 4 册,合肥:黄山书社,1997 年,第 771 页。
⑧ (清)不著撰者:《刑幕要略·人命》(一卷),见《官箴书集成》第 5 册,合肥:黄山书社,1997 年,第 17 页。

徒"。① 在刑事案件审理过程中,地保作为不可或缺的干证方,其叙供至关重要。"凡看案须先分层次,命案先叙地保原禀。"②"叙次先地保而后邻证,及轻罪人犯,末则最重人犯,即常格也……此即案中前后层次之法也。"③

第五,查盗起赃。缉捕盗贼是州县官的重要职责,在清代,重大窃盗案要求地方官限期审结,举凡州县官对于弭盗和捕盗均不遗余力。④ 因此,熟悉地方原委的地保往往被赋予查盗、捕盗任务。一遇窃盗发生,即"发内票着地保查起"。⑤ 地保还负有"起赃"职责,所谓"地保起赃到案,将物件点明封寄内署,立传事主到案逐一供明"。⑥ 另外,审理盗案,亦须"取地保甘结,加印钤报"。⑦

第六,"另户"监管。所谓"另户"主要指游惰、惯盗、匪犯等素行不法之人户。由于"各居民不屑为伍,即行摘出,别立一册",这种册籍被称作"另户册""弃民簿"等,其有别于保甲所编制的良民"烟户册"。⑧ 在清代,"另户"多由各地地保收管,"凡差使往来,罚充供役,该地但有失事,即于此辈根求"。地保并定期"将该户等有无改悔情事,赍册送县,以凭稽察示惩"。"如实系改

---

① (清)徐栋辑:《牧令书》卷一八《刑名中·访案》,见《官箴书集成》第7册,合肥:黄山书社,1997年,第404页。
② (清)徐栋辑:《牧令书》卷一七《刑名上·审断》,见《官箴书集成》第7册,合肥:黄山书社,1997年,第376页。
③ (清)王又槐撰:《办案要略·叙案》(一卷),见《官箴书集成》第4册,合肥:黄山书社,1997年,第774页。
④ 瞿同祖:《清代地方政府》,北京:法律出版社,2003年,第202页。
⑤ (清)万维翰撰:《幕学举要·盗案》,见《官箴书集成》第4册,合肥:黄山书社,1997年,第736页。
⑥ (清)不著撰者:《刑幕要略·盗贼》(一卷),见《官箴书集成》第5册,合肥:黄山书社,1997年,合肥:黄山书社,1997年,第13页。
⑦ (清)徐栋辑:《牧令书》卷一九《刑名下·审理盗案》,见《官箴书集成》第7册,合肥:黄山书社,1997年,第438页。
⑧ 按:据叶世倬云,"另户"源于明代王阳明所倡导的"弃旧图新簿"。见(清)徐栋辑,张云霞校点:《保甲书》卷二《成规上·为编审保甲示》,芜湖:安徽师范大学出版社,2012年。

悔",经保结方准入甲为良。① 从相关资料看,清代地保监管"另户"在不少地方均被付诸实践。如乾隆《永清县志》将地保视为"稽其宵小为非法者",所谓"宵小"当为被监管的"另户"人员。②《刑幕要略》云:"凡窃贼详立册籍,发交地保人等领回,照例使其充警缉盗","能悔过自新并缉获盗贼,例准起除刺字,可复为良民。"③乾隆年间,浙江省曾推行"以贼捕贼"之法,凡盗贼"另交该地地保管束,毋致走脱",并令其"挂铃带枷,充警巡缉"。④"如有改正自新者,许本犯自向地保说明,取地保甘结禀明开除。"⑤甚至官府为了防止窃贼重操旧业,对于开释窃贼"苦无生计,即当堂酌给每名钱一二千文交与地保,作为肩挑买卖资本。仍按卯带县查点,察看两年。心果坚定,准其亲属、地保切实保结,令其安业"。⑥

总体而言,雍正、乾隆年间,随着里甲的崩溃,地保在清初弭盗安民职能的基础上,又被赋予催征钱粮、支应官差等民事事务,其在更大程度上体现为一种"以乡人治其乡事"的民间职役。乾隆以降,地保逐步向全面承值乡里差役演变,并随着清代对地方控制的加强,既治其乡,又役于官,其性质亦日趋从乡里职役向官府吏役转化,成为官府的"驻乡代理人"。⑦

---

① 参见(清)王凤生:《保甲事宜》《弭盗条约》,见(清)徐栋辑,张霞云校点:《保甲书》卷二《成规上》《成规下》,芜湖:安徽师范大学出版社,2012年,第25页、第29页。
② (清)周震荣修,章学诚纂:《永清县志·书六·刑书第五》,见《中国地方志集成·河北府县志辑(27)》,上海:上海书店出版社,2006年,第260页。
③ (清)不著撰者:《刑幕要略·盗贼》,见《官箴书集成》第5册,合肥:黄山书社,1997年,第13~14页。
④ (清)不著撰者:《治浙成规》卷六《臬政》,见《官箴书集成》第6册,合肥:黄山书社,1997年,第548~549页、第591页、第661页。
⑤ (清)徐栋辑:《牧令书》卷二〇《缉暴·弭盗详议》,见《官箴书集成》第7册,合肥:黄山书社,1997年,第468页。
⑥ (清)徐栋辑:《牧令书》卷二〇《缉暴·清贼源》,见《官箴书集成》第7册,合肥:黄山书社,1997年,第486~487页。
⑦ 瞿同祖:《清代地方政府》,北京:法律出版社,2003年,第8页。

四、地保的地位

清代地保的社会地位低下。如嘉庆、道光年间,历任地方长官的王凤生曾强调:地方自治性的乡长等"不得视同地保,令其点卯接官及催粮派夫"。① 晚清冯桂芬亦视地保为贱役,流品在平民之下。② 究其原因,主要有以下几个方面:

首先,清代中期以后,随着地保在职能上日趋侧重于协助官府,履行对地方刑事和治安的管理,清代一些幕僚往往将地保、衙役等合称为"在官人等",③视其"与在县之皂隶、民壮等役无二"。④ 显然,将地保与官府胥吏同列。而明清时期,大凡为胥吏者,其社会地位难以得到民众认可。如在明清徽州,人们对基层胥吏的社会评价亦很低。《茗州吴氏家典》中即规定:"子孙毋习吏胥。"⑤不但一些宗族蔑视吏胥之职,在整个徽州,地方社会习惯将胥吏与"狡狯"并称,甚至否定其社会地位。所谓"行作吏者,终不得列于流辈"。⑥ 与胥吏情形颇为相似的是,在徽州,民间亦视地保为贱差。如《南屏叶氏家谱》有:"族内不收义子;婚嫁不结细民;子弟不为优隶;不充当地保,违者斥逐。"⑦可见,南屏叶氏将充当地保与收继异姓、联姻小户、卖身为仆等为传统族规家法所不齿的低贱行为相提并论。显然,民间视地保同于胥吏,自好者多不屑为之。

---

① (清)王凤生:《约正劝惩条规》,见(清)徐栋辑,张云霞校点:《保甲书》卷二《成规下》,芜湖:安徽师范大学出版社,2012年,第54页。
② (清)冯桂芬:《校邠庐抗议·复乡职议》,上海:上海书店出版社,2002年,第12页。
③ (清)不著撰者:《刑幕要略·断狱》(一卷),见《官箴书集成》第5册,合肥:黄山书社,1997年,第25页。
④ (清)不著撰者:《治浙成规》卷二《藩政二》,见《官箴书集成》第6册,合肥:黄山书社,1997年,第387页。
⑤ (清)吴翟撰,刘梦芙点校,胡益民、余国庆审订:《茗洲吴氏家典》卷一《家规八十条》,合肥:黄山书社,2006年,第20页。
⑥ (清)姚启元、张瑗纂修:《祁门县志》卷一《风俗》,康熙二十三年(1684)刻本;同样的记载还见于康熙《徽州府志》卷二《风俗》。
⑦ (清)叶有广纂修:《南屏叶氏家谱·祖训家风》,清嘉庆十七年(1812)木刻本。

其次，清代地保的社会地位低下，当与充任者的身份有关。如上所述，清代地保主要是按自然村庄为单位而设置的，那么，在基层乡村，地保一役是如何选任的呢？起初，由于地保职能侧重于催征赋役和官差支应，为确保催征和应官的顺利实现，不少州县仍采取过去佥选里长的方式，或要求地方殷实之户承充此役，或经由地方佥选，轮流充任。如乾隆年间，"浙西杭嘉湖三府属州县，将地保一役不许乡中无业之人充当。每岁底择图中田多殷实之良民，号曰'殷户'，押令充保。"①另据《卢乡公牍》载：该地如"平兰社""西馆社""店上社"等村社的地保，采取按族姓（如"平兰社"系潘、于二姓）或房派（如"西馆社"系赵姓村，地保"向归老三支充差"）轮流充任。每年系经地方公议并上报，嗣经县刑房书吏禀复认可后方能赴任。②然而，随着摊丁入亩的赋役改革，"丁役甚轻，且可因当差而得到官府不少便宜。故愿充役者甚众"。"自书吏以下，诸役既庇官事，亦养身家。在民每愿为承差。"③因此，随着地保在职能上由职役向官差转变，一些地方任者"恋差不舍"④，地保之差日益成为"乡中无业之民愿充此役者"的专利。⑤他们熟悉地方原委，仰承官府鼻息，仆仆奔走于民间。加上官府依赖地保对地方游惰、惯盗、匪犯等素行不法之"另户"的监管，使其长期与"另户"为伍，这一切，难免被"良民"视为不齿的"另类"，从而，对地保的充任出现了"贤者不为，为者不贤"的局面。

再次，清代地保地位低下，亦与其劣行有关。地保之充任者，多以欺瞒贪

---

① （清）不著撰者：《治浙成规》卷二《藩政二·禁止勒派殷实农民生监充当地保庄长》，见《官箴书集成》第 6 册，合肥：黄山书社，1997 年，第 387 页。

② （清）庄纶裔撰：《卢乡公牍》卷三《潘茂兴控于振忠案堂判》《宋裕谦控林升案堂判》；卷四《赵乃春控赵乃榛案堂判》，见《官箴书集成》第 9 册，合肥：黄山书社，1997 年，第 634 页、第 608 页、第 634 页。按：《赵乃春控赵乃榛案堂判》中"地保"被误作"地方"，参见第 648 页勘误。

③ 江士杰：《里甲制度考略》，见《民国丛书》第 4 编第 23 册，上海：商务印书馆，1944 年，第 60 页。

④ （清）庄纶裔撰：《卢乡公牍》卷四《潘茂兴起控于振忠案堂判》，见《官箴书集成》第 9 册，合肥：黄山书社，1997 年，第 634 页。

⑤ （清）不著撰者：《治浙成规》卷二《藩政二》，见《官箴书集成》第 6 册，合肥：黄山书社，1997 年，第 387 页。

索而混迹民间。地保作为清代地方的一种差役,其收入来源大致有:(1)官府酬劳。如乾隆十四年(1749),浙江省"酌定缉捕事宜"规定:"地保人等首报(罪犯)得实,同(捕役)一体给赏。"①嘉善县亦规定:"地保等分段巡查居民,挨户支更……视其所管区内有无失窃之案,分别功过。如功至三次者,赏给银牌。过至三次者,提案重比。浮于三次之外者革役另募,准其功过相抵。"②(2)欺瞒贪索,私敛钱财。《卢乡公牍》中有不少案例与地保贪索有关。如"地保赵仁山名为慎重差务,其实觊觎地产"而致业主讦告官府;③地保勾结胥吏讹索"宫焕文银十两有奇"。④又如,休宁县"陈九春等开场聚赌,既经该县亲拿,地保竟敢得贿纵逃"。⑤《牧令书》载:在地方官府"平粜官米"中,地保为骗取官米,卖钱渔利,其所报户口"率多捏冒";⑥地方赌博,地保"明知不问,抑且与为朋伙",并在地方演戏中,"地保、棍徒动辄敛钱"。⑦《得一录》中亦载:嘉庆十九年(1814),苏州"放生官河,永禁采捕",而该处"地保人等,得其规利,代为包庇"。⑧凡此种种,有关清代地保假公济私的记载十分常见,其地位自然难以得到地方民众的认可。

综上考述,关于清代地保,我们可以得出以下几个方面的认识。

---

① (清)不著撰者:《治浙成规》卷六《臬政·酌定缉捕事宜》,见《官箴书集成》第6册,合肥:黄山书社,1997年,第548~549页。

② (清)不著撰者:《治浙成规》卷八《臬政》,见《官箴书集成》第6册,合肥:黄山书社,1997年,第661页。

③ (清)庄纶裔撰:《卢乡公牍》卷三《刘杨氏控赵仁山案堂判》,见《官箴书集成》第9册,合肥:黄山书社,1997年,第605页。

④ (清)庄纶裔撰:《卢乡公牍》卷三《宫焕文控宋廷栋案堂判》,见《官箴书集成》第9册,合肥:黄山书社,1997年,第610页。

⑤ (清)刘汝骥:《陶甓公牍》卷七《批判·刑科·休宁县廪贡生吴尔宽等呈批》,芜湖:安徽师范大学出版社,2018年,第123页。

⑥ (清)徐栋辑:《牧令书》卷一三《筹荒中·平粜事宜》,见《官箴书集成》第7册,合肥:黄山书社,1997年,第289页。

⑦ (清)徐栋辑:《牧令书》卷一六《教化·弊俗》,见《官箴书集成》第7册,合肥:黄山书社,1997年,第363页。

⑧ (清)余治撰:《得一录》卷七之二《放生官河条约·宪示》,见《官箴书集成》第8册,合肥:黄山书社,1997年,第570页。

第一，地保的起源，与清代里甲的衰退、保甲的代兴紧密相关。有清一代，尽管国家不断自上而下推行保甲制度，但实际上，这一制度在许多地方并未得到切实贯彻。正如晚清冯桂芬所云：清代除了皇帝和地方官员发布的一大堆强调保甲制的命令外，保甲很少实行过，在实行了保甲制的那少得可怜的场合，也没有产生什么实效。① 瞿同祖亦认为：清代除了王凤生、叶佩荪、刘蘅等少数官员因力行保甲而闻名外，清朝历代帝王不断要求整顿保甲组织，则从另一方面反映了各地推行保甲不力的现实。② 因此，里甲崩溃后，不少地方的保甲因推行不力而徒有其名，正所谓：官方以保甲行乡治，而民间以乡治代保甲，此种情形相当普遍。从而在基层社会出现名目繁多的乡地职役，其中，尤以地保（地方）设置最为常见。从这个意义上说，地保的普遍设置乃是清代保甲制度流变的产物，不过是保甲制度推行不力而产生的次生形态而已。

第二，地保的设置既有普遍性，又有区域性特征。在北方（如华北），普遍存在乡地组织。③ 其管理人员名目繁多，地保仅是乡地管理人员之一。地保在北方更多地被称作"地方"，所谓的"乡保""乡地"，均包括地保或地方。在南方一些地方（如上海、江浙、徽州、江西、广东等地），"乡（都）—图—村"构成基层的区划形式，按图设置地保颇为常见，因此，地保多被称为"图保""图正"。另外，对于宗法制度强固的地区，地方宗族往往以组织化的形式应对官府，这在一定程度上削弱了地保的职能。如在"最重宗法"的明清徽州，宗族势力根深蒂固，地保乃至胥吏的社会地位和发挥的功能远不及宗族组织。史载："书吏操纵之弊，是处皆然，徽俗则否。充是役者，大都巨姓旧家，借蔽风雨，计其上下之期，裹粮而往，惴惴焉以误公为惧。大憨巨猾，绝未之闻，间有作慝者，乡党共耳目之，奸诡不行焉，则非其人尽善良也，良由聚族而居，公论

---

① （清）冯桂芬：《校邠庐抗议·复乡职议》，上海：上海书店出版社，2002年，第12页。
② 瞿同祖：《清代地方政府》，北京：法律出版社，2003年，第254～255页。
③ 参见魏光奇：《清代直隶的里社与乡地》，载《中国史研究》，2000年第1期；李怀印：《晚清及民国时期华北村庄中的乡地制》，载《历史研究》，2001年第6期；孙海泉：《清代赋役制度变革后的地方基层组织》，载《河北学刊》，2004年第6期，等等。

有所不容耳。里仁为美,不信然哉。"①

第三,地保的普遍设置,加强了清政府对基层社会的控制。清代叶佩荪在《饬行保甲》中曾云:"夫州县所领一邑人户不下百十万计,若欲以一人之耳目,周知四境之奸良,虽有长材,势难尽悉。"②可见,清代推行保甲的目的是深化对地方社会的控制。很多地方在保甲推行不力的情势下,普遍按自然乡村聚落为基础而设置地保等役。地保的设置,一方面,可以避免传统里甲或保甲那种理想化的行政编制所带来的弊端;另一方面,体现了清代政府面对人口快速增长和频繁流动的现实,有效转变对基层社会的统治方式,反映了清政府对基层社会控制的加强。

第四,清代地保的产生是以里甲向保甲嬗递为背景的,其职能既有继承性的一面,又有适应新的社会变迁的一面。清初地保继承了明代以来保甲组织的"弭盗"职能。乾隆以后,随着赋役制度的变革和里甲组织的彻底崩溃,地保又被赋予催征钱粮、支应官差等民事事务。这一时期,地保作为一种正式职役名称出现于"谕旨"等官府文件,且不少方志关于这一时期地保的记载,更多地被放在"赋役"条目中,即是证明。总体来看,清代地保的职能大体经历了从弭盗安民到全面承值乡里差役的演变,从乡里职役向官府吏役转化。

总之,清代保甲长多称地保,其职责亦有很大改变。这与乾隆以降里甲向保甲嬗递所带来的乡里职役变化有关。随着自然村庄逐渐成为国家控制基层社会的主要组织形式和基本单位,地保的设置亦主要体现为以自然村为基础。清代地保的职能大体经历了从弭盗安民到全面承值乡里差役的演变,而从乡里职役向官府吏役转化。有清一代,地保社会地位低下。清代地保的设置使清政府对基层社会的控制进一步强化。

---

① (近)许承尧撰,李明回等校点,诸伟奇审订:《歙事闲谭》卷一八《歙风俗礼教考》,合肥:黄山书社,2001年,第602页。
② (清)叶佩荪:《饬行保甲》,见(清)徐栋辑,张云霞校点:《保甲书》卷二《成规上》,芜湖:安徽师范大学出版社,2012年,第10页。

参考文献

一、档案、文书

[1] 中国第一历史档案馆、辽宁省档案馆编. 中国明朝档案总汇. 桂林：广西师范大学出版社,2001.

[2] 安徽省博物馆编. 明清徽州社会经济资料丛编(第一集). 北京：中国社会科学出版社,1988.

[3] 中国社会科学院历史研究所徽州文契整理组编. 明清徽州社会经济资料丛编(第二辑). 北京：中国社会科学出版社,1990.

[4] 王钰欣、周绍泉主编. 徽州千年契约文书. 石家庄：花山文艺出版社,1991.

[5] 中国社会科学院历史研究所收藏编纂. 徽州文书类目. 合肥：黄山书社,2000.

[6] 周绍泉、赵亚光.《〈窦山公家议〉校注》,合肥：黄山书社,1993.

[7] 田涛等主编. 田藏契约文书粹编. 北京：中华书局,2001.

[8] 陈智超. 明代徽州方氏亲友手札七百通考释. 合肥：安徽大学出版社,2001.

[9] 鲍传江、郭又陵主编. 故纸堆. 北京：北京图书馆出版社,2003.

[10] 刘伯山主编. 徽州文书(第1—6辑). 桂林：广西师范大学出版社,第

1 辑 2004 年、第 2 辑 2006 年、第 3 辑 2009 年、第 4 辑 2011 年、第 5 辑 2015 年、第 6 辑 2017 年.

[11] (清)詹鸣铎著,王振忠、朱红整理. 我之小史. 合肥:安徽教育出版社,2008.

[12] 周向华编. 安徽师范大学馆藏徽州文书. 合肥:安徽人民出版社,2009.

[13] 张传玺主编. 中国历代契约粹编. 北京:北京大学出版社,2014.

[14] 李琳琦主编. 安徽师范大学馆藏千年徽州契约文书集萃. 芜湖:安徽师范大学出版社,2014.

[15] 黄志繁、邵鸿、彭志军编. 清至民国婺源县村落契约文书辑录. 北京:商务印书馆,2014.

[16] 王振忠主编. 徽州民间珍稀文献集成. 上海:复旦大学出版社,2018.

[17] 封越健主编. 中国社会科学院经济研究所藏徽州文书类编·散件文书. 北京:社会科学文献出版社,2017.

[18] 封越健主编. 中国社会科学院经济研究所藏徽州文书类编·置产簿. 北京:社会科学文献出版社,2019.

[19] 康义祠置产簿.

[20] 鼎元文会同志录.

[21] 王、盛、吴众姓立合山议约.

[22] 光绪祁门保甲册.

[23] 道光至咸丰继善会簿.

[24] (歙县呈坎)潨川文会录.

[25] 绩溪捐助宾兴盘费规条.

[26] 祁门修改城垣簿.

[27] 道光至咸丰继善会簿.

[28] 朱世荣分家书.

[29] 典业杂志.

[30] 丛桂堂置产簿.

[31] 康熙休宁陈氏置产簿.

[32] 休宁县都图甲全录.

[33] 槐溪张氏茂荆堂田契册.

[34] 光绪五年(祁门县)户口环册.

[35] 乾隆三十年汪胡互控案.

[36] 清乾隆休宁县状词和批示汇抄.

[37] 歙县虹梁村德卿公匦规条.

[38] 康熙休宁县保甲烟户册.

二、古籍文献

(一)正史、典制、文集、笔记等

[1] (东汉)郑玄注,(唐)贾公彦疏. 周礼注疏..

[2] (宋)郑樵. 通志.

[3] (宋)洪迈撰. 容斋随笔.

[4] (宋)刘克庄撰,王秀梅点校. 后村诗话.

[5] (宋)罗愿撰. 罗鄂州小集.

[6] (元)脱脱等撰. 宋史.

[7] (元)马端临. 文献通考.

[8] (明)王圻撰. 续文献通考.

[9] (明)方承训撰. 复初集.

[10] (明)李维桢撰. 大泌山房集.

[11] (明)吴子玉撰. 大鄣山人集.

[12] (明)汪循撰. 汪仁峰先生文集.

[13] (明)汪道昆撰,胡益民、余国庆点校. 太函集.

[14] (明)金德玹. 新安文粹.

[15](明)程敏政纂辑.新安文献志.

[16](明)金声撰.金正希先生文集辑略.

[17](明)谢肇淛.五杂俎.

[18](明)刘凤撰.刘子威集.

[19](明)张瀚撰,盛冬铃点校.松窗梦语.

[20](明)王世贞撰.弇州史料.

[21](明)王世贞撰.弇州山人四部稿.

[22]明实录.

[23]清实录.

[24](清)永瑢等撰.四库全书总目.

[25](清)陈确撰.陈确集.

[26](清)李桓辑.国朝耆献类征初编.

[27](清)钱仪吉纂录.碑传集.

[28](清)祝庆祺等编.刑案汇览三编.

[29](清)钱大昕.潜研堂文集.

[30](清)蒯德模.吴中判牍.

[31](清)薛允升撰,怀效锋、李鸣点校.唐明律合编.

[32](清)陶澍.陶澍集.

[33](清)徐珂编撰.清稗类钞.

[34](清)徐卓辑.休宁碎事.

[35](清)廖腾煃撰.海阳纪略.

[36](清)程庭撰.若庵集.

[37](清)俞正燮撰,于石、马君骅、诸伟奇校点.癸巳存稿.

[38](清)刘献廷撰,汪北平、夏志和点校.广阳杂记.

[39](清)龚自珍.龚自珍全集.

[40](清)包世臣.小倦游阁集.

[41](清)詹元相撰.畏斋日记.

[42](清)汪梧凤撰.松溪文集.

[43](清)程廷祚撰,宋效永校点.青溪集.

[44](清)赵吉士辑撰.寄园寄所寄.

[45](清)洪玉图.歙问.

[46](清)徐栋辑,张霞云校点.保甲书.

[47](清)刘汝骥.陶甓公牍.

[48](清)顾炎武撰.天下郡国利病书.

[49](清)顾炎武著,陈垣校注.日知录校注.

[50](清)黄六鸿撰.福惠全书.

[51](民国)陈去病著,甘兰经等校点.五石脂.

[52](民国)江士杰.里甲制度考略.

[53](近)许承尧撰,李明回等校点,诸伟奇审定.歙事闲谭.

[54]王宗培.中国之合会.

[55]杨西孟.中国合会之研究.

[56]刘俊文点校.唐律疏议.

[57]薛梅卿点校.宋刑统.

[58]郭成伟点校.大元通制条格.

[59]怀效锋点校.大明律.

[60]田涛、郑秦点校.大清律例.

[61](清)允裪撰.钦定大清会典.

[62]谢国桢选编,牛建强等校勘.明代社会经济史料选编.

[63]官箴书集成.

[64]雷梦水等编.中华竹枝词.

[65]前南京国民政府司法行政部编.民事习惯调查报告录.

(二)方志、家谱

[1](宋)赵不悔修,罗愿纂.(淳熙)新安志.

[2](明)彭泽修,汪舜民纂.(弘治)徽州府志.

[3] (明)何东序修,汪尚宁纂.(嘉靖)徽州府志.

[4] (清)丁廷楗修,赵吉士纂.(康熙)徽州府志.

[5] (清)马步蟾修,夏銮纂.(道光)徽州府志.

[6] (明)张涛修,谢陛纂.(万历)歙志.

[7] (清)靳治荆修,吴苑等纂.(康熙)歙县志.

[8] (清)张佩芳修,刘大櫆等纂.(乾隆)歙县志.

[9] (清)劳逢源修,沈伯棠等纂.(道光)歙县志.

[10] (民国)石国柱、楼文钊修,许承尧纂.(民国)歙县志.

[11] (清)佘华瑞纂.(雍正)岩镇志草.

[12] (清)江登云、江绍莲等纂修.橙阳散志.

[13] (清)凌应秋辑.沙溪集略.

[14] (清)吴吉祜纂.丰南志.

[15] (明)程敏政纂修.(弘治)休宁志.

[16] (明)宋国华修,吴宗尧等纂.(嘉靖)休宁县志.

[17] (明)李乔岱纂修.(万历)休宁县志.

[18] (清)廖腾煃修,汪晋征等纂.(康熙)休宁县志.

[19] (清)何应松修,方崇鼎纂.(道光)休宁县志.

[20] (清)许显祖纂.(休宁)孚潭志.

[21] 休宁县地方志编纂委员会编.休宁县志.

[22] (清)蒋灿等纂修.(康熙)婺源县志.

[23] (清)彭家桂修,张图南等纂.(乾隆)婺源县志.

[24] (清)吴鹗等修,汪正元纂.(光绪)婺源县志.

[25] (民国)葛韵芬等修,江峰青纂.(民国)重修婺源县志.

[26] (明)佘士奇修,谢存仁纂.(万历)祁门县志.

[27] (清)姚启元修,张瑗等纂.(康熙)祁门县志.

[28] (清)王让等纂修.(道光)祁门县志.

[29] (清)周溶修,汪韵珊纂.(同治)祁门县志.

[30](清)程文翰编.(祁门)善和乡志.

[31](清)王景曾修,尤何等纂.(康熙)黟县志.

[32](清)吴甸华修,程汝翼、俞正燮纂.(嘉庆)黟县志.

[33](清)谢永泰等修,程鸿诏等纂.(同治)黟县三志.

[34](清)吴克俊、许复修,程寿保、舒斯笏纂.(民国)黟县四志.

[35](明)陈嘉策修,何棠等纂.(万历)绩溪县志.

[36](清)较陈锡修,章瑞钟等纂.(乾隆)绩溪县志.

[37](清)清恺修,席存泰纂.(嘉庆)绩溪县志.

[38](明)余懋学纂修.(婺源)沱川余氏族谱.

[39](明)戴廷明、程尚宽等撰,朱万曙等点校.新安名族志.

[40](明)吴元满纂修.新安歙西溪南吴氏世谱.

[41](明)程孟编修.新安程氏诸谱会通.

[42](明)范涞纂修.(休宁)范氏族谱.

[43](明)金瑶纂修.(休宁)珰溪金氏族谱.

[44](明)郑岳纂修.(祁门)奇峰郑氏本宗谱.

[45](明)葛文简纂修.(绩溪)积庆坊葛氏重修族谱.

[46](明)程一枝修纂.程典.

[47](清)叶有广等纂修.(黟县)南屏叶氏族谱.

[48](清)江光裕等纂修.(歙县)济阳江氏族谱.

[49](清)新安徐氏墓祠规.

[50](清)吴正绥纂修.歙西溪南吴氏先茔志.

[51](清)王信纂修.(祁门)高塘鸿村王氏家谱.

[52](清)吴兆元等编撰.吴氏忠孝城南支谱.

[53](清)吴翟纂修.茗洲吴氏家典.

[54](清)许登瀛纂修.重修古歙东门许氏宗谱.

[55](清)许文源等纂修.(绩溪)南关惇叙堂宗谱.

[56](清)黄佩玉等纂,黄俊杰等续纂.(绩溪)黄氏家庙遗据录.

[57](清)李振苏等纂修.槐溪王氏支谱.

[58](清)王文进等纂修.新安武口王氏总谱.

[59](清)程元瑞主修.(婺源)腴川程氏宗谱.

[60](清)汪衍桎等主修.(祁门)韩楚二溪汪氏家乘.

[61](清)黄臣槐纂修.(歙县)潭渡孝里黄氏族谱.

[62](清)(祁门)武溪陈氏宗谱.

[63](清)程际隆纂修.(祁门)善和程氏仁山门支修宗谱.

[64](民国)(婺源)庆源詹氏家谱.

[65](民国)朱承铎纂修.新安月潭朱氏族谱.

[66](民国)吕龙光主修.新安大阜吕氏宗谱.

[67](民国)余攀荣、余旭升纂修.(黟县)环山余氏宗谱.

三、近人今人著作

[1]阿风.明清时代妇女的地位与权利——以明清契约文书、诉讼档案为中心.北京:社会科学文献出版社,2009.

[2]阿风.明清徽州诉讼文书研究.上海:上海古籍出版社,2016.

[3]卞利.明清徽州社会研究.合肥:安徽大学出版社,2004.

[4]卞利、胡中生主编.民间文献与地域中国研究.合肥:黄山书社,2010.

[5]常建华.明代宗族研究.上海:上海人民出版社,2005.

[6]常建华.清代的国家与社会研究.北京:人民出版社,2006.

[7]常建华等编著.新时期中国社会史研究概述.天津:天津古籍出版社,2009.

[8]陈宝良.中国的社与会.杭州:浙江人民出版社,1996.

[9]陈宝良.明代社会转型与文化变迁.重庆:重庆大学出版社,2014.

[10]陈瑞.明清徽州宗族与乡村社会控制.合肥:安徽大学出版社,2013.

［11］陈锋主编.明清以来长江流域社会发展史论.武汉：武汉大学出版社，2006.

［12］陈其南.家族与社会.台北：联经出版事业公司，1990.

［13］陈支平.近五百年来福建的家族社会与文化.北京：中国人民大学出版社，2011.

［14］陈支平.民间文书与明清赋役史研究.合肥：黄山书社，2004.

［15］程维荣.中国近代宗族制度.上海：学林出版社，2008.

［16］戴炎辉.清代台湾之乡治.台北：联经出版事业公司，1979.

［17］范金民.国计民生——明清社会经济研究.福州：福建人民出版社，2008.

［18］范金民.明清社会经济与江南地域文化.上海：中西书局，2019.

［19］樊树志.江南市镇——传统的变革.上海：复旦大学出版社，2005.

［20］费孝通.中国绅士.北京：中国社会科学出版社，2006.

［21］费成康主编.中国的家法族规.上海：上海社会科学院出版社，1998.

［22］冯尔康等.中国宗族社会.杭州：浙江人民出版社，1994.

［23］冯尔康.18世纪以来中国家族的现代转向.上海：上海人民出版社，2005.

［24］冯尔康.中国古代的宗族和祠堂.北京：商务印书馆，2013.

［25］傅衣凌.明清时代商人及商业资本.北京：人民出版社，1956.

［26］傅衣凌.明清社会经济史论文集.北京：商务印书馆，2010.

［27］高寿仙.徽州文化.沈阳：辽宁教育出版社，1998.

［28］郭松义、定宜庄.清代民间婚书研究.北京：人民出版社，2005.

［29］何炳棣著，徐泓译注.明清社会史论.台北：联经出版事业公司，2013.

［30］贺喜.亦神亦祖：粤西南信仰构建的社会史.北京：生活·读书·新知三联书店，2011.

[31] 胡益民编著.徽州文献综录.合肥:安徽教育出版社,2014.

[32] [美]黄宗智.清代的法律、社会与文化:民法的表达与实践.上海:上海书店出版社,2001.

[33] [美]黄宗智.法典、习俗与司法实践:清代与民国的比较.上海:上海书店出版社,2003.

[34] [美]黄宗智.长江三角洲小农家庭与乡村发展.北京:中华书局,2000.

[35] 黄仁宇.十六世纪明代中国之财政与税收.北京:生活·读书·新知三联书店,2001.

[36] 黄宽重、刘增贵主编.家族与社会.北京:中国大百科全书出版社,2005.

[37] 黄亚平.典籍符号与权力话语.北京:中国社会科学出版社,2004.

[38] 何平.清代赋税政策研究:1644—1840.北京:中国社会科学出版社,1998.

[39] 韩秀桃.明清徽州的民间纠纷及其解决.合肥:安徽大学出版社,2004.

[40] 李琳琦.徽商与明清徽州教育.武汉:湖北教育出版社,2003.

[41] 李文治、江太新.中国宗法宗族制和族田义庄.北京:社会科学文献出版社,2000.

[42] 梁其姿.施善与教化——明清的慈善组织.石家庄:河北教育出版社,2001.

[43] 李伯重.多视角看江南经济史.北京:生活·读书·新知三联书店,2003.

[44] 梁方仲编著.中国历代户口、田地、田赋统计.上海:上海人民出版社,1980.

[45] 梁方仲.明代粮长制度.上海:上海人民出版社,2001.

[46] 李文治编.中国近代农业史资料(第一辑).北京:生活·读书·新

知三联书店,1957.

[47] 梁治平. 清代习惯法：社会与国家. 北京：中国政法大学出版社,1996.

[48] 林济. 长江流域的宗族与宗族生活. 武汉：湖北教育出版社,2004.

[49] 林耀华. 金翼——中国家族制度的社会学研究. 北京：商务印书馆,2015.

[50] 刘俊文主编. 日本学者研究中国史论著选译（第六卷·明清）. 北京：中华书局,1993.

[51] 刘俊文主编. 日本学者研究中国史论著选译（第八卷·法律制度）. 北京：中华书局,1992.

[52] 刘道胜. 明清徽州宗族文书研究. 合肥：安徽人民出版社,2008.

[53] 刘道胜. 徽州方志研究. 合肥：黄山书社,2010.

[54] 刘道胜. 徽州文书稀俗字词例释. 北京：中国社会科学出版社,2019.

[55] 刘和惠、汪庆元. 徽州土地关系. 合肥：安徽人民出版社,2005.

[56] 刘秋根. 明清高利贷资本. 北京：社会科学文献出版社,2000.

[57] 刘秋根. 中国古代合伙制度初探. 北京：人民出版社,2007.

[58] 刘永华. 礼仪下乡：明代以降闽西四保的礼仪变革与社会转型. 北京：生活·读书·新知三联书店,2019.

[59] 刘永华. 帝国缩影：明清时期的里社坛与乡厉坛. 北京：北京师范大学出版社,2020.

[60] 刘志伟. 在国家与社会之间——明清广东地区的里甲赋役制度与乡村社会. 北京：中国人民大学出版社,2010.

[61] 鲁西奇. 区域历史地理研究：对象与方法——汉水流域的个案考察（修订本）. 北京：社会科学文献出版社,2019.

[62] 栾成显. 明代黄册研究（增订本）. 北京：中国社会科学出版社,2007.

[63] 潘光旦. 中国伶人血缘之研究、明清两代嘉兴的望族. 北京:商务印书馆,2015.

[64] 瞿同祖. 清代地方政府. 北京:法律出版社,2003.

[65] 瞿同祖. 中国法律与中国社会. 北京:中华书局,2003.

[66] 钱杭. 血缘与地缘之间——中国历史上的联宗与联宗组织. 上海:上海社会科学院出版社,2001.

[67] 唐力行. 明清以来徽州区域社会经济研究. 合肥:安徽大学出版社,1999.

[68] 唐力行. 徽州宗族社会. 合肥:安徽人民出版社,2005.

[69] 唐力行. 商人与中国近世社会(修订本). 北京:商务印书馆,2006.

[70] 唐力行. 延续与断裂:徽州乡村的超稳定结构与社会变迁. 北京:商务印书馆,2015.

[71] 王廷元、王世华. 徽商. 合肥:安徽人民出版社,2005.

[72] 王振忠. 徽州社会文化史探微:新发现的16—20世纪民间档案文书研究. 上海:上海社会科学院出版社,2002.

[73] 王振忠. 千山夕阳:王振忠论明清社会与文化. 桂林:广西师范大学出版社,2009.

[74] 王振忠. 明清以来徽州村落社会史研究:以新发现的民间珍稀文献为中心. 上海:上海人民出版社,2011.

[75] 王家范主编. 明清江南史研究三十年(1978—2008). 上海:上海古籍出版社,2010.

[76] 王磊. 徽州朝奉. 福州:福建人民出版社,1997.

[77] 王尔敏. 明清社会文化生态. 桂林:广西师范大学出版社,2009.

[78] 王日根. 明清民间社会的秩序. 长沙:岳麓书社,2003.

[79] 王善军. 宋代宗族和宗族制度研究. 石家庄:河北教育出版社,2000.

[80] 王裕明. 明清徽州典商研究. 北京:人民出版社,2012.

[81] 汪崇篔. 明清徽州盐商研究. 成都:巴蜀书社,2012.

[82] 伍跃. 中国的捐纳制度与社会. 南京:江苏人民出版社,2013.

[83] 吴仁安. 明清江南著姓望族史. 上海:上海人民出版社,2009.

[84] 吴滔. 清代江南市镇与农村关系的空间透视——以苏州地区为中心. 上海:上海古籍出版社,2010.

[85] 萧公权著,张皓、张升译. 中国乡村——论19世纪的帝国控制(萧公权全集之六). 台北:联经出版事业公司,2014.

[86] 谢晖、陈金钊. 民间法(第1—5卷). 济南:山东人民出版社,2002—2006.

[87] 谢湜. 高乡与低乡:11—16世纪江南历史地理研究. 北京:生活·读书·新知三联书店,2015.

[88] 邢铁. 宋代家庭研究. 上海:上海人民出版社,2005.

[89] 邢铁. 家产继承史论. 昆明:云南大学出版社,2000.

[90] 许大龄. 清代的捐纳制度. 北京:燕京大学出版社,1950.

[91] 徐茂明. 江南士绅与江南社会(1368—1911年). 北京:商务印书馆,2004.

[92] 徐扬杰. 中国家族制度史. 武汉:武汉大学出版社,2012.

[93] 严桂夫主编. 徽州历史档案总目提要. 合肥:黄山书社,1996.

[94] 严桂夫、王国键. 徽州文书档案. 合肥:安徽人民出版社,2005.

[95] 杨国安. 国家权力与民间秩序:多元视野下的明清两湖乡村社会史研究. 武汉:武汉大学出版社,2012.

[96] 杨国桢. 明清土地契约文书研究(修订版). 北京:中国人民大学出版社,2009.

[97] 叶显恩. 明清徽州农村社会与佃仆制. 合肥:安徽人民出版社,1983.

[98] 翟学伟. 人情、面子与权力的再生产. 北京:北京大学出版社,2005.

[99] 张海鹏、王廷元主编. 徽商研究. 合肥:安徽人民出版社,1995.

[100] 张研. 清代社会经济史研究. 北京：北京师范大学出版社，2010.

[101] 张仲礼. 中国绅士. 上海：上海社会科学院出版社，1991.

[102] 张国刚主编. 家庭史研究的新视野. 北京：生活·读书·新知三联书店，2004.

[103] 张佩国. 近代江南乡村地权的历史人类学研究. 上海：上海人民出版社，2002.

[104] 章有义编著. 明清及近代农业史论集. 北京：中国农业出版社，1997.

[105] 章毅. 理学、士绅和宗族——宋明时期徽州的文化与社会. 香港：香港中文大学出版社，2013.

[106] 赵华富. 两驿集. 合肥：黄山书社，1999.

[107] 赵世瑜. 狂欢与日常——明清以来的庙会与民间社会. 北京：生活·读书·新知三联书店，2002.

[108] 赵晓华. 晚清讼狱制度的社会考察. 北京：中国人民大学出版社，2001.

[109] 郑振满、陈春声主编. 民间信仰与社会空间. 福州：福建人民出版社，2003.

[110] 郑振满. 明清福建家族组织与社会变迁. 北京：中国人民大学出版社，2009.

[111] 郑振满. 乡族与国家：多元视野中的闽台传统社会. 北京：生活·读书·新知三联书店，2009.

[112] 周晓光. 徽州传统学术文化地理研究. 合肥：安徽人民出版社，2006.

[113] 周晓光主编. 徽州文化史（明清卷）. 合肥：安徽人民出版社，2015.

[114] 朱开宇. 科举社会、地域秩序与宗族发展——宋明间的徽州（1100—1644）. 台北：台湾大学出版委员会，2004.

[115] 朱英. 近代中国商人与社会. 武汉：湖北教育出版社，2002.

[116] 朱勇. 清代宗族法研究. 长沙：湖南教育出版社，1987.

[117] 庄孔韶. 银翅：中国的地方社会与文化变迁. 北京：生活·读书·新知三联书店，2000.

[118] 科大卫著，卜永坚译. 皇帝和祖宗——华南的国家与宗族. 南京：江苏人民出版社，2010.

[119] ［日］多贺秋五郎. 中国宗谱の研究. 日本学术振兴会，1981、1982.

[120] ［日］井上彻著，钱杭译，钱圣音校. 中国的宗族与国家礼制：从宗法主义角度所作的分析. 上海：上海书店出版社，2008.

[121] ［日］濑川昌久著，钱杭译. 族谱：华南汉族的宗族·风水·移居. 上海：上海书店出版社，1999.

[122] ［日］森正夫等编，周绍泉、栾成显等译. 明清时代史的基本问题. 北京：商务印书馆，2013.

[123] ［日］田仲一成著，钱杭、任余白译. 中国的宗族与戏剧. 上海：上海古籍出版社，1992.

[124] 熊远报. 清代徽州地域社会史研究——境域·集团·网络与社会秩序. 东京：汲古书院，2003.

[125] ［日］滋贺秀三著，张建国、李力译. 中国家族法原理. 北京：商务印书馆，2013.

[126] ［日］中岛乐章著，郭万平、高飞译. 明代乡村纠纷与秩序——以徽州文书为中心. 南京：江苏人民出版社，2010.

[127] ［日］森田明著，雷国山译，叶琳审校. 清代水利与区域社会. 济南：山东画报出版社，2008.

[128] ［美］罗威廉著，江溶、鲁西奇译. 汉口——一个中国城市的商业和社会（1796—1889）. 北京：中国人民大学出版社，2005.

[129] ［美］杜赞奇著，王福明译. 文化、权力与国家——1900—1942年的华北农村. 南京：江苏人民出版社，2003.

[130] ［英］莫里斯·弗里德曼著，刘晓春译，王铭铭校. 中国东南的宗族

组织.上海:上海人民出版社,2000.

［131］［韩］朴元熇.明清徽州宗族史研究——歙县方氏的个案究(中文修订版).北京:中国社会科学出版社,2009.

［132］［韩］朴元熇.明清徽州方氏宗族个案研究.合肥:黄山书社,2013.

后 记

笔者自2008年主持国家社科基金青年项目以来,围绕项目核心主题"民间文书"与"徽州社会"开展研究,先后撰写了多篇专题论文,本书是多年来项目研究成果集结的产物。值此出版机会,对项目研究和本书出版给予帮助、指导的师友们表示诚挚谢意。

在项目研究过程中,中国社会科学院研究员栾成显先生、复旦大学教授王振忠先生、安徽大学教授周晓光先生、安徽师范大学教授王世华先生和李琳琦先生等均给予指导和鼓励,深表谢意。需要说明的是,安徽工业大学王玉坤博士参与了本书第三章中"清代至民国时期徽州的民间合会""徽州传统合会纠纷及其应对"两个部分内容的撰写,付出了不少辛劳。在本书出版过程中,业师周晓光教授对拙著的内容和结构提出了诸多修改意见,对拙著的出版提供了不少实际帮助,安徽大学出版社编辑杨小雨、王慧、李健为拙作付梓认真审核,大力相助,特致谢忱。

2020年12月3日于芜湖